O VALOR DA INFORMAÇÃO

COLEÇÃO
ESTADO de SÍTIO

**MARCOS DANTAS, DENISE MOURA,
GABRIELA RAULINO, LARISSA ORMAY**

O VALOR DA INFORMAÇÃO

DE COMO O CAPITAL SE APROPRIA DO TRABALHO SOCIAL NA ERA DO ESPETÁCULO E DA INTERNET

© Boitempo, 2022
© Marcos Dantas, Denise Moura, Gabriela Raulino, Larissa Ormay, 2022

Direção-geral Ivana Jinkings
Edição Frank de Oliveira
Coordenação de produção Livia Campos
Assistência editorial João Cândido Maia
Preparação Lyvia Felix
Revisão Sílvia Balderama Nara
Capa Artur Renzo
Diagramação Antonio Kehl

Equipe de apoio: Camila Nakazone, Elaine Ramos, Erica Imolene, Frederico Indiani, Higor Alves, Isabella Meucci, Ivam Oliveira, Kim Doria, Lígia Colares, Luciana Capelli, Marcos Duarte, Marina Valeriano, Marissol Robles, Maurício Barbosa, Pedro Davoglio, Raí Alves, Thais Rimkus, Tulio Candiotto, Uva Costriuba

---
CIP-BRASIL. CATALOGAÇÃO NA PUBLICAÇÃO
SINDICATO NACIONAL DOS EDITORES DE LIVROS, RJ

V285

O valor da informação : de como o capital se apropria do trabalho social na era do espetáculo e da internet / Marcos Dantas ... [et al.]. - 1. ed. - São Paulo : Boitempo, 2022.

312 p. (Estado de sítio)
Inclui bibliografia
ISBN 978-65-5717-165-3

1. Informação - Comunicações. 2. Teoria científica da informação. I. Dantas, Marcos. II. Título. III. Série.

22-78052
CDD: 303.4833
CDU: 316.77

Gabriela Faray Ferreira Lopes - Bibliotecária - CRB-7/6643

Este livro contou com o apoio do Programa de Pós-Graduação em Comunicação e Cultura da Escola de Comunicação da UFRJ (PPGCOM/ECO-UFRJ), no âmbito do Edital Proex/Capes 0385/021, e do Grupo Marxiano de Pesquisa em Informação, Comunicação e Cultura (ComMarx).

É vedada a reprodução de qualquer parte deste livro sem a expressa autorização da editora.

1ª edição: julho de 2022

BOITEMPO
Jinkings Editores Associados Ltda.
Rua Pereira Leite, 373
05442-000 São Paulo SP
Tel.: (11) 3875-7250 / 3875-7285
editor@boitempoeditorial.com.br
boitempoeditorial.com.br | blogdaboitempo.com.br
facebook.com/boitempo | twitter.com/editoraboitempo
youtube.com/tvboitempo | instagram.com/boitempo

SUMÁRIO

Introdução – Informação: um ponto cego no pensamento marxiano......7

I. Informação, trabalho e capital..17

    1. Informação e trabalho..17

    2. Do capital-industrial ao capital-informação...........................37

    3. Sociedade do espetáculo..74

    4. Reflexões finais..92

II. Propriedade intelectual e rendas informacionais...........................97

    1. Direitos de propriedade intelectual (DPIs)...........................99

    2. Conceitos 107

    3. Monopólio informacional...110

    4. Nova cerca?..113

    5. Renda da terra 122

    6. O debate sobre as rendas derivadas do conhecimento.............128

    7. Rendas informacionais...130

    8. Precarização do trabalho 132

    9. Ciência privatizada *versus* ciência comum.........................138

    10. Palavras conclusivas..143

III. Capital e trabalho nas plataformas sociodigitais.........................145

    1. Interpretações contemporâneas sobre mercadoria e trabalho ...147

    2. Teses sobre acumulação de capital e trabalho da audiência nas plataformas digitais...161

3. Economia política do Facebook 176

4. Economia política do YouTube 190

5. Considerações finais 209

IV. Capital financeiro e espetáculo: o controle do futebol por
corporações mediáticas..213

1. A sociedade espetacular...215

2. Novos regimes de apropriação capitalista 220

3. Relações sinérgicas entre futebol e mídia...............................232

4. O lugar da TV "murada"..239

5. Economia política do futebol-espetáculo...............................254

6. Considerações finais..267

Conclusões – Subsunção total do trabalho ao capital 269

Referências bibliográficas..293

Introdução

INFORMAÇÃO: UM PONTO CEGO NO PENSAMENTO MARXIANO

Em obra publicada originalmente em 1950, Norbert Wiener (1894--1964), considerado o "pai" da cibernética, pode ter sido o primeiro a advertir que informação não poderia ser reduzida a mercadoria, ainda que admitisse ser esse seu destino na sociedade capitalista[1]. Em outra obra pioneira, lançada em 1962, o economista Kenneth Arrow (1921-2017) igualmente demonstrou as dificuldades que adviriam da redução da informação a mercadoria, sustentando que caberia tratá-la como recurso público[2]. Wiener e Arrow estavam antecipando, muito antes do aparecimento da internet, os novos e sérios problemas institucionais e políticos ligados à apropriação do valor da informação e do conhecimento, que se situam, afirmamos, no cerne das contradições do capitalismo neste século XXI. Anteciparam também um grande desafio teórico, já que as teorias econômicas, tanto as clássicas quanto as neoclássicas, excluíam a informação e o conhecimento de suas formulações, ou melhor, tomavam-nos como elementos pressupostos.

Como disse Rullani:

> O conhecimento possui certamente valor de uso [...] mas não contém um valor-custo que possa ser empregado como referência para determinar o valor de troca e que funcione seja como custo marginal (teoria neoclássica),

---

[1] Norbert Wiener, *The Human Use of Human Beings* (Boston, Houghton Mifflin Co., 1950) [ed. bras.: *Cibernética e sociedade: o uso humano de seres humanos*, trad. José Paulo Paes, 2. ed., São Paulo, Cultrix, 1968]. [Exceto menção em contrário, os excertos foram traduzidos pelos autores.]

[2] Kenneth Joseph Arrow, "Economic Welfare and the Allocation of Resources for Invention", em National Bureau Committee for Economic Research, *The Rate and Direction of Inventive Activity: Economic and Social Factors* (Princeton, Princeton University Press, 1962).

8 • O valor da informação

seja como custo de reprodução (teoria marxista). Com efeito, o custo de produção do conhecimento é fortemente incerto e, sobretudo, radicalmente diferente de seu custo de reprodução. Uma vez que tenha sido produzida uma primeira unidade, o custo necessário à reprodução das outras unidades tende a zero (se o conhecimento for codificado) [...] O valor de troca de uma mercadoria cujo custo de reprodução é nulo tende inevitavelmente a zero.[3]

Economistas inseridos no *mainstream* teórico reconhecem o problema, a exemplo de Joseph Stieglitz (1943-), para quem a economia da informação vem a ser a mais importante novidade teórica e política deste século XXI, exigindo admitir, nos termos neoclássicos, que a informação "é imperfeita", pode ter "altos custos de obtenção", introduz "importantes assimetrias" que afetam a vida das pessoas e das empresas; por tudo isso, tem um "profundo efeito em como pensamos a economia hoje em dia"[4].

Ao contrário, economistas e outros teóricos de tradição marxista ou marxiana, a julgar pela literatura desse vasto e diversificado campo, não parecem ainda ter atentado para o tema. Entender a informação como uma questão econômica, política e cultural central, cuja compreensão, nos termos do materialismo dialético e histórico, nos ajudaria a explicar um amplo conjunto de problemas do capitalismo de nossos dias, é uma agenda quase nada explorada pelos pensadores críticos, menos ainda pelos políticos e militantes.

Isso não se dá por falta de referências. Um dos pioneiríssimos no exame da crescente importância da informação nas relações político-econômicas foi um teórico marxista: o sociólogo tcheco Radovan Richta (1924-1983), em obra publicada originalmente no já distante ano de 1969: "Dado que a informação é portadora de cada inovação e degrau intermediário de cada aplicação da ciência, o desenvolvimento da informação pertence aos pilares da revolução científico-técnica"[5]. Jean Lojkine[6] abordará o problema da informação e da chamada revolução informacional de modo teoricamente ainda mais abrangente, na mesma linha, aliás, de um dos autores deste livro, Marcos Dantas, cujos primeiros estudos sobre o tema datam também

---

[3] Enzo Rullani, "Le Capitalisme cognitif: du déjà vu?", *Multitudes*, n. 2, 2000, p. 89-90.

[4] Joseph Stieglitz, "The Contributions of the Economics of Information to the Twentieth Century", *The Quarterly Journal of Economics*, v. 115, n. 4, nov. 2000, p. 1.441.

[5] Radovan Richta, *La civilización en la encrucijada* (Cidade do México/Madri/Buenos Aires, Siglo Veinteuno, 1971).

[6] Jean Lojkine, *A revolução informacional* (trad. José Paulo Netto, São Paulo, Cortez, São Paulo, 1995).

Introdução – Informação: um ponto cego no pensamento marxiano • 9

dos anos 1990[7]. Mais ou menos na mesma época, o teórico marxista estadunidense Herbert Schiller (1919-2000) denunciou que, sob o manto do discurso neoliberal, estava avançando justamente um processo político e econômico de "privatização da informação"[8]. O capital estendia seus tentáculos para áreas até então razoavelmente fora de seus processos de apropriação e valorização. Essas áreas seriam aquelas detidas pelo Estado, por serem constituídas de recursos considerados socialmente *comuns*, e reuniam e organizavam uma imensa massa de dados e conhecimento sobre a sociedade e seus indivíduos: educação, saúde, renda, gestão pública, fornecimento de serviços básicos ou universais etc. Destaque-se por fim, mas não por último, a já extensa contribuição do campo da Economia Política da Informação e Comunicação, a rigor um subcampo da área de Comunicação Social, cuja rica produção, sempre crítica, infelizmente, porém, pouco incide nos demais grandes campos de conhecimento sociológico ou econômico, marxistas ou não. Por outro lado, o próprio campo prioriza, em suas pesquisas, a assim chamada "mídia" e outras manifestações das indústrias culturais, delimitadas como um setor político-econômico entre outros tantos do modo capitalista de produção na sua atual configuração[9]. Nossa hipótese, ao contrário, é a de ser impossível entender o cerne do capitalismo contemporâneo sem compreender a lógica informacional espetacular que determinaria as demais relações de produção e apropriação de valor do capital-informação.

---

[7] Marcos Dantas, "Valor-trabalho, valor-informação", *Transinformação*, Campinas, v. 8, n. 1, 1996, p. 55-88; *A lógica do capital-informação: da fragmentação dos monopólios à monopolização dos fragmentos num mundo de comunicações globais* (Rio de Janeiro, Contraponto, 1996); "Capitalismo na era das redes: trabalho, informação e valor no ciclo da comunicação produtiva", em Helena Maria Martins Lastres e Sarita Albagli, *Informação e globalização na Era do Conhecimento* (Rio de Janeiro, Campus, 1999).

[8] Herbert I. Schiller, *Information and the Crisis Economy* (Oxford University Press, Nova York, 1986).

[9] Ver, por exemplo: Alain Herscovici, *Economia da cultura e da comunicação* (Vitória, FCAA/UFES, 1995); Cesar Bolaño, *Indústria cultural, informação e capitalismo* (São Paulo, Hucitec/Pólis, 2000); David Hesmondhalgh, *The Cultural Industries* (2. ed., Londres, Sage, 2007); Francisco Sierra Caballero (org.), *Economía política de la comunicación: teoria y metodologia* (Madri, Ulepicc, 2021); Janet Wasko, *How Hollywood Works* (Sage, Londres, 2003); Nicholas Garnham, *Capitalism and communication* (Londres, Sage, 1990); Ramón Zallo, *Economía de la comunicación y de la cultura* (Madri, Akal, 1988); Vincent Mosco, *The Political Economy of Communication* (2. ed., Londres, Sage, 2009).

10 • O valor da informação

Hoje em dia, não há como negar que a informação foi reduzida a mercadoria e, assim, entendida acriticamente pelo senso comum. Também avançou, nos últimos trinta ou quarenta anos, no conjunto do mundo capitalista, um amplo processo de privatização dos serviços públicos. Nas últimas quatro ou cinco décadas, o capital veio fazendo da informação o alfa e o ômega de suas relações de produção e consumo. Contudo, quando falamos de informação, estamos falando precisamente de quê? Qualquer leitor ou leitora deste texto deve estar pensando nas definições usuais, cotidianas, vulgares ou dicionarizadas de informação: dados, notícias, algo comunicado a alguém etc. Talvez esteja até sem entender muito bem aquelas ressalvas de Wiener ou Arrow apontadas anteriormente. O senso comum penetrou inclusive na literatura acadêmica, como revelado na solução dada por Manuel Castells, em mera nota de rodapé, em sua alentada trilogia cujo primeiro volume em especial trata da sociedade em rede:

> Para a maior clareza deste livro, acho necessário dar uma definição de conhecimento e informação, mesmo que essa atitude intelectualmente satisfatória introduza algo de arbitrário no discurso, como sabem os cientistas sociais que já enfrentaram o problema. Não tenho nenhum motivo convincente para aperfeiçoar a definição de *conhecimento* dada por Daniel Bell (1973: 175): "Conhecimento: um conjunto de declarações organizadas sobre fatos e ideias, apresentando um julgamento ponderado ou resultado experimental que é transmitido a outros por intermédio de algum meio de comunicação, de alguma forma sistemática. Assim, diferencio conhecimento de notícias e entretenimento". Quanto à *informação*, alguns autores conhecidos na área simplesmente definem informação como a comunicação de conhecimentos (ver Machlup 1962: 15). Mas, como afirma Bell, essa definição de conhecimento empregada por Machlup parece muito ampla. Portanto, eu voltaria à definição operacional de informação proposta por Porat em seu trabalho clássico (1977: 2): "Informação são dados que foram organizados e comunicados".[10]

Embora, como admite, essas fossem definições necessárias para a elaboração do restante de seu amplo estudo, Castells limitou-se a assumir os conceitos declaradamente arbitrários ou operacionais antes estabelecidos por Daniel Bell, Marc Porat e demais economistas ou sociólogos que teriam pioneiramente investigado o tema. Sem dúvida, a partir desses autores, como não seria difícil demonstrar, a literatura econômica ou sociológica,

---

[10] Manuel Castells, *A sociedade em rede* (trad. Roneide Venancio Majer, São Paulo, Paz & Terra, 1999, coleção A Era da Informação: Economia, Sociedade e Cultura, v. 1), p. 45, nota 27.

Introdução – Informação: um ponto cego no pensamento marxiano • 11

e também a tecnológica e gerencial, tem quase sempre adotado definições iguais ou similares, como se de fato não existissem outros motivos, menos para "aperfeiçoar", muito mais para *criticar* aqueles enunciados.

Compare-se a passagem anterior com esta, extraída do físico e ciberneticista Heinz von Foerster (1911-2002):

O que atravessa o cabo não é informação, mas *sinais*. No entanto, quando pensamos no que seja informação, acreditamos que podemos comprimi-la, processá-la, retalhá-la. Acreditamos que informação possa ser estocada e, daí, recuperada. Veja-se uma biblioteca, normalmente encarada como um sistema de estocagem e recuperação de informação. Trata-se de um erro. A biblioteca pode estocar livros, microfichas, documentos, filmes, fotografias, catálogos, mas não estoca informação. Podemos caminhar por uma biblioteca e nenhuma informação nos será fornecida. O único modo de se obter uma informação em uma biblioteca é *olhando* para seus livros, microfichas, documentos etc. Poderíamos também dizer que uma garagem estoca e recupera um sistema de transporte. Nos dois casos, os veículos potenciais (para o transporte ou para a informação) estariam sendo confundidos com as coisas que podem fazer somente quando alguém os faz fazê-las. *Alguém* tem de fazê-lo. *Eles* não fazem nada.[11]

Enquanto para Bell, Porat ou Castells, informação ou conhecimento são "coisas", elementos ou fatos disponíveis à observação ou manipulação por alguém, para Von Foerster só haverá informação se alguém *agir* visando extraí-la dos fatos ou elementos. A informação, aqui, encontra-se em uma *relação*, no *movimento*; não é objeto, é *atividade*.

No primeiro caso, as definições parecem surgir no momento em que a economia, a sociologia e as disciplinas afins começavam a perceber, na sociedade, fenômenos, entidades ou relações que remeteriam à informação ou ao conhecimento. Porat ou Bell, diante desses fenômenos, sugeriram-lhes definições declaradamente arbitrárias, calcadas no senso comum. O segundo caso é uma formulação nascida em meio a um debate que buscava entender informação e, daí, conhecimento como objeto de conhecimento científico, logo, epistemológico, de cuja compreensão poder-se-ia, se necessário, também extrair relações econômicas ou sociológicas. Von Foerster pertencia a um então nascente programa de investigação científica que buscava e lograva (como veremos neste livro) estabelecer uma definição *científica* de

---

[11] Heinz von Foerster, "Epistemology of Communication", em Kathleen Woodward (org.), *The Myths of Information: Technology and Post-Industrial Culture* (Londres, Routledge & Keegan-Paul, 1980), p. 19.

12 • O valor da informação

informação. Supomos que essa possa ser a definição que interessaria também a qualquer abordagem marxiana do tema.

Nessa abordagem científica, a informação, por natureza, não pode ser realmente apropriada como uma mercadoria qualquer; só pode ser *compartilhada*. No intercâmbio de uma mercadoria, a propriedade de seu valor de uso é efetivamente transferida para o comprador. Se compro pão na padaria, esse pão é totalmente meu a partir do momento em que dou meu dinheiro ao padeiro. Porém, se comunico algo a alguém, por exemplo, ao leitor ou à leitora deste livro, essa pessoa passa a usufruir do valor de uso do texto, sem que eu também perca meu domínio sobre ele. Ele segue sendo "meu" e torna-se também "dela". É desse fundamento que derivam todos os demais enormes problemas relacionados, no capitalismo atual, à apropriação da informação e do conhecimento e, daí, os avanços cada vez mais draconianos da legislação a respeito da chamada *propriedade intelectual*.

Como veremos, na esteira de Von Foerster, não há trabalho sem informação, nem informação sem trabalho. O *valor da informação* é, dessa maneira, valor do trabalho. Porém, aqui vamos nos defrontar com um ponto cego na teoria marxista: os teóricos, mesmo os mais recentes e atuais, ainda não se deram conta dessa relação absolutamente essencial, até mesmo existencial. Exceção digna de nota é o brasileiro Álvaro Vieira Pinto (1909-1987), em um tratado monumental, escrito nos primeiros anos da década 1970, infelizmente só publicado vinte anos após sua morte[12].

Este livro que entregamos aos leitores versa sobre o valor do trabalho informacional a partir do conceito de valor conforme rigorosamente escrutinado por Karl Marx. Ele fala sobre como o capital organiza o trabalho para processar, registrar, comunicar informação nas *formas* de ciência, tecnologia, artes, esportes, espetáculos, e como age para se apropriar do valor desse trabalho. Tem como objetivo investigar e discutir a natureza do que chamamos *capital-informação*, essa nova etapa do capitalismo própria do capital no século XXI.

Expor a teoria científica da informação e sua relação com a teoria marxiana do valor será a proposta do capítulo primeiro, assinado por Marcos Dantas e intitulado "Informação, trabalho e capital". Na primeira parte do capítulo, será apresentada em largas pinceladas, com referências aos seus

---

[12] Álvaro Vieira Pinto, *O conceito de tecnologia* (Rio de Janeiro, Contraponto, 2005).

Introdução – Informação: um ponto cego no pensamento marxiano • 13

principais formuladores, a teoria científica da informação, cujas origens remetem à física, à química, à biologia, também com contribuições determinantes de antropólogos, linguistas e sociólogos, a exemplo de Gregory Bateson[13] ou Anthony Wilden[14]. Na segunda parte, em uma leitura direta em Marx, será demonstrado como seus conceitos dialogam perfeitamente bem com o conceito de informação-trabalho e, daí, como ele já apontava, em sua teoria do valor, para a possibilidade de o capital evoluir até um estágio no qual se reduziria a "pura" informação, por ele denominado "intelecto social geral" (*general intellect*). Esse estágio hoje em dia é percebido por diferentes autores que o identificam por nomes como "sociedade do espetáculo"[15], "capitalismo cognitivo"[16], "sociedade em rede"[17] etc.

O segundo capítulo, "Propriedade intelectual e rendas informacionais", é assinado por Larissa Ormay. A autora investiga o núcleo do processo capitalista contemporâneo de apropriação do trabalho social, ou seja, os chamados direitos de propriedade intelectual (DPIs). Em razão de o valor do trabalho informacional em suas formas de ciência, tecnologia ou produtos culturais não poder ser apropriado por meio da troca mercantil, o capital expandiu um novo modelo de acumulação similar, explica Ormay, à renda da terra, conforme discutida por Ricardo e Marx, embora ressalvadas as características próprias da informação, entre elas, sobretudo, o fato de ser produto e produção de trabalho – *trabalho vivo*.

Se a acumulação primitiva de capital nos séculos XVII e XVIII teve como marco o cercamento de terras, um novo tipo de cercamento expandiu-se a partir de meados do século XX: o cercamento dos *territórios da mente*, da cognição, do conhecimento, da cultura. David Harvey chama esse processo – permanente na história do capitalismo – de "acumulação

---

[13] Gregory Bateson, *Pasos hacia una ecología de la mente* (Buenos Aires, Lohlé-Lumen, 1998 [1972]).

[14] Anthony Wilden, *System and Structure* (2. ed., Londres/Nova York, Tavistock, 1980 [1972]); "Informação", em *Enciclopédia Einaudi*, v. 34 (Lisboa, Imprensa Nacional--Casa da Moeda, 2001), p. 11-77; "Comunicação", em *Enciclopédia Einaudi*, cit., p. 108-204.

[15] Guy Debord, *A sociedade do espetáculo* (trad. Estela dos Santos Abreu, Rio de Janeiro, Contraponto, 1997 [1968]).

[16] Christian Azaïs, Antonella Corsani e Patrick Dieuaide, *Vers un capitalisme cognitif* (Paris, L'Harmattan, 2001).

[17] Manuel Castells, *A sociedade em rede*, cit.

14 • O valor da informação

por espoliação" ou "acumulação por despossessão"[18]: trata-se de sistemáticos movimentos do capital para expandir o alcance da propriedade privada em direção a novos espaços antes, ou até então, tidos como socialmente comuns. Na acumulação primitiva clássica, o processo de despossessão da população trabalhadora visava à terra que, até os séculos XVII e XVIII, na Inglaterra e em outros lugares, era propriedade comum de quem nela trabalhasse. No capitalismo contemporâneo, toda a sociedade está sendo espoliada de recursos e riquezas extraídos da ciência e da tecnologia, dos patrimônios culturais nacionais, dos direitos públicos e sociais, até mesmo de material genético e da reprodução biológica, por força dos direitos de propriedade intelectual.

O terceiro capítulo, "Capital e trabalho nas plataformas sociodigitais", é assinado por Gabriela Raulino. Atualmente, o capitalismo flui pelas plataformas de mercado, como Google, Facebook, Amazon etc. A vida cotidiana e a empresarial se encontram, a todo instante, explicitamente, mas, sobretudo, de modo na maior parte do tempo oculto, nessas e em outras plataformas similares edificadas *sobre* a internet. Trata-se do capitalismo de plataformas, como já definiu Nick Srnicek[19], ou capitalismo de vigilância, nas palavras de Shoshana Zuboff[20]. A lógica capitalista de acumulação que tornou esses empreendimentos extraordinariamente rentáveis e, por isso, atraentes ao investimento do capital financeiro já estava, no geral, explicada em Marx, principalmente no Livro 2 de *O capital*. O problema, porém, seria esclarecer como, nessas plataformas, o capital pode se apropriar do mais-valor do trabalho social. É um debate que remonta a Dallas Smythe, o primeiro a sugerir, discutindo nos anos 1970 o mercado da televisão, que a *audiência* trabalha e produz mais-valor[21]. Raulino retoma essa discussão, conhecida nos meios acadêmicos como *the blind spot debate* ("o debate do ponto cego", com base no título do artigo original de Smythe), em diálogo com autores e autoras contemporâneos, no Brasil e no exterior. Ela demonstra,

---

[18] David Harvey, *O neoliberalismo: história e implicações* (trad. Adail Sobral e Maria Stela Gonçalves, São Paulo, Loyola, 2008).

[19] Nick Srnicek, *Platform Capitalism* (Cambridge, Polity, 2016).

[20] Shoshana Zuboff, *The Age of Surveillance Capitalism* (Nova York, Public Affairs, 2019) [ed. bras.: *A era do capitalismo de vigilância: a luta por um futuro humano na nova fronteira do poder*, trad. George Schlesinger, Rio de Janeiro, Intrínseca, 2020].

[21] Dallas Smythe, *Dependency Road* (Norwood, Ablex, 1981).

Introdução – Informação: um ponto cego no pensamento marxiano • 15

investigando as plataformas YouTube e Facebook, como seus usuários, ao lhes fornecer, não raro ingenuamente, todo tipo de dados pessoais, estão na verdade trabalhando para produzir mais-valor para elas. Daí porque, em tão pouco tempo e nada por acaso, tipos como Mark Zuckerberg, Jeff Bezos e Sergey Brin tornaram-se trilionários.

O quarto capítulo é assinado por Denise Moura e tem como título "Capital financeiro e espetáculo: o controle do futebol por corporações mediáticas". A autora, retomando o conceito de espetáculo em Guy Debord[22], recupera historicamente como, na sociedade capitalista, a cultura foi cada vez mais reduzida a uma coleção de espetáculos e como, em tempos mais recentes, o espetáculo passou a ser cercado, ou *murado*, por grandes corporações mediáticas globais (Disney, Fox etc.), atrás das quais, controlando-as, encontra-se a presença onipotente e onipresente do capital financeiro. Moura pesquisou o espetáculo por excelência, aquele que, em todo o mundo, mais atrai e emociona multidões, e que é o mais popular: o futebol. Seu modo de produção e distribuição insere-se perfeitamente na lógica do capital-informação: o futebol foi transformado em um espetáculo global organizado em torno de competições como a Copa do Mundo da Federação Internacional de Futebol (Fifa) ou de clubes milionários, como o Barcelona, o Bayern de Munique e alguns outros. O futebol, na esteira das emoções que mobilizam milhões de pessoas à volta do mundo, divulga marcas, a mercadoria na forma de imagens, daí movimenta, impulsiona a própria produção industrial fabril: as bebidas, o vestuário, as infraestruturas de telecomunicações, incluídos os receptores pessoais fixos ou móveis (TV, celulares), os suportes materiais necessários ao turismo (aviões, prédios etc.), bem como, claro, o endividamento consumista com o uso de cartões de crédito. Debord, com certeza, se nos basearmos em seus escritos, pensava alcançar objetivos críticos radicais; descreveu, porém, com precisão, um mundo que à sua época ainda mal nascera.

***

Nenhuma produção intelectual é solitária e, muito menos, isolada das experiências sociais concretas no mundo em que vivemos. Este livro, antes de mais nada, é resultado do feliz encontro de interesses, vivências e visão

---

[22] Guy Debord, *A sociedade do espetáculo*, cit.

16 • O valor da informação

de mundo de seu autor e de suas autoras nos Programas de Pós-Graduação em Comunicação e Cultura da Escola de Comunicação da Universidade Federal do Rio de Janeiro (PPGCOM/ECO-UFRJ) e em Ciência da Informação do Instituto Brasileiro de Informação em Ciência e Tecnologia (IBICT), em convênio com a ECO-UFRJ (PPGCI/ECO-IBICT-UFRJ). Foram pelo menos quatro anos de frutífero convívio, troca de ideias e mútuo aprendizado que sedimentaram as relações pessoais e acadêmicas que viabilizaram esta obra coletiva.

Haveria uma longa lista de agradecimentos a colegas professores ou estudantes do PPGCI (que, em 2021, comemorou meio século de existência) e do PPGCOM, com o risco de esquecer alguém. O autor e as autoras também muito devem aos ricos debates sobre a obra e o pensamento de Karl Marx, Álvaro Vieira Pinto e outros teóricos e teóricas marxianos no âmbito do Grupo Marxiano de Pesquisa em Informação, Comunicação e Cultura (ComMarx). Trata-se de um núcleo de professores, pesquisadores e estudantes que vem estudando a teoria marxiana em suas relações com o capitalismo realmente existente neste século XXI. O autor e as autoras, por fim, gostariam também de agradecer a pessoas-chave em sua formação e construção de ideias. Marcos Dantas lembra com saudade de três queridos amigos essenciais em sua formação pessoal e teórica: Arthur Pereira Nunes (1947-2012), José Ricardo Tauile (1945-2006) e Luis Sergio Coelho Sampaio (1933-2003). Larissa Ormay agradece a Fernando de Melo, seu grande interlocutor e parceiro de todas as horas. Gabriela Raulino agradece a todos os que fazem parte do Instituto Federal de Educação, Ciência e Tecnologia do Rio Grande do Norte, casa onde foi educada e se tornou educadora e da qual sempre recebe apoio e financiamento para sua jornada como pesquisadora. Denise Moura agradece a Luiz Felippe Santiago Rodrigues, companheiro de jornadas e fonte de inspiração, ouvidos atentos e debates profícuos.

I
INFORMAÇÃO, TRABALHO E CAPITAL

Por Marcos Dantas

1. Informação e trabalho

1.1. Conceito científico de informação

Definimos informação como alguma modulação de energia que provoca algo diferente em um sistema ou ambiente qualquer e produz, nesse sistema ou ambiente, algum tipo de *ação orientada*, se nele existirem agentes capazes e interessados em captar e processar os sentidos ou significados daquela modulação. A informação, assim, não está no objeto, nem no agente. Ela se encontra na *interação*, na relação estabelecida, por meio de fenômenos físico-químicos, entre i) agentes movidos por suas *finalidades* e ii) as *formas* por eles destacadas no ambiente da ação, durante o *tempo* da ação.

Esse enunciado busca sintetizar as investigações e as formulações de um amplo conjunto de autores, a exemplo de Henry Atlan[1], Gregory Bateson[2], Léon Brillouin[3], Robert Escarpit[4], Abraham Moles[5], Jacques Monod[6],

---

[1] Henri Atlan, *Entre o cristal e a fumaça* (trad. Vera Ribeiro, Rio de Janeiro, Jorge Zahar, 1992 [1979]).

[2] Gregory Bateson, *Pasos hacia una ecología de la mente* (Buenos Aires, Lohlé-Lumen, 1998 [1972]).

[3] Léon Brillouin, *La Science et la théorie de l'information* (Paris, Éditions Jacques Gabay, 1988).

[4] Robert Escarpit, *L'Information et la communication* (Paris, Hachette Livre, 1991).

[5] Abraham Moles, *Teoria da informação e percepção estética* (trad. Helena Parente Cunha, Rio de Janeiro, Tempo Brasileiro, 1978).

[6] Jacques Monod, *O acaso e a necessidade* (trad. Alice Sampaio, 3. ed., Petrópolis, Vozes, 1976 [1970]).

18 • O valor da informação

Heinz von Foerster[7], Jagjit Singh[8], Norbert Wiener[9], Álvaro Vieira Pinto[10], Anthony Wilden[11] e Marcos Dantas[12]. Veremos mais à frente que, se esses autores dialogam entre si em aspectos básicos, ao mesmo tempo exibem importantes diferenças conceituais, metodológicas e até epistemológicas. Para melhor esclarecer o conceito, imaginemos um animal predador em uma savana africana: um guepardo, por exemplo. Ele está deitado, parece dormir, à sombra de uma árvore. Em algum momento, levanta-se e começa a se deslocar na direção de um grupo de gazelas nas proximidades. O que aconteceu? Durante o tempo em que ele aparentemente descansava, seu organismo seguia funcionando, ou seja, trabalhando no sentido físico-químico-biológico da expressão: seus sistemas sanguíneo, respiratório, digestivo, neurológico, seus sentidos de olfato, audição etc. permaneciam ativos, lentamente consumindo as energias acumuladas em seu corpo. Após algumas horas, a energia necessária para manter o corpo funcionando começou a faltar. Nesse momento, um hormônio no estômago avisa ao cérebro que chegou a hora de repor as energias. O animal se levanta e passa a prestar atenção em seu ambiente. Por meio da visão, do olfato, da audição, da sensibilidade dos bigodes e pelos, isto é, dos sentidos, ele *põe em forma*

---

[7] Heinz von Foerster, "Epistemology of Communication", em Kathleen Woodward (org.), *The Myths of Information: Technology and Post-Industrial Culture* (Londres, Routledge & Keegan-Paul, 1980).

[8] Jagjit Singh, *Teoría de la información, del lenguaje y de la cibernética* (Madri, Alianza Universidad, 1982 [1966]).

[9] Norbert Wiener, *The Human Use of Human Beings* (Boston, Houghton Mifflin Co., 1950) [ed. bras.: *Cibernética e sociedade: o uso humano de seres humanos*, trad. José Paulo Paes, 2. ed., São Paulo, Cultrix, 1968].

[10] Álvaro Vieira Pinto, *O conceito de tecnologia* (Rio de Janeiro, Contraponto, 2005).

[11] Anthony Wilden, *System and Structure* (2. ed., Londres/Nova York, Tavistock, 1980 [1972]).

[12] Marcos Dantas, "Valor-trabalho, valor-informação", *Transinformação*, Campinas, v. 8, n. 1, 1996, p. 55-88; "Capitalismo na era das redes: trabalho, informação e valor no ciclo da comunicação produtiva", em Helena Maria Lastres e Sarita Albagli, *Informação e globalização na Era do Conhecimento* (Rio de Janeiro, Campus, 1999), p. 216-61; *Os significados do trabalho: uma investigação semiótica no processo de produção* (tese de doutorado, Rio de Janeiro, Coppe-UFRJ, 2001); *Trabalho com informação: valor, acumulação, apropriação nas redes do capital* (Rio de Janeiro, CFCH/ECO-UFRJ, 2012); disponível em: <www.marcosdantas.pro.br>; acesso em: 14 mar. 2022; "Information as Work and as Labour", *TripleC*, v. 17, n. 1, 2018, p. 132-58.

Informação, trabalho e capital • 19

o ambiente: não em uma forma qualquer, mas em uma forma precisa que orientará sua ação na direção do alimento. As formas que nós, humanos, denominamos "árvores", "grama", "pedras" ou "insetos" não lhe interessam. Interessa-lhe a forma particular de uma "gazela", para a qual é atraído pelo recorte típico contra algum fundo amorfo, pela cor, pelo cheiro, ou seja, por frequências luminosas ou moléculas químicas que permitem a seu cérebro identificar essa específica forma como "fonte de energia". Vindas do cérebro, "ordens" chegam a seus músculos pelo sistema nervoso; o animal se aproxima da vítima e, subitamente, dispara em alta velocidade atrás da presa. Às vezes a vítima escapa, às vezes não. Se escapar, o guepardo precisará recomeçar. Se não, alimenta-se de alguns quilos de carne fresca e, uma vez alimentado, pode voltar a dormir.

O que se passou? Ao deitar-se, depois de alimentar-se, o corpo do animal dispunha de certa capacidade para *fornecer trabalho*. Ou seja, havia nele energia acumulada suficiente para manter seus sistemas trabalhando. Ao longo do tempo, essa energia foi se *dissipando*, transformando-se em formas de energia que já não sustentam as necessidades do corpo, as quais são expelidas pelo animal como urina ou fezes. Em algum momento, uma específica molécula criada pela evolução natural para essa finalidade emite um sinal de "estômago vazio". Então, acionados por outros hormônios e enzimas, os demais sistemas saem de um estado de descanso para um estado de ação, isto é, de um estado no qual realizavam processos *espontâneos* de trabalho para um estado em que passam a efetuar processos de trabalho *não espontâneos*, movidos por um objetivo. Aqueles são processos *dissipativos* de trabalho, presentes em todo o universo; estes são processos *teleonômicos*, exclusivos dos seres vivos.

Os sinais que transitam pelo sistema nervoso do animal acionando e movimentando seus sentidos, músculos e ossos são pulsos eletroquímicos. É matéria processando energia. Contudo, nesse caso, essa matéria-energia está possibilitando pôr em forma seu corpo e, por meio dele, todo o ambiente à volta, visando extrair energia *livre* do ambiente para repor a sua. Essa específica forma teleonômica de trabalho é definida como *informação* (Figura 1).

Essa compreensão da informação como um processo físico-químico natural que se revela essencial para a sustentação da vida começou a avançar nas primeiras décadas do século XX, quando os cientistas se viram diante da necessidade de explicar fenômenos que pareciam contrariar as leis da termodinâmica. Se qualquer sistema organizado tende inexoravelmente ao equilíbrio, conforme essas leis, como poderia encontrar-se antes em

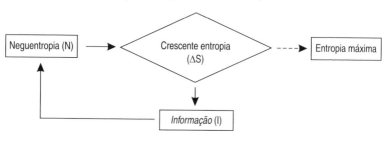

Figura 1. O processo da informação

Fonte: elaboração do autor.

algum estado de *não equilíbrio*? Por que o guepardo consegue mover-se no sentido de não se permitir alcançar sua máxima entropia? Ou melhor: por que qualquer ser vivo, a partir, em um primeiro momento, de uma única célula, consegue crescer e se multiplicar? Essas perguntas frequentaram os círculos filosóficos e científicos do início do século XX e, na falta de melhor resposta, a solução só podia ser pelo sopro divino, como sustentavam, entre outros, o teólogo Teilhard de Chardin (1881-1955) ou o filósofo Henri Bergson (1859-1941)[13].

Ao físico Leó Szilárd (1898-1964) atribui-se a primeira explicação de como diferenças térmicas no interior de um sistema podem, dadas certas condições, favorecer algum movimento de reação à entropia. Outro físico, Erwin Schrödinger (1887-1961), na obra seminal *What is Life?* [O que é vida?], publicada em 1944, afirmará que a vida se alimenta de entropia negativa. O físico Léon Brillouin (1889-1969) complementará e generalizará a hipótese de Szilárd, demonstrando, em obra original de 1958, que, enquanto houver uma fonte própria de energia no interior de um sistema, nele poderão ocorrer simultaneamente tanto trabalho de tendência entrópica quanto de tendência contrária[14]. Nem precisa tratar-se de um ser vivo. Um termostato de geladeira ou de ar-condicionado opera conforme o mesmo princípio: está programado para ser acionado automaticamente assim

---

[13] Citado em Henri Atlan, *Entre o cristal e a fumaça*, cit., p. 23; Jacques Monod, *O acaso e a necessidade*, cit., p. 37, 43, passim; Jagjit Singh, *Teoría de la información, del lenguaje y de la cibernética*, cit., p. 94.

[14] Léon Brillouin, *La Science et la théorie de l'information* (Paris, Éditions Jacques Gabay, 1988).

que dada condição de temperatura informa que os motores (fonte de energia) devem ser acionados.

Brillouin dirá que alguns sistemas capazes de fornecer dada quantidade de trabalho, medida que denominou *neguentropia*, podem transformar parte desse trabalho em informação que lhes permita recuperar energia livre para sustentar aquela capacidade de trabalho:

$$I \rightleftarrows N$$

Naturalmente, essa atividade informacional também despenderá energia. O guepardo precisa correr atrás da presa. O termostato "puxa" mais carga do sistema elétrico ao qual está conectado por uma tomada. O ganho de neguentropia é "pago" com acréscimo de entropia em algum outro nível do sistema (não somente o guepardo se cansa como uma gazela morre). Os efeitos das leis da termodinâmica, no limite, não são revogados, mas durante algum tempo podem ser postos entre parênteses.

Portanto, todo e qualquer organismo vivo realiza trabalho neguentrópico ou *informacional*: todos processam e selecionam modulações de energia que lhes permitem identificar e capturar, no ambiente, suas fontes de reposição da neguentropia termodinamicamente dissipada. O limite desse dispêndio está dado de maneira termodinâmica: a neguentropia recuperada não pode ser superior à dissipada no próprio trabalho neguentrópico (se isso fosse possível, estariam revogadas as leis da termodinâmica). Pode-se medir o rendimento neguentrópico do trabalho informacional pela fórmula

$$\Delta N / \Delta S \leq 1$$

onde N é neguentropia e S, entropia.

O problema de todo organismo neguentrópico é extrair o máximo rendimento de sua ação. Seu adversário, por assim dizer, é o *tempo*: quanto mais tempo o organismo consome em seu trabalho neguentrópico, mais tempo ele concede à entropia. Seu objetivo, pois, deverá ser obter o máximo rendimento neguentrópico possível no menor tempo. Para ganhar tempo, todo organismo, por meio de seus sentidos (e o ser humano, com seus sentidos e suas próteses tecnológicas), é capaz de recortar algum padrão de eventos distinto do fundo do ambiente, graças ao qual percebe, ou *diferencia*, os eventos que orientarão sua ação. Daí que, destacará Bateson,

22 • O valor da informação

informação será "qualquer diferença que introduz uma diferença em algum evento posterior"[15].

Esse padrão de eventos potencialmente reconhecíveis por um agente constitui um *código*: conjunto de formas perceptíveis no espaço e no tempo que oferecem a esse agente certo grau de previsibilidade quanto aos eventos passíveis de serem percebidos por meio desse conjunto de formas. Todo e qualquer código contém também um conjunto igualmente finito de regras pelas quais suas formas sensíveis podem ser associadas entre si, dado um agente, de modo a fornecer-lhe sentidos, orientações, significados. *Toda informação é necessariamente codificada* – ou não será informação[16].

É necessário que haja alguma repetibilidade e, daí, previsibilidade, para que se possa reconhecer inicialmente um código. A essa repetibilidade dá--se o nome de *redundância*, com base na qual se pode estabelecer os graus de diferenciação necessários para a extração dos sentidos ou significados contidos no evento transmitido por meio do código. Isto é, a redundância permite a alguém, diante de uma mensagem na qual faltam alguns itens, "adivinhar os itens faltantes com um grau de acerto superior ao que lograria ao azar"[17]. O jogo da forca pode servir de exemplo: quanto mais os espaços vão sendo preenchidos por letras, mais fácil fica preencher os últimos espaços. É o efeito da redundância.

---

[15] Gregory Bateson, *Pasos hacia una ecología de la mente*, cit., p. 407.

[16] Tornou-se comum na literatura econômica e sociológica distinguir "conhecimento tácito" de "conhecimento codificado" (Bengt-Åke Lundvall e Björn Johnson, "The Learning Economy", *Journal of Industrial Studies*, v. 1, n. 2, 1994, p. 23-42; Dominique Foray, *L'Économie de la connaissance*, Paris, La Découverte, 2000). De fato, conhecimento tácito nada mais é que conhecimento *hipocodificado*, não raro icônico (baixa taxa de redundância relativa, formas difusas), enquanto o conhecimento codificado é *hipercodificado* (alta taxa de redundância relativa, formas bem definidas). Na prática, o que esses conceitos entendem por "codificado" nada mais é que conhecimento *registrado*, objetivado, impresso em algum suporte adequado de comunicação que podem ser até as frequências sonoras que transmitem voz em uma conversa, nesse caso, mais coloquial. Conhecimento é informação morta como poderia dizer Marx (trabalho morto, trabalho passado, trabalho acumulado), é memória registrada ou acumulada na mente e nos objetos, que a informação *vivifica* (trabalho vivo, trabalho líquido), produzindo aumento de conhecimento.

[17] Gregory Bateson, *Pasos hacia una ecología de la mente*, cit., p. 443.

1.2. *Trabalho informacional semiótico*

Os elementos que faltam na definição de redundância indicam alguma taxa maior ou menor de incerteza inerente a todo trabalho informacional. O guepardo de nosso exemplo pode ter certa previsão, mas ignora, no exato momento e tempo de sua ação, como de fato reagirão as gazelas e como também exatamente intervirão competidores oportunistas. A cada evento um tanto esperado ou relativamente inesperado, ele precisa dar alguma resposta, conforme possa entendê-los em função de sua memória, ou seja, aprendizagem. Sua reação será função da utilidade ou não desse evento para consecução de sua ação, de sua incorporação ou não ao código que preside sua ação. Daí que, desde Szilárd, passando por Brillouin e chegando a Henri Atlan[18], esses espaços não redundantes que revelam alguma ignorância maior ou menor sobre todas as possibilidades do código e da própria ação remetem ao *significado* da informação. É uma dimensão da informação que só pode ter tratamento formal por meio de outro campo científico: a *semiótica*.

Até onde sabemos, em qualquer animal, a relação entre as formas do ambiente e os registros de sua memória é direta, imediata, reflexa. No ser humano, essa memória é expressa na forma de palavras e conceitos. Relacionamos as coisas que nos cercam com substantivos e adjetivos, e nossas ações a verbos. Entre os sentidos humanos, sintetizados em nosso cérebro, e o mundo objetivo à nossa volta, criamos uma terceira dimensão que está tão imbricada em nossas exigências de sobrevivência quanto respirar ou comer: a dimensão semiótica. Os fenômenos físicos que nossos sentidos percebem já são *de imediato* relacionados a signos, isto é, como definiu Robert Escarpit, a "uma variação de energia que denota outra coisa que a própria existência"[19].

Assim palavras ou imagens que usamos em nossas relações sociais são manifestações de matéria-energia que selecionamos e codificamos para representar o mundo em que vivemos e nos possibilitar agir e interagir nesse mundo. Para o guepardo de nosso exemplo, as formas que lhe interessam recortar e processar oferecem-lhe diretamente sentidos ou orientações para a ação – e não mais que sentidos e orientações. Para os seres humanos, as formas com as quais representamos o mundo (palavras ou outras imagens sonoras, visuais, olfativas etc.) são manifestações significantes cujos significados e significações

---

[18] Henri Atlan, *Entre o cristal e a fumaça*, cit.

[19] Robert Escarpit, *L'Information et la communication*, cit., p. 85.

24 • O valor da informação

medeiam nossas ações nesse mundo, logo são ferramentas da mente e do corpo com as quais *construímos*, portanto modificamos, o mundo à nossa volta.

Assim como a teoria científica da informação, a semiótica é também uma ciência do século XX. Ela nasce, com o nome semiologia, com o linguista franco-suíço Ferdinand de Saussure (1857-1913) e, com o nome semiótica, com o lógico estadunidense Charles Sanders Peirce (1839-1914). Epistemologicamente, a semiologia saussuriana é positivista e servirá de ponto de partida para toda a antropologia e a sociologia estruturalistas que exercerão grande influência intelectual ao longo do século XX. A semiótica peirciana é praxiológica e pode dialogar com Hegel, de quem Peirce não nega alguma influência[20].

Citando Paul Ricoeur, Christophe Déjours reivindica, para podermos "dar conta do mundo humano da ação", que integremos "em sua modelização conceitos extraídos da semiologia e da semântica, isto é, conceitos linguísticos, qualitativos, cuja validade fundamenta-se no rigor da análise estrutural e da lógica que articula os diferentes elementos da explicação"[21]. As ciências da natureza, tal como foram organizadas e são em geral praticadas, seriam explicativas, tendo a linguagem matemática como sua principal ferramenta de trabalho; no entanto, a compreensão das ações humanas, inclusive em suas atividades científicas, demanda interpretação dos textos pelos quais essas ações se efetuam ou são percebidas, textos esses que podem ser efetuados por qualquer meio, inclusive pela voz ou por gestos.

Imaginemos uma situação fabril. Déjours estudou várias delas. O autor deste capítulo baseia-se também nas próprias investigações[22]. Ao iniciar

---

[20] Peirce reconhece que seu projeto filosófico, por ele denominado "pragmatismo", está "intimamente ligado ao idealismo absoluto hegeliano, do qual porém se separa por sua vigorosa negação de que a terceira categoria (que Hegel degrada à condição de mero estado do pensamento) baste para constituir o mundo ou mesmo que seja autossuficiente". Não fosse essa (importante) diferença, Hegel poderia ter sido considerado "o grande vindicador" do pensamento pragmatista (Charles S. Peirce, *Semiótica*, São Paulo, Perspectiva, 1977 [1931-1935], p. 298).

[21] Christophe Déjours, *O fator humano* (Rio de Janeiro, Fundação Getulio Vargas, 1997), p. 84.

[22] Marcos Dantas, *Os significados do trabalho*, cit.; "Os significados do trabalho: produção de valores como produção semiótica no capitalismo informacional", *Trabalho, Educação e Saúde*, v. 5, n. 1, 2007, p. 9-50; disponível em: <http://www.marcosdantas.com.br/conteudos/2013/04/07/os-significados-do-trabalho-producao-de-valores-como-producao-semiotica-no-capitalismo-informacional-trabalho-educacao-e-saude-v-5-n-1-2007/>; acesso em: 2 mar. 2022.

Informação, trabalho e capital • 25

sua jornada de trabalho, o operário ou operária já conhecem um conjunto de elementos cujas condições estão, para ele ou ela, muito bem definidas. Ele ou ela conhecem sua máquina, seus materiais, suas metas de produção etc., mas não podem saber, por exemplo, se ao longo da jornada a máquina apresentará algum defeito, prejudicando ou não sua produção. No máximo, sabem que essa é uma eventualidade possível e, por isso, permanecem, por horas, observando o comportamento da máquina, visando nela intervir caso advenham problemas. A máquina, diante dele ou dela, tem um comportamento esperado, mas pode, de repente, assumir um comportamento inesperado, nem por isso de todo imprevisível.

Se vier a ocorrer um problema, o operário ou operária ignoram, em um primeiro momento, seus motivos. No entanto, com base nos manuais da máquina, no próprio treinamento, ou ainda na experiência de anos de trabalho, podem elaborar algumas *hipóteses* sobre o defeito. Suponhamos que a máquina produza parafusos de dado tamanho e peso. O operário ou operária detêm em sua mente uma *imagem* dos parafusos a serem fabricados (ou podem ter, junto à máquina, uma fotografia reproduzindo a peça). A máquina "cospe" em uma cesta centenas de parafusos por minuto, e o trabalhador ou trabalhadora estão, instante a instante, conferindo se esses parafusos reais reproduzem exatamente a imagem que ele ou ela detêm mentalmente. De repente, algum parafuso sai torto ou em um tamanho menor do que deveria, não estão em conformidade com a imagem mental. O operário ou operária podem interromper o trabalho da máquina e precisar buscar as causas do problema. Em outras palavras, encontravam-se em um estado ou tempo redundante, passaram para uma situação de incerteza. Encontravam-se em um estado em que a máquina parecia perfeitamente calibrada, isto é, com todas as suas medidas muito bem ajustadas (diâmetros, comprimentos, velocidades, profundidades de corte etc.); viram-se remetido ou remetida a um estado em que a máquina parece *sem medidas*. Podem explicar o problema, mas sobretudo deveriam *compreendê-lo*. Explicar seria dizer "essa medida está fora do ajuste". Isso é óbvio. O problema será entender por que está fora do ajuste.

Esse entendimento será alcançado por meio de processos semióticos: o operário ou operária poderão "dialogar" com a máquina, experimentando suas partes e peças ou conferindo seus "manuais de instrução"; conversarão com colegas de trabalho, com o pessoal da manutenção, o supervisor ou supervisora, a equipe de engenharia etc. Todo um *tempo de trabalho* é despendido social e coletivamente produzindo signos: palavras são ditas, cálculos numéricos são feitos, às vezes até desenhos são rabiscados para melhor ilustrar alguma situação[23].

Trata-se de *trabalho semiótico*, nos termos de Umberto Eco[24] ou Ferruccio Rossi-Landi[25] (1985): "produzir signos implica um trabalho, quer esses signos sejam palavras ou mercadorias"[26]. Há sempre dispêndio de alguma energia, atividade eletroquímica neurológica, cansaço do corpo ao longo do dia, se estamos falando ou ouvindo, escrevendo ou lendo, mesmo assistindo à TV ou escutando um agradável som musical. Esse é também, na maior parte dos casos, um trabalho de transformação material[27]. Para falar ou ouvir, produzimos frequências sonoras modificando o ar à nossa volta por meio de nosso aparelho fonador. Para escrever ou ler, modificamos suportes feitos de papel ou vidro – como tela de computador –, nos quais imprimimos letras e outras imagens, os quais acessamos por processos de seleção de frequências luminosas por meio de nosso aparelho visual. Entretanto, haverá casos, embora menos comuns, em que o signo é imediatamente o próprio suporte que o expressa: pegadas não intencionais de um animal conforme interpretadas por um caçador humano, por exemplo. De um jeito ou de outro, trata-se de *trabalho material*.

Na maior parte das vezes, a produção semiótica parece-nos rotineira. São as muitas situações de conversas coloquiais ou ações cotidianas – ou as horas em que o operário ou a operária permanecem junto à máquina conferindo as peças com suas imagens mentais. Reproduzimos, como se fosse espontaneamente e sem perda de tempo perceptível, nossos códigos linguísticos e outros códigos semióticos que aprendemos a dominar desde a

---

23 É perfeitamente possível mapear esse percurso de trabalho por meio da formalização semiótica (Marcos Dantas, *Os significados do trabalho*, cit.; "Os significados do trabalho", cit.). De fato, aliás, propostas nesse sentido foram feitas pioneiramente por Pierre Naville, em *Vers l'automatisme social?* (Paris, Gallimard, 1963), e por Yvette Lucas em *Codes et machines: essais de sémiologie industrielle* (Paris, PUF, 1974).

24 Umberto Eco, *A estrutura ausente* (trad. Pérola de Carvalho, São Paulo, Perspectiva, 1976 [1968]); *Tratado geral de semiótica* (trad. Antônio de Pádua Danesi e Gilson Cesar Cardoso de Souza, São Paulo, Perspectiva, 1980); *O signo* (trad. Maria de Fátima Marinho, Lisboa, Editorial Presença, 1981 [1973]).

25 Ferruccio Rossi-Landi, "Linguistics and Economics", em Thomas Sebeok et al. (orgs.), *Linguistics and Adjacent Arts and Sciences, of Current Trends in Linguistics* (Haia, Mouton, 1974, v. 3), p. 1.787-2.017.

26 Umberto Eco, *O signo*, cit., p. 170.

27 Idem, *Tratado geral de semiótica*, cit.

Informação, trabalho e capital • 27

infância, na escola, na vida social, na formação profissional. Ou seja, fazemos trabalho material semiótico de mera *replicação* de modelos culturalmente dados, aprendidos na vida familiar e nas relações sociais ao longo da vida[28]. Trata-se, por definição, de trabalho basicamente redundante: trabalho com elevada taxa de redundância e baixa (mas nunca nula) taxa de incerteza.

Em muitas situações, no entanto, a produção semiótica exige maior esforço e demanda mais tempo: um texto de difícil compreensão, um filme que pode exigir maior empenho interpretativo. Artistas, cientistas ou desportistas costumam viver tais situações de baixa redundância quase como rotina. Eles em geral estão *criando*, isto é, buscando gerar algo que não seja imediatamente remetido a algum modelo já dado, mesmo que nos limites de algum grau já disponível de redundância básica. Ninguém cria rigorosamente do nada. Nesses contextos, o trabalho material semiótico resultará em alguma novidade, em maior ou menor grau. Pode, no limite, resultar em invenções, até fundação de novos códigos (artísticos, linguísticos)[29]. Será trabalho que diremos *aleatório*: trabalho com baixa taxa de redundância (mas nunca nula) e elevada taxa de incerteza, logo realizado em um tempo perceptível, porém de difícil mensuração *a priori*.

1.3. Valor da informação

Ao longo de qualquer processo de trabalho, os indivíduos estão permanentemente relacionando o imprevisto ao conhecido, o aleatório ao redundante. A redundância faz de alguma mensagem já identificada uma mensagem cuja exclusiva utilidade será a de apontar, *de imediato* (tempo no limite de zero), caminhos a serem seguidos na busca do *novo*. Todavia, se ou quando a redundância não fornece essa orientação, a ação tende a se paralisar, mas sem que se detenha o consumo espontâneo de neguentropia. Ou então não rende, embora prosseguindo o consumo não espontâneo de neguentropia. Em nosso exemplo do operário ou operária, se ele ou ela precisam permanecer observando a máquina trabalhar durante horas, atento ou atenta a seus relógios, medidores e literais ruídos (que só alguém experiente conhece bem), sê-lo-á justamente para captar os eventos aleatórios (erros, mudanças imprevistas e indesejáveis de comportamento), não os previsíveis.

---

[28] Idem.

[29] Idem.

A redundância tão somente lhes serve porque pode apontar para algum evento original, caso ocorra. Permite-lhes, assim, se concentrarem na busca de significados para os eventos cujas origens ou causas em princípio ignoram. Essa busca será um trabalho semiótico: processo em que os sentidos, os nervos e até os músculos, mas, sobretudo, a mente, são empregados na associação de significantes a significados dado um contexto e seus códigos. Por isso, começando aqui a recuperar categorias-chave de Marx, o valor do trabalho concreto vivo se exprimirá naqueles momentos em que o trabalho da máquina, por Marx algumas vezes denominado "morto", revela ou produz algum evento aleatório (ou "ruído"); não quando opera "sem defeitos".

O trabalho neguentrópico está permanentemente movendo-se nessa dialética entre a novidade e a redundância. É acionado pelo evento diferente, novo, original (que pode até ser a sensação de fome do guepardo). Seu rendimento será tanto maior quanto mais sentidos ou significados extraia de um evento original, *no menor tempo*. Pode acontecer, tanto no mundo biológico natural quanto no mundo social humano, de a novidade não revelar facilmente seu significado, considerando-se os objetivos do agente. O esforço de busca e processamento se tornará demorado e cansativo, a incerteza crescerá, podendo, no limite, levar ao desastre[30]. Entretanto, na maioria dos casos, a memória, o conhecimento e a experiência ajudarão, mesmo com alguma "perda de tempo", a identificar causas de um problema e responder a elas.

Uma vez extraídos todos os significados possíveis do evento, a ação decorrente, cujos objetivos e finalidades já estão, agora, *dados*, implicará, principalmente, consumo entrópico de matéria e energia. Será dispêndio de trabalho ainda necessário à consecução do objetivo neguentrópico do organismo, do qual dificilmente ele poderá eximir-se. Esse dispêndio terá, no geral, a forma de alguma *comunicação*: em um ambiente produtivo qualquer, o trabalhador ou a trabalhadora comunicam o problema a seu gestor ou gestora, ou, conforme o caso, comunicam-se diretamente com a máquina na qual trabalham, por meio dos instrumentos de controle, visando corrigi-la. Em um caso ou em outro movimentarão músculos, nervos e neurônios.

---

[30] Pense-se, por exemplo, nos desastres aéreos. Hoje em dia, quase sempre um desastre decorre de alguma situação totalmente imprevista, seja pelo treinamento dos pilotos, seja pela programação dos computadores de bordo, não havendo também tempo para que os pilotos possam identificar a origem e a dimensão dessa aleatoriedade. É um caso de R = 0, no qual, por isso mesmo, o rendimento neguentrópico dos esforços dos pilotos para chegaram a alguma solução se revelará, ao cabo, tragicamente negativo.

No mundo natural, um organismo vivo qualquer comunica suas intenções a outros organismos vivos, nisso dando origem a perseguições, fugas etc. Qualquer comunicação tem origem em uma diferença (informação), mas concretiza-se em redundância. Como diz Bateson, "a *raison d'être* da comunicação é a criação de redundância"[31]. Portanto, uma vez obtido o significado de um evento novo, ao trabalho aleatório segue-se, necessariamente, um *trabalho redundante*. São dois momentos de um mesmo processo, os quais podem tanto se efetuar de modo quase imperceptível, ou indiferente, quanto de modo claramente perceptível, ou distinguível, pelo agente. Quando eu penso e, de imediato, digito meus pensamentos em um teclado, realizo trabalho aleatório e redundante quase simultaneamente. Em uma organização fabril, se um operário passa horas observando uma máquina a trabalhar, sem precisar nela intervir porque está tudo transcorrendo normalmente, realiza trabalho redundante até que algum evento inesperado convoque também sua *competência semiótica* para realizar trabalho aleatório: identificar o problema, modificar comandos da máquina, comunicar a dificuldade a outras instâncias etc.

Como será a resolução de algum problema, ou o processamento da informação aleatória, que permitirá o aprimoramento dos processos de trabalho, isto é, de suas curvas de aprendizagem, cada ponto da curva A da Figura 2, a seguir, expressará aquele momento em que os sentidos ou significados que se possam extrair da informação já terão sido extraídos, decorrendo daí o trabalho redundante de comunicá-los pelos meios pertinentes. Portanto, a qualquer ponto da curva A_t (processo de aprendizagem no tempo) deverá corresponder uma *curva de originalidade* que expresse um evento novo percebido naquele ponto e sua crescente repetição no tempo. O trabalho informacional realiza-se na vizinhança do ponto O, sobre a curva A_t. Haverá um grau de incerteza H além do qual o processamento da informação não fornece ao agente qualquer orientação, bem como um grau de redundância, além do qual o tempo já começa a se tornar altamente entrópico, à medida que vai consumindo a neguentropia disponível no agente e no conjunto do sistema. Para cada ponto $O_{a,b,...,n}$, em suma, haverá um $H_{a,b,...,n}$ máximo desejável, ou informação passível de ser tratada naquele ponto em um tempo de processamento que deverá ser o $t_{a,b,...,m}$ mínimo necessário. Então tenderá a ser redundante qualquer $t_{a',b',...,m'} > t_{a,b,...,m}$ em face da ação já realizada. Essa relação atribuirá um *valor à informação* relativamente aos agentes em interação no

---

[31] Gregory Bateson, *Pasos hacia una ecología de la mente*, cit., p. 158.

30 • O valor da informação

ambiente[32]. Ou seja, o valor da informação é uma função de processamento da incerteza no tempo, dada certa taxa de redundância (memória, conhecimentos acumulados, códigos). Expressa-se pelo trabalho vivo, concreto, em movimento. Não podendo ser "congelado", o valor da informação não pode conter medidas equivalentes. Diferença que introduz diferença.

Figura 2. Valor da informação-trabalho

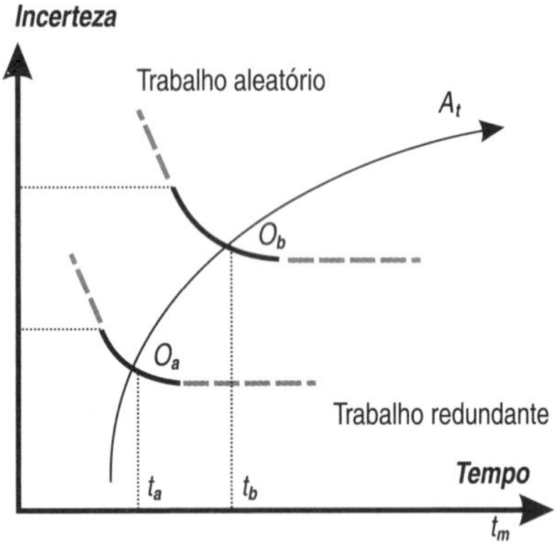

Fonte: elaboração do autor.

1.4. Excurso epistemológico

Viemos, até aqui, reconstruindo um movimento científico que nasce em um específico contexto histórico (no qual a Segunda Guerra Mundial e a Guerra Fria, em seguida, são determinantes), mas evolui pela influência de diferentes formações intelectuais, teóricas, profissionais, não ignorando também as crenças individuais mais profundas, nem sempre explícitas e conscientes, de seus principais formuladores. Uma parte desse movimento intelectual encontrou-se nas famosas Conferências Macy (1947-1953). Seus primeiros

---

[32] Marcos Dantas, "Valor-trabalho, valor-informação", cit.; "Capitalismo na era das redes: trabalho, informação e valor no ciclo da comunicação produtiva", cit.; *Trabalho com informação*, cit.; "Information as Work and as Labour", cit. Para a função originalidade/redundância, ver Abraham Moles, *Teoria da informação e percepção estética*, cit. Para a curva de evolução, ou de aprendizagem, ver Henri Atlan, *Entre o cristal e a fumaça*, cit. O modelo de Atlan descreve tanto a evolução positiva quanto negativa da curva, após alcançada redundância zero, expressando a evolução da vida ou de seus indivíduos, mas essa segunda fase não vem ao caso aqui.

Informação, trabalho e capital • 31

encontros visavam discutir a recém-anunciada teoria cibernética de Norbert Wiener. No entanto, dos debates acabou emergindo, nos últimos encontros, a chamada "segunda cibernética" de Von Foerster, Bateson e outros[33].

A teoria científica da informação teve origem nos laboratórios de pesquisa e construção dos primeiros computadores, servomecanismos, sistemas de telecomunicações. Seus primeiros formuladores são engenheiros, matemáticos, físicos: Claude Shannon (1916-2001), Norbert Wiener (1894-1964), William Ashby (1903-1972), entre outros. Por isso, ela nasce como uma teoria matemática, focada nos aspectos quantitativos da informação. A mente do engenheiro e as demandas de suas relações de trabalho, suas agendas de discussão, seus principais interlocutores e demais relações sociais encaminharam soluções presididas por uma epistemologia cartesiana e positivista um tanto naturalizada, que vai conduzir a uma entusiasmada busca pelo desenvolvimento de computadores, sistemas automáticos, inteligência artificial. Financiando essa busca, estava o Estado militarista dos Estados Unidos, mas também em paralelo, o da União Soviética. Antropólogos e psicólogos como Gregory Bateson (1904-1980), um físico como Heinz von Foerster (1911-2002), decididamente influenciado pela efervescência intelectual da Viena nos anos 1920, com destaque para Ludwig Wittgenstein (1889-1951), linguistas como Roman Jakobson (1896-1982), entre outros, trarão de suas próprias experiências de vida e objetos de pesquisa outras perspectivas que mal caberão no paletó apertado das teorias de Shannon ou Ashby. Do outro lado do Atlântico, um pouco mais tarde e absorvendo essas influências, a eles se soma o biólogo Henri Atlan (1931-), logrando construir um programa teórico abrangente que nos levará a compreender o movimento da informação no interior das próprias relações da matéria inorgânica e orgânica.

Lucien Sfez[34], apresentando uma ampla análise de como essas teorias, sob a rubrica geral *Comunicações*, têm influenciado de maneira profunda o pensamento contemporâneo, direta ou indiretamente, consciente ou subconscientemente, observou que, desde então, consolidam-se dois grandes ramos epistemológicos que poderiam ter por metáfora o comportamento da

---

[33] Jean-Pierre Dupuy, *Nas origens das ciências cognitivas* (trad. Roberto Leal Ferreira, São Paulo, Unesp Editora, 1996).

[34] Lucien Sfez, *Crítica da comunicação* (trad. Adail Ubirajara Sobral e Maria Stela Gonçalves, São Paulo, Loyola, 1994); *A comunicação* (trad. Marcos Marcionilo, São Paulo, Martins Fontes, 2007).

32 • O valor da informação

máquina ou do organismo. O primeiro é *cartesiano*, logo representativo ("eu produzo uma representação do mundo"), dualista (clara separação sujeito--objeto), lógico-formal (contradição excluída), atomista (a parte representa o todo). Seu lugar, por excelência, é a engenharia, mas é base também para a linguística gerativa de Noam Chomsky (1928-), para a sociologia de Harold Lasswell (1902-1978) e Paul Lazarsfeld (1901-1976), inclusive suas teorias dos meios de comunicação social (*mass media*), penetrando igualmente no pensamento marxista por meio, por exemplo, de Herbert Schiller (1919--2000). Sfez não vai mais longe, mas a dicotomia emissor-receptor, expressão do dualismo sujeito-objeto, também sustenta a dualidade concepção/execução proposta por Harry Braverman[35] ao descrever as relações de trabalho no capitalismo monopolista. Sem que Braverman provavelmente tenha tido noção disso, sua teoria reproduz, na análise das relações de trabalho, esse dualismo cartesiano que praticamente dominou o pensamento moderno, inclusive nas ciências sociais, durante a maior parte do século XX.

O segundo grande ramo, nos termos de Sfez, é *espinoziano*: expressivo ("eu expresso o mundo que me expressa"), monista (identidade sujeito--objeto), sistêmico ou holístico (totalidade), podendo ser também lógico--dialético. Nas teorias de comunicação social desse segundo tronco, "o destinatário desbanca o emissor"[36], pois cabe a ele preencher de significados e significações a mensagem que recebe, posição que vamos encontrar também na semiótica de Umberto Eco[37]. Para o linguista marxista Volóchinov (ou Bakhtin), "compreender o enunciado alheio significa orientar-se em relação a ele [...] A significação é um efeito da interação entre o falante e o ouvinte no material de um dado conjunto sonoro"[38]. Robert Escarpit propõe o modelo "emirec" (emissor *e* receptor) em lugar do dual emissor-receptor[39]. Em suma, "emissão é imediatamente recepção; recepção é imediatamente emissão"[40].

---

[35] Harry Braverman, *Trabalho e capital monopolista: a degradação do trabalho no século XX* (trad. Nathanael C. Caixeiro, Rio de Janeiro, Zahar, 1981 [1974]).

[36] Lucien Sfez, *A comunicação*, cit., p. 95.

[37] Umberto Eco, *A estrutura ausente*, cit.; *Tratado geral de semiótica*, cit.

[38] Valentin Volóchinov, *Marxismo e filosofia da linguagem* (trad. Sheila Grillo e Ekaterina Vólkova Américo, São Paulo, Editora 34, 2017 [1929]), p. 232-3.

[39] Robert Escarpit, *L'Information et la communication*, cit., p. 103.

[40] Marcos Dantas, "Valor-trabalho, valor-informação", cit., p. 61.

Escreveu Marx: "a produção é imediatamente consumo, o consumo é imediatamente produção. Cada um é imediatamente seu oposto"[41]. A relação imediata aí não é, claro, temporal, mas *dialética*. O tempo entre o processo de produção e o de consumo, assim como entre o processo de emissão e o de recepção, pode até ser demorado, devido a barreiras espaciais ou outras, mas, independentemente de qualquer distância de tempo e espaço, a relação produtor-consumidor (ou emissor-receptor) já está dada *a priori*, no ato mesmo da produção ou de seu consumo. Por exemplo: dificilmente, um fabricante de roupas femininas produzirá vestidos multicoloridos, decotados, sem panos cobrindo os braços da mulher, em países ou regiões de costumes fortemente tradicionalistas, onde se exige, às vezes até sob penas severas, que a mulher se vista com alto grau de decoro, considerado, porém, inaceitável ou desnecessário em outros países ou regiões cujos costumes sejam mais liberais. Ou seja, antes de serem determinados por fatores exclusivamente econômicos, a produção e o consumo são *processos culturais*. Por isso, acrescenta Marx: "tem lugar simultaneamente um movimento mediador entre ambos. A produção medeia o consumo, cujo material cria, consumo sem o qual lhe faltaria objeto. Mas o consumo também medeia a produção ao criar para os produtos o sujeito para o qual são produtos"[42].

O consumo produz a produção, prosseguirá Marx. Primeiro porque o produto se torna realmente produto somente se consumido. Segundo porque "o consumo cria o estímulo da produção; cria também o objeto que funciona na produção como determinante da sua finalidade"[43]. O consumo diz sobre os comportamentos, os desejos, as modas, as regras sociais que orientarão a produção. Ele como que "desenha" o produto, suas formas, cores, detalhes ornamentais. Ao produtor apenas caberia orientar-se por esse "desenho". A relação, pois, antes de ser econômica, é semiótica. Tanto Anthony Wilden[44] quanto Terry Eagleton[45] destacarão essa dimensão e mesmo a determinação semiótica do pensamento de Marx[46].

---

[41] Karl Marx, *Grundrisse: manuscritos econômicos de 1857-1858* (trad. Mario Duayer e Nélio Schneider, São Paulo, Boitempo, 2011 [1976]), p. 46.

[42] Idem.

[43] Idem.

[44] Anthony Wilden, "Comunicação", em *Enciclopédia Einaudi*, v. 34 (Lisboa, Imprensa Nacional-Casa da Moeda, 2001), p. 11-77.

[45] Terry Eagleton, *A ideologia da estética* (trad. Mauro Sá Rego Costa, Rio de Janeiro, Zahar, 1993).

[46] Marcos Dantas, "Information as Work and as Labour", cit.

34 • O valor da informação

Em que pese esse diálogo muito possível com Marx, nas teorias de que estamos aqui tratando, "o marxismo [está] ausente" – Sfez acusa Gregory Bateson[47]. "Nenhuma referência a Hegel, mesmo quando ele parece se impor"[48], nem a Freud, Lacan ou mesmo a pensadores idealistas, a exemplo de Husserl ou Bergson, que já teriam também perscrutado o caminho. Bateson e seus colegas da Escola de Palo Alto, imersos na cultura pragmática estadunidense, chegam a suas conclusões com base quase apenas em suas experimentações e observações. Atlan, por sua vez, interrogado em uma entrevista sobre a influência em suas hipóteses da filosofia de Espinosa, confessou nunca ter lido esse filósofo até que algumas pessoas lhe apontaram as convergências de ideias[49]. Esses cientistas e pensadores construíram o que construíram porque, na realidade imediata, vivenciavam situações que lhes orientavam as pesquisas e as hipóteses que vieram a formular, e as muitas mediações da vida, suas crenças subconscientes mais profundas, os compromissos éticos e influências culturais outras moldaram suas mentes para poder fazer o que fizeram.

Já o pensamento marxista, enfrentando os limites impostos pelo materialismo dialético oficial soviético, conhecido pelo acrônimo russo *diamat*[50], reprimiu, na semiótica, as ideias do Ciclo de Bakhtin e não tomou conhecimento de Rossi-Landi. Após forte resistência inicial, a ciência soviética acabou absorvendo a cibernética, mas em sua versão tecnológica, necessária ao desenvolvimento industrial e, em especial, à defesa. Mesmo assim, para isso, precisou adaptá-la aos cânones do *diamat*[51]. Porém, será a partir daí que o brasileiro Vieira Pinto irá construir um corpo teórico e epistemológico rigoroso, no qual não poupa críticas não apenas ao formalismo lógico-matemático da cibernética de Norbert Wiener e seus colegas, como também às limitações dos teóricos oficiais da União Soviética e países da então Europa

---

[47] Lucien Sfez, *Crítica da comunicação*, cit., p. 184.

[48] Idem.

[49] Henri Atlan, "Ruído e determinismo: diálogos espinosistas entre antropologia e biologia", *Mana*, v. 9, n. 1, 2003, p. 123-37; disponível em: <http://www.scielo.br/scielo. php?script=sci_arttext&pid=S0104-93132003000100007>; acesso em: 2 mar. 2022.

[50] Acrônimo de "*dialekticheskiy materializm*", em russo, ou "materialismo dialético", aqui grafado, obviamente, em caracteres latinos.

[51] Benjamin Peters, "Normalizing Soviet Cybernetics", *Information & Culture: A Journal of History*, v. 47, n. 2, 2012, p. 145-75; disponível em: <http://nevzlin.huji.ac.il/userfiles/files/47.2.peters.pdf>; acesso em: 3 abr. 2017.

Informação, trabalho e capital • 35

do Leste. Com Vieira Pinto confirma-se que a informação "não se identifica com uma propriedade, mas com uma forma do movimento da matéria"[52].

Temos de ir às formas mais gerais do movimento da matéria, às reações inorgânicas do mundo físico, depois, já em plano mais complexo, às formas de relacionamento da matéria tornada viva, nos seres vegetais e [animais][53], subindo em escala progressiva de complexidade e clareza relativas até a completa realização na condição existencial do ser humano na esfera da consciência.[54]

Vieira Pinto reconhecerá a informação "como fato originariamente material e secundariamente subjetivo"[55]. A informação existe "na qualidade de forma geral do movimento da matéria", daqui se extraindo o "conceito particular enquanto existencial do homem"[56]. A informação se encontra nos três estágios em que a matéria está organizada: o inorgânico, o orgânico e o humano, ou cultural. Em síntese, para Vieira Pinto

A informação é pois um conceito sintético, válido para todas as formas de movimento da matéria e portanto, naturalmente, para a mais complexa e perfeita, o pensamento.[57]

A matéria está em permanente movimento, desorganiza-se e volta a se organizar para uma vez mais desorganizar-se[58]. A desorganização entrópica é a negação da ordem neguentrópica. O movimento de recuperação ou

---

[52] Álvaro Vieira Pinto, *O conceito de tecnologia*, cit., v. 2, p. 379.

[53] Na edição da Contraponto, nessa passagem lê-se "matéria tornada viva, nos seres vegetais e minerais...". Há um evidente erro aí que pode ter origem em um descuido na transcrição ou na revisão; ou do próprio autor, que lhe escapou ao crivo de sua revisão final. Vieira Pinto só pode estar se referindo nessa passagem a "animais".

[54] Álvaro Vieira Pinto, *O conceito de tecnologia*, cit., v. 2, p. 31.

[55] Idem.

[56] Ibidem, p. 32.

[57] Idem.

[58] Essas conclusões, embora pareçam derivar da evolução científica e epistemológica dos últimos cinquenta ou setenta anos, podem ser remetidas diretamente ao teórico e político bolchevique Mikhail Bogdánov (1873-1928) que, como parte das elaborações teóricas necessárias às práticas revolucionárias de seu tempo e já influenciado por importantes avanços que então se faziam na física, na química e na biologia, sobretudo a definitiva descoberta do átomo e a teoria da relatividade de Einstein, formulou uma teoria da organização, por ele denominada "tektologia" ("eu construo"), que descrevia e investigava justamente esse processo de permanente organização/desorganização da matéria (Zenovia Sochor, *Revolution and Culture: The Bogdanov--Lenin Controversy*, Ithaca, Cornell University Press, 1988). Essa teoria precursora de

36 • O valor da informação

de evolução da ordem, a negação da negação. Desorganização é carência crescente de informação. Organização é presença crescente de informação. A informação expressa esse movimento, manifesta, revela, também guia esse processo. É a manifestação material universal do princípio dialético da ação recíproca.

Em seu movimento, a informação, como escreveu Wilden, em obras cujas referências a Hegel e Marx são explícitas, apresenta-se para o observador humano

> em estruturas, formas, modelos, figuras e configurações; em ideias, ideais e ídolos; em índices, imagens, ícones; no comércio e na mercadoria; em continuidade e descontinuidade; em sinais, signos, significantes, símbolos; em gestos, posições, conteúdos; em frequências, entonações, ritmos e inflexões; em presenças e ausências; em palavras, em ações e em silêncios; em visões e silogismos. É a organização da própria variedade.[59]

Talvez porque muitos teóricos e atores sociais, imersos na tradição cartesiana atomista, apenas olhem para uma ou algumas dessas muitas manifestações, para um segmento, para uma das *formas* da informação, ela possa vir a ser definida pelos aspectos específicos da forma assim percebida – e assim também se comportaram Daniel Bell, Marc Porat e, com base neles, Manuel Castells[60]. Então serão muitas as definições: Yuexiao[61] chegou a catalogar mais de quatrocentas. No entanto, assim como a substância da energia também se aparenta para nós nas formas de luz, calor, eletricidade, movimento etc., informação será a substância da totalidade do movimento universal da natureza naquelas suas muitas formas apresentadas por Wilden, logo constituirá também a substância da história humana. A sociedade humana, desde os tempos paleolíticos, sempre foi uma sociedade... da informação.

Bogdánov foi, entretanto, rejeitada por Vladimir Lênin (1870-1924) em *Materialismo e empiriocriticismo*, origem do que viria a ser o materialismo dialético oficial soviético.

[59] Anthony Wilden, "Informação", em *Enciclopédia Einaudi*, v. 34 (Lisboa, Imprensa Nacional-Casa da Moeda, 2001), p. 11.

[60] Manuel Castells, *A sociedade em rede* (trad. Roneide Venancio Majer, São Paulo, Paz & Terra, 1999).

[61] Zhang Yuexiao, "Definitions and Science of Information", *Information Processing and Management*, v. 24, n. 4, 1988, p. 479-91.

Informação, trabalho e capital • 37

2. Do capital-industrial ao capital-informação

A exposição feita até aqui nos permitirá lançar nova luz sobre o conceito de trabalho em Marx. Em uma passagem de *O capital*, ele afirma:

Uma máquina que não serve no processo de trabalho é inútil. Além disso, sucumbe à força destruidora do metabolismo natural. O ferro enferruja, a madeira apodrece. Fio que não é usado para tecer ou fazer malha é algodão estragado. O trabalho vivo deve apoderar-se dessas coisas, despertá-las entre os mortos, transformá-las de valores de uso apenas possíveis em valores de uso reais e efetivos. Lambidas pelo fogo do trabalho, apropriadas por ele como seus corpos, animadas a exercer as funções de sua concepção e vocação, é verdade que serão também consumidas, *porém de um modo orientado a um fim*, como elementos constitutivos de novos valores de uso, de novos produtos, aptos a incorporar-se ao consumo individual como meios de subsistência ou a um novo processo de trabalho como meios de produção.[62]

É difícil, depois de toda a nossa exposição anterior, não admitir que, nessa passagem, podemos divisar aquela mesma relação entre informação e neguentropia que nos descrevem a física e a biologia contemporâneas. As máquinas, os materiais são trabalho conservado (Marx também diz "trabalho passado" ou "trabalho morto") que tende à degradação entrópica. Contudo, podem recuperar certa capacidade anterior de fornecer trabalho (ainda que modificado e *porque* modificado), graças à informação que neles é introduzida por um agente externo – o *trabalho vivo*. A utilidade desse trabalho – seu *valor de uso* – reside exatamente nessa competência, ou conhecimento, para *pôr em forma* o trabalho morto: para dar-lhe novas formas necessárias à sua utilidade social.

Não haverá mercadoria sem a utilidade que lhe é conservada ou adicionada pelo

fator subjetivo do processo de trabalho, pela força de trabalho em ação. Enquanto o trabalho, por meio de sua forma adequada a um fim, transfere o valor dos meios de produção ao produto e o conserva, *cada momento de seu movimento cria valor adicional, novo valor*. [...] Esse valor forma o excedente do valor do produto sobre seus componentes devido ao valor dos meios de produção. Ele é o único valor original que surgiu de dentro desse processo, a única parte de valor do produto que é produzida pelo próprio processo. Certamente

---

[62] Karl Marx, *O capital: crítica da economia política*, Livro I (trad. Regis Barbosa e Flávio R. Kothe, São Paulo, Abril Cultural, 1983 [1867]), t. 1, p. 153, grifo nosso.

38 • O valor da informação

substitui apenas o dinheiro adiantado pelo capitalista na compra da força de trabalho e gasto pelo próprio trabalhador em meios de subsistência.[63]

Esse fator subjetivo é informação processada semioticamente pelo trabalho útil. Por ela, o trabalho em ação adiciona novo valor ao trabalho passado, morto. Esse acréscimo de valor não deriva, em princípio, de qualquer exploração capitalista. Ele é intrínseco à relação entre o trabalho útil e seu objeto: o valor que o trabalho vivo concreto acrescenta aos materiais e aos meios de trabalho submetidos à sua ação é a informação que neles incorpora. Ou seja, o valor de uso da força de trabalho consiste não em sua eventual capacidade de transformar e empregar energia no processo de trabalho, mas em sua capacidade de nele capturar, organizar, registrar, comunicar informação semiótica; donde o trabalho concreto, ou útil, sendo de natureza informacional, terá valor, na medida da função aleatoriedade/redundância que processe e comunique em um dado tempo, ao longo das atividades produtivas.

Revisitemos a bem conhecida definição geral de trabalho de Marx:

Pressupomos o trabalho numa forma em que pertence exclusivamente ao homem. Uma aranha executa operações semelhantes às do tecelão, e a abelha envergonha mais de um arquiteto humano com a construção dos favos de suas colmeias. Mas o que distingue, de antemão, o pior dos arquitetos da melhor das abelhas é que ele construiu o favo em sua cabeça, antes de construí-lo em cera. No fim do processo de trabalho obtém-se um resultado que já no início deste existiu na imaginação do trabalhador, e portanto idealmente. Ele não apenas efetua uma transformação da forma da matéria natural; realiza, ao mesmo tempo, na matéria natural seu objetivo, que ele sabe que determina, como lei, a espécie e o modo de sua atividade e ao qual tem de subordinar sua vontade. E essa subordinação não é um ato isolado. Além do esforço dos órgãos que trabalham, é exigida a vontade orientada a um fim, que se manifesta como atenção durante todo o tempo de trabalho, e isso tanto mais quanto menos esse trabalho, pelo próprio conteúdo e pela espécie de modo de sua execução, atrai o trabalhador, portanto quanto menos ele o aproveita, como jogo de suas próprias forças físicas e espirituais.[64]

O trabalho humano é, por um lado, dispêndio de energia orientado a um fim e, por outro lado, por isso mesmo, atividade comandada pelo material semiótico organizado na mente do trabalhador. Tanto quanto o trabalho de

---

[63] Ibidem, t. 1, p. 170-1, grifos nossos.

[64] Ibidem, t. 1, p. 150.

Informação, trabalho e capital • 39

qualquer outro ser vivo que necessita sustentar sua neguentropia, o trabalho humano *põe em forma* a "matéria natural", mas, distintamente de outros seres vivos, o faz na forma contida idealmente em sua mente, na forma de seus significados e significações. O trabalho humano, efetuado com e pela informação semiótica, é guiado por um *projeto*, enquanto o trabalho dos demais seres vivos é guiado pela programação determinada por suas estruturas genéticas na relação com seus ambientes naturais. Para além de teleonômico, o trabalho humano é *teleológico*.

Consideremos o material que se encontra na forma identificada pelo nome "algodão", que deve dar lugar a um novo material na forma identificada pelo nome "tecido". A ação não se dá sem perdas, já sabemos: energia é consumida, seja a elétrica que move as máquinas, seja a do corpo humano; nem todo algodão original se torna tecido, parte vira refugo; as máquinas aos poucos se desgastam etc. Enquanto está acontecendo essa transformação, o trabalhador (social e coletivo) tem em mente uma *imagem* do processo, de imediato associada a palavras ou alguma outra relação significante/significado: o trabalhador sabe, antes que tenha acontecido, que, ao final do processo, no lugar do "algodão" haverá "tecido", inclusive sabe qual a natureza do tecido, quantas toneladas, largura, espessura, cores (se o processo incluir tingimento ou estampagem), tempo de trabalho etc. A forma final de "tecido" na qual se transformou o "algodão" já se encontrava idealmente na cabeça do trabalhador. Durante o processo, essa forma subjetiva foi objetivada no novo produto, isto é, foi transferida para ele, posta nele, tornou-se forma dele. Pode-se dizer, o trabalhador pôs em forma seu objeto de trabalho:

$$\text{em forma} \equiv \text{informar}$$

Todavia, se a imagem do objeto foi *impressa* no produto, ela de modo algum sumiu da mente do trabalhador, permanece em sua memória. Ele pode seguir reproduzindo-a quantas vezes desejar em renovados processos de trabalho. A imagem pode estar em sua mente e também registrada em papéis ou telas de computador na forma de desenhos, fórmulas matemáticas, textos, produzindo-se a informação *sempre* na interação das imagens de sua mente com aquelas dos papéis ou telas enquanto trabalha, enquanto *age*, no tempo e no movimento (e só neles) dessa ação.

Ou seja, enquanto a forma material original do "algodão" desapareceu, a forma material original da "imagem" ou "ideia" não desaparece. Enquanto a matéria do "algodão" original não poderá ser novamente usada, pois agora

40 • O valor da informação

já é "tecido", sendo necessário adquirir mais "algodão" para continuar produzindo "tecido", a matéria original da "ideia" poderá seguir sendo usada à medida que chegar novo carregamento de "algodão" para a produção de novas toneladas de "tecido". Diremos, nos termos da física termodinâmica, que a matéria do "algodão" é de natureza *entrópica*, e que a matéria da "imagem", matéria informacional, é de natureza *neguentrópica*. As transformações que o "algodão" sofre obedecem às leis da termodinâmica. Já a matéria que orientou o trabalho humano sofreu uma transformação aparentemente oposta: não perdeu sua forma anterior, que se expressa em imagens, palavras, habilidades, e ainda pode ter sido acrescida de mais imagens e habilidades. O trabalhador não ficou com nenhum neurônio a menos durante sua atividade e, provavelmente, ganhou novas conexões cerebrais formadas por suas novas experiências. Os livros com desenhos, fórmulas, orientações, instruções, as telas de computadores e o painel de controle da máquina permaneceram praticamente os mesmos, talvez um pouco desgastados, mas ainda podem ser usados muitas e muitas vezes. A utilidade do "algodão" só pode ser efetuada por meio da perda de suas qualidades originais em favor de alguma nova qualidade. Não pode ser reutilizada. Porém, o conhecimento, esteja registrado na mente ou em algum suporte externo (livros, painéis de controle), não perde necessariamente a utilidade pelo uso e, não raro, ganha mais qualidade à medida que é usado.

Nas sociedades pré-capitalistas, uma vez realizado algum trabalho que assegurasse renda suficiente para atender às necessidades de subsistência (aqui incluídas as das classes dominantes), o indivíduo "gastava" boa parte de seu tempo em conversas com familiares e amigos, bebendo e cantando nas tabernas, namorando e copulando. Concentrava as atividades produtivas em dois a três dias por semana e vivia a vida nos demais[65]. O próprio ritmo sem pressa das atividades diretamente produtivas era, não raro, também ditado por esses outros modos de socialização e ocupação do tempo. Nem sempre havia muita diferença, como quase sempre há hoje, entre "tempo de trabalho" e "tempo de lazer". Essa relação com o trabalho começou a mudar com o avanço do capitalismo industrial moderno. A lógica de acumulação que começa a dominar a mente dos industriais e dos comerciantes leva-os a exigir que seus trabalhadores não apenas trabalhem em um ritmo mais

---

[65] David S. Landes, *Prometeu desacorrentado: transformação tecnológica e desenvolvimento industrial na Europa Ocidental desde 1750 até a nossa época atual* (trad. Vera Ribeiro, Rio de Janeiro, Nova Fronteira, 1994 [1969]), p. 67.

acelerado, menos dispersivo, como dediquem a maior parte de seu dia ou de sua semana ao trabalho, abrindo mão do "ócio". No século XVIII, esse processo chegou a motivar debates, com alguns ideólogos da época defendendo que o ócio favorecia a criatividade dos artesãos ingleses, enquanto outros sustentavam que, para descansar, Deus já nos dera os dias de domingo... Esse debate foi captado por Marx em *O capital*. Depois de citar autores do século XVIII, conclui: "a circunstância de que [os trabalhadores] podiam viver uma semana toda com o salário de 4 dias não [lhes] parecia razão suficiente para trabalhar os outros 2 dias para o capitalista"[66]. Não devemos esquecer que, na mentalidade da época, "viver uma semana toda com o salário de 4 dias" significava atender às necessidades essencialmente básicas de subsistência, inclusive alguma cervejinha no *pub*. E estamos satisfeitos!

É conhecida a história factual de como essa cultura foi rompida. Ela passa pelo cercamento das terras, obrigando os camponeses a procurarem trabalho nas cidades, aceitando as condições que lhes eram impostas; pelas "leis de vagabundagem" e "estatutos do trabalho"; pelas coerções morais ditadas pelo puritanismo religioso; ao longo de um processo que durou mais de cem anos, logo foi paulatinamente "educando" sucessivas gerações urbanas de operários e operárias. Marx já encontrou o processo praticamente concluído na Inglaterra e em outras regiões da Europa, mas podia ter dele uma boa memória e conhecimento por meio de autores da segunda metade do século XVIII ainda lidos e citados, e da própria realidade, ainda visível, nas regiões mais atrasadas, agrárias, da Europa oriental e meridional.

Felinos, primatas, alguns outros animais fazem trabalho "necessário", digamos assim, durante uma pequena parte do dia e dedicam o restante do tempo àquilo que o ser humano denominaria "ócio". Marx denuncia que esse tempo de ócio do ser humano foi usurpado pelo capital como fonte de acumulação. Ele escreveu: o capital fez do "tempo para educação humana, para o desenvolvimento intelectual, para o preenchimento de funções sociais, para o convívio social, para o jogo livre das forças vitais físicas e espirituais, mesmo o tempo livre de domingo – e mesmo no país do sábado santificado – pura futilidade!"[67]. Esse tempo que o felino usa para dormir, às vezes para copular, mas o primata humano usaria para *criar*, foi absorvido pelo capital como tempo a ser ocupado em sua exclusiva

---

[66] Karl Marx, *O capital*, cit, t. 1, p. 218-9, passim.

[67] Ibidem, t. 1, p. 211.

42 • O valor da informação

reprodução ampliada, acumulação, expansão. Foi assim nos séculos XVIII e XIX; prosseguiria, estendendo-se ao chamado "tempo de lazer" no século XX; avançaria a ponto de abarcar praticamente todos os momentos da vida, neste século XXI das plataformas sociodigitais da internet, como veremos adiante e nos capítulos seguintes deste livro.

Durante quatro horas do dia, digamos, o trabalhador (social e coletivo) transforma 10 mil quilos de algodão em 10 mil quilos de tecido (vamos ignorar, para simplificar, as perdas de processo). Vamos assumir que a neguentropia do trabalhador, isto é, os bens necessários para sua subsistência, possa ser recuperada, com o salário, nessas mesmas quatro horas. Já a dissipação dessa neguentropia levará, naturalmente, o restante do dia, seja dormindo, namorando, cuidando da casa e dos filhos, conversando e bebendo com amigos, lendo ou escrevendo um livro, pintando um quadro... ou, já que a "ideia" do processo de trabalho permanece em sua mente e pode ser reproduzida uma, duas, infinitas vezes, por que, em vez de ócio, não continuar a fornecer trabalho de transformar outros 10 mil quilos de algodão em mais 10 mil quilos de tecido, em uma fábrica qualquer?

Marx captou justamente essa diferença entre o *valor de uso* (informacional) e o *valor de troca* (entrópico) da força de trabalho. A utilidade da força de trabalho é sua capacidade, competência, habilidade, disposição, conhecimentos, condições físicas para *processar informação semiótica*. Entretanto, para o próprio trabalhador ou trabalhadora que a vendem, sua força de trabalho tem apenas uma utilidade: poder ser trocada por alguma outra mercadoria, no caso os bens de subsistência a serem adquiridos com o salário. Como em todo comércio de mercadorias, aqui também o trabalhador ou trabalhadora vende essa sua específica e exclusiva mercadoria por mercadoria *equivalente*, já que lhe bastam quatro horas para adquirir arroz, feijão, outros mantimentos para ele ou ela e família, pagar aluguel, comprar roupas, talvez tomar uma cervejinha. No entanto, o empresário comprou seu valor de uso, a informação que ele ou ela podem processar não apenas por quatro horas, mas por um dia inteiro, ou ao menos enquanto a neguentropia de seus corpos não estiver completamente dissipada na forma de cansaço extremo. Esse limite pode ser alcançado após dez, doze, até mesmo catorze horas de trabalho na fábrica.

Em seu tempo, Marx podia descrever essa relação nos seguintes termos:

[...] o trabalho passado que a força de trabalho contém, e o trabalho vivo que ela pode prestar, seus custos diários de manutenção e seu dispêndio diário, são duas grandezas inteiramente diferentes. A primeira determina seu valor de troca, a outra forma seu valor de uso. O fato de que meia jornada seja necessária para mantê-lo vivo durante 24 horas não impede o trabalhador, de modo algum, de trabalhar uma jornada inteira. O valor da força de trabalho e sua valorização no processo de trabalho são, portanto, duas grandezas distintas. Essa diferença de valor o capitalista tinha em vista quando comprou a força de trabalho. Sua propriedade útil, de poder fazer fio ou botas, era apenas uma *conditio sine qua non*, pois o trabalho para criar valor tem de ser despendido em forma útil. Mas o decisivo foi o valor de uso específico dessa mercadoria ser fonte de valor, e de mais valor do que ela mesma tem. Esse é o serviço específico que o capitalista dela espera. E ele procede no caso, segundo as leis eternas do intercâmbio de mercadorias. Na verdade, o vendedor da força de trabalho, como o vendedor de qualquer outra mercadoria, realiza o seu valor de troca e aliena o seu valor de uso. Ele não pode obter um, sem desfazer-se do outro. O valor de uso da força de trabalho, o próprio trabalho, pertence tão pouco ao seu vendedor, quanto o valor de uso do óleo vendido, ao comerciante que o vendeu. O possuidor de dinheiro pagou o valor de um dia de força de trabalho; pertence-lhe portanto a utilidade dela durante o dia, o trabalho de uma jornada. A circunstância de que a manutenção diária da força de trabalho só custa meia jornada de trabalho, apesar de a força de trabalho poder operar, trabalhar, um dia inteiro, e por isso, o valor que sua utilização cria durante um dia é o dobro de seu próprio valor de um dia, é grande sorte para o comprador, mas, de modo algum, uma injustiça contra o vendedor.[68]

Nos dias de hoje, poderíamos reescrever assim essa passagem (eliminando partes apenas repetitivas):

> [...] a *neguentropia* que a força de trabalho contém, e a *informação que ela pode processar e fornecer*, seus custos diários de manutenção e seu dispêndio diário, são duas grandezas inteiramente diferentes. A primeira determina seu valor de troca, a outra forma seu valor de uso. O fato de que meia jornada seja necessária para *sustentar sua neguentropia* durante 24 horas não impede o trabalhador, de modo algum, de *processar informação* por uma jornada inteira. [...] O valor de uso da força de trabalho, a *informação*, pertence tão pouco a seu vendedor quanto o valor de uso do óleo vendido ao comerciante que o vendeu. O possuidor de dinheiro pagou o valor de um dia de força de trabalho; pertence-lhe portanto a utilidade dela durante o dia, a *informação* de uma jornada. A circunstância de que a manutenção diária da força de trabalho só custa meia jornada de trabalho, apesar de a força de trabalho poder operar, *processar informação*, um dia inteiro, e por isso, o valor que sua utilização cria durante um dia é o dobro de seu próprio valor de um

---

[68] Ibidem, t. 1, p. 159-60.

44 • O valor da informação

dia, é grande sorte para o comprador, mas, de modo algum, uma injustiça contra o vendedor.

Marx escreveu: são duas grandezas diferentes. Elas podem ser matematicamente interpretadas. A equação de Shannon é similar à de Boltzmann que mede a entropia, exceto que, nesta, o estado probabilístico do gás é multiplicado pela constante calórica $K = 3,3 \times 10^{-24}$ J/K. O produto fornece o calor disponível no sistema. Na equação de Shannon, $K = 1$, pode ser ignorado. O produto fornece a medida de incerteza no sistema. Boltzmann mede a informação *que falta* num sistema que tende ao "cansaço". Pode ser o corpo do trabalhador. Shannon, a informação *disponível* num sistema que trabalha. Pode ser o seu cérebro. Marx parece ter captado isso nos limites científicos da sua época.

2.1. Mais-valor relativo e mais-valor intensificado

O capital precisa crescer, não pode parar de acumular. Essa é uma condição axiomática. Para tanto, necessita extrair mais-valor do trabalho, o máximo possível. A solução óbvia é expandir a jornada de trabalho ao máximo que o corpo humano consiga aguentar.

Na busca desse mais-valor *absoluto*, como o denominou Marx, o capital defronta-se com três barreiras. A primeira é o dia de 24 horas. Mesmo que o trabalhador ou trabalhadora aguentassem trabalhar dia após dia sem descanso, não trabalhariam mais que 24 horas por dia. É uma barreira intransponível. A segunda é determinada pelas condições fisiológicas do corpo humano: ninguém aguenta trabalhar dia após dia sem dormir algumas horas e sem outras pausas para atender a necessidades objetivas ou subjetivas. No máximo, o ser humano pode ser posto para trabalhar por catorze a dezesseis horas. Essa é outra barreira também intransponível. A terceira barreira é de ordem social, cultural, política: os próprios trabalhadores e amplos setores da sociedade tendem a não aceitar regimes tão extorsivos de trabalho. Marx testemunhou, e *O capital* nos dá ótimos exemplos disso, a luta dos trabalhadores e de parcelas da sociedade inglesa, ao longo de quase todo o século XIX, para reduzir a jornada de trabalho a limites aceitáveis.

Como é pressionado a aumentar o mais-valor e não pode fazer isso aumentando as horas de trabalho além de certo limite, o capital passará a ampliá-lo por meio da redução do valor de troca da força de trabalho. Pode fazer isso barateando os custos dos bens necessários à subsistência do trabalhador ou aumentando sua produtividade, isto é, fazendo com que, em menos horas, ele produza tanto ou mais do que já podia produzir em um tempo maior. Se, em uma jornada de doze horas, o tempo de trabalho *necessário* (para repor a neguentropia do trabalhador) é de seis horas e o tempo *excedente* é de outras seis horas, o capital pode acrescentar o equivalente a três horas se reduzir o tempo necessário a apenas três horas, isto é, se conseguir que o trabalho útil forneça em três horas a mesma quantidade de produto que fornecia em seis. Significa que, em um mesmo tempo, o trabalhador dobrou sua produção. Desse modo, o que seriam seis horas de mais-trabalho tornaram-se nove horas sem, porém, alterar-se o tempo--barreira de doze horas. Não podendo parar de crescer, o capital, em seguida, poderia dobrar novamente a produtividade do trabalho, reduzindo aquelas três horas a uma hora e meia, ampliando o tempo excedente para dez horas e trinta minutos, e assim sucessivamente.

O curioso desse exemplo (adaptado dos *Grundrisse*) é que, cada vez que dobramos a produtividade do trabalho, o ganho do capital é proporcionalmente menor. A produtividade dobrou, mas o ganho excedente foi de $^1/_2$ relativamente ao tempo excedente anterior. A produtividade voltou a dobrar, mas o ganho agora é de $^1/_4$. A continuar assim, de fração em fração, o ganho passaria a $^1/_8$, $^1/_{16}$, $^1/_{32}$, consecutivamente, até se aproximar do infinitésimo... Isso porque o crescimento não pode ir além daquelas barreiras naturais ou sociais, só pode se dar no interior delas, como fração delas. Conclui Marx:

> Consequentemente, quanto mais desenvolvido o capital, quanto mais trabalho excedente criou, tanto mais extraordinariamente tem de desenvolver a força produtiva do trabalho para valorizar-se em proporção ínfima, *i.e.*, para agregar mais-valor [...] O capital pode-se mover unicamente no interior dessas fronteiras. Quanto menor é a fração que corresponde ao trabalho *necessário*, quanto maior o trabalho *excedente*, tanto menos pode qualquer aumento da força produtiva reduzir sensivelmente o trabalho necessário, uma vez que o denominador cresceu enormemente. A autovalorização do capital devém mais difícil à proporção que ele já está valorizado. O aumento das forças produtivas deviria indiferente para o capital; inclusive a valorização, porque suas proporções teriam se tornado ínfimas; e o capital teria deixado de ser capital.[69]

Deixemos de lado, por enquanto, esse momento em que o capital deixaria de ser capital.

---

[69] Karl Marx, *Grundrisse*, cit., p. 269-70.

46 • O valor da informação

A esse modo de expansão do mais-valor pelo incremento das forças produtivas do trabalho Marx denominará *mais-valor relativo*. Supomos bem conhecidos os fatores que viabilizam essa evolução: divisão manufatureira do trabalho, emprego crescente de sistemas de maquinaria, incremento da produtividade agrícola com emprego de fertilizantes e novas técnicas etc. Em poucas palavras, o mais-valor relativo é definido como um processo que busca reduzir o valor da força de trabalho na composição total do valor da mercadoria, assim viabilizando aumentar o mais-valor nessa mesma composição.

No famoso capítulo 13 do Livro I de *O capital* ("Maquinaria e grande indústria"), no qual discute os sistemas de maquinaria e seu papel na produção de mais-valor relativo, Marx trata de vários efeitos desse desenvolvimento sobre o trabalhador, entre eles o que denomina "intensificação do trabalho". Diz, de início, que se trata de um fenômeno de "decisiva importância". Diz em seguida que o progresso da mecanização e, também, o acúmulo da experiência dos trabalhadores "operadores de máquinas" aumentam "naturalmente a velocidade e, com isso, a intensidade do trabalho"[70]. E pouco mais adiante acrescenta que a resistência dos trabalhadores, os progressos da legislação e o crescente emprego, por isso, de sistemas de maquinaria provocaram

uma modificação no caráter da mais-valia[71] relativa. Em geral, o método de produção de mais-valia relativa consiste em capacitar o trabalhador, mediante maior força produtiva do trabalho, a produzir mais com o mesmo dispêndio de trabalho no mesmo tempo. [...] *Outra coisa*, porém, ocorre assim que a redução forçada da jornada de trabalho, com prodigioso impulso que ela dá ao desenvolvimento da força produtiva e à economia das condições de produção, impõe maior dispêndio de trabalho, no mesmo tempo, tensão mais elevada da força de trabalho, preenchimento mais denso dos poros da jornada de trabalho, isto é, impõe ao trabalhador uma *condensação do trabalho a um grau que só é atingível dentro da jornada de trabalho mais curta*. Essa compressão de maior massa de trabalho em dado período de tempo conta,

---

[70] Idem, *O capital*, cit., t. 2, p. 33.

[71] A edição brasileira de *O capital* usada como referência na redação deste capítulo traduz o alemão *"mehrwert"* por "mais-valia", conforme uma tradição consagrada na língua portuguesa e em outras línguas neolatinas desde as primeiras traduções das obras de Marx, ainda na primeira metade do século XX. Traduções brasileiras mais recentes da obra marxiana optaram por adotar "mais-valor". O autor acompanha essa nova tendência dos tradutores, mas deve obedecer, nas referências, à forma do texto tal qual nelas se encontra. Por isso, nas citações poderá ler-se tanto "mais-valia" quanto "mais-valor", dependendo da edição referenciada.

Informação, trabalho e capital • 47

agora, pelo que ela é: como maior *quantum* de trabalho. Ao lado da medida do tempo de trabalho como "grandeza extensiva", surge agora a medida de seu grau de condensação. A hora mais intensa da jornada de trabalho de 10 horas contém, agora, tanto ou mais trabalho, isto é, força de trabalho despendida, que a hora mais porosa da jornada de 12 horas.[72]

Portanto, em seu conceito de mais-valor relativo, Marx introduziu "outra coisa" de "importância decisiva" que "modifica o caráter" desse mais-valor relativo. Ou seja, estamos falando de uma *terceira dimensão do mais-valor*, distinta daquelas definidas como extensão absoluta do tempo de trabalho ou busca de redução do valor do trabalho necessário na composição total do valor da mercadoria. Essa terceira dimensão, intensificada, busca aumentar o valor da mercadoria, mais precisamente da parcela de mais-valor, sem necessariamente afetar (para menos) o valor da força de trabalho. Como que confirmando a distinção necessária entre o mais-valor relativo e o intensificado, Marx, no capítulo 15 do mesmo Livro I, faz vários exercícios buscando demonstrar como o valor da mercadoria pode ser afetado por essas três dimensões: grandeza da jornada (mais-valor absoluto), a intensidade do trabalho e a força produtiva do trabalho. Essas duas últimas dimensões, geralmente tratadas, até por ele, sob a mesma rubrica "mais-valor relativo", podem, porém, agir como variáveis independentes umas das outras, embora afetando-se mutuamente e também afetando o mais-valor absoluto.

Logo no terceiro parágrafo desse capítulo 15, Marx escreve:

[...] verifica-se que as grandezas relativas do preço da força de trabalho e da mais-valia são condicionadas por três circunstâncias: 1) a extensão da jornada de trabalho ou a grandeza extensiva do trabalho; 2) a intensidade normal do trabalho ou sua grandeza intensiva, de modo que determinado *quantum* de trabalho é despendido em determinado tempo; 3) finalmente, a força produtiva do trabalho, de tal forma que segundo o grau de desenvolvimento das condições de produção o mesmo *quantum* de trabalho fornece no mesmo tempo um *quantum* maior ou menor de produto. Combinações muito diferentes são evidentemente possíveis, conforme um dos três fatores seja constante e dois sejam variáveis, ou dois fatores constantes e um variável, ou, por fim, os três sejam simultaneamente variáveis.[73]

Deixemos muito claras essas definições de Marx. Ele diz que "o aumento da produtividade do trabalho reduz o valor da força de trabalho e com isso

---

[72] Karl Marx, *O capital*, cit., t. 2, p. 33, grifos nossos.

[73] Ibidem, t. 2, p. 113.

48 • O valor da informação

aumenta a mais-valia, enquanto, ao contrário, a diminuição da produtividade eleva o valor da força de trabalho e reduz a mais-valia"[74]. Adiante: "o valor da força de trabalho somente pode variar variando a força produtiva do trabalho"[75]. Linhas depois: "o valor da força de trabalho é determinado pelo valor de determinado *quantum* de meios de subsistência. O que muda com a força produtiva do trabalho é o valor desses meios de subsistência, não sua massa"[76].

Já a intensificação do trabalho "supõe dispêndio ampliado de trabalho no mesmo espaço de tempo. A jornada de trabalho intensiva corporifica-se, portanto, em mais produtos que a menos intensiva, com igual número de horas"[77].

Em um terreno onde cabe uma casa habitada por apenas uma família pode caber um prédio de apartamentos, logo um conjunto de muitas unidades habitacionais ocupadas, cada uma, por uma família. Multiplicou-se o espaço sem aumentar-se em um centímetro o tamanho do terreno. A intensificação do tempo de trabalho significa multiplicar o volume de produção em uma mesma unidade de tempo (um minuto; uma hora), sem necessariamente variar para mais (mais-valor absoluto) ou para menos (produtividade) o tempo de trabalho necessário. Para obtê-lo, o capital desenvolve tecnologias apropriadas, concretizadas em sistemas avançados de maquinaria, e também implementa a disciplina e a organização do trabalho, como Taylor e Ford demonstrariam nas primeiras décadas do século XX. Tratava-se – e Marx sabia – de suprimir as "porosidades" do processo de trabalho.

A leitura atenta do Livro I mostra que as lutas pela limitação das horas de trabalho, pelo aumento de salários e por melhorias gerais das condições fabris, inclusive em relação ao trabalho infantil e feminino, dominaram a agenda política dos trabalhadores, na Europa e nos Estados Unidos, ao longo de praticamente trinta anos no século XIX, ou seja, por quase todo o tempo durante o qual Marx pesquisou e escreveu *O capital*. A rigor, a jornada de oito horas só vai mesmo se consolidar, nos países capitalistas avançados, nos primeiros anos do século XX. Seria natural que, para Marx, o problema do mais-valor absoluto e, com ele, também o do mais-valor relativo ocupassem

---

[74] Ibidem, t. 2, p. 114.

[75] Ibidem, t. 2, p. 115.

[76] Idem.

[77] Ibidem, t. 2, p. 116.

a maior parte de suas elucubrações e formulações. Embora já presente na produção fabril à sua época, tanto que Marx pôde observá-lo teoricamente, o mais-valor intensificado somente iria avançar e tornar-se determinante no processo capitalista de acumulação a partir da chamada Segunda Revolução Industrial, na virada do século XIX para o XX.

O aumento do mais-valor absoluto enfrenta barreiras naturais e, cada vez mais, também sociais. A partir de certo momento, nas primeiras décadas do século XX, nos países capitalistas centrais, acerta-se um pacto entre capitalistas e trabalhadores que praticamente torna quase invariável essa dimensão. Ou, se variar, será a favor do trabalho, logo, em princípio, afetando negativamente a taxa de mais-valor. O crescimento da produtividade do trabalho também encontraria seus limites devido a, pelo menos, três motivos: i) aquela hipótese matemática que poderia levar à eliminação do trabalho vivo necessário ao processo de valorização (e, daí, à supressão do próprio capital); ii) o fato de os fornecedores de bens de salário também não poderem reduzir seus custos abaixo de certo limite; e iii) o aumento das necessidades de subsistência do trabalhador, que passaram a incorporar automóvel, casa própria comprada a prestações, férias com a família, utensílios eletrônicos e domésticos, melhor alimentação, muitos apelos à diversão etc. É lícito supor que também essa dimensão do mais-valor pode ter-se tornado relativamente invariável ao longo da evolução capitalista durante a maior parte do século XX.

A saída para o "capital [não deixar] de ser capital" foi a intensificação do mais-valor. Aqui, aparentemente, o céu é o limite.

E a solução para chegar ao céu foi expandir em todas as direções, ao máximo possível, sem barreiras previsíveis, o *trabalho material semiótico*.

2.2. Trabalho material semiótico produtivo

A evolução e o desenvolvimento dos processos produtivos centrados na intensificação do mais-valor, embora pudessem ter tido início ainda nos tempos de Marx, ganharam forte aceleração a partir do final do século XIX, junto com as marcantes inovações da segunda revolução científico-técnica e a expansão de novas indústrias completamente baseadas em ciência e tecnologia: a elétrica, a químico-petroquímica e mesmo a metalomecânica depois de revolucionada pela introdução do processo Bessemer. Com essas indústrias, expandem-se espaços de trabalho quase inexistentes até os anos

50 • O valor da informação

1870: o escritório de engenharia e o laboratório industrial de pesquisa e desenvolvimento[78]. Centenas e centenas de indivíduos são empregados aí para elaborar projetos de produtos e processos industriais. Efetuam, não raro, atividades de testar, quase em exercícios de tentativa e erro, comportamentos físicos ou químicos de materiais sob diferentes condições de temperatura, pressão, força etc., buscando aprimorar processos de produção ou mesmo inventar novos produtos: trabalho basicamente aleatório. À medida que vão encontrando as soluções desejadas, transformam os resultados em desenhos, textos, fórmulas matemáticas, diagramas que *significam* os resultados alcançados e, por eles, orientarão as atividades fabris finais de fabricação e montagem de um produto qualquer.

O que os escritórios e os laboratórios industriais produzem são *modelos* de produtos e processos industriais. Charles Sanders Peirce, semioticamente, poderia denominá-los "tipo". A produção do modelo pode envolver alguma dimensão, maior ou menor, de incerteza, pois visa encontrar soluções industrialmente adequadas para a fabricação de um produto qualquer, soluções estas que não estão dadas *de imediato*. No entanto, essa dimensão de incerteza é relativamente controlada pela própria natureza do conhecimento científico-técnico, sua lógica matemática, suas convenções de desenho, suas metodologias e rotinas de trabalho.

---

[78] Fato raramente observado na literatura marxista vulgar, na época de Marx o processo produtivo industrial realizava-se *empiricamente* quase apenas nas oficinas de fabricação, nas quais empregava-se um coletivo trabalhador ainda dotado de alto grau relativo de conhecimento, inclusive matemático, sobre técnicas e processos de produção (David S. Landes, *Prometeu desacorrentado*, cit.; Eric Hobsbawm, *A Era das Revoluções*, trad. Marcos Penchel e Maria L. Teixeira, 10. ed., São Paulo, Paz & Terra, 1997; Raphael Samuel, "Mechanization and Hand Labour in Industrializing Britain", em Lenard R. Berlanstein (org.), *The Industrial Revolution and Work in Nineteenth-Century Europe*, Londres, Routledge, 1992, p. 26-41). Geralmente, um trabalhador experiente, que começou criança ou jovem, como aprendiz, em um ramo industrial no qual se especializaria, organizava o trabalho e executava as tarefas que exigiam mais conhecimento e habilidades, distribuindo as tarefas mais simples, repetitivas, não raro mais penosas, para mulheres e crianças. O capitalista comprava esse conhecimento do trabalhador "adulto" (valor de uso da força de trabalho), embora pagasse apenas o custo de sua recomposição neguentrópica (valor de troca). Por isso, aliás, Marx podia escrever que o conhecimento, as habilidades, a destreza dos trabalhadores e até mesmo o conhecimento científico disseminado na sociedade nada custavam ao capital, sendo um "bem da natureza", que, afortunadamente, o capitalista poderia adquirir em troca de remunerar o mero custo de subsistência do trabalhador.

A finalidade do modelo é sua reprodução. Peirce, semioticamente, diria "token". A fábrica passa a contar com coleções de modelos de peças e, também, com rotinas de trabalho (isto é, modelos de processos de trabalho), que apenas precisam ser replicadas ao longo da transformação fabril. Essa fase redundante do processo tende a funcionar em fluxo contínuo, ainda mais conforme se aperfeiçoam os sistemas de maquinaria. Lembrando que o valor da redundância reside na poupança de tempo, o capital pôde, beneficiando-se da própria natureza da informação – da dialética aleatoriedade/redundância – expandir a capacidade de trabalho "num mesmo espaço de tempo", logrando assim superar aquela barreira imposta a seu crescimento à medida que ia reduzindo o trabalho necessário a um limite infinitesimal do trabalho produtivo total. Assim como o tamanho do terreno não limita necessariamente a produção múltipla de unidades residenciais (até um máximo possível), dada unidade de tempo (minuto, hora, dia) não impedirá a replicação fabril, milhares de vezes, de algum valor de uso, uma vez dado seu modelo semiótico cristalizado, no limite das 24 horas e das exigências físico-químicas dos materiais a transformar.

A partir da Segunda Revolução Industrial Científico-Técnica, o trabalho incorporado à produção capitalista de valor começou a se tornar um processo voltado, principalmente, para a produção e o tratamento de imagens (figuras, letras, números) visualmente fixadas em algum suporte material (físico-químico) reprodutível. Essas imagens tanto podem ser desenhos, diagramas ou protótipos quanto a própria máquina que realiza o trabalho, a qual o trabalhador comanda por meio de relógios, medidores, botões coloridos dispostos em visores e painéis – instrumentos semióticos que começarão a penetrar no chão de fábrica a partir dos últimos anos do século XIX.

Essa seria uma evolução também já percebida por Marx, embora, em sua época, as organizações empresariais nem de longe exibissem as mesmas dimensões e complexidades gerenciais que passaram a exibir a partir do século XX. Ele deixa isso claro em mais um desses rascunhos nos quais, muitas vezes, melhor explicitava o que lhe ia à cabeça e, claro, sem querer, mandava seus recados para os pósteros:

> [...] como, com o seu desenvolvimento da *subordinação real do trabalho ao capital* ou do *modo de produção especificamente capitalista* não é o operário individual que se converte no *agente (Funktionär) real* do processo de trabalho no seu conjunto mas sim uma *capacidade de trabalho socialmente combinada*; e como as diversas capacidades de trabalho que cooperam e

52 • O valor da informação

formam a máquina produtiva total participam de maneira muito diferente no processo imediato de formação de mercadorias, ou melhor, neste caso, de produtos – um trabalha mais com as mãos, outro mais com a cabeça, este como diretor (*manager*), engenheiro (*engineer*), técnico etc., aquele como capataz (*overlooker*), aqueloutro como operário manual ou até simples servente – temos que são cada vez em maior número as *funções da capacidade de trabalho* incluídas no conceito imediato de *trabalho produtivo*, diretamente explorados pelo capital e *subordinados* em geral ao seu processo de valorização e de produção. Se se considerar o *trabalhador coletivo* constituído pela oficina, a sua *atividade combinada* realiza-se *materialmente* e de maneira direta num *produto total* que, simultaneamente, é uma massa total de mercadorias e aqui *é absolutamente indiferente que a função deste ou daquele trabalhador, mero elo deste trabalhador coletivo, esteja mais próxima ou mais distante do trabalho manual direto* [grifo nosso]. Porém, então, a atividade desta capacidade de trabalho coletiva é o seu *consumo direto pelo capital*, ou por outra, o processo de autovalorização do capital, a produção direta de mais-valia e daí, como se há de analisar mais adiante, *a transformação direta da mesma em capital.*[79]

Em termos políticos, culturais, sociológicos ou mesmo psicológicos, podemos pretender estabelecer distinções e oposições entre aqueles que trabalham mais com as mãos e aqueles que trabalham mais com a cabeça: no século XX, seriam conhecidos, respectivamente, como "colarinhos azuis" e "colarinhos brancos". Contudo, no que interessa ao estudo e à compreensão do processo de trabalho e valorização, vale dizer, à própria compreensão do capitalismo e suas contradições, tais distinções tendem a se tornar absolutamente indiferentes porque não passam de funções de trabalho, todas *produtivas*, que servem à acumulação de capital. *O trabalho transforma-se diretamente em capital* – é Marx quem o diz[80].

---

[79] Karl Marx, *Capítulo VI inédito de* O capital: *resultados do processo de produção imediata* (trad. Klaus von Puchen, 2. ed., São Paulo, Centauro, 2004), p. 110.

[80] Cabe advertir que a análise aqui apresentada não estará correta (ou errada) porque pode ser diretamente referenciada e reverenciada a alguma passagem encontrada em Marx. Ela estará correta ou equivocada se for confrontada com os pressupostos da teoria e com a realidade empírica. A própria teoria, aliás, precisa ser enriquecida, até corrigida ou atualizada, se necessário, considerando a evolução da história. No entanto, em um texto que pretendemos o mais curto possível para caber nas dimensões de um capítulo de livro, e considerando os leitores mais doutrinários, encontrar passagens como essa do *Capítulo inédito*, ou tantas outras inclusive no supostamente bem conhecido *O capital*, torna menos espinhoso nosso caminho. Mesmo que não existisse ou não tivesse sido encontrado esse *Capítulo inédito*, o estudo da evolução capitalista nos seus

2.3. Circulação

Uma vez produzida a mercadoria, o capitalista ainda precisará levá-la ao mercado, vendê-la e receber, de volta, o dinheiro investido somado ao mais-valor nele embutido. Enquanto esse ciclo não for completado, o mais-valor produzido é apenas *potencial*. Se a mercadoria, por algum motivo, não for vendida, o mais-valor será zero para todos os efeitos práticos. E esses efeitos são muitos, afinal o empresário tem compromissos com seus fornecedores, continua obrigado a pagar os salários e ainda precisa de algum dinheiro para arcar com as próprias contas pessoais. Assim, tão importante quanto produzir mais-valor será também *realizar* o mais-valor produzido. Sem isso, não haverá mais-valor.

O movimento total do capital ao longo das etapas de produção e venda de mercadorias constitui o processo geral da *circulação*, apresentado na Fórmula 1, a seguir, a partir do original de Marx[81]: dinheiro (D) é adiantado para comprar meios de produção e força de trabalho (M), que, no ciclo da produção (P), serão transformados em nova e valorizada mercadoria (ΔM) a ser, por sua vez, vendida e transformada em mais-dinheiro (ΔD):

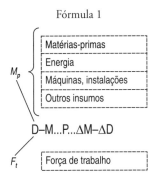

Fórmula 1

A circulação é um processo usual a qualquer firma (ou "capitalista individual", como costuma escrever Marx) e, ao mesmo tempo, está inter-relacionada a toda uma vasta *rede* circulatória, articulando as demais firmas, os setores econômicos, a economia como um todo, cada nível afetando e sendo afetado pelos outros. Nisso, cada nível *retira* dinheiro e fatores de

---

últimos 150 anos, orientado por um extremo rigor lógico e teórico com base nas categorias e na metodologia de Marx, permitiria e exigiria chegar às mesmas conclusões.

[81] Karl Marx, *O capital: crítica da economia política*, Livro II (trad. Regis Barbosa e Flávio R. Kothe, São Paulo, Abril Cultural, 1984 [1885]), p. 25.

produção de outros níveis, tendo de *devolvê-los* para esses outros níveis mais adiante. Em princípio, o processo deve buscar o equilíbrio. No entanto, pela própria natureza do capital, a começar pelo não equilíbrio original do mais-valor, essas inter-relações resultarão em um grande sistema cada vez mais *longe do equilíbrio*[82]. Daí suas constantes crises.

A fórmula 1 pode ganhar a seguinte configuração:

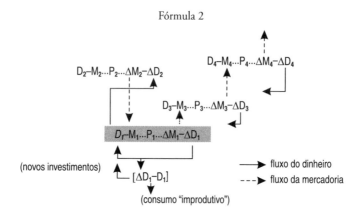

A seta tracejada ΔM_2 ---▶ M_1 indica que o dinheiro D_1 adquiriu mercadorias (M_1) de ciclos genericamente definidos por D_2...ΔD_2 (outra firma, outro segmento econômico) para produzir e vender mercadorias valorizadas para ciclos definidos por D_3, D_4 etc. Termodinamicamente, se sai valor na forma mercadoria, entra valor na forma dinheiro ou vice-versa. A cada circulação, ΔD_1 será reempregado na compra de novas mercadorias para manter o fluxo da produção e da manutenção de máquinas e instalações.

---

[82] No tempo de Marx, o paradigma físico dominante era o da termodinâmica do equilíbrio que explicava como os sistemas físicos tendiam ao equilíbrio, logo podiam manter-se temporariamente em estados homeostáticos próximos ao equilíbrio. Marx descreve o sistema capitalista nos termos da termodinâmica do equilíbrio, apontando justamente para os fatores que o afastavam do equilíbrio, mas determinados e delimitados pelas pressões pró-equilíbrio. A termodinâmica do não equilíbrio somente será desenvolvida no século XX, a partir dos trabalhos do físico-químico Ilya Prigogine e da filósofa Isabelle Stengers (*A nova aliança*, Brasília, Editora UnB, 1984; *Entre o tempo e a eternidade*, São Paulo, Companhia das Letras, 1992) e, também, dos avanços da biologia molecular (Henri Atlan, *Entre o cristal e a fumaça*, cit.; Jacques Monod, *O acaso e a necessidade*, cit.). Obviamente sem saber, Marx, na verdade, pode ter sido um precursor na descrição de um sistema que tendia cada vez mais para longe do equilíbrio: o capitalismo.

Informação, trabalho e capital • 55

Necessariamente, a massa de dinheiro originalmente investida (D_1) precisará ser reposta, mas a diferença do mais-valor ($\Delta D_1 - D_1$) poderá ser aplicada na expansão do negócio (novos investimentos) ou na remuneração dos acionistas (honorários, dividendos, bônus etc.). Essa remuneração é "expulsa" do sistema e empregada em consumo capitalista ou especulação financeira (consumo improdutivo).

No movimento total da circulação, a valorização do capital será função não só da produção como de fatores determinados pelo *tempo de rotação*, conforme examinados por Marx principalmente nas Seções 1 e 2 do Livro II. Esse tempo é a soma dos tempos de *produção* (...P...) e de *realização* (...ΔM-ΔD) da mercadoria, isto é, sua reconversão em dinheiro e retorno (refluxo) do dinheiro para o bolso do empresário. Na rotação, entrecruzam-se dois ciclos: o do dinheiro e o do produto. O ciclo do dinheiro começa com a aquisição ou o pagamento dos fatores de produção e é concluído com seu retorno. O ciclo do produto começa quando os fatores entram em processos de produção e conclui-se quando um novo valor de uso, com mais-valor embutido, retorna à circulação para realização[83].

Ao longo da rotação, conforme observa Marx, haverá defasagem entre o ciclo do dinheiro e o da produção, pois enquanto não se completa a realização e o dinheiro não reflui, o empresário poderia ficar sem recursos para manter o fluxo da produção. Se isso não acontece é porque o empresário pode dispor de um volume inicial de dinheiro maior que o diretamente aplicado. Ou seja, não pode haver equilíbrio entre o montante efetivamente investido ou gasto e o volume de dinheiro (maior) disponível para gastos e investimentos. Para cobrir essa diferença, haverá o mercado de crédito. Por outro lado, quando refluir o dinheiro (ΔD), parte dele não precisará ser colocada na produção, pois já terá sido coberta pelo dinheiro do crédito. Digamos, por exemplo, que a rotação de um pequeno empresário é de nove semanas, seis de produção e três de venda e refluxo do dinheiro. Daquelas seis semanas, duas foram cobertas com dinheiro de crédito. Então o dinheiro que reflui, quando começar a refluir (e já descontado o comprometido com o banco), só

---

[83] Na Seção 1 do Livro II, Marx descreve três circuitos do capital: capital monetário (D-M...P...ΔM-ΔD), capital-produtivo (P...ΔM-ΔD-M...P) e capital-mercadoria (ΔM-ΔD-M...P...ΔM). Porque o terceiro circuito começa e termina em ΔM, Marx o investiga em seus famosos "esquemas da reprodução" (Livro II, Seção 3). Os dois outros, para Marx, são próprios da rotação, e são investigados na Seção 2.

56 • O valor da informação

precisará ser aplicado nos investimentos ou gastos relativos às demais quatro semanas. Assim, ao cabo de algumas rotações, todo o dinheiro inicialmente aplicado, inclusive o crédito inicial, terá sido totalmente recuperado. A partir daí, a cada rotação, o resultado será acúmulo de dinheiro liberado. Marx estava descobrindo as origens remotas da financeirização do capital, capital que produz diretamente capital.

Para compreendermos o papel atual das plataformas sociodigitais da internet na produção de valor e acumulação de capital, precisamos entender esse processo de rotação do capital, muito raramente examinado na literatura marxista. Ele é determinante não apenas para a realização do valor mas também *na produção de valor e mais-valor*.

Consideremos um montante de capital variável de, digamos, 10 mil reais aplicados em salários a cada semana, sendo de quatro semanas o tempo de produção, seis semanas o de realização e 100% a taxa de mais-valor. O tempo de rotação é, assim, de dez semanas. O empresário despende 40 mil reais em salários e recupera 80 mil reais sobre o capital variável (valor + mais-valor) após a completa realização de sua produção em apenas uma rotação. Se, porém, ele lograr, com esses mesmos 40 mil reais, rotar duas vezes, o retorno do capital variável será de 80 mil reais, logo o mais-valor acumulado será de 80 mil reais. Se rotar três vezes, o mais-valor acumulado será de 120 mil reais. Se o ano, descontados feriados, festas etc., tem cinquenta semanas, esse capital rotará cinco vezes e o retorno bruto anual será de 400 mil reais ou 200 mil reais de mais-valor, mantido constante o capital variado aplicado. Lembremos: a intensificação do trabalho (multiplicação da produção em uma mesma unidade de tempo) viabiliza justamente a multiplicação da rotação no tempo. Daí que Marx, na Seção 2 do Livro II de *O capital*, vai considerar decisivo não o mais-valor pura e simplesmente, mas a taxa *anual* de mais-valor – é ela que interessa ao capitalista e será função do número de rotações que ele possa obter a cada ano, mantidos constantes o capital variável e demais fatores. Para isso, ele terá que reduzir ao mínimo, se possível *ao limite de zero*, o tempo de cada rotação, sobretudo a rotação do dinheiro, de modo que possa multiplicá-la ao longo do ano, se possível ao infinito.

Muitos fatores influem nos tempos de rotação. Estes podem ser muito diferentes conforme o segmento produtivo e até conforme as condições tecnológicas de cada empresa. Eles são afetados pelas condições de mercado de cada segmento, pelas características de cada tipo de produto conforme seus tempos de produção e realização (uma coisa é produzir aviões, outra coisa é produzir pizzas), pelas dimensões e depreciação do capital fixo etc. Lembrando que decisiva é a rotação do dinheiro (D...ΔD), não a do produto, o capital, em seu conjunto, é atraído para tentar alcançar o maior número de rotações possíveis em um ano, logo, para a maior taxa anual de mais--valor. Daí, como nos mostra Marx, é tendência do capital tornar a rotação do capital-dinheiro cada vez mais independente da rotação de suas demais formas: capital fixo, capital variável, capital constante, capital-mercadoria.

Para Marx, em seu tempo, se o sistema capitalista estava em permanente expansão (ou acumulação), então deveria estar em permanente expansão a base monetária que alimenta todo o sistema. A cada ciclo D...ΔD, exponencialmente multiplicado pela cada vez mais gigantesca dimensão de todo o sistema (Fórmula 2), seria necessário fornecer-lhe mais meios de pagamentos do que haveria antes. A massa de dinheiro em circulação ou nos depósitos bancários, esteja na forma de metal, papel-moeda ou títulos de crédito, não poderia parar de crescer. Depois de ter desenvolvido, na Seção 2 do Livro II de *O capital*, todo um conjunto de formulações matemáticas sobre as determinações dos tempos de rotação, nas quais cada ciclo sempre começa com dinheiro (D) e termina em mais-dinheiro (ΔD), Marx pergunta: de onde vem o dinheiro?

> Suponhamos que o capital circulante adiantado em forma do capital monetário de 500 libras esterlinas, qualquer que seja o seu período de rotação, seja o capital circulante da sociedade, isto é, da classe capitalista. Que a mais-valia seja de 100 libras esterlinas. Ora, como pode toda a classe capitalista retirar constantemente 600 libras esterlinas da circulação se ela constantemente lança nela apenas 500 libras esterlinas?[84]

De novo, o não equilíbrio.

Como sabemos, à época de Marx o dinheiro em circulação deveria estar muito bem lastreado em depósitos de ouro e prata nos bancos centrais e outros bancos. Marx, pois, simplifica a análise da produção de dinheiro à da produção de ouro (ou prata).

O empresário minerador adianta dinheiro (D) para adquirir máquinas, energia, insumos e força de trabalho necessários para extrair ouro do fundo da terra. Contudo, se o empresário do ramo têxtil, por exemplo, necessita também comprar algodão para transformar em tecido, o minerador extrai o valor de uso final (ouro = dinheiro) diretamente da natureza, sem consumo

---

[84] Karl Marx, *O capital*, Livro II, cit., p. 244.

58 • O valor da informação

de alguma matéria-prima intermediária. E, como produto do trabalho dos mineiros, esse ouro conterá ele mesmo mais-valor.

Consideremos um capital inicial de 500 mil reais investido em mineração de ouro que rota em cinco semanas, sendo o período de trabalho (produção) de quatro semanas. Ao fim de cada quinta semana, refluem 600 mil reais de ouro produzido (500 mil + 100 mil de mais-valor). Só que esses 600 mil reais são imediatamente dinheiro. Isto é, para recomprar sua força de trabalho e insumos, o empresário minerador não precisou "tomar" 600 mil reais de outros empresários, vendendo-lhes, em troca, alguma mercadoria (e mais-valor embutido). Ele arrancou esses 600 mil reais da própria terra. Os 500 mil reais que teria gasto em insumos e força de trabalho para efetuar sua produção estão assim repostos sem nenhuma outra troca (exceto com a natureza). Ou seja, o ouro, como dinheiro, entra na circulação geral do capital pela porta dos fundos, por meio do mercado que *fornece* força de trabalho, equipamentos, energia, outros insumos para o minerador, não de algum mercado que compra mercadorias e devolve dinheiro (...P...M-ΔD). Assim, sai dinheiro (ouro) sem entrada equivalente de dinheiro (ouro). Por isso, ao final de cinquenta semanas, ou dez rotações em um ano (excluídos dias de férias, festas etc.), terão sido produzidos 6 milhões de reais em puro ouro, ou seja, "nova massa de dinheiro adicional. [...] Esse dinheiro lançado em circulação não lhe é novamente retirado pelo ciclo desse capital, mas ainda multiplicado mediante massas de ouro produzidas constantemente de novo"[85]. Mais-dinheiro (ΔD) foi criado diretamente do trabalho de produzir dinheiro sem venda a terceiros de alguma nova mercadoria (ΔM). É essa diferença que cobrirá o acréscimo de mais-valor na totalidade do sistema. A mesma lógica se estende à remuneração do capital variável e ao consumo do trabalhador: o salário é pago com parte do ouro diretamente produzido.

Na mineração de ouro (dinheiro), temos uma situação na qual há produção de valor *sem produção de uma nova mercadoria intermediária a ser transformada em mais-dinheiro*. Nesse caso, a mercadoria já é o próprio dinheiro. Assim, a fórmula da circulação da produção do dinheiro será, conforme Marx[86]:

---

[85] Ibidem, p. 242.

[86] Idem.

Fórmula 3

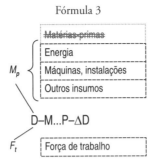

É fato que, no capitalismo atual, o dinheiro não é mais lastreado em metais e até o papel-moeda tende a desaparecer. Porém, a fórmula de produção e circulação de papel-moeda não seria diferente daquela do ouro: as casas da moeda adquirem meios de produção (máquinas, papéis, tintas, energia etc.) e força de trabalho (desenhistas, gráficos etc.) para produzirem diretamente dinheiro em suportes de papel ou de metal. Entregam o dinheiro, valorizado pelo trabalho, aos bancos centrais que as remuneram, a rigor, com uma parte desse dinheiro mesmo, parte essa com a qual elas remunerarão seus fatores de produção (D-M...). Como sabemos, os bancos centrais têm, se assim desejam, poder infinito de encomendar fabricação de moeda, mais que o da própria natureza de fabricar ouro...

A importância dessa fórmula é apontar claramente para a hipótese de mais-dinheiro poder ser extraído diretamente do processo produtivo, sem a mediação mercantil (sem ΔM). Ela vai reaparecer, como veremos a seguir, na descrição, por Marx, do circuito das comunicações. E, daí, também nos servirá para explicar a acumulação de capital nas plataformas sociodigitais.

2.4. Comunicações

Estamos vendo que o capital busca incessantemente reduzir seus tempos de produção e realização. A compra de fatores de produção ou a venda das mercadorias produzidas podem ser afetadas, do ponto de vista de um capitalista individual ou mesmo de um conjunto de empresários, por vários fatores, aí incluídos desde oscilações de mercado, incertezas políticas, até acidentes naturais ou tecnológicos. Contudo, independentemente dessas oscilações conjunturais e mais ou menos administráveis, o capital, em seu conjunto, enfrenta uma segunda *barreira temporal*, além daquela do dia de 24 horas: o tempo para ultrapassar o espaço. Para reduzir esse tempo,

60 • O valor da informação

o capital recorre aos meios de transporte e de comunicação. Quanto mais evoluídos são esses meios, mais o capital se valoriza *na poupança do tempo*. Como escreveu Marx, nos *Grundrisse*, em frase síntese:

É da natureza do capital mover-se para além de todas as barreiras espaciais. A criação das condições físicas da troca – de meios de comunicação e transporte – devém uma necessidade para o capital em uma dimensão totalmente diferente – *a anulação do espaço pelo tempo*.[87]

A mercadoria, em seus suportes físico-químicos, sempre precisa consumir algum tempo para ser transportada por trem, navio, avião, caminhão. Todavia, a mercadoria-dinheiro e, também, qualquer "ideia" de uma mercadoria, ou seja, seu modelo posto em desenhos, fórmulas, textos, diagramas (informação objetivada, redundante), podem, se nas formas semioticamente adequadas, serem transportadas quase à velocidade da luz. Para atender às necessidades do comércio e das finanças, desenvolveu-se o telégrafo no século XIX. Por ele, a notícia da venda de alguma mercadoria na Índia e o embarque do correspondente numerário em algum navio podiam chegar à Inglaterra em extraordinárias cinco horas! Considerando que a incerteza e o risco são os argumentos do banqueiro para manipular a taxa de juros, é fácil imaginar a vantagem que o telegrama daria a um empresário industrial ou comercial ao negociar crédito em um banco. E Marx faz referências às variações no custo de letras bancárias, citando inclusive o Brasil, diante do avanço internacional da telegrafia e dos meios de transporte[88].

No Livro II de *O capital*, Seção 1, Marx diz:

Existem, porém, ramos autônomos da indústria, nos quais o produto do processo de produção não é um novo produto material, *não é uma mercadoria*. Entre eles, economicamente importante é apenas a indústria de comunicação, seja ela indústria de transporte de mercadorias e pessoas propriamente dita, seja ela apenas de transmissão de informações, envio de cartas, telegramas etc. [...] O que a indústria de transporte vende é a própria locomoção. O efeito útil acarretado é indissoluvelmente ligado ao processo de transporte, isto é, ao processo de produção da indústria de transporte. [...] *O efeito útil só é consumível durante o processo de produção*; ele não existe como uma coisa útil distinta desse processo, que só funcione como artigo de comércio depois de sua produção, que circule como mercadoria.[89]

---

[87] Idem, *Grundrisse*, cit., p. 432, grifo nosso.

[88] Idem, *O capital*, Livro II, cit., p. 190.

[89] Ibidem, p. 42, grifos nossos.

Daí, dirá Marx, a fórmula de circulação e acumulação na indústria de transporte é

Fórmula 4

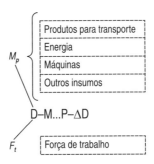

Marx também observa que essa fórmula é "quase exatamente a mesma forma que a da produção de metais nobres"[90]. Igual à mineração, o trabalho efetuado na produção de transporte e comunicação (P) já se realiza diretamente em mais-dinheiro (ΔD). Aqui também não há produção de nova mercadoria intermediária. No entanto, diferentemente da mineração, no transporte as mercadorias de terceiros funcionariam como as matérias-primas em alguma outra indústria qualquer: o empresário de transporte ou comunicação deve retirar da circulação alguma mercadoria (além de equipamentos, energia, força de trabalho etc.), *transportar* essa mercadoria para algum outro lugar, então devolvendo-a à circulação e, daí, realizando o mais-valor do trabalho para tal contratado (do ferroviário, do marinheiro, do caminhoneiro, dos técnicos em telecomunicações etc.).

A empresa de transporte retira produtos de circulação para mantê-los em circulação. Essa aparente contradição se explica porque as indústrias de transporte e de comunicação constituem "esfera especial de investimento de capital produtivo" que se diferencia "pelo fato de aparecer como continuação do processo de produção *dentro* do processo de circulação e *para* o processo de circulação"[91]. Seria como se a fábrica passasse a ter as dimensões de seu mercado. Se isso não é possível, o inverso chegou perto de se realizar: as enormes instalações da Ford Motor Co., em River Rouge, Detroit, nos anos 1940, tinham, dentro delas, 160 quilômetros de estrada de ferro, além

---

[90] Ibidem, p. 43.
[91] Ibidem, p. 130.

62 • O valor da informação

de centenas e centenas de quilômetros de esteiras rolantes, pontes movediças, outros meios de transporte de gente e materiais[92]. Altamente verticalizada, não somente a fábrica, mas a própria empresa, buscava efetuar em seu interior, no máximo possível, todo o ciclo (D-M...P...). A meta de Ford seria reduzir seus processos produtivos a processos de circulação: manter o capital em permanente movimento, no menor tempo possível.

A produção, pois, pode prosseguir na circulação propriamente dita: em termos práticos e teóricos, o processo de produção só é dado por concluído quando o produto é entregue pelo fabricante a seu primeiro vendedor ou, nos termos de Marx, só então o produto *devém* mercadoria. Esse movimento resulta na "existência espacial modificada" do produto[93]. Não ocorre transformação física ou química (do algodão em tecido, conforme o exemplo que temos usado), mas ocorre deslocamento do produto final no espaço. Esse deslocamento implica trabalho cujo efeito útil (valor de uso) é o próprio movimento, a própria ação de transportar produtos. Esse tempo de trabalho cria valor, não porque tenha transformado algum substrato físico-químico em outro substrato útil para um consumo qualquer, mas porque concluiu o processo de produção (...P...) ao colocar o produto em seu ponto de venda, ou seja, ao finalmente transmudar o produto em mercadoria. Entretanto, nesse movimento, é "o próprio processo de produção, não um produto separável dele, que é pago e consumido", diz Marx.

O trabalho, nas comunicações (e transporte, em Marx, é um ramo das comunicações), não é transferido para um produto "separável dele", não é congelado em uma mercadoria. Ele aí cria diretamente mais-dinheiro porque está em movimento, em ação, durante o tempo mesmo desse movimento, durante "o próprio processo de produção":

Trabalho em ação ≡ informação

Todo processo produtivo efetuado por meio de comunicação implica valorizar trabalho diretamente em ação, isto é, informação. Exemplo: um professor assalariado de alguma instituição particular de ensino. O valor de seu trabalho está em sua atividade em sala de aula, no conhecimento que

---

[92] Wikipedia, "Ford River Rouge Complex"; disponível em: <https://en.wikipedia.org/wiki/Ford_River_Rouge_Complex>; acesso em: 2 mar. 2022.

[93] Karl Marx, *O capital*, Livro II, cit., p. 42.

Informação, trabalho e capital • 63

transfere aos estudantes, por meio de sua voz, movimentos de corpo, circunstancialmente auxiliado por giz, quadro negro, ou televisão e computadores. A escola adiantou dinheiro (D) para adquirir suas instalações, seus recursos de apoio e, principalmente, seus professores e demais funcionários (M_p+F_t). O que atrairá clientes para essa escola será o trabalho vivo dos professores na interação informacional com seus estudantes. A utilidade da escola será medida principalmente pelos resultados desse trabalho na formação dos estudantes. O conhecimento detido na mente de professores e professoras é transferido para a mente dos estudantes. Contudo, essa mente posta em forma na escola não é em nada similar ao algodão posto na forma de tecido pelo trabalho industrial. Na fábrica, a forma resultante é *morta*. Na escola, a forma resultante é também *viva*. Lá, a forma resultante é entrópica. Aqui, é neguentrópica. O ato de ensinar, como qualquer outra atividade social humana precipuamente comunicativa, é "trabalho vivo produzindo atividade viva", conforme a feliz expressão de Moulier-Boutang[94].

Assim como no caso do transporte de mercadoria, o valor do trabalho do professor ou professora só pode ser mercadejado enquanto *em ação*: seu efeito útil coincide, no tempo, com sua atividade de aula, com a interação que mantém com seus estudantes nos momentos dessa interação, seja em sala de aula, seja corrigindo provas e trabalhos, seja dialogando com seus orientandos e orientandas. Aqui não há, como também não há nos transportes, produção de alguma nova mercadoria. Os estudantes (ou seus pais) consomem imediatamente e pagam diretamente o trabalho vivo dos professores e professoras. Essa atividade viva interativa de professores e estudantes produz mais-dinheiro (ΔD) sem produzir novo produto material. Atribuindo o signo *I* (de informação) a esse subciclo produtivo, podemos afirmar, generalizando a fórmula original de Marx, que a fórmula do *ciclo da comunicação produtiva* será

$$D-M...I-\Delta D$$

No século XIX, atividades ditas intelectuais ou artísticas estavam geralmente fora do circuito econômico. A maior parte desses profissionais

---

[94] Yann Moulier-Boutang, "La Troisième transition du capitalisme: exode du travail productif et externalités", em Christian Azaïs, Antonella Corsania e Patrick Dieuaide (orgs.), *Vers un capitalisme cognitif* (Paris, L'Harmattan, 1998), p. 135-52.

64 • O valor da informação

sustentava-se prestando serviços pessoais, eram apoiados financeiramente por mecenas (sobretudo os artistas) ou ocupavam cargos no serviço público, quando não eram aristocratas, vivendo de rendas. Em quaisquer dessas situações, podia-se admitir que viviam parasitariamente de alguma cota de mais-valor para eles transferida do trabalho produtivo fabril.

Na medida em que o capital expandiu o trabalho material semiótico ou, dito de outro modo, apoiado no desenvolvimento das tecnologias de comunicação, criou ou ampliou indústrias capitalistas basicamente centradas em "trabalho vivo produzindo atividade viva", todo um amplo campo de atividades socioculturais, até então não consideradas pela economia política, veio sendo incorporado aos processos capitalistas de produção de valor e acumulação, tornando-se também *produtor de mais-valor*[95]. Isso porque, no esforço para anular os espaços pelo tempo e, talvez principalmente, de reduzir ao mínimo os tempos de rotação ou efetuar, em um ano, o maior número de rotações possíveis, o capital não apenas desenvolveu meios eficientes de transportar mercadorias como também meios ainda mais eficientes de *transportar informação*. Vimos, no exemplo da telegrafia, que a mera notícia da conclusão do ciclo M-ΔD, antecipando o refluxo monetário (ΔD-D), já podia afetar o mercado de dinheiro. O desenvolvimento, no século XX, dos meios de comunicação social e da indústria cultural terá outro efeito ainda mais positivo sobre a relação informação/mercadoria: permitirá que a informação sobre a mercadoria, por meio da propaganda e da publicidade, possa chegar a seu potencial consumidor *antes* que a mercadoria físico-química tenha chegado à loja ou mesmo *antes* que esse potencial consumidor se movimente para ir à loja.

---

[95] Excluindo-se os estudos pioneiros de Theodor W. Adorno e Max Horkheimer (*Dialética do esclarecimento*, trad. Guido Antonio de Almeida, Rio de Janeiro, Jorge Zahar, 1985 [1944]) que, no entanto, podem ser considerados mais sociológicos, até filosóficos, que político-econômicos, os primeiros estudos de economia política crítica sobre a indústria cultural como indústria que produz valor aparecem um tanto tardiamente nos anos 1970-1980, com os trabalhos de Dallas Smythe ("Communications: Blindspot of Western Marxism", *Canadian Journal of Political and Social Theory*, v. 3, n. 1, 1977, p. 1-27), Nicolas Garnhan (*Capitalism and Communication*, Londres, Sage, 1990), Ramón Zallo (*Economía de la comunicación y de la cultura*, Madri, Akal, 1988) e outros. Surge então o conceito – e todo o debate consequente – sobre a "audiência" como mercadoria e como trabalho. Esse debate será retomado no capítulo deste livro assinado por Gabriela Raulino.

No modelo tradicional de negócios, o processo de rotação é linear, e produtos e compradores convergem para algum ponto de venda final, definido este conforme a natureza dos valores de uso, se intermediários ou finais (ver Figura 3).

Figura 3. Fluxo da mercadoria e da informação

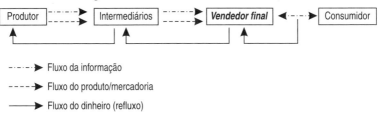

Fonte: elaboração do autor.

Os meios de comunicação e a indústria cultural introduzem um novo circuito nesse fluxo, sem necessariamente excluir o circuito informacional anterior, que acelera, não raro quase à velocidade da luz, o fluxo da informação, podendo impactar positivamente no próprio (re)fluxo do dinheiro (ver Figura 4): os produtores e a cadeia de intermediários podem agora se comunicar diretamente com um universo difuso de consumidores, assim logrando acelerar o refluxo do mais-dinheiro.

Figura 4. Fluxo da mercadoria e da informação

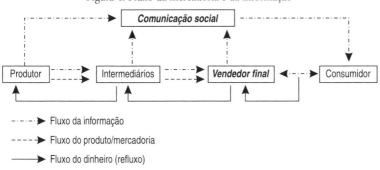

Fonte: elaboração do autor.

Os meios de comunicação e a indústria cultural não somente cumprem essa função de acelerar a rotação pelo transporte da informação sobre a mercadoria, mas ainda outra tão ou mais importante: *produzir o consumo*.

66 • O valor da informação

Por meio de um amplo conjunto de imagens audiovisuais em filmes ou novelas, pelo ritmo e pelas letras das músicas ditas populares, por meio de programas de auditório, comportamentos de estrelas e celebridades profusamente divulgados e expostos como "modelos" para a sociedade etc., os meios estabelecem as modas, os gostos, os desejos do consumo que produzirão a produção que será imediatamente consumo. Você pode escolher, por efeito da publicidade ou das motivações de gosto pessoal, a marca de tênis que vai usar hoje à noite, mas, antes, já foi convencido, pelas imagens no cinema e na TV, de que o tênis pode ser um sapato para todas as ocasiões, sejam as efetivamente esportivas, sejam as mais sociais.

Como bem sabemos, foi no século XX que o capital expandiu essa poderosa indústria produtora de consumo que passou a ser conhecida genericamente como "das comunicações". Nela incluem-se tanto os produtores e os operadores de sua infraestrutura como, sobretudo, os produtores de *conteúdos* que adicionam trabalho e mais-valor a essa infraestrutura (cinema, música, programas de rádio e televisão etc.). No século XXI, a essa indústria veio somar-se a internet. Não apenas somar-se, mas, em sua evolução, tender a absorver as demais.

Seja a indústria cinematográfica, fonográfica ou impressa, seja a audiovisual radiotelevisiva, todas, sem exceção, geram um produto que não é necessariamente "aniquilado" em seu consumo: informação. É verdade que o *suporte* (película, disco de vinil ou digital, papel, aparelho receptor de TV etc.) pode ser destruído em um tempo maior ou menor de acordo com as determinações termodinâmicas. Todavia, seu *conteúdo* permanece na mente e nas ações dos indivíduos e da sociedade. Pode ser reproduzido até mesmo eternamente: até hoje podemos ler Aristóteles ou Virgílio, não importa se em pergaminho, papel ou leitor digital. Menos que ato de consumo, ler ou ouvir é um *ato de reprodução*[96]: é trabalho semiótico que os sujeitos sociais efetuam entre si, em interação intersubjetiva não necessariamente síncrona, mediada pelos suportes adequados. Ao longo de quase toda a história humana, o suporte de comu-

---

[96] Marcos Dantas, "Milionários nada por acaso: capital rentista e apropriação do trabalho artístico nas redes do espetáculo", *Eptic Online*, v. 13, n. 2, maio-abr. 2011; disponível em: <https://seer.ufs.br/index.php/eptic/article/view/117>; acesso em: 3 ago. 2013; "As rendas informacionais e a apropriação capitalista do trabalho científico e artístico", em Rodrigo Moreno Marques et al. (orgs.), *A informação e o conhecimento sob as lentes do marxismo* (Rio de Janeiro, Garamond, 2014); "Mais-valia 2.0: produção e apropriação de valor nas redes do capital", *Eptic Online*, v. 16, n. 2, 2014; disponível em: <http://www.seer.ufs.br/index.php/eptic_article/view/2167>; acesso em: 6 mar. 2022.

nicação só podia ser o próprio corpo humano, ou papiros e papéis levados a longa distância por cavaleiros ou marinheiros. A partir da invenção do telégrafo, no século XIX, os suportes passaram a ser meios eletroeletrônicos que praticamente permitem transportar a informação quase à velocidade da luz.

Observe-se que, nos processos de trabalho e produção de informação e comunicação, não há transformação de matérias-primas em novos valores de uso (como de algodão em tecido), mas *consumo produtivo* dos equipamentos e insumos necessários aos processos informacionais (máquinas, computadores, papéis etc.). Uma folha de papel, por exemplo, recebe formas de tinta que exibem letras sem deixar, porém, de continuar sendo uma folha de papel: não perde sua forma e muito de suas propriedades originais ao ganhar novo valor de uso comunicacional, ou seja, ao proporcionar o efeito útil de transportar informação. Isso é similar ao caminhão que serve ao ciclo do transporte: mesmo naturalmente se desgastando com o tempo e com o trabalho, não deixa de ser caminhão enquanto puder proporcionar o efeito útil do transporte (P-ΔD). E se o caminhão pode ser reutilizado centenas de vezes no transporte de mercadorias, a folha de papel também poderá ser reutilizada centenas de vezes no transporte de informação, sempre que necessário, pois estará estocada nos arquivos e em bibliotecas.

Assim, desdobrando a fórmula D-M...I-ΔD, fórmula geral do *ciclo da comunicação*, a partir de (1), (2), (3) e (4), será (5):

Fórmula 5

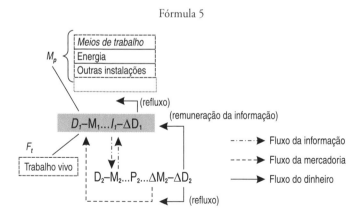

No ciclo D_1 situam-se empresas ou também os departamentos empresariais especializados em empregar trabalho vivo no desenvolvimento científico e tecnológico, no marketing, em espetáculos audiovisuais etc., ou seja, em

68 • O valor da informação

trabalho informacional (I_1). Os produtos objetivados desse trabalho são materiais semióticos: textos, imagens, fórmulas matemáticas, desenhos etc. Esses resultados são comunicados, pelos suportes ou meios adequados (linhas telefônicas, relatórios em papel, redes de computadores etc.), a empresas ou outros departamentos empresariais, situados no ciclo $D_2...\Delta D_2$: o ciclo que põe em forma físico-química as ideias geradas no ciclo $D_1...\Delta D_1$. Neste ciclo iniciado em D_2, efetua-se trabalho vivo e morto que objetivará aquelas ideias ou imagens nas formas de máquinas, veículos, roupas, alimentos, remédios, computadores, prédios e instalações etc.: mercadorias, seja para consumo produtivo, seja para consumo improdutivo. A relação entre os dois ciclos é necessariamente *interativa*, pois essas empresas ou os departamentos intra-empresas D_2, que se ocupam da transformação ou montagem industrial, também informam aquelas D_1 de suas possibilidades ou necessidades, reais ou potenciais, de trabalho. Daí o fluxo informacional bidirecional $I_1 \leftrightarrow M_2$.

2.5. Valor da informação-trabalho

O regime atual de acumulação não pode prescindir do trabalho vivo aleatório (científico, artístico), daí "economia criativa", "capitalismo cognitivo" e outras expressões que reconhecem a centralidade do trabalho concreto altamente qualificado no processo de valorização. Contudo, ao contrário dos tempos fordistas, o capital-informação tende a não mais reconhecer qualquer valor no trabalho vivo redundante ou, nos termos de Marx, no "trabalho abstrato". O capital tende a eliminá-lo ao máximo com o uso da automação ou, se isso ainda não é possível por razões tecnológicas ou de custo-benefício, transfere-o, graças às redes telemáticas mundiais, para países, cidades, bairros periféricos, onde possa ser explorado em condições similares, ou piores, àquelas que Marx testemunhara nas primeiras décadas do século XIX. Ao mesmo tempo, como se começa a constatar, o capital mobiliza uma nova forma de trabalho vivo: o trabalho não pago no tempo de aparente lazer, de bilhões de pessoas nas plataformas sociodigitais e aplicativos de telefonia móvel, por meio do qual captura dados pessoais e empresariais com fins de valorização. Trata-se de uma nova fronteira de acumulação: o *capitalismo de plataformas*[97]. Apresentar e discutir essa fronteira

---

[97] Nick Srnicek, *Platform Capital* (Cambridge, Polity, 2016); Marcos Dantas, "The Financial Logic of Internet Platforms: The Turnover Time of Money at the Limit of Zero", *TripleC*, v. 17, n. 1, 2019, p. 132-58.

Informação, trabalho e capital • 69

será o objeto do capítulo "Capital e trabalho nas plataformas sociodigitais", assinado por Gabriela Raulino.

Cada vez mais, ao longo da evolução histórica do capitalismo moderno, a mercadoria – aquela conforme definida e discutida por Marx – foi sendo esvaziada do próprio tempo de trabalho vivo nela *diretamente* contido. Anselm Jappe fala-nos da "desvalorização do valor"[98]. Eleutério Prado discute a "desmedida do valor"[99]. Guy Debord, Fredric Jameson, Isleide Fontenelle e David Harvey referem-se à "estetização da mercadoria"[100]. Por muitos caminhos, diferentes autores que nos remetem a Marx perceberam que a economia mercantil, tal como Marx a descreveu e justo como ele estabeleceu sua possível lógica evolutiva, ultrapassou os limites da mercadoria e alcançou um estágio de desenvolvimento que nos desafia a interrogar por que, apesar disso, o capitalismo não desabou como Marx parecia prever[101].

---

[98] Anselm Jappe, *Les Aventures de la marchandise: pour une nouvelle critique de la valeur* (Paris, Denoël, 2003) [ed. port.: *As aventuras da mercadoria para uma nova crítica do valor*, trad. José Miranda Justo, Lisboa, Antígona, 2006].

[99] Eleutério Prado, *Desmedida de valor: crítica da pós-grande indústria* (São Paulo, Xamã, 2005).

[100] Guy Debord, *A sociedade do espetáculo* (trad. Estela dos Santos Abreu, Rio de Janeiro, Contraponto, 1997 [1968]); Frederic Jameson, *Pós-modernismo: a lógica cultural do capitalismo tardio* (São Paulo, Ática, 2006); Isleide A. Fontenelle, *O nome da marca: McDonald's, fetichismo e cultura descartável* (São Paulo, Boitempo, 2002); David Harvey, *Condição pós-moderna* (trad. Adail Ubirajara Sobral e Maria Stela Gonçalves, 21. ed., São Paulo, Loyola, 2011 [1996] [1989]).

[101] Essa previsão aparece em várias passagens dos *Grundrisse*, sobretudo nos hoje em dia famosos "Fragmentos da maquinaria", bem como, embora com menos ênfase, também em *O capital*. À medida que evoluía, o capital expandiria um amplo universo de produção intelectual, científica e artística que Marx denomina "intelecto social geral" (*general intellect*). Ou seja, o trabalho e, com ele, os trabalhadores sairiam das fábricas para esse outro espaço que, porém, Marx não descreve com precisão e nem poderia descrever em sua época. O trabalho, como o definia, e os trabalhadores, como concretamente os via e entendia, dariam lugar a um "outro sujeito" e, como esse "outro sujeito", comandariam os "autômatos" responsáveis pela produção *direta*. Tudo indica que Marx não podia enxergar, em seu tempo, como o capitalismo e sua economia mercantil sobreviveriam a esse processo aparentemente inexorável. Quisessem ou não, gostassem ou não, os capitalistas seriam "obrigados" a abrir caminho para uma nova forma, colaborativa, comunicativa, comunista, de organização social. Obviamente, não foi isso que aconteceu. Marx, nem em sua lógica, nem em sua imaginação, poderia vislumbrar que seria possível a apropriação capitalista do *general intellect* por meio dos direitos de propriedade intelectual.

70 • O valor da informação

Se no ciclo D-I-ΔD não há realmente mercadoria a realizar, como então o capital é realizado, acumulado e apropriado?

A resposta é: por meio dos *direitos de propriedade intelectual* (DPIs), conforme o capítulo "Propriedade intelectual e rendas informacionais", assinado por Larissa Ormay, explicará melhor. O capital desenvolveu ao longo do século XX e aprofundou neste século XXI uma draconiana legislação internacional que transfere para o investidor privado capitalista os direitos de propriedade sobre os produtos do trabalho semiótico de cientistas, engenheiros, artistas, professores, demais trabalhadores e trabalhadoras informacionais. O valor transferiu-se da mercadoria para a própria *imagem da mercadoria*, para a marca, para a patente, para o *copyright*. No século XIX, a expropriação, pelo capital, do conhecimento detido pelo trabalho concretizava-se com a *impressão* desse conhecimento nos sistemas de maquinaria, conforme descrito por Marx, e, daí, sua transferência para os produtos físico-químicos entrópicos a serem trocados por dinheiro no mercado. No século XX, à medida que avançava a intensificação do trabalho, cada vez mais a expropriação foi sendo transferida para os *registros semióticos* do trabalho concreto: desenhos, descrições textuais, gravações audiovisuais etc. Esse processo se aprofundaria ainda mais, de forma extraordinária, na virada do século XX para o XXI, após o aparecimento das tecnologias digitais de informação e comunicação (TICs).

Assim como o operário dos tempos de Marx precisava aceitar condições escorchantes de trabalho para ter acesso a seus meios de subsistência, o trabalhador informacional do presente só consegue uma posição qualquer em algum elo do amplo sistema produtivo globalizado do capital se aceitar alienar ao capital sua participação direta (pessoal) na produção do conhecimento social e coletivo. Esse processo teve início nas primeiras décadas do século XX, conforme nos narra David Noble em *America by Design*[102] [América em projeto]. Cientistas e engenheiros que eram empregados nos laboratórios industriais da General Electric de Thomas A. Edison (1847--1931), da American Telephone & Telegraph de Theodor Vail (1845-1920) ou da General Bakelite de Leo Baekeland (1863-1944), entre outras então nascentes indústrias de base científico-tecnológica, eram forçados, após não poucas batalhas judiciais e mudanças na própria legislação, a assinar contratos pelos quais abriam mão de seus direitos sobre as patentes que geravam, pois, argumentavam os empresários e seus advogados, para isso já recebiam

---

[102] David Noble, *America by Design* (Oxford, Oxford University Press, 1979).

seus salários. A diferença entre a renda obtida com as patentes e o salário pago a seus engenheiros viria a ser o mais-valor extraído da intensificação do trabalho: o mais-valor extraído do trabalho informacional.

O tempo de trabalho informacional despendido na busca, na organização, no registro e na comunicação de algum novo conhecimento implica poupança igual de tempo de trabalho por parte de quem necessita de seus resultados. Se a mercadoria, nos termos definidos por Marx, congela tempos comparáveis de trabalho para efeitos de equivalência de valor (valor de troca), o conhecimento, isto é, o registro do material semiótico produzido pelo trabalho informacional, implica dispêndio de tempo de trabalho por quem o produz e poupança de tempo de trabalho por quem o utiliza. Digamos que João gastou cinco horas para localizar os dados *a*, *b*, *c* e *d*, e com eles escreveu o texto *N*. Para Maria, em princípio, *N* é mais um dado que ela adjudicará aos dados *e*, *f*, *g* e *h* que precisou procurar e processar em outro tempo de cinco horas do qual resultou o texto *M*. Antônio, por sua vez, utilizará *M* (que contém *N*) para, em outras cinco horas de busca, adjudicá-los a *i*, *j*, *k* e *l* na produção de *O*, e assim por diante. Não tivesse João feito aquele trabalho, Maria provavelmente gastaria dez horas para produzir *M* e Antônio precisaria dos tempos somados de ambos para obter *O*. Para cada um, o tempo de trabalho do outro é tempo redundante, seu valor encontra-se na poupança de seus respectivos tempos, se possível chegando no limite de zero. São tempos *não equivalentes,* logo não cambiáveis. Por sua própria natureza, a "economia da informação" anula a troca. Por isso, só pode funcionar se um dos lados conseguir assegurar algum direito de propriedade pelo qual determinará as condições de *acesso* do outro lado. Esse direito de propriedade traduz-se em um poder de monopólio sobre o mercado relativo ao conhecimento assim feito "proprietário".

Já vimos que a informação é um processo contrário ao equilíbrio (logo à equivalência): é, nas palavras já citadas de Bateson, diferença que produz diferença. Por isso, em um sistema socioeconômico baseado na valorização da informação (isto é, trabalho vivo no tempo da atividade viva), não poderá haver troca mercantil de equivalentes. Muitos teóricos, a começar por Norbert Wiener, entenderam ser inviável a mercantilização da informação; outros, como Stieglitz, acusam suas assimetrias, e ainda outros, como Marc Porat ou Manuel Castells, buscam resolver tais problemas ignorando a teoria científica e sugerindo conceitos operacionais que reduziriam informação à forma externa, objetivada, congelada, de seus suportes materiais: a algum *documento*.

72 • O valor da informação

Essa última solução tenta ocultar a questão *fundamental* do capitalismo contemporâneo: por meio dos DPIs, o acesso ao conhecimento científico-técnico, aos produtos artísticos, ao entretenimento cultural e aos próprios "estilos" dos valores de uso necessários ao dia a dia nas sociedades contemporâneas passa a depender das condições impostas ao mercado por algum detentor *monopolista* da propriedade sobre esse conhecimento.

Todo produto, uma vez o "tipo" tenha sido projetado ou desenhado pelo trabalho aleatório, ainda passará por algum processo de trabalho redundante de reprodução ou replicação ("token") para que seu valor de uso chegue aos consumidores produtivos ou improdutivos (Figura 5). Caso essa etapa redundante requeira elevados investimentos e dispêndios monetários em capital fixo ou mesmo em trabalho vivo redundante, será possível edificar barreiras à entrada de competidores que permitirão ao detentor dos DPIs extrair elevadas rendas de monopólio do conhecimento assim apropriado. Normalmente, é o que acontece em grandes indústrias, como a de aviação, a automobilística, farmacêutica, eletroeletrônica etc. Como facilmente se observa, esses mercados tendem a ser mundialmente cartelizados.

Figura 5. Formação de rendas informacionais diferenciais

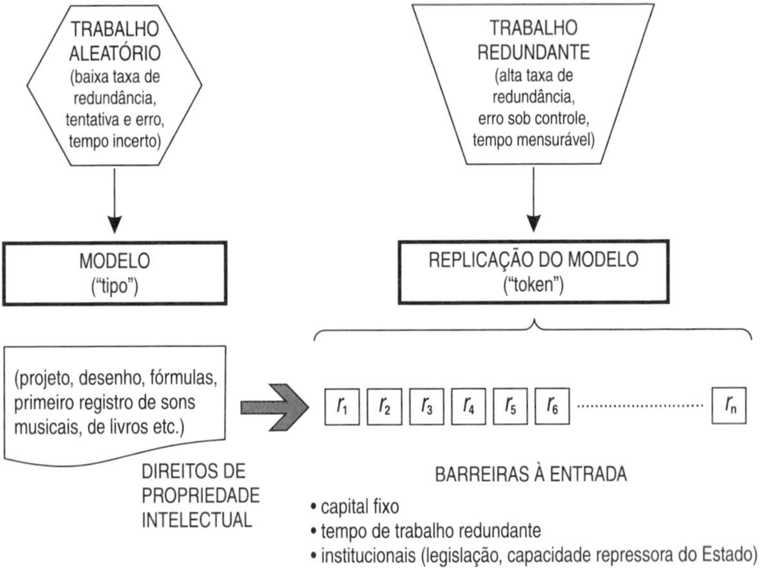

Fonte: elaboração do autor.

No entanto, se a replicação do modelo não depende de elevados investimentos industriais ou mesmo de sistemas de distribuição (em redes de telecomunicação, por exemplo), competidores oportunistas, investindo somente nos processos de reprodução ou replicação, podem se apropriar do valor do conhecimento a muito baixo custo marginal, *exceto se o Estado puder intervir em defesa do detentor monopolista do conhecimento* por meio de leis, ativismo judicial e ação policial. Foi o que aconteceu, por exemplo, com a indústria fonográfica, protegida, nos tempos analógicos, pelos altos investimentos em fábricas e redes de distribuição de discos, quase destruída pelo aparecimento de redes de computadores e de um programa de compressão digital dos sinais conhecido pelo acrônimo MP3[103], fenômeno que daria origem, aliás, a toda a ilusão dos *Commons*, como se pode perceber no pensamento idealista de Yochai Benkler[104] e muitos outros. A solução encontrada pela indústria, além da forte repressão aos assim chamados "piratas", foi desenvolver um novo modelo de negócios conhecido como "jardins murados" (*walled gardens*)[105]. Para usufruto do produto semiótico, no lugar da compra (troca por dinheiro) de algum suporte unitário (discos, livros), é necessário: i) estar conectado a alguma rede de telecomunicações por meio de algum equipamento terminal (computador, TV inteligente, celular) e ii) adquirir uma *licença de acesso* mediante pagamento de assinatura ou outra forma de remuneração. São exemplos as plataformas iTunes, Spotify, Netflix, os *e-readers* etc. Esse modelo será mais bem examinado nos capítulos deste livro assinados por Denise Moura e Gabriela Raulino.

Se a renda diferencial, em Marx, tinha origem em fatores como localização ou fertilidade da terra, a *renda diferencial informacional* se apoiará, desse modo, nas condições de acesso, para as quais o Estado pode vir a ser um fator também determinante. Quanto mais eficaz puder ser a barreira de acesso, mais o detentor dos DPIs poderá extrair sobrerrenda de sua condição monopolista sobre um "pedaço" de conhecimento social.

---

[103] Stephen Witt, *Como a música ficou grátis* (Rio de Janeiro, Intrínseca, 2015).

[104] Yochai Benkler, *The Wealth of Networks: How Social Production Transforms Markets and Freedom* (New Haven, Yale University Press, 2006); disponível em: <http://www.benkler.org/Benkler_Wealth_Of_Networks.pdf>; acesso em: 20 mar. 2017.

[105] Chris Marsden et al., *Assessing Indirect Impacts of the EC Proposals for Video Regulation* (Santa Monica, Rand Corp., 2006); disponível em: <https://www.rand.org/pubs/technical_reports/TR414.html >; acesso em: 6 mar. 2022.

74 • O valor da informação

O conhecimento passou a ter um preço, como pretendia Daniel Bell, mas esse preço só pode ser ditado pelas condições monopolistas de seu mercado. Preço de monopólio, logo, renda de monopólio. O capital-informação é essencialmente rentista, daí sua relação simbiótica com o capital financeiro, pois são de idêntica natureza. E enquanto puder seguir impondo à sociedade essa negação ao livre acesso ao conhecimento *comum* resultante do trabalho social, seguirá construindo um mundo onde uma minoria de 1% pode se apropriar de renda equivalente a toda a soma dos rendimentos de metade da população mundial graças ao controle e ao poder que passou a deter sobre os resultados cognitivos e semióticos do trabalho de cientistas, artistas e demais trabalhadores e trabalhadoras informacionais.

3. Sociedade do espetáculo

No capital-informação precisamos distinguir dois tipos de valores de uso (ou suportes informacionais). Os valores de uso *entrópicos* são aqueles cujo principal atributo de utilidade é ser *consumido*, isto é, ser desgastado ao longo do tempo, ou mesmo totalmente destruído em algum tempo – "aniquilado", como escrevia Marx. É o caso dos alimentos, por exemplo. Por mais bonito, cheiroso, gostoso que seja algum alimento, ele só realiza sua utilidade se for digerido, pois, ao fim e ao cabo, seu valor de uso reside em seus atributos energéticos, proteicos etc. Assim, roupas, máquinas, até mesmo imóveis precisam ser efetivamente usados e, daí, depreciados entropicamente, para efetivarem seus valores de uso.

O contrário se dá com objetos de natureza artística: discos, livros, fotografias etc., assim como espetáculos ao vivo. Quando se ouve uma música em disco, está-se reproduzindo o som. E essa reprodução pode efetuar-se infinitas vezes desde que se tenha o cuidado de conservar o disco em bom estado. O valor de uso aqui está na replicação do objeto, na *relação ativa* que o indivíduo estabelece com as modulações de energia que conectam o suporte musical a seu aparelho auditivo. Informação. É valor de uso *neguentrópico*.

Se, no capitalismo de nossos dias, o trabalho que produz valor é, de modo determinante, informacional, semiótico, aleatório, os valores de uso, tanto entrópicos quanto neguentrópicos, se diferenciarão entre si justamente pela dimensão aleatória de trabalho concreto neles realizada: criatividade, estilo, *design*, beleza... E essa será a grande diferença entre o capital--informação de nossa época e o capital-industrial da época de Marx. No

Informação, trabalho e capital • 75

século XIX, em razão de o conhecimento para a produção ser basicamente social e estar disseminado entre os trabalhadores qualificados, os produtos muito pouco se diferenciavam entre si, salvo, principalmente, pelo tempo de trabalho social igual, ou abstrato, que cada mercadoria poderia conter. Agora, porque ocorreu de "a produção estética estar integrada à produção de mercadorias em geral"[106], os valores de uso foram esvaziados daquela medida de troca. Para seguir acumulando e crescendo, o capital impõe à sociedade aquele novo princípio de apropriação baseado não mais na troca, mas nas rendas informacionais extraídas dos monopolísticos DPIs sobre o uso de marcas, invenções, imagens, ideias etc.

Há mais de meio século, Guy Debord já falava nesse "capital em tal grau de acumulação que se torna imagem"[107]. Tínhamos, então, entrado na *sociedade do espetáculo*. A imagem relaciona valores de uso, inclusive os entrópicos, menos às suas funcionalidades e muito mais a gostos, desejos, afetos, identidades, distinção, entre outros valores subjetivos. Já não haverá muita diferença *objetiva* entre consumir uma roupa ou um CD de música, pois não se consomem coisas, mas modas, estilos de vida[108]. Entretanto, poderá haver uma grande diferença *subjetiva*, pois o consumo tornou-se uma prática social *distintiva*, no conceito de Pierre Bourdieu[109]: consome-se *status*, identidades, reais ou imaginárias. A utilidade, assim, tornou-se cada vez mais função da "fantasia" que do "estômago"[110]. Então, como detectaram e investigaram Harvey e Fontenelle, essa sociedade precisa também do consumo acelerado, volátil, descartável. Ao tempo de rotação acelerado da produção e da realização há que corresponder um tempo acelerado de consumir e descartar:

[...] a necessidade de acelerar o tempo de giro no consumo [provocaria] uma mudança de ênfase da produção de bens (muitos dos quais, como facas e

---

[106] Frederic Jameson, *Pós-modernismo*, cit., p. 30.

[107] Guy Debord, *A sociedade do espetáculo*, cit., p. 25.

[108] Isleide A. Fontenelle, *O nome da marca*, cit.; David Harvey, *Condição pós-moderna*, cit.; Marco Schneider, *Dialética do gosto* (Rio de Janeiro, Circuito, 2015).

[109] Pierre Bourdieu, *A distinção: crítica social do julgamento* (Porto Alegre, Zouk, 2007 [1979-1982]).

[110] "A mercadoria é, antes de tudo, um objeto externo, uma coisa a qual, pelas suas propriedades, satisfaz necessidades humanas de qualquer espécie. A natureza dessas necessidades, se elas se originam do estômago ou da fantasia, não altera nada na coisa" (Karl Marx, *O capital*, cit., t. 1, p. 45).

76 • O valor da informação

garfos, têm um tempo de vida substancial) para a produção de eventos (como espetáculos que têm um tempo de vida quase instantâneo).[111]

O espetáculo é o modo de existência da produção e do consumo no capital-informação. Para o espetáculo, são essenciais, vitais mesmo, os meios eletroeletrônicos de comunicação social: rádio, televisão, cinema, indústria do disco, inclusive uma imprensa escrita cada vez menos crítica e politizada, cada vez mais também comprometida com seus anunciantes e com a "psicologia" do público consumidor. Como perceberam Adorno e Horkheimer, os meios tinham por função agenciar o tempo livre do trabalhador, ajustando-o subjetivamente às exigências repetitivas do trabalho fordista[112]. Ou seja, também compunham, junto com a alimentação, a moradia etc., os fatores necessários à reprodução da força de trabalho, logo, de seus custos expressos no salário.

Os meios produzem axiomaticamente espetáculos: filmes, *shows* musicais, programas de auditório, coberturas esportivas, ou mesmo o jornalismo tal como praticado no rádio ou na televisão. Por um lado, os meios permitem levar a milhões de pessoas, em um mesmo tempo, em um espaço que pode, sem exagero, alcançar o tamanho do planeta Terra (como acontece, por exemplo, nas transmissões dos jogos da Copa do Mundo de futebol), espetáculos que, sem esses meios, somente seriam acessíveis a poucos que, além da vizinhança espacial por morarem na mesma cidade, pudessem ocupar os duzentos ou trezentos assentos de uma sala de cinema ou de teatro, ou 60 mil, 100 mil assentos de uma arena esportiva. Por outro lado, por isso mesmo, os meios logram assim agenciar sua audiência de milhões de pessoas, dos mais diversos segmentos sociais, níveis de renda e grupos culturais, para a cultura e as práticas do consumo fugaz, descartável – como o é o próprio espetáculo. O sistema audiovisual de produção e distribuição contemporâneo, nele incluída a internet, tornou-se o motor do capital-informação, assim como, no século XIX, a indústria têxtil movimentava todo o resto da economia industrial.

O conjunto do segmento econômico que inclui a indústria fabricante de sistemas e equipamentos eletroeletrônicos, os serviços de telecomunicações, os estúdios de produção de cinema e audiovisual, as emissoras de TV e os videojogos representa cerca de 6% a 7% do Produto Interno Bruto (PIB)

---

[111] David Harvey, *Condição pós-moderna*, cit., p. 148.

[112] Theodor W. Adorno e Max Horkheimer, *Dialética do esclarecimento* (trad. Guido Antonio de Almeida, Rio de Janeiro, Jorge Zahar, 1985 [1944]).

Informação, trabalho e capital • 77

mundial, conforme diferentes estimativas[113]. Nos Estados Unidos, a indústria de cinema, audiovisual e televisão emprega quase 1,9 milhão de pessoas. Só o cinema responde por cerca de 10% do total das exportações do país e, em uma economia que opera com déficit comercial na faixa de 750 bilhões de dólares, Hollywood proporciona um pequeno alívio nas transações externas de 13,4 bilhões de dólares líquidos positivos[114].

A Copa do Mundo de 2014, no Brasil, carreou para a Federação Internacional de Futebol (Fifa) cerca de 5 bilhões de dólares – seu faturamento ao longo dos últimos quatro anos e mais um mês de Copa. O Comitê Olímpico Internacional (COI) obteve 4 bilhões de dólares, ao longo de quatro anos, com as Olimpíadas em Londres[115]. A menor parte dessas receitas veio da venda de ingressos, a maior parte, das cotas de patrocínio e da venda de direitos de transmissão. Quem paga? Marcas de bebidas e alimentos, de automóveis, de equipamentos eletroeletrônicos, bancos, empresas aéreas... Ainda que os estudos sejam contraditórios e não pareçam conclusivos a respeito dos impactos de um grande evento esportivo na economia de um país[116], pelo menos para

---

[113] Idate, *DigiWorld Yearbook 2009* (Montpellier, Idate, 2009); *DigiWorld Yearbook 2011* (Montpellier, Idate, 2011); Conferência das Nações Unidas sobre Comércio e Desenvolvimento (UNCTAD), *Creative Economy: Report 2008*, 2008; disponível em: <https://unctad.org/system/files/official-document/ditc20082cer_en.pdf>; acesso em: 6 mar. 2022; Organização das Nações Unidas para a Educação, a Ciência e a Cultura (Unesco), *International Flows of Selected Cultural Goods and Services, 1994- -2003* (Montreal, Unesco/Institute for Statistics, 2005); disponível em: <http://uis. unesco.org/sites/default/files/documents/international-flows-of-selected-cultural-goods-and-services-1994-2003-en_1.pdf >; acesso em: 6 mar. 2022.

[114] Motion Pictures of America Association (MPAA), *The American Motion Picture and Television Industry: Creating Jobs, Trading Around the World*, s.d.; disponível em: <https:// www.motionpictures.org/research-docs/the-american-motion-picture-and-television- -industry-creating-jobs-trading-around-the-world/>; acesso em: 6 mar. 2022.

[115] Fifa, *Financial Report 2010*, 2010; disponível em: <https://digitalhub.fifa. com/m/42ecabe5116b0ecd/original/n4hhe0pvhfdhzxbbbp44-pdf.pdf>; acesso em: 6 mar. 2022; Renan Araújo, "Comitê Olímpico Internacional terá lucro recorde com Olimpíadas de Londres", *Jornaleiro do Esporte*, 27 jul. 2012; disponível em: <https:// jornaleirosdoesporte.wordpress.com/2012/07/27/comite-olimpico-internacional-tera-lucro-recorde-com-olimpiadas-de-londres/>; acesso em: 6 mar. 2022.

[116] Marcelo Weishaupt Proni e Leonardo Oliveira da Silva, *Impactos econômicos da Copa do Mundo de 2014: projeções superestimadas* (Campinas, IE-Unicamp, 2012); disponível em: <www.eco.unicamp.br/docprod/downarq.php?id=3219&tp=a>; acesso em: 6 mar. 2022.

78 • O valor da informação

os negócios das corporações-redes que associam suas marcas a esses eventos, o retorno deve ser, no conjunto, muito superior àqueles 5 bilhões de dólares, em razão de sua venda de mercadorias materiais bem concretas: bebidas, roupas, automóveis; ou serviços financeiros e turísticos, com toda a cadeia produtiva neles envolvida. Ainda nos falta uma matriz de Leontief que tenha por ponto de partida esses grandes eventos e o conjunto da indústria do espetáculo.

Para que haja espetáculo é necessário haver, obviamente, um tipo especial de trabalho concreto: o trabalho artístico. Trata-se da atividade produtiva de artistas, desportistas, jornalistas, animadores de auditório, publicitários etc. Conforme já expuseram Ramón Zallo e Alain Herscovici, esse trabalho contratado, organizado e controlado pela indústria cultural mostra-se útil para a assistência, ou plateia, ou audiência, pela empatia, pelo desempenho, pela habilidade desses trabalhadores-artistas *enquanto em execução*, enquanto em atividade[117]. Não será trabalho heterônimo que possa ser consumido na forma "congelada" da mercadoria. Mesmo se gravado em disco ou visto em uma tela de cinema, continua atraindo audiência ou público por suas qualidades distintivas, não pelo que eventualmente poderia ser igualado a algum outro. É um trabalho concreto dificilmente redutível a abstrato, logo, seu produto – o espetáculo – estaria despojado da medida do valor de troca.

Na outra ponta, se o consumidor se dispõe a despender parte de seu tempo e, não raro, também pagar para assistir a algum espetáculo, será porque aquele trabalho artístico lhe forneceu um valor de uso: um produto (espetacular) que atende a alguma necessidade sua. Alguém somente se dispõe a permanecer por algumas horas em uma sala de cinema ou diante de uma tela de TV porque aquilo que está vendo e ouvindo – aquele texto no qual também efetua trabalho semiótico – contém significados para ele/ela que só poderão lhe significar se estiverem em *consonância* com seu ambiente significativo. Por motivos cuja compreensão encontra-se além dos limites da semiótica ou mesmo da economia política, se alguém precisa torcer, vibrar, chorar, por causa de um time de futebol, ou se emocionar, alegrar-se ou desesperar-se com os dramas da novela, ou atentar para os conselhos culinários da apresentadora matinal, esses e outros comportamentos que conectam o consumidor à tela do espetáculo só são possíveis porque dão sentido à sua vida cotidiana, de algum modo favorecem seu ajuste à sociedade que o envolve e às exigências

---

[117] Ramón Zallo, *Economía de la comunicación y de la cultura*, cit.; Alain Herscovici, *Economia da cultura e da comunicação* (Vitória, FCAA/Ufes, 1995).

de sua vida nessa sociedade. Como explica Martín-Barbero, referindo-se à popularidade da televisão, o espetáculo funciona porque expressa um tempo repetitivo imediato, um tanto quanto contínuo, coloquial, próprio do cotidiano familiar, do bairro, da comunidade, um cotidiano mais próximo do sujeito e, para ele, mais acolhedor[118]. Vidas redundantes satisfazem-se com atividades semióticas redundantes. O capital desenvolveu a indústria cultural para incorporar a sociedade em seu conjunto, como rotina, aos *hábitos* que nos tornam (quase) todos consumidores. Evidentemente, a conta bancária dirá dos limites de consumo de cada pessoa, mas não de sua subjetividade.

Como Denise Moura vai expor no capítulo "Capital financeiro e espetáculo: o controle do futebol por corporações mediáticas", a produção e a comercialização do espetáculo caíram, nos últimos vinte a trinta anos, sob o controle de uma grande, mas bem integrada cadeia produtiva, envolvendo conglomerados empresariais, comandada, no conjunto, pelo capital financeiro. Essa cadeia é constituída por fabricantes de equipamentos, produtores de conteúdos, transportadores, distribuidores. Apesar da aparência de contarmos com centenas de diferentes canais de acesso – e, se considerarmos a internet, esse número parece chegar ao infinito –, o fato é que estão, em vultosa e determinante maioria, sobretudo aqueles de enorme apelo popular, sob o controle e comando de um número reduzido de grandes corporações mediáticas, a maioria sediada nos Estados Unidos, a exemplo dos grupos Disney, WarnerMedia, Comcast-Universal, Alphabet/Google, Facebook. Essas corporações, por sua vez, além de seus sócios principais – nomes conhecidos como Sergey Brin, Mark Zuckerberg e outros –, estão estreitamente relacionadas ao capital financeiro: cerca de 70% do capital, em qualquer uma delas, está distribuído por 1.500 a 1.700 instituições ativas nas bolsas de valores. Dessas, cerca de apenas dez instituições detêm, cada uma, um bloco somado de ações equivalente à metade daquele total. São, com poucas variações, sempre as mesmas: Fidelity Investments, Capital Research, T. Rowe Price, FMR/LLC, State Street, Vanguard etc. Ou seja, a aparência de concorrência oculta, de fato, uma gigantesca concentração de capital financeiro controlando o que o mundo (capitalista) vê, ouve e pode pensar, e, claro, lucrando muito com isso, como melhor vão expor e explicar os demais capítulos deste livro.

---

[118] Jesús Martín-Barbero, *Dos meios às mediações: comunicação, cultura e hegemonia* (trad. Ronald Polito e Sérgio Alcides, 6. ed., Rio de Janeiro, Editora UFRJ, 2009).

80 • O valor da informação

3.1. Vinte e quatro horas produtivas

Em uma passagem do capítulo sobre a maquinaria de *O capital*, Marx escreveu:

> Daí o notável fenômeno na história da indústria moderna de que a máquina joga por terra todos os limites morais e naturais da jornada de trabalho. Daí o paradoxo econômico de que o meio mais poderoso para encurtar a jornada de trabalho se torna o meio infalível de transformar todo o tempo de vida do trabalhador e de sua família em tempo de trabalho disponível para a valorização do capital.[119]

Marx poderia estar se referindo, em parte, à incorporação do trabalho domiciliar pela indústria mecanizada, ou mesmo ao fato de que, finda a longa e extenuante jornada de trabalho, nada mais restava ao trabalhador ou trabalhadora senão aproveitar o tempo livre restante para comer e dormir. A evolução capitalista, no entanto, se, por um lado, elevou a renda média, ampliou o tempo de lazer do trabalhador e também suas necessidades, agora estéticas, de consumo; por outro lado e por isso mesmo, fez também desse tempo supostamente de consumo e lazer um *tempo produtivo*, ou seja, ocupado na valorização de capital.

Será importante sublinhar essa diferença que Marx introduz entre consumo "produtivo" e "improdutivo": aquele é o consumo efetuado no interior do processo produtivo; este é o consumo final, definitivo, de alguma mercadoria. O consumo de tecido na produção de calças é produtivo porque serve para valorizar capital. O consumo de calças por qualquer pessoa será improdutivo: é um consumo que retira definitivamente material de circulação e, com o tempo, esse material será "aniquilado" pelo próprio desgaste de seu consumo. Em Marx, o processo de produção de valor, à medida que retira mercadoria de circulação, deve, ao término, recolocar mercadoria em circulação, realimentando o sistema. O consumo improdutivo do trabalhador fecha o circuito, pois repõe suas energias físicas e psíquicas para seguir trabalhando.

Será por isso que podemos considerar como produtivo (no sentido da valorização do capital), um amplo conjunto de atividades nas quais ocupamos nosso tempo aparentemente tão apenas resolvendo nossos problemas cotidianos particulares, ou nos divertindo. Uma parte desse tempo é hoje em dia consumida em atividades nas quais, antes, o capital ainda precisava empregar e

---

[119] Karl Marx, *O capital*, cit., t. 2, p. 32.

Informação, trabalho e capital • 81

remunerar trabalho vivo redundante: naquelas, a exemplo da automação bancária e tantos outros *self-services*, em que o consumidor passou a desempenhar funções que antes eram próprias de um trabalhador assalariado especializado. Na automação bancária, o correntista, em relação semiótica imediata com o trabalho morto dos caixas automáticos, passou a trabalhar para o banco. E sem nada receber por isso, pelo contrário, pagando exorbitantes tarifas. A liderança desse processo de tornar produtivos todos os minutos de qualquer pessoa haveria, naturalmente, de ser assumida pelo capital mediático-financeiro. Nas últimas duas décadas, ele investiu no desenvolvimento e na expansão de plataformas sociodigitais (PSDs) que, indiferente a suas aparências – se redes sociais (Facebook), grandes lojas *on-line* (Amazon), fornecedoras de conteúdos audiovisuais com fins de entretenimento (YouTube) etc. –, são, sobretudo, grandes "praças de mercado" nas quais se encontram vendedores e consumidores de bens e serviços para efetuarem e concluírem negócios em um tempo de rotação *no limite de zero*[120].

As PSDs estão modificando, talvez para sempre, aquela forma predominante de fazer negócios exposta anteriormente (Figuras 3 e 4). Elas proporcionam ao indivíduo ou a qualquer empresa contato informacional quase imediato a um gigantesco universo de compradores e vendedores, daí podendo reduzir extraordinariamente os tempos de rotação. E ainda oferecem a vantagem adicional da aparente simetria de informação entre os agentes envolvidos. Esse mercado digital reúne dois grandes grupos de usuários: aqueles que vendem (mas também podem estar comprando) e aqueles que compram (mas também podem estar vendendo). Ambos geram, direta ou indiretamente, receitas para o proprietário da plataforma, isto é, o capital financeiro.

Em razão de a PSD ter por objetivo colocar indivíduos ou grupo de usuários em contato com outros indivíduos ou grupos de usuários, os usuários constituem o *recurso primário* de seu modelo de negócios. Amealhar o maior número possível de usuários é o que motiva investidores a aplicar dinheiro na construção e na manutenção dessas praças de mercado. Pelo lado vendedor, a presença de muitos vendedores, mesmo concorrentes, implica a atração de um número ainda maior de compradores. Pelo lado comprador, a presença de muitos compradores não somente atrai mais vendedores como também amplia a troca de informação sobre preço e qualidade de produtos e serviços. Se tanto o lado vendedor quanto o lado comprador sentem-se estimu-

---

[120] Marcos Dantas, "The Financial Logic of Internet Platforms", cit.

82 • O valor da informação

lados a fortalecer uma mesma praça de mercado, o resultado será a ocupação de posições dominantes no específico mercado de PSDs por aquelas que, por algum motivo, em algum momento conseguiram se posicionar como as mais atraentes. Elas passam a se beneficiar do *efeito rede*: o valor da rede aumenta pela adesão de mais usuários e, se o valor aumenta, mais usuários serão motivados a aderir[121]. Daí, conforme se verifica hoje em dia, o mercado de plataformas tende cada vez mais a se concentrar e ser monopolizado mundialmente em um grupo muito pequeno de enormes corporações, como o Gafam, formado por Google, Amazon, Facebook, Apple e Microsoft, e algumas outras.

Na última década, começaram também a se expandir mundialmente as plataformas móveis, muitas delas, na verdade, expansões das fixas. As telecomunicações móveis, graças ao desenvolvimento dos aparelhos terminais inteligentes (*smartphones*) e das redes sem fio de alta velocidade (3G, 4G, 5G), passaram a responder por boa parte do tempo em que os indivíduos navegam na internet: entre 2008 e 2015, no mundo, o percentual de tempo conectado ocupado por meio de dispositivos móveis passou de 12,7% para 54,6%. Em meados de 2015, 78% das receitas do Facebook com publicidade tinham origem nos celulares[122].

Embora algumas vezes cobrem diretamente por seus serviços, a principal fonte de receita das PSDs é a monetização daquele recurso primário: seu usuário, esteja ele em que lado estiver da transação. Como a navegação deixa rastros e esses rastros são captados em tempo real pelos algoritmos desenvolvidos nos laboratórios dos proprietários das PSDs, estas detêm um gigantesco volume de *dados* que, reunidos e articulados, lhes fornecem informação completa sobre a totalidade do mercado em que operam. Com base nesse conhecimento, desfrutam de posição privilegiada para definir as regras de acesso e uso a suas "praças", inclusive preços. Em outras palavras, se as relações multilaterais dos usuários entre si parecem simetricamente

---

[121] COM 2016 – European Commission, *Online Platforms: Accompanying the Document Communication on Online Platforms and the Digital Single Market* [*COM(2016) 288 final*] (Bruxelas, Comissão Europeia, 2016); disponível em: <https://eur-lex.europa. eu/legal-content/en/TXT/?uri=CELEX:52016SC0172>; acesso em: 6 mar. 2022; Bertin Martens, "An Economic Policy Perspective on Online Platforms", *JRC Technical Report*, European Comission, 2016; disponível em: <https://ec.europa.eu/jrc/ communities/en/community/digitranscope/document/economic-policy-perspective-online-platforms>; acesso em: 6 mar. 2022.

[122] COM 2016 – European Commission, *Online Platforms*, cit.

"paretianas", a relação dos capitalistas controladores das PSDs com esses seus usuários é, de fato, muito assimétrica: somente os controladores conhecem realmente o conjunto do mercado e, assim, os rumos que pode tomar, estando em posições, inclusive, de moldar esses rumos[123]. Já os usuários, em qualquer lado que se encontrem, não podem pretender obter informação completa sobre os interesses e as ações de milhões ou bilhões de agentes em todo o mundo: limites de tempo-espaço e das próprias ferramentas de que podem dispor estreitam suas decisões a apenas alguns recortes da "praça" total.

A expansão do mercado comandada, coordenada e orientada pelos capitalistas controladores das PSDs já está mudando a relação prática, subjetiva, dos usuários com a internet e suas aparentemente infinitas potencialidades. A busca aberta e livre que encontra o que interessa em algum sítio qualquer vem cedendo lugar à oferta que chega ao usuário mais ou menos empacotada, sugerida como de "interesse" do usuário porque muitos outros já teriam dito que é "interessante". Os "melhores discos", os "melhores filmes", os "melhores livros", os "melhores restaurantes", as "mais importantes" notícias, os "melhores" ou "importantes" conforme definidos pelo *mercado*. O usuário *parece* ser a fonte do mercado, mas será impossível ignorar o papel de algoritmos que processam informação total, na conformação desse mercado.

Cabe ao algoritmo identificar e fazer convergir a intenção de algum usuário comprador com as do(s) vendedor(es) que competem entre si na praça de mercado. O vendedor remunera a plataforma, entre outros fatores, i) se seu anúncio for visualizado por algum tempo em algumas das milhares de telas; ii) se seu anúncio for clicado por alguém, abrindo-se, por conseguinte, na tela de quem o clicou, o seu sítio; iii) pelo tempo de permanência, no sítio, do(s) autores(s) desse clique; iv) pela efetiva consecução de algum negócio. O algoritmo controla tudo isso. Nenhuma transação deve ser feita fora da plataforma. Dados dos perfis ou das intenções dos usuários não são fornecidos, muito menos vendidos, aos clientes, ressalvados alguns negócios secundários. No geral, os clientes podem receber dados estatísticos sobre a taxa de sucesso de seu sítio (número de cliques, visitas, negócios concluídos etc.), mas, em princípio, não receberão dados agrupados de perfis, muito menos individuais, a respeito do próprio mercado[124].

---

[123] Bertin Martens, "An Economic Policy Perspective on Online Platforms", cit.

[124] O escândalo da Cambridge Analytica teve origem na revelação de que essa empresa tivera acesso aos dados particulares de milhares de pessoas aos quais, supostamente, nem ela nem

84 • O valor da informação

Os algoritmos estão para as PSDs como as máquinas para as fábricas: *capital fixo*. Para gerá-los e alimentá-los, as PSDs retiram energia, insumos e trabalho vivo (cientistas, engenheiros, marqueteiros etc.) de circulação, mas não repõem mercadoria em circulação: os dados *em permanente produção* por meio dos algoritmos não são fornecidos ao mercado como o seria alguma mercadoria saindo das máquinas. Eles movimentam a plataforma, ou melhor, seus algoritmos, como a energia move as máquinas fabris ou os navios de transporte. Pelos dados, as intenções e as situações de usuários vendedores e compradores, conforme eles as visualizam em seus computadores ou celulares (imagens), podem ser conectadas entre si em um tempo no limite de zero. As plataformas *transportam informação* ao conectar usuários vendedores e compradores. Esse é o "efeito útil" que produzem e será tanto mais útil quanto mais conseguirem reduzir ao mínimo os tempos de rotação ou de realização de seus usuários vendedores. Conseguem isso ao transportarem, a taxas de gigabits por segundo, em sentido bidirecional ou convergente, do usuário vendedor (A) para o comprador (B) e vice-versa a informação (I) produzida com os dados de ambos os usuários (Figura 6).

Figura 6. Transporte de informação nas PSDs

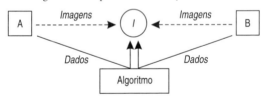

Fonte: elaboração do autor.

Desenvolvidos e permanentemente observados, aprimorados e analisados por trabalho remunerado de cientistas e outros técnicos qualificados,

---

ninguém deveria ter acesso. De posse desses dados muito precisos, a Cambridge Analytica traçou, para seus clientes, estratégias político-eleitorais bem-sucedidas. A empresa obteve os dados por meio de um pesquisador para quem o Facebook permitira o acesso acreditando estar ele interessado apenas em fazer uma pesquisa acadêmica sob as reservas éticas da confidencialidade (Pablo de Llano e Álvaro Sánchez, "Vazamento de dados do Facebook causa tempestade política mundial", *El País*, 20 mar. 2018, disponível em: <https://brasil.elpais.com/brasil/2018/03/19/internacional/1521500023_469300.amp.html>; acesso em: 6 mar. 2022; Pablo G. Bejerano, "'O Facebook já não tem o controle do que acontece com os dados dos usuários', diz ex-diretor", *El País*, 7 maio 2018; disponível em: <https://brasil.elpais.com/brasil/2018/05/04/tecnologia/1525422138_239714.html>; acesso em: 26 maio 2018).

os algoritmos não cumpririam suas funções de transporte de informação se não estivessem sendo *ininterruptamente alimentados* pelos dados de perfis, de intenções e de situações dos usuários vendedores e compradores. Assim como as máquinas precisam estar conectadas a alguma fonte de energia, os algoritmos precisam estar conectados a alguma fonte de informação. Por isso, os usuários devem se manter em atividade quase permanente. A sociedade capitalista, neste século XXI, esta sociedade do espetáculo, foi levada a se manter em constante atividade eletrônica, atividade essa transformada em uma necessidade cultural próxima à vital, assim como alimentar-se ou vestir--se. Pelo fato de ter se tornado uma necessidade social, a atividade interativa nos meios digitais já não é livre: é culturalmente compulsória. Como afirma Fuchs, essa população agindo nas PSDs está sob "coerção ideológica (é compelida a usar as plataformas das corporações dominantes de modo a manter suas relações sociais e reputações. Caso deixem de usar as plataformas, não morrem nem são mortas, mas sentir-se-ão mais isoladas)"[125]. Essa população, para manter-se inserida nessa sociedade, vê-se também subjetivamente obrigada a adquirir algum terminal fixo ou móvel de acesso, a assinar algum serviço de banda larga e, mais que tudo, a aderir às regras unilaterais e *extorsivas* das PSDs – porque, em troca de serviços aparentemente gratuitos, ou muito baratos, o usuário está *obrigado* a abrir mão de sua privacidade[126].

Configura-se, desse modo, uma situação de trabalho. Como explica Robert Heilbroner, o trabalho, em seus conceitos econômicos e sociológicos, é entendido como uma atividade que visa atender a uma necessidade um tanto compulsória, efetuando-se sob condições que permitem a uns deter os recursos que outros necessitam para trabalhar[127]. Geralmente, nas sociedades capitalistas, essa atividade é de algum modo remunerada, mas no capital-informação,

---

[125] Christian Fuchs, "Dallas Smythe Today: The Audience Commodity, The Digital Labour Debate, Marxist Political Economy and Critical Theory. Prolegomena to a Digital Labour Theory of Value", *TripleC,* v. 10, n. 2, 2012, p. 732.

[126] Tornou-se tão invasiva a apropriação da privacidade alheia pelas PSDs que as autoridades públicas começaram a se preocupar com o assunto. A União Europeia, o Brasil e outros países estão adotando leis de proteção de dados pessoais que pretendem regular essa relação entre as PSDs e seus usuários. A rigor, essas leis legitimam esse modelo de negócios baseado na privatização da subjetividade individual, visando apenas tornar as práticas das PSDs um pouco mais transparentes para as autoridades e para a sociedade em geral, mas sem vedar a expropriação e privatização dos dados pessoais.

[127] Robert L. Heilbroner, *Behind the Veil of Economics* (Nova York, W. W. Norton, 1988).

86 • O valor da informação

detentor dos recursos das plataformas sociodigitais, o trabalho de alimentar os algoritmos é efetuado quase sempre sem remuneração: os usuários nada recebem pelos dados que fornecem, e parte deles ainda paga (assinatura, publicidade, corretagem etc.) para se beneficiar de seus "efeitos úteis". Enquanto dialogam, com palavras, sons e imagens, ou seja, material semiótico, sobre seus desejos, gostos, alegrias, tristezas, raivas, sonhos, conhecimentos, bem como sobre suas condições de renda, saúde, educação etc., os usuários consomem *de forma produtiva* os algoritmos das plataformas e seus equipamentos de acesso a elas (terminais fixos ou móveis), assim como os operários, em uma fábrica, consomem produtivamente suas máquinas e a própria força de trabalho. Não se trata aqui daquele consumo final que "aniquila" a mercadoria. Os usuários fornecem, assim, um *tempo de trabalho não pago* que pode chegar a ser equivalente a todo o tempo em que permanecem interagindo nas plataformas: ou seja, quase o dia inteiro, exceto (por enquanto) as horas de sono[128].

Entre os tipos de PSDs, aquelas conhecidas como "redes sociais" (Facebook, Instagram etc.) fornecem ao indivíduo já plenamente integrado, subsumido na sociedade capitalista do espetáculo, um grande e livre espaço de participação direta no próprio espetáculo, de busca de pretensa fama, ainda que instantânea e volátil, em uma sociedade na qual o sucesso (de produtos, de músicas, de pessoas) deve ser veloz e descartável. Nessas redes *eu sou o show*, conforme investigou Paula Sibilia[129]. Cada indivíduo, na busca de sucesso – sucesso junto a seus amigos, sua família, "sucesso" pelo número de *likes* na foto do gatinho de estimação –, apresenta o que de fato é: "pequenos espetáculos descartáveis, algum entretenimento engenhoso sem maiores ambições, ou bem a celebração da estupidez mais vulgar"[130]. Ou seja, o que se exibe nas redes sociais são aquelas mesmas vidas redundantes que antes serviam de plateia ou audiência para as redes de radiodifusão, agora também podendo se apresentar, a seus amigos e familiares, como se celebridades fossem.

Os processos de trabalho e valorização nas PSDs também exploram as possibilidades de viabilizar a redistribuição espaçotemporal do trabalho, ao menos daquele de natureza artística, científica, criativa, que, sem perder essen-

---

[128] Trebor Scholz (org.), *Digital Labor: The Internet as Playground and Factory* (Nova York, Routledge, 2013).

[129] Paula Sibilia, *O show do eu: a intimidade como espetáculo* (Rio de Janeiro, Nova Fronteira, 2008).

[130] Ibidem, p. 308.

cialmente suas condições sociais, combinadas e cooperativas de produção, tenderia a não mais se concentrar em um mesmo endereço. A Procter&Gamble ofereceu, pela internet, 300 mil dólares a qualquer químico, em qualquer lugar do mundo, que lhe oferecesse uma solução para tirar manchas de vinho das roupas. Evidentemente, a propriedade do conhecimento será dela. E, a prosseguir assim, o emprego de boa parte de seus 7 mil químicos estará seriamente ameaçado. A Goldcorp, empresa de mineração, colocou na rede, em um ato sem dúvida inusitado, seus mapas geológicos, e pagou 500 mil dólares ao geólogo que, tendo estudado os mapas (trabalho informacional semiótico aleatório), indicou-lhe a localização de uma jazida na qual estudos posteriores revelaram haver uma reserva no valor de 3,4 bilhões de dólares. E o valor de mercado da Goldcorp saltou de 90 milhões de dólares para 10 bilhões de dólares[131].

Esse trabalho não apenas socialmente combinado, mas que está se estendendo a todos os poros da sociedade, tanto à cafeteria dos *yuppies* com seus *notebooks* quanto aos trens do metrô onde empregados em fábricas ou escritórios se entretêm com seus *smartphones* enquanto se deslocam pela cidade, arregimenta o conhecimento social geral – *general intellect* –, porém de modo ainda subordinado, ainda alienado que Marx não poderia jamais ter imaginado: tornou-se *recurso primário* essencial para o contínuo desenvolvimento capitalista e *autoprodutor* desse recurso. Ao comunicar, pelos teclados dos terminais, sobre as suas próprias condições de efetuação, desde as de saúde, educação, renda etc. até gostos, desejos, ideias em geral, o trabalho social é o recurso que o capital busca em todos os poros da sociedade, ao mesmo tempo o movimenta para poder explorá-lo. É o ouro que minera a si mesmo. A própria informação. Então, se o *cérebro criativo* se torna o principal recurso a ser buscado pelo capital, a internet surge como um poderoso instrumento de conexão direta e imediata com todos os indivíduos sociais a ela conectados. Das redes emergem não somente soluções "a pedido", como aquelas promovidas pela Procter&Gamble ou pela Goldcorp, mas milhares de soluções *aleatórias*, blogues, vídeos, que fazem súbito e imprevisto sucesso, atraem milhões de curtidas e seguidores, e, com eles, renda para os acionistas das plataformas e mesmo alguma renda para seus autores, tudo a custos relativamente muito baixos, logo, elevada lucratividade para os reais investidores – ou seja, o capital financeiro.

---

[131] Don Tapscott, Anthony D. Williams, *Wikinomics: como a colaboração em massa pode mudar o seu negócio* (trad. Marcello Lino, Rio de Janeiro, Nova Fronteira, 2007).

88 • O valor da informação

A fórmula geral da circulação nas plataformas sociodigitais seria, em princípio, a mesma dos transportes: D-M...P-ΔD, sendo P um processo de produção e transporte de informação que não produz nova mercadoria, mas, sim, diretamente mais-dinheiro. Considerando, porém, suas particularidades como meio de produção e transporte de informação, conforme estamos descrevendo, a fórmula geral será:

Fórmula 6

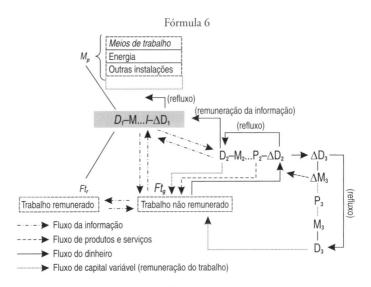

Fonte: elaboração do autor.

A plataforma sociodigital adianta dinheiro (D_1) na aquisição de meios de produção (M_p) e trabalho (cientifico-técnico) remunerado (Ft_r) para processar informação (algoritmos) extraída de uma força de trabalho basicamente não remunerada (Ft_g) que, no limite, vem a ser o conjunto da sociedade mundialmente conectada à internet via terminais fixos ou móveis. A informação-valor (*I*) é posta em relação, no interior da plataforma, com os demais agentes do mercado: aqui, vamos distinguir o nível de intermediários (D_2) e o de produtores reais de mercadorias (D_3). O comércio, o turismo, os meios de comunicação em geral, os escritórios de consultoria, advocacia, publicidade, entre outros serviços, podem ser considerados produtores e comunicadores de informação-valor. A grande população conectada, por um lado, trabalha para as PSDs; por outro lado, adquire seus produtos e serviços do ciclo comandado pelo capital (D_2): seta tracejada (produtos e serviços) P_2 ---▶ Ft_g e seta contínua (dinheiro) Ft_g ⟶ ΔD_2.

O capital representado por D_2, além dos adiantamentos que já faz, naturalmente, em meios de produção e de trabalho (M_2), também investe dinheiro na publicidade e em outras comunicações que alimentam os algoritmos da plataforma: daí os fluxos de informação bidirecionais I↔D_2 e o fluxo *unilateral* de dinheiro $D_2 \rightarrow \Delta D_1$, remunerando o capital da plataforma.

Os meios de produção e de trabalho ou os produtos para venda final expressos por M_2 são adquiridos por D_2 de um terceiro nível D_3, no qual é realizada a transformação físico-química que produz os suportes para todo o ciclo informacional: as lojas vendem roupas concretas, os restaurantes vendem comidas e bebidas, o turismo requer aviões e edifícios de concreto e vidro, e todo grande espetáculo mediático precisa tanto de arenas esportivas quanto de aparelhos receptores de televisão e redes físicas de telecomunicações. O capital D_3 ainda opera conforme a lógica exposta por Marx nas primeiras páginas do Livro II de *O capital*. É dele que saem as mercadorias (ΔM_3) que vão, ao fim e ao cabo, sustentar todo o processo, bem como para ele aflui parte do mais-valor extraído por D_2 em seus ciclos próprios de rotação ($\Delta D_2 \rightarrow \Delta D_3$). Cabe não esquecer, como dito antes, que nesse nível os processos de produção são altamente automatizados e subsumidos ao trabalho vivo informacional de pesquisa científico-técnica, projeto, desenho, marketing etc., efetuado também em D_2.

O trabalho da sociedade não pago pelas PSDs é naturalmente pago por D_2 e D_3 (na fórmula 6, fluxo do capital variável). Ou seja, além de remunerar as PSDs pelo serviço de anular o espaço pelo tempo ou multiplicar desmedidamente a quantidade de rotações anuais, o capital produtivo ainda sustenta monetariamente, com salários ou outras formas de remuneração, o trabalho geral da sociedade que, a custo zero ou quase, alimenta e valoriza as plataformas. O capital financeiro que, como sabemos, por meio dos juros de seus empréstimos, abocanha parte do mais-valor extraído pelo capital produtivo, encontrou, nas PSDs, outro poderoso meio de se apoderar do mais-valor do trabalho social – aqui, sem intermediários. E manda a conta para quem realmente produz.

Vimos antes que, segundo Marx, na produção de ouro como dinheiro a empresa de mineração recoloca dinheiro em circulação sem produzir, para isso, alguma mercadoria intermediária: com o trabalho dos mineiros, ela extrai o valor e o mais-valor contido no ouro como moeda (moeda-valor) de um *recurso comum* da sociedade – o solo ou o subsolo – do qual se apropria como propriedade privada sob as bênçãos das leis do Estado. Porque, como escreveu Marx, a mineração de ouro ou prata não recoloca mercadoria

90 • O valor da informação

valorizada (ΔM) de volta à circulação em troca de mais-dinheiro (ΔD), essa produção mineral dá origem ao desequilíbrio em todo o restante do processo de circulação e acumulação que, no entanto, é essencial para a contínua acumulação não equilibrada do sistema capitalista. Agora, podemos dizer que as PSDs estão produzindo dinheiro de modo similar ao da mineração de ouro ou prata no passado: elas mineram dados do *comum* da sociedade se apropriando do trabalho não pago do *intelecto social geral* (*general intellect*).

Dados, assim como quaisquer outras formas de informação, não podem ser trocados. Trata-se de um mercado que opera no interior dos algoritmos sob regras que somente os algoritmos (ou seus trabalhadores construtores) realmente conhecem. Vendedores e compradores inserem seus dados nos algoritmos e estes funcionam buscando encontrar as melhores respostas para as demandas de ambos os lados de usuários. Se alguém quer comprar flores, terá acesso aos dados necessários de lojas vendedoras de flores (tipos de flores, preços, tempo de entrega, qualidade e confiabilidade do serviço conforme atestado por outros compradores etc.). E as lojas vendedoras, além dos dados indispensáveis sobre o cliente para quem vendeu um buquê de flores (nome, endereço etc.), poderão também ter acesso a alguns outros dados que informem sobre os resultados de seus negócios via plataforma (cliques, visitas ao sítio etc.), visando aprimorar suas estratégicas competitivas nessa aparentemente paretiana praça de mercado informacional.

Ambos os lados de usuários têm acesso ao valor de uso dos dados apropriados e monopolizados pela plataforma, mas o preço pago pelo vendedor à plataforma por esse serviço não expressa algum valor de troca, apenas o *quantum* de dinheiro que o mercado aceitou circunstancialmente pagar em leilões. Em várias passagens de *O capital*, Marx sustenta que um bem ou serviço podem ter preço sem ter valor: basta que possam ser monopolizados por alguém e que haja outro alguém interessado em comprá-los. É o caso típico de obras de arte e, também, no mercado financeiro, do preço (juros) do próprio dinheiro. O preço, nesses casos, resulta de acerto fortuito entre as partes. Explicando o mercado de dinheiro, Marx também observou que essa "mercadoria *sui generis*" pode ser emprestada sem que sua propriedade seja realmente transferida do vendedor (banqueiro) para o comprador (industrial ou comerciante): "A propriedade não é cedida, porque não ocorre intercâmbio, não se recebe equivalente"[132].

---

[132] Karl Marx, *O capital: crítica da economia política*, Livro III (trad. Regis Barbosa e Flávio R. Kothe, São Paulo, Abril Cultural, 1984 [1894]), t. 2, p. 261.

O tomador do empréstimo, como sabemos, está obrigado a devolver o dinheiro, após certo tempo, acrescido dos juros. O empréstimo nada mais é que acesso a algum volume de dinheiro detido pelo financista, mas necessário à produção de real valor pelo capital produtivo. A lógica econômica do mercado de dados é similar: trata-se de um recurso detido pela plataforma, mas necessário ao restante do sistema econômico. Por sua natureza, a propriedade do valor de uso do dado não pode ser transferida, pode apenas ser acessada[133]. Algoritmos são protegidos por patentes e outros DPIs. Entretanto, para evitar alguma eventual cópia e reprodução a custo quase zero, possível devido aos rendimentos crescentes da informação, algoritmos e seus dados são também protegidos por "jardins murados". Isso significa a imposição de acesso às plataformas somente por redes estritamente controladas e pagas (as redes de telecomunicações pertencentes às operadoras de telecomunicações) e de aparelhos terminais projetados para assumir total controle sobre as atividades dos usuários (*smartphones*, TVs inteligentes, *e-readers*, consoles de videogames etc.)[134]. A expressão "jardim murado" é uma perfeita metáfora do processo de cercamento de terras vivido nos campos britânicos nos estágios iniciais do capitalismo. Estamos vivendo hoje um novo processo de cercamento – o cercamento do conhecimento comum e de todas as práticas sociais da humanidade pelas plataformas de dados.

A lógica econômica das PSDs é, pois, similar à do mercado financeiro que, ainda por cima, alimenta-se com o extraordinário mais-valor que

---

[133] Investigando o modelo de negócios do Google, Mike Lee ("Google Ads and the Blindspot Debate", *Media115, Culture & Society*, v. 33, n. 3, 2011, p. 433-47) chega a conclusões similares. O acesso aos espaços publicitários no ambiente do Google se dá por meio de leilões de palavras-chave, mas, observa Lee, o anunciante que deu o lance vencedor não se torna proprietário da palavra-chave. Podemos dizer que ele não leva a palavra para casa, como podemos levar um quadro adquirido em um leilão de artes. Ocorre que palavras-chave são formas pelas quais a informação contida nos dados é liberada para o anunciante pelo algoritmo. Sendo informação, sua propriedade não pode ser transferida; pode, no entanto, ser *compartilhada*. Os DPIs e o modelo de jardim murado asseguram, nesse caso, a apropriação da renda pela Alphabet/Google.

[134] Também as receitas e os lucros da mídia de massa constituem *renda* extraída dos anunciantes em razão do controle que os meios detêm sobre os canais eletrônicos ou impressos de acesso ao público, conforme Brett Caraway ("Audience Labor in the New Media Environment: A Marxian Revisiting of the Audience Commodity", *Media, Culture & Society*, v. 33, n. 5, 2011, p. 693-708) em artigo no qual polemiza as hipóteses de Dallas Smythe.

92 • O valor da informação

extrai dos dados pessoais e empresariais. Por meio da imediata transformação de dados em dinheiro em suporte eletrônico-digital, elas devolvem à circulação (pelas "portas dos fundos", assim como as minas de ouro/dinheiro no passado) o mais-dinheiro refluído ($\Delta D_1 \rightarrow D_1$) que irá repor ou adquirir novos meios de produção, pagar os salários e estipêndios de seus trabalhadores contratados e, acima de tudo, remunerar regiamente seus acionistas no mercado de capitais. Em 2016, a Alphabet/Google distribuiu 19,5 bilhões de dólares a seus acionistas, montante que representou, nesse ano, 21,6% de sua receita bruta ou 82,1% da receita operacional (receita bruta menos despesas antes dos impostos). O lucro distribuído foi muito superior a seus custos com pesquisa e desenvolvimento (13,9 bilhões de dólares) e com vendas e marketing (10,5 bilhões), estando incluídos nessas despesas os custos com força de trabalho (cientistas, engenheiros etc.)[135]. Em 2015, o Facebook distribuiu 3,7 bilhões de dólares de lucros a seus acionistas, montante que representou 20,6% de sua receita bruta ou 59,2% de sua receita operacional[136]. A Amazon distribuiu 2,4 bilhões de dólares, 17,4% de sua receita bruta ou 56,6% da receita operacional[137]. Essas, assim como as demais plataformas, são verdadeiras máquinas de fazer dinheiro.

4. Reflexões finais

Começamos este capítulo convidando o leitor ou leitora, especialmente os marxianos e marxianas, a refletirem sobre o conceito de informação e a relação entre informação e trabalho, entendendo este a partir do pensamento de Karl Marx. Terminamos apontando para esse novo fenômeno do capitalismo contemporâneo que são as plataformas sociodigitais na internet, sugerindo como nelas se dá um processo de valorização do capital para cuja compreensão não precisamos nos afastar da teoria de Marx, mas entender as características

---

[135] Relatório Anual da Alphabet Inc., *Form 10-K*, ano fiscal encerrado em 31 de dezembro de 2016; disponível em: <https://abc.xyz/investor/pdf/20171231_alphabet_10K. pdf>; acesso em: 6 mar. 2022.

[136] Relatório Anual da Facebook Inc., *Form 10-K*, ano fiscal encerrado em 31 de dezembro de 2015; disponível em: <http://www.getfilings.com/sec-filings/160128/ Facebook-Inc_10-K/>; acesso em: 6 mar. 2022.

[137] Relatório Anual da Amazon.Com Inc., *Form 10-K*, ano fiscal encerrado em 31 de dezembro de 2016; disponível em: <https://s2.q4cdn.com/299287126/files/doc_financials/annual/2016-Annual-Report.pdf>; acesso em: 17 mar. 2022.

próprias do trabalho de natureza informacional nesta atual etapa do capitalismo que extrai valor da ciência, da tecnologia, da cultura. Até chegar aqui, vimos que, a rigor, os conceitos de trabalho, mais-valor e outros, em Marx, já continham, subjacente, a noção de informação, noção esta cujo conceito somente seria desenvolvido efetivamente pela ciência ao longo do século XX. Trata-se de um conceito essencial para entendermos o capitalismo de nosso tempo sem nos conspurcarmos com umas tantas "imposturas intelectuais", como diriam Sokal e Bricmont, que circulam por aí no mercado de ideias[138].

Escreveu Marx:

> Quanto mais as metamorfoses de circulação do capital forem apenas ideais, isto é, quanto mais o tempo de circulação for = zero ou se aproximar de zero, tanto mais funciona o capital, tanto maior se torna a sua produtividade e autovalorização.[139]

E Marx não conheceu a internet.

No processo capitalista de acumulação podem existir, conforme Marx, ciclos nos quais o processo de trabalho e de produção de valor resulta diretamente em mais-dinheiro (ΔD), sem intermediação de alguma forma-mercadoria (ΔM). Um desses ciclos é o das comunicações, ou produção e transporte de informação, muito pouco desenvolvidas, logo pouco importantes, à época de Marx, mas determinantes hoje em dia para o processo de produção e acumulação de valor. Nas comunicações e para as comunicações, o capital expandiu uma pletora de negócios visando estreitar os tempos de realização do investimento por meio da produção de estímulos ao consumo e, mesmo, de toda uma sociedade movida pelo *espetáculo* e pelo *fetiche da mercadoria*.

Sobre essa base sociocultural, o capital (financeiro) logra funcionar em sua quintessência ideal: no mercado cujos tempos de rotação parecem alcançar o limite de zero. É um mercado que não depende do tempo de circulação da mercadoria: esta, uma vez comprada, caso contenha massa e volume físico-químicos (roupas, móveis, veículos, máquinas), poderá levar alguns dias para chegar às mãos do comprador. Caso seja algum material semiótico, como música, filme ou livro em formato eletrônico, será entregue em poucos segundos. Em um caso ou em outro, a transação financeira já foi concluída em um tempo inferior ao da mercantil. Ao mesmo tempo, o capital financeiro

---

[138] Alan Sokal e Jean Bricmont, *Imposturas intelectuais* (trad. Max Altman, Rio de Janeiro, Record, 1999).

[139] Karl Marx, *O capital*, Livro II, cit., p. 91.

94 • O valor da informação

pode olhar para todo o mercado, dele obtendo informações exclusivas e totais, enquanto os demais agentes apenas obtêm informações segmentadas, não raro orientadas pelas preferências dos assim ditos consumidores, devidamente processadas pelos algoritmos das plataformas sociodigitais. *O capital é a rede.* Para o capital financeiro, o espetáculo tornou-se o modo de existência do trabalho informacional semiótico, posto como sua fonte-limite de geração e extração do valor. O trabalho ainda é fonte e substância do valor. Um valor esvaziado, porém, de valor de troca. O valor da informação realiza-se em seu *compartilhamento*, na interação, na comunicação: e os ideólogos desse novo capitalismo não se cansam de cantar loas a essa "economia do compartilhamento". Porém, não dizem que, sob o capitalismo, o valor desse trabalho "compartilhado" só pode ser apropriado na forma rentista dos DPIs e dos "jardins murados", e que seu resultado é o brutal processo de concentração de renda em nível global que estamos testemunhando em nossos dias.

O trabalho reticular e toda a fetichização do consumo marqueteiro necessários à reprodução do capital em um mercado que não logra mais se expandir horizontalmente pela incorporação, nele, de novos contingentes de força de trabalho (como ainda era possível nos tempos fordistas) estão conduzindo a sociedade capitalista a uma crescente divisão econômica, política e cultural entre "incluídos" e "excluídos". De um lado, os "artistas", os "criativos", os "trabalhadores simbólicos" e todo o amplo sistema "global" de produção e consumo espetacular que os alimenta e por eles é retroalimentado. Do outro lado, um ameaçador *lumpemproletariado* também global. Bilhões de homens e mulheres, em todo o mundo, cuja força potencial de trabalho não tem mais valor de uso para o capital suportado no trabalho aleatório, percebem-se por isso esvaziados de qualquer valor produtivo. Necessitam encontrar os próprios meios de sobrevivência, tanto material quanto cultural, em um mundo onde não se permite a ninguém, em lugar nenhum desta Terra, ignorar a realidade espetacular da sociedade capitalista. Podem reagir, buscando, por muitos caminhos, literalmente, disputar as migalhas dessa sociedade, como é o caso de milhões de migrantes que forçam as fronteiras europeias e estadunidenses. Ou, ao contrário, exibirão crescente repulsa, até ódio, a essa sociedade, agredindo-a por atos e discursos que parecem reivindicar o retorno da humanidade a um novo obscurantismo medieval. Benjamin Barber descreve esse conflito como uma luta entre o "McMundo" (o capitalismo do consumo e do espetáculo) e a "Jihad" (os grupos e camadas sociais que se sentem, ou estão mesmo, excluídos dessa sociedade, refugiando-se em identidades comportamentais, étnicas ou, principalmente, religiosas)[140].

A história tem mostrado que, quando ideologizado politicamente, o lumpemproletariado só pode servir de base social para o fascismo e a barbárie. A segunda década do século XXI foi caracterizada por uma vigorosa ascensão política de movimentos reacionários e obscurantistas com base nesses estratos sociais[141]. A imprensa "McMundo" os denomina populistas. Já está claro para todos e todas que, na mobilização dessa base social, o populismo vem fazendo largo uso das redes sociais. O que parecia ser apenas, nas palavras de Sibilia, "celebração da estupidez mais vulgar", porém inócua, resultou, nas redes sociais, em um assustador cenário político, ético, estético, como parece estar finalmente começando a ficar claro para muita gente. Todavia, para o capital, mensagem de amor ou de ódio tem o mesmo valor: é dado a ser monetizado. Daí que, enquanto uma força político-social consciente não se dispuser a intervir nesse ambiente tóxico impondo-lhe um forte aparato regulador, o processo seguirá nesse livre curso entrópico cada vez mais destruidor para a sociedade em seu conjunto, especialmente para a manutenção e o aprimoramento de seus mecanismos democráticos de gestão de conflitos e convívio social civilizado[142].

---

[140] Benjamin R. Barber, *Jihad x McMundo: como o globalismo e o tribalismo estão transformando o mundo* (trad. Gabriela Maximo, Rio de Janeiro, Record, 2003).

[141] Marcos Dantas, "Dois anos de desgoverno – bolsonazismo e capitalismo lúmpem", *A terra é redonda*; disponível em: <https://aterraeredonda.com.br/dois-anos-de-desgoverno-bolsonazismo-e-capitalismo-lumpem/>; acesso em 23 jun. 2022.

[142] No momento em que os textos deste livro já estavam quase prontos para serem enviados à edição, ocorreram as eleições presidenciais dos Estados Unidos (novembro de 2020), ao mesmo tempo em que o mundo seguia sofrendo com a pandemia de covid-19, que gerou enorme debate durante o qual a sociedade e os governos dividiram-se entre os que confiavam nas informações e orientações da ciência e os que desacreditavam e desafiavam o pensamento científico, estes liderados politicamente por, entre outros, Donald Trump, nos Estados Unidos, e Jair Bolsonaro, no Brasil. Como se não bastasse para atestar o tamanho da crise civilizatória em que mergulhamos, com milhões de pessoas em todo o mundo a negar e rejeitar a ciência nesse momento tão grave, tivemos o resultado das eleições nos Estados Unidos: apesar de derrotado, Donald Trump obteve cerca de 49% dos votos, confirmando que esse processo está longe de ser revertido. Podemos, realmente, estar vivendo o primeiro século de uma crise civilizatória que levará a sociedade humana, ou parte dela, a um cenário de barbárie obscurantista similar ao experimentado pelos europeus nos dez séculos que se seguiram à derrocada da civilização greco-romana, um longo período que entrou para a periodização histórica ocidental com o nome de Idade Média, às vezes também chamado Idade das Trevas. Quem viver, verá...

II
PROPRIEDADE INTELECTUAL
E RENDAS INFORMACIONAIS

Por Larissa Ormay

Diversos autores têm se preocupado em entender a mercantilização do conhecimento, ou seja, o processo em curso de retirada do conhecimento do espaço comum de construção social e sua incorporação ao processo de reprodução do capital calcado na propriedade privada. Esse problema teórico começa com a própria conceituação de "informação" e "conhecimento", palavras polissêmicas. Na literatura das ciências sociais em geral, não é incomum constatar certa ausência de rigor conceitual que diferencie claramente a informação do conhecimento. A falta de uma conceituação sólida parece tornar mais desafiadora a tarefa de caracterizar o conhecimento como mercadoria ou não. Apesar de tal polissemia, existe certo consenso em considerar o conhecimento como algo intangível. Essa natureza, no entanto, acaba por dificultar a aplicação das tradicionais abordagens sobre a mercadoria ao conhecimento. Isso porque, em regra, a mercadoria pressupõe uma capacidade de apropriação de um produto para fins de comércio, ao passo que o conhecimento, por ser intangível, a princípio não pode ser absolutamente apropriado de modo a impedir que outros o adquiram.

Na teoria marxiana, a mercadoria é um conceito que tem um sentido muito específico, como suporte do valor; o valor é medido pelo tempo social médio de trabalho humano empregado para produzir a mercadoria. Além disso, "para se tornar mercadoria, é preciso que, por meio da troca, o produto seja transferido a outrem, a quem vai servir como valor de uso"[1]. Assim, a mercadoria é trocada por um equivalente no contexto da produção capitalista.

---

[1] Karl Marx, *O capital: crítica da economia política*, Livro I: O processo de produção do capital (trad. Rubens Enderle, São Paulo, Boitempo, 2013, coleção Marx-Engels), p. 119.

98 • O valor da informação

Já a economia neoclássica equipara as palavras "mercadoria" e "bem", empregando principalmente esta última em suas análises. Nesse sentido, *bem* é qualquer recurso escasso cujo interesse econômico refere-se à sua utilidade para alguém, incidindo-se sobre ele a lei da oferta e da demanda. Tradicionalmente, pela economia neoclássica, o bem pode ser privado, público ou comum[2], a depender de sua natureza intrínseca.

No campo marxiano, autores como André Gorz[3], Zukerfeld[4] e Rodrigo Teixeira e Tomas Rotta[5], apontam que o conhecimento pode se configurar como mercadoria. O direito de propriedade intelectual, como um tipo de propriedade privada, tornaria a informação um produto transacionável na forma de mercadoria.

Em sentido contrário, Marcos Dantas avalia que a informação – e por extensão o conhecimento – não pode ser reduzida a mercadoria[6]. O conceito de mercadoria pressupõe troca, mas a informação como atividade, e daí o conhecimento como sua objetivação, conforme exposto no capítulo 1 deste livro, podem ser *compartilhados*, mas não *trocados*, como será discutido neste capítulo. Por isso, sua apropriação só seria possível por meio do regime de propriedade intelectual e dos monopólios decorrentes. A informação gravada com um direito de propriedade só poderia ser usada mediante o pagamento de uma renda – a renda informacional.

Quanto aos autores que trabalham seguindo os conceitos da economia neoclássica, destaca-se a polêmica entre Keneth Arrow[7] e Harold Dem-

---

[2] N. Gregory Mankiw, *Introdução à economia: edição compacta* (trad. Allan Vidigal Hastings, São Paulo, Pioneira Thomson Learning, 2005).

[3] André Gorz, *O imaterial: conhecimento, valor e capital* (trad. Celso Azzan Jr., São Paulo, Annablume, 2005).

[4] Mariano Zukerfeld, *Knowledge in the Age of Digital Capitalism: An Introduction to Cognitive Materialism* (Londres, University of Westminster Press, 2017).

[5] Rodrigo Alves Teixeira e Tomas Nielsen Rotta, "Valueless Knowledge-Commodities and Financialization: Productive and Financial Dimensions of Capital Autonomization", *Review of Radical Political Economics*, v. 44, n. 4, 2012, p. 448-67; disponível em: <http://citeseerx.ist.psu.edu/viewdoc/download?doi=10.1.1.903.5638&rep=rep1&type=pdf>; acesso em: 8 mar. 2022.

[6] Marcos Dantas, "A renda informacional", em Anais do 17º Encontro da Associação Nacional dos Programas em Pós-Comunicação (Compós), São Paulo, 2008.

[7] Keneth J. Arrow, "Economic Welfare and the Allocation of Resources for Invention", em National Bureau Committee for Economic Research, *The Rate and Direction of Inventive Activity: Economic and Social Factors* (Princeton, Princeton University Press, 1962).

setz[8], o primeiro argumentando que a informação, por sua natureza indivisível, incerta e aditiva (rendimento crescente), não poderia ser reduzida a mercadoria; o segundo sustentando que, por meio dos direitos jurídicos de propriedade intelectual, a informação poderia se tornar "escassa" e, daí, mercantilizável. Ou seja, tornar-se-ia um bem escasso à medida que o acesso a ela, visando à sua exploração produtiva, fosse *cercado* por direitos de propriedade intelectual (DPIs). Quando não protegida por esses direitos, a informação ostentaria uma natureza incompatível com sua apropriabilidade, pois seria um "bem não rival". Alguém "ser informado" de alguma coisa não implica que outras pessoas também não possam ser. Entretanto, os DPIs introduzem a possibilidade de exclusividade sobre a exploração comercial da informação. Trata-se de uma restrição jurídica, e não da natureza própria do objeto. Surgem, desse modo, os monopólios em torno dos DPIs. A informação, assim protegida, é tratada como um bem passível de transação comercial.

Em resumo, a categoria *mercadoria* é geralmente relevante para a aplicação da teoria marxiana do valor no capital-informação. Já pela perspectiva da economia neoclássica, invoca-se o conceito de *bem* para a análise da comercialização da informação/conhecimento. Em todo caso, reconhece-se nos DPIs um papel central no processo contemporâneo de acumulação de riqueza. Se não efetivamente transformam o conhecimento em mercadoria, ao menos produziriam um *efeito* de mercantilização sobre o conhecimento, dinâmica que estaria ligada a um novo tipo de rentismo característico do capital-informação. Antes de avançarmos nesse ponto, vamos agora explorar a gênese e a caracterização dos DPIs.

1. Direitos de propriedade intelectual (DPIs)

Assim como outrora a terra foi o primeiro alvo do direito de propriedade, no capitalismo informacional é o conhecimento que aparece como um bem a ser cada vez mais cercado, o que se reflete na expansão acelerada dos DPIs. O direito de propriedade, portanto, continua sendo a tônica da acumulação de capital. Até ele evoluir para a atual forma "intelectual", um processo de

---

[8] Harold Demsetz, "Information and Efficiency: Another Viewpoint", em Donald Lamberton (org.), *Economics of Information and Knowledge* (Harmondsworth, Penguin Books, 1971).

100 • O valor da informação

reorganização do poder político veio ocorrendo desde o feudalismo, na passagem da Idade Média para a Modernidade.

Segundo Leonardo Mattietto[9], a estrutura feudal de propriedade comportava diversas formas e fontes: a propriedade senhorial, a comunal, a eclesiástica, a municipal e a de universidades. Tal estrutura estamental entre senhores, vassalos e servos e a existência de comunidades sem o reconhecimento do indivíduo eram entraves ao desenvolvimento político e jurídico da burguesia, pois a propriedade não era individual; não podia, desse modo, ser alienada.

O fim da estrutura feudal permitiu que a terra se tornasse um bem comercializável, cujo título passou a ser de fácil e livre circulação[10]. Uma nova forma de organização da propriedade tornou-se imprescindível para que a circulação de riqueza ocorresse de maneira mais livre. Além disso, para se obter maior segurança e estabilidade nas relações de troca, era necessária uma ordem jurídica sistemática que pudesse promover tanto a segurança jurídica quanto a eficácia econômica. Esse intento foi alcançado no Iluminismo, que se caracterizou pela criação do Estado moderno liberal e pelas transformações jurídicas por que passaram as relações de propriedade. Formou-se, então, uma conexão entre o mercado de trocas e a forma de apropriação de bens, especialmente da terra, protegidos pelo Estado de direito. A liberação e a circulação dos bens e do trabalho requereram a construção de uma ordem jurídica única, emanada do Estado; a propriedade da terra deveria ser autônoma, plena e exclusiva, enquanto a produção não deveria se destinar apenas ao consumo de subsistência, mas ao mercado.

Pelo menos dois séculos depois de estabelecida, a lógica liberal moderna continua a vigorar no contemporâneo capital-informação, no sentido de que os Estados seguem tutelando a ordem jurídica em função da preservação do direito de propriedade. Porém, observamos que é sobre a intangível dupla *informação* e *conhecimento* que a propriedade se expande aceleradamente sob a égide da propriedade intelectual.

---

[9]   Leonardo Mattietto, "Propriedade, diversidade e função social", em Mário Luiz Delgado e Jones Figueiredo Alves (orgs.), *Novo código civil: questões controvertidas – direitos das coisas* (São Paulo, Método, 2008, série Grandes Temas do Direito Privado, v. 7).

[10] Erothus Cortiano Junior, *O discurso proprietário e suas rupturas* (Rio de Janeiro, Renovar, 2002).

Nos dias de hoje, os DPIs formam um campo do direito fortemente internacionalizado, compreendendo a *propriedade industrial* e os *direitos autorais*. Trata-se de sistema jurídico aplicado a bens atinentes à "criação do espírito humano", conforme estabelecido pela convenção internacional, firmada entre diversos Estados, que instituiu a Organização Mundial da Propriedade Intelectual (Ompi). Essa convenção, porém, não apresenta uma definição de propriedade intelectual de modo formal, apenas uma lista exaustiva dos direitos relativos

> às obras literárias, artísticas e científicas; às interpretações dos artistas intérpretes e às execuções dos artistas executantes, aos fonogramas e às emissões de radiodifusão; às invenções em todos os domínios da atividade humana; às descobertas científicas; aos desenhos e modelos industriais; às marcas industriais, comerciais e de serviço, bem como às firmas comerciais e denominações comerciais; à proteção contra a concorrência desleal e "todos os outros direitos inerentes à atividade intelectual nos domínios industrial, científico, literário e artístico.[11]

Como um dos tipos de propriedade, a propriedade intelectual confere a seu titular a liberdade para usá-la – desde que esse uso não seja contrário à lei e não interfira no direito de terceiros – e para impedir alguém de utilizá-la. Trata-se de um monopólio de exploração garantido em nome da defesa da concorrência e do estímulo ao investimento industrial.

Registros históricos indicam que o início da propriedade intelectual como sistema próprio à economia de mercado remonta ao sistema de reprodução de obras literárias inaugurado com a imprensa mecânica de Gutenberg. Títulos do século XV concedidos na região de Florença e Veneza marcam o início dos DPIs[12]. A propriedade intelectual, assim, inicia-se com alguns Estados concedendo direitos de propriedade ao artista ou inventor, segundo critérios próprios. As primeiras proteções desse então incipiente ramo jurídico foram destinadas aos comerciantes da Idade Média, que tinham marcas, exteriorizadas por selos, que diferenciavam seus produtos[13]. Na prática, a marca servia para distinguir mercadorias localmente comercializadas: as

---

[11] Convenção assinada em Estocolmo na data de 14 de julho de 1967, artigo 2, § VIII, promulgada no Brasil pelo Decreto n. 75.541, de 31 de março de 1975.

[12] Denis Borges Barbosa, *Tratado da propriedade intelectual* (Rio de Janeiro, Lumen Juris, 2013).

[13] Hilário Franco Júnior, *A Idade Média: nascimento do Ocidente* (2. ed., São Paulo, Brasiliense, 2001).

102 • O valor da informação

criações eram submetidas a registro nas associações, investindo o titular de um privilégio de uso exclusivo[14].

O Estatuto dos Monopólios, promulgado em 1623 na Inglaterra, é considerado a matriz dos modernos sistemas de patentes. Ele partiu diretamente do sistema de privilégios reais da coroa inglesa. Como recuperam Fritz Machlup e Edith Penrose, a Assembleia Constitucional Francesa aprovou a Lei de Patentes em 1791[15]. Nos Estados Unidos, o Congresso aprovou uma primeira lei de patentes em 1793.

Durante a segunda metade do século XIX, o sistema de patentes como um sistema de proteção do inventor regulado por uma lei estatutária espalhou-se por vários outros países: Áustria (1810), Rússia (1812), Prússia (1815), Bélgica e Holanda (1817), Espanha (1822), Bavária (1825), Sardenha (1826), Estado do Vaticano (1833), Suécia (1834), Württemberg (1836), Portugal (1837) e Saxônia (1843).

Fato pouco conhecido hoje em dia, o século XIX foi marcado por uma ardente polêmica em torno da moralidade das patentes. Houve uma forte campanha daqueles que desejavam ver o sistema de patentes totalmente abolido, a ponto de a luta pela proteção patentária parecer completamente perdida no final dos anos 1860. Porém, o sucesso do movimento antipatente não duraria muito. Os que advogavam pelo sistema de patentes organizaram uma contraofensiva, empregando inclusive técnicas de propaganda, entre os anos de 1867 e 1877. Novas sociedades pela proteção de patentes foram formadas, resoluções foram minutadas e distribuídas à imprensa, porta-vozes foram delegados para se pronunciarem em reuniões de associações profissionais e comerciais. Circularam panfletos, artigos e outros materiais, petições foram submetidas, muitas reuniões foram realizadas etc. Contudo, ainda segundo Machlup e Penrose, provavelmente a propaganda sozinha não foi capaz de virar o jogo, pois, simultaneamente, ocorreu um enfraquecimento do movimento pelo livre mercado na Europa como consequência de uma severa depressão econômica na década de 1870[16]. Desse modo, os protecionistas (pró-patentes) lograram ganhar o debate, repercutindo na legislação dos países.

---

[14] Frank I. Schechter, *The Historical Foundations of the Law Relating to Trade-Marks* (Clark, Lawbook Exchange, 1999).

[15] Fritz Machlup; Edith Penrose, "The Patent Controversy in the Nineteenth Century", *The Journal of Economic History*, v. 10, n. 1, p. 1-29, maio 1950.

[16] Ibidem, p. 6.

Propriedade intelectual e rendas informacionais • 103

Após toda essa controvérsia, somente na segunda metade do século XIX os sistemas de patentes foram se estabelecendo na cultura jurídica e no *modus operandi* do comércio europeu e estadunidense. A Holanda foi o último bastião do livre comércio para invenções: apenas em 1910 o país adotou um sistema de proteção de patentes.

Para sustentar a proteção de patentes, era estrategicamente essencial que o discurso pró-patentes se separasse, na medida do possível, da contradição entre o monopólio e o livre comércio. Isso foi alcançado com a apresentação da proteção de patentes como uma lei natural relativa à propriedade privada, ao direito do homem de viver pelo seu trabalho e ao dever da sociedade de lhe garantir sua justa parcela, e ao interesse da sociedade em alcançar um rápido progresso industrial ao menor custo possível. Os argumentos favoráveis às patentes, formulados nesses termos e combatidos e defendidos durante a controvérsia do século XIX, ainda são usados hoje sempre que o sistema de patentes é discutido[17].

Apesar de toda a polêmica sobre os DPIs, o fato é que eles conseguiram se estabelecer e se impor mundo afora. Pilares da institucionalização da proteção internacional da propriedade intelectual foram a Convenção da União de Paris de 1883, para proteção da propriedade industrial, e a União de Berna de 1886, para proteção de obras literárias e artísticas.

Entre 1900 e 1930, a indústria estadunidense incorporou cabalmente o desenvolvimento científico e tecnológico (P&D) como parte de suas atividades, sobretudo sob a influência dos setores elétrico e químico[18]. Essa mudança fez surgir uma nova especialidade: a gestão da pesquisa produzida dentro das empresas. A ciência tinha que ser controlada para dar lucro, ou seja, o trabalho dos cientistas que atuavam nas corporações precisava ser controlado para tal finalidade. Isso acontecia, segundo Noble, pela promoção de um espírito de cooperação entre os pesquisadores contratados, bem como por sua lealdade à empresa[19]. Substituiu-se, assim, a era do inventor individual pela era do desenvolvedor empregado. Por extensão, as patentes não seriam mais atribuídas exclusivamente ao inventor, já que caberia à empresa a propriedade da invenção. Para que os desenvolvedores empregados estivessem adaptados à realidade da pesquisa dentro da indústria, o currículo da educação universitária também teve que sofrer alterações, principalmente na área de engenharia.

---

[17] Ibidem, p. 10.

[18] David Noble, *America by Design* (Oxford, Oxford University Press, 1979).

[19] Ibidem, p. 119.

104 • O valor da informação

Diante de todas essas modificações no modo de produção do conhecimento e sua relação com a propriedade intelectual, em atendimento às novas demandas do capital, em 1967 a Organização das Nações Unidas (ONU) cria a Ompi, com sede em Genebra, Suíça. Essa nova entidade multilateral assume a responsabilidade de elaborar as normas gerais de propriedade intelectual para todos os 184 membros de sua convenção.

Os DPIs são hoje um sistema de direitos aplicáveis de acordo com os diversos tratados internacionais dos países signatários, acompanhando o fluxo do comércio internacional na economia mundial cada vez mais globalizada. Entretanto, os países têm suas peculiaridades, de modo que leis específicas sobre o assunto devem ser respeitadas. O Brasil é signatário do Acordo sobre Aspectos dos Direitos de Propriedade Intelectual Relacionados ao Comércio (Trips), integrante do conjunto de acordos assinados em 1994, que foi estabelecido no âmbito da Rodada Uruguai do Acordo Geral de Comércio e Tarifas (Gatt), e criou a Organização Mundial do Comércio (OMC). O Brasil é também signatário da Convenção de Paris de 1883, que deu origem ao hoje denominado Sistema Internacional da Propriedade Industrial e iniciou o processo de harmonização internacional dos diferentes sistemas jurídicos nacionais relativos à propriedade industrial. Na esfera nacional, a matéria é regulada pelos seguintes principais diplomas: Lei n. 9.279, de 14 de maio de 1996, sobre direitos e obrigações relativos à propriedade industrial, e Lei de Direitos Autorais (Lei n. 9.610/1998), que altera, atualiza e consolida a legislação sobre direitos autorais e dá outras providências.

Por conta da expansão econômica chinesa, grandes mudanças vêm ocorrendo nos últimos anos. O último relatório anual da Ompi[20], referente ao ano de 2021, confirma a tendência: a China vem diminuindo a distância tecnológica que geralmente separa países em desenvolvimento de países desenvolvidos por meio do incremento da produção industrial pela incorporação de inovações tecnológicas na economia, o que envolve também o desenvolvimento científico. Nesse sentido, verifica-se que o país tem se destacado no alcance de patamares cada vez mais elevados de acúmulo de DPIs, fazendo frente aos países centrais. O crescimento da China na área de propriedade intelectual, em particular de patentes, mas também em marcas e desenhos industriais, tem sido vertiginoso e constante há vinte anos. Os pedidos de origem chinesa

---

[20] *World Intellectual Property Indicators 2021*; disponível em: <https://www.wipo.int/publications/en/details.jsp?id=4571&plang=EN>; acesso em: 21 mar. 2022.

de depósitos e registros de propriedades intelectuais nos órgãos competentes vêm aumentando significativamente desde 1997.

A inserção da China entre os países que mais investem em propriedade intelectual não apenas reflete uma reconfiguração do cenário de competição econômica e redistribuição de poder político no mundo no capitalismo informacional entre fins do século XX e início do XXI como impacta os acordos internacionais de DPIs e sua aplicação (*enforcement*). Um efeito claro disso é a Parceria Trans-Pacífico (TPP – Trans-Pacific Partnership), acordo internacional sobre comércio entre doze países banhados pelo Oceano Pacífico, dos quais não faz parte a China. Na liderança das rodadas de negociações desde sua adesão oficial, a partir de 2009, os Estados Unidos tentaram conter o avanço das exportações chinesas com forte ênfase na regulação da propriedade intelectual. Para isso, procuraram atribuir controversas vantagens às grandes empresas. Como afirma Roberts, a TPP representaria nada menos que um "privilégio global para a classe corporativa como uma classe imune à regulação governamental"[21]. Em resumo, por meio de uma espécie de "sistema legal paralelo" – que inclui a adoção de um tribunal *off-shore*, desvinculado do sistema de corte doméstico –, a TPP conferiria às grandes empresas o direito de fazer os governos pagá-las pelo custo de cumprir os regulamentos governamentais, como encargos trabalhistas e de regulação. Assim como outrora os Estados Unidos articularam e conseguiram estabelecer o Trips para restringir a capacidade de outros países acompanharem seu desenvolvimento tecnológico pela imposição de DPIs[22], no novo cenário geopolítico o ponto principal do TPP recrudesce a legislação internacional de propriedade intelectual, restringindo ainda mais a possibilidade de os países menos desenvolvidos desencadearem processos endógenos de capacitação tecnológica. O maior rigor no regime de DPIs adotado pelo acordo asseguraria e ampliaria vantagens para os Estados Unidos e o Japão, pois esses países concentram as atividades mais intensivas em trabalho informacional aleatório, criativo. Na outra ponta, os países menos desenvolvidos

---

[21] Paul Craig Roberts, "Trans Pacific Partnership: Corporate Escape from Accountability", Institute for Political Economy, 2 jul. 2012; disponível em: <https://www.foreignpolicyjournal.com/2012/07/04/trans-pacific-partnership-corporate-escape--from-accountability/>; acesso em: 21 mar. 2022.

[22] Graziela F. Zucoloto, *Desenvolvimento tecnológico por origem de capital no Brasil: P&D, patentes e incentivos públicos* (tese de doutorado, Rio de Janeiro, Instituto de Economia – UFRJ, 2009).

106 • O valor da informação

permaneceriam presos a atividades de menor valor agregado, que empregam trabalho informacional redundante, repetitivo.

Em resposta, a China busca promover a própria versão de um pacto comercial da Ásia-Pacífico, chamado de Parceria Abrangente Econômica Regional (RCEP, na sigla em inglês), que exclui os Estados Unidos e cria uma área de livre comércio de dezesseis nações, incluindo a Índia. Pelo tamanho das populações envolvidas, esse seria o maior bloco econômico do mundo. Trata-se de um acordo comercial mais tradicional, que envolve cortar tarifas em vez de abrir economias e estabelecer padrões trabalhistas e ambientais, como pretende a TPP.

Em janeiro de 2017, o então recém-eleito presidente Donald Trump retirou os Estados Unidos da TPP como sua primeira decisão de governo, sob o argumento de que seu país precisaria multiplicar os postos de trabalho internos, o que não seria alcançado se mantivesse participação nesse acordo.

De qualquer modo, a conjuntura internacional em que o Trips se estabeleceu, nos anos 1980, alterou-se substancialmente vinte anos depois, com o avanço da China cada vez mais acentuado, de maneira que a atual tendência dos países desenvolvidos ocidentais, a fim de não perderem sua hegemonia global, é a de tentar abandonar essa convenção porque prevê condições equânimes com a emergente potência oriental. No centro das novas negociações, a propriedade intelectual continua sendo o ponto de crucial relevância, pois ela ampara as principais vantagens de desenvolvimento em uma economia cada vez mais focada no trabalho informacional criativo. O cenário sugere que as organizações multilaterais encolham e os acordos bilaterais se multipliquem com diversas assimetrias no que diz respeito à regulação dos DPIs, incluindo o endurecimento de políticas de *enforcement*[23], estratégias *taylor made*[24] e práticas de *forum shopping*[25,26].

---

[23] Políticas de *enforcement* dizem respeito a mecanismos para garantir a aplicação das regras.

[24] A expressão "*taylor made*" refere-se à incorporação, nos acordos internacionais, de cláusulas ajustadas às especificidades de cada parte envolvida.

[25] O *forum shopping* é uma prática que busca, em acordos jurídicos, estipular o foro mais favorável à parte demandante.

[26] Paul Craig Roberts, "Trans Pacific Partnership", cit.

2. Conceitos

De modo geral, quanto à forma de proteção, a propriedade intelectual se divide em duas grandes áreas:

• Propriedade industrial: patentes de invenção e de modelo de utilidade, registros de marcas, desenhos industriais, cultivares e indicações geográficas, bem como a repressão à concorrência desleal.

• Direitos autorais: obras literárias, artísticas ou científicas, programas de computador, topografia de circuito integrado, domínios na internet e conexos.

De acordo com explicações disponíveis no sítio do Instituto Nacional de Propriedade Intelectual (Inpi)[27], destacam-se as seguintes modalidades de DPIs, em geral comuns ao Brasil e à maioria dos países.

Marca é um sinal aplicado a produtos ou serviços cujas funções principais são identificar a origem e distinguir produtos ou serviços de outros idênticos, semelhantes ou afins de origem diversa.

Patente é o monopólio de exploração de invenção ou modelo de utilidade, visando à proteção das criações de caráter técnico que preencham os requisitos legais de novidade, atividade inventiva (ou ato inventivo) e aplicação industrial. Produtos e processos industriais podem ser protegidos por patentes.

Os registros de **desenho industrial** visam proteger objetos bidimensionais ou tridimensionais que sejam novos e originais em sua aparência em relação a outros objetos conhecidos. O funcionamento do objeto não é protegido pelo registro de desenho industrial.

Por **cultivar**, entende-se a variedade de qualquer gênero ou espécie vegetal superior que seja: claramente distinguível de outras cultivares conhecidas por margem mínima de descritores, por sua denominação própria; homogênea e estável quanto aos descritores por meio de gerações sucessivas; e de espécie passível de uso pelo complexo agroflorestal, descrita em publicação especializada acessível ao público, bem como a linhagem componente de híbridos. A proteção assegura a seu titular o direito à reprodução comercial no território brasileiro, ficando vedados a terceiros, durante o prazo de proteção, a produção com fins comerciais, o oferecimento à venda ou a comercialização do material de propagação sem sua autorização.

---

[27] Instituto Nacional de Propriedade Intelectual (Inpi); disponível em: <https://www.gov.br/inpi/pt-br>; acesso em: 21 mar. 2022.

108 • O valor da informação

A **indicação geográfica** constitui a indicação de procedência ou denominação de origem. Considera-se indicação de procedência o nome geográfico de país, cidade, região ou localidade de seu território que se tornou conhecido como centro de extração, produção ou fabricação de determinado produto ou de prestação de determinado serviço. Exemplos: cachaça do Brasil; vinho do Vale dos Vinhedos, em Bento Gonçalves; café do cerrado mineiro; carne bovina do pampa gaúcho etc. Considera-se denominação de origem o nome geográfico de país, cidade, região ou localidade de seu território que designe produto ou serviço cujas qualidades ou características se devam exclusiva ou essencialmente ao meio geográfico, incluídos fatores naturais e humanos. Exemplos: champanhe; vinho do Porto; tequila; charuto cubano; presunto de Parma; queijo parmesão; conhaque; e queijo Roquefort.

A **concorrência desleal** é enquadrada como tipo penal descrito no artigo 195 da Lei da Propriedade Industrial e se origina na fraude na obtenção ou na veiculação de informações sobre empresa concorrente. Caracteriza-se por conduta fraudulenta, capaz de gerar o desvio de clientela, por imitação de produtos, nomes ou sinais, ou utilização de propaganda com intuito de desvalorizar a imagem ou os produtos de outrem travestida de propaganda comparativa.

Obras literárias, artísticas ou científicas: o direito autoral confere ao autor exclusividade para utilizar, fruir e dispor da própria obra intelectual.

Programa de computador (*software*): é a expressão de um conjunto organizado de instruções em linguagem natural ou codificada contida em suporte físico de qualquer natureza, de emprego necessário em máquinas automáticas de tratamento da informação, dispositivos, instrumentos ou equipamentos periféricos, baseados em técnica digital ou análoga, para fazê-los funcionar de modo e para fins determinados. No contexto da economia da informação, é sobretudo importante notar que, no Brasil, o regime jurídico de proteção ao *software* não é por patente, o que significa que é objeto de direito autoral e só entra em domínio público setenta anos após a morte de seus autores.

Topografia de circuito integrado: uma série de imagens relacionadas que representa a configuração tridimensional das camadas que compõem um circuito integrado e na qual cada imagem representa, no todo ou em parte, a disposição geométrica ou os arranjos da superfície do circuito integrado em qualquer estágio de sua concepção ou manufatura. O registro confere a seu titular o direito exclusivo de explorar a topografia, e é vedado o uso por terceiros sem seu consentimento. A proteção vale por dez anos contados a partir da data do depósito do pedido ou daquela da primeira exploração (o que tiver ocorrido primeiro). O pedido de registro deve ser feito para apenas uma topografia de circuitos integrados.

Domínios na internet e conexos: endereços dos sítios de internet, os domínios são protegidos como propriedade intelectual. O órgão responsável pelo registro de nomes de domínios no Brasil, sob o *código de país* ".br", é o Núcleo de Informação e Coordenação do Ponto BR (NIC.br), uma entidade privada sem fins lucrativos. Um domínio registrado no NIC.br é de uso exclusivo da entidade que o registrou, seja pessoa física, seja pessoa jurídica. Na maioria dos países, existem organizações com funções similares ao NIC.br, algumas também privadas, outras governamentais. Porém, no mundo inteiro, incluindo o Brasil, esse sistema de atribuição de nomes de domínio é coordenado e gerido por uma organização com sede e jurisdição nos Estados Unidos, a Internet Corporation for Assigned Names and Numbers (Icann) ou Corporação da Internet para Designação de Nomes e Números. É ela que, ao fim e ao cabo, estabelece as regras que devem ser mundialmente aceitas e delega aos NICs de cada país competência para atribuir e administrar nomes de domínio em suas respectivas jurisdições nacionais. Os processos passam necessariamente pela verificação da disponibilidade, em todo o mundo, do nome pretendido, cujas consultas podem ser feitas pelos sítios http://www. netsol.com/cgi-bin/whois/whois e https://registro.br.

Contudo, como já apontado, o rol apresentado é exemplificativo dos DPIs. A gama desses direitos pode se estender ainda mais e variar em sua forma de aplicação e interpretação.

Os DPIs garantem monopólios temporários de exploração comercial de produtos ou processos industriais, bem como de obras intelectuais, e fundamentam-se em estimular a criação de obras intelectuais por garantir recompensas a seus criadores[28]. São considerados monopólios porque autorizam a exploração do conhecimento afetado somente por seus detentores. Desse modo, impactam na economia não simplesmente porque são incorporados a processos de inovação, mas também por sua participação em um processo rentista de enriquecimento. Essa ideia será desenvolvida a seguir.

---

[28] Douglass North, *Structure and Change in Economic History* (New York, W. W. Norton & Co., 1981).

110 • O valor da informação

3. Monopólio informacional

Conforme exposto, introdutoriamente, no capítulo 1 deste livro, os monopólios informacionais representados por DPIs se ancoram na exploração do trabalho informacional e são remunerados por rendas informacionais. Fazendo jus ao campo epistemológico em que essa teoria se insere, vamos analisar o monopólio sob a perspectiva de categorias marxianas como valor, preço, capital e trabalho, a fim de investigarmos a relação entre a remuneração por DPI, ou renda informacional, e um movimento de cercamento similar ao que deu azo à acumulação primitiva de capital descrita por Karl Marx[29].

Nessa abordagem, primeiro cumpre observar que, na crítica marxiana, valor não é a mesma coisa que preço. O valor é unidade do valor de uso e do valor de troca. O que produz ou gera valor é o trabalho, como unidade do trabalho concreto e do trabalho abstrato. O que mede o valor da mercadoria é o *quantum* de trabalho abstrato social médio no tempo[30]. Trabalho humano abstrato é uma capacidade básica de trabalhar que todo ser humano tem, diferente de trabalho concreto, que descreve o perfil de cada indivíduo, ou seja, sua capacidade de trabalhar considerando também sua formação, sua experiência e, inclusive, suas condições físicas específicas. O tempo de trabalho social médio é a medida de valor. Ou seja, o conteúdo do valor é o trabalho; sua forma ou medida, o tempo de trabalho.

Afirma Marx:

> O trabalho que constitui a substância dos valores é trabalho humano igual, dispêndio da mesma força de trabalho humana. A força de trabalho conjunta da sociedade, que se apresenta nos valores do mundo das mercadorias, vale aqui como uma única força de trabalho humana, embora consista em inumeráveis forças de trabalho individuais. Cada uma dessas forças de trabalho individuais é a mesma força de trabalho humano que a outra, na medida em que possui o caráter de uma força de trabalho social média e atua como tal; portanto, na medida em que, para a produção de uma mercadoria, ela só precisa do tempo de trabalho em média necessário ou tempo de trabalho socialmente necessário.[31]

A consideração da força de trabalho conjunta da sociedade implica uma invocação tácita de um mercado mundial que foi introduzido pelo modo de

---

[29] Karl Marx, *O capital*, Livro I, cit.

[30] Idem.

[31] Ibidem, p. 117.

Propriedade intelectual e rendas informacionais • 111

produção capitalista. Trata-se de um conjunto global de relações. A medida do valor é derivada desse mundo inteiro de trabalho humano, em um processo *social* em que o tempo de trabalho é necessário para a produção de mercadorias[32]. O valor não é o preço da etiqueta da mercadoria. Preço é tão somente a quantidade de dinheiro circunstancial ou conjunturalmente arbitrada para a troca de mercadorias oferecida no mercado. Pode estar um pouco acima ou um pouco abaixo do valor, tendo a longo prazo a se igualar com ele.

A força de trabalho é a única mercadoria que tem a capacidade de criar valor porque somente o processo de trabalho vivo – isto é, o trabalho realizado por seres humanos, e não por máquinas – conta com o plano mental humano em ação. O trabalho é um processo inerente ao metabolismo entre o ser humano e a natureza que transforma uma coisa em outra, anulando um valor de uso existente e criando um valor de uso alternativo. Na medida em que essa atividade só pode ser realizada por um ser humano para a obtenção do resultado esperado, significa que esse ser humano transfere, de alguma forma, um conteúdo de seu desenvolvimento mental, ou seja, informação semiótica, para aquela coisa que, por essa ação, é transformada. Como a medida do valor é tempo de trabalho socialmente necessário, logicamente o tempo é fundamental para a extração de mais-valor. A jornada de trabalho será estendida ao máximo pelo detentor dos meios de produção: desse modo, o trabalhador pagará o próprio salário, repondo suas necessidades, e ainda gerará um valor suplementar – mais-valor – destinado à acumulação de capital. A taxa de mais-valor mostra em que proporção o trabalho despendido pelo empregado divide-se em trabalho necessário e trabalho suplementar, ou, em outras palavras, que parte do dia de trabalho o proletário gasta na reposição do valor de sua força de trabalho e que parte do dia de trabalho ele trabalha de graça para o capitalista. Essa exploração da força de trabalho é chamada por Marx de extração de mais-valor absoluto. Para acumular mais, o capitalista acaba introduzindo tecnologia em substituição da força de trabalho. Nesse caso, o valor excedente é chamado de mais-valor relativo.

Conforme apresentado no primeiro capítulo deste livro, o capital, impulsionado por sua incessante busca por mais-valor e premido pela concorrência entre suas unidades individuais, investe no desenvolvimento tecnológico em um processo que, contraditoriamente, conduz à crescente formação de monopólios. A empresa que introduz alguma tecnologia pioneira poderá deter, mesmo que

---

[32] David Harvey, *Para entender* O capital: *livro I* (trad. Rubens Enderle, São Paulo, Boitempo, 2013), p. 32.

112 • O valor da informação

por algum tempo, vantagem competitiva que lhe permitirá aumentar seus lucros, seja pela redução de custos, seja pela prática de preços um tanto mais altos, já que, temporariamente, não enfrenta concorrência no mesmo nível tecnológico. Esse lucro excedente resultante é o que Marx chama de *sobrelucro* ou lucro extra. Se uma unidade de capital – uma empresa – logra introduzir uma inovação, ela poderá praticar um sobrepreço até que seus concorrentes, também absorvendo o mesmo conhecimento, voltem a equalizar as condições gerais de realização do mais-valor. Portanto, aí existe uma vantagem competitiva inicial, mas ainda não há realmente monopólio, pois não está dado, a princípio, que a concorrência não consiga acompanhar aquela inovação. Para que o monopólio se instale, a tutela estatal dos DPIs, que garante exclusividade de um ente sobre a exploração comercial da inovação, tem sido crucial. Desse modo, os DPIs compatibilizam o avanço da acumulação de capital com as tendências do capitalismo de concentração e centralização descritas por Marx.

A concentração de capital é um processo em que capitalistas individualmente acumulam, de forma a aumentar também a quantidade de capital controlada por eles de modo isolado, possibilitando uma escala de produção maior. A centralização difere da concentração porque não se refere a empresas controladas por um indivíduo, mas à associação destas[33]. Com a intensificação da centralização, a partir do final do século XIX, trabalhos de Hilferding[34], Lênin[35] e Baran e Sweezy[36] analisaram a tendência da centralização do capital agenciada pela própria concorrência e pelo sistema de crédito.

A aglutinação de capitais em termos de centralização ocorre com frequência por meio de sociedades anônimas, formas jurídicas de empresas cujo vínculo entre os sócios é impessoal; suas ações, que são os títulos de crédito representativos da participação societária no mercado financeiro, são livremente negociáveis[37].

Em face das mudanças observadas no capital-informação, sugerimos integrar os monopólios informacionais ao rol dos instrumentos

---

[33] Karl Marx, *O capital*, Livro I, cit., p. 701.

[34] Rudolf Hilferding, *O capital financeiro* (trad. Reinaldo Mestrinel, São Paulo, Nova Cultural, 1985[1910], coleção Os Economistas).

[35] Vladimir Ilitch Lênin, *O imperialismo: etapa superior do capitalismo* (Campinas, Navegando/Unicamp, 2011).

[36] Paul Baran e Paul Sweezy, *Capitalismo monopolista: ensaio sobre a ordem econômica e social americana* (trad. Waltensir Dutra, Rio de Janeiro, Zahar, 1966).

[37] Fábio Ulhoa Coelho, *Manual de direito comercial* (São Paulo, Saraiva, 1997).

de centralização do capital, junto dos grandes grupos corporativos e da financeirização da economia.

Os DPIs contribuiriam para a centralização porque, obtidos em grande volume por corporações gigantes que atuam internacionalmente, impedem, sob um ponto de vista jurídico, a exploração comercial de seu respectivo conteúdo informacional por possíveis concorrentes e, desse modo, embasam a extração das rendas informacionais. Em contexto de capital globalizado, a situação se agrava em razão de o predomínio da propriedade intelectual nos países de origem das grandes corporações se traduzir em uma dominação de territórios econômicos[38].

Como monopólios informacionais, os DPIs seriam mecanismos de *cercamento do conhecimento*, uma espécie de reedição do cercamento da terra ocorrido na acumulação primitiva de capital[39], que permitiu a extração das rendas da terra. Contudo, seria possível equiparar a terra ao conhecimento para validar a analogia do cercamento e as subsequentes rendas informacionais? É o que tencionamos responder a seguir.

4. Nova cerca?

Pela teoria econômica clássica, a terra não tem nenhum valor em si porque não é produto de trabalho[40]. Qualquer "preço da terra", portanto, é irracional. Trata-se de uma ficção imposta à sociedade, porém com efeitos reais. De modo análogo às terras, durante muito tempo as obras eminentemente produzidas pela criação intelectual humana nem sequer eram encaradas como bens passíveis de comercialização, pois eram oriundas da "pura natureza" da cognição humana. Em dado momento, o cercamento do domínio intelectual passou a acontecer sob a denominação de *propriedade intelectual*, levando à hipótese desenvolvida por James Boyle de um novo movimento de cercamento,

---

[38] Janaína Elisa Patti de Faria, *Imperialismo e sistema internacional de propriedade intelectual: implicações pós-Trips para o Brasil, para a indústria farmacêutica local e os novos rumos anticontrafação* (dissertação de mestrado, Campinas, Instituto de Geociências – Unicamp, 2012).

[39] James Boyle, "The Second Enclosure Movement and the Construction of the Public Domain", *Law and Contemporary Problems*, v. 66, 2003, p. 33-74.

[40] Adam Smith, *A riqueza das nações* (trad. Luiz João Baraúna, São Paulo, Nova Cultural, 1996 [1776], coleção Os Economistas).

114 • O valor da informação

análogo ao de terras, caracterizando-se como uma segunda onda de acumulação de capital na história[41]. Para analisarmos a força dessa analogia, vamos agora examinar a descrição da acumulação originária de capital para, em seguida, cotejá-la com a hipótese do segundo movimento de acumulação.

Marx descreve o movimento de acumulação primitiva no penúltimo capítulo do Livro I de *O capital*. Trata-se de uma acumulação que não é resultado do modo de produção capitalista, mas seu ponto de partida: o processo histórico que separou o produtor de seu meio de produção. A expropriação da terra que antes pertencia ao produtor rural, ao camponês, constitui a base de todo o processo. A descrição clássica desse movimento é realizada com referência à história da Inglaterra, a partir do desaparecimento da servidão no século XIV. A maioria da população inglesa consistia naquela época, e mais ainda no século XV, em camponeses livres, economicamente autônomos, qualquer que fosse o rótulo feudal a encobrir sua propriedade. A mão de obra livre, não mais servil, foi inicialmente – por cerca de 150 anos – liberada por meio de atos violentos de expropriação da propriedade comunal. A legislação passa a prevalecer sobre os métodos de violência a partir do século XVIII, com as chamadas *Bills for Inclosure of Commons* (leis para o cercamento da terra comunal), decretos mediante os quais os proprietários fundiários presenteiam a si mesmos, como propriedade privada, com as terras do povo[42]. Todo o processo de expropriação que privou os lavradores da terra foi chamado de *clearing of estates*, isto é, limpeza das propriedades rurais, que, nas palavras de Marx, significa na verdade "varrê-las de seres humanos"[43]. O movimento conquistou o campo para a agricultura capitalista, incorporou o solo ao capital e criou, para a indústria urbana, a oferta necessária de um proletariado inteiramente livre. Desse modo, surge a figura do arrendatário, que valoriza seu capital por meio do emprego de trabalhadores assalariados e paga ao *landlord*, como renda da terra, ou renda fundiária, uma parte do mais-produto, em dinheiro ou *in natura*[44].

Por um lado, a expropriação e a expulsão de uma parte da população rural não só liberam trabalhadores para o capital industrial, e com eles seus meios de

---

[41] James Boyle, "The Second Enclosure Movement and the Construction of the Public Domain", cit.

[42] Karl Marx, *O capital*, Livro I, cit., p. 796.

[43] Ibidem, p. 800.

[44] Ibidem, p. 814.

Propriedade intelectual e rendas informacionais • 115

subsistência e seu material de trabalho, mas criam também seu mercado interno. Por outro lado, às manufaturas em ascensão, as colônias garantiram um mercado de escoamento e uma acumulação potenciada pelo monopólio de mercado. Os tesouros espoliados fora da Europa diretamente mediante o saque, a escravização e o latrocínio refluíam à metrópole e lá se transformavam em capital[45].

A renda da terra, ou renda fundiária, surge, pois, a partir desse momento em que a terra passa a ser considerada não mais algo comum, e sim propriedade particular. Nesse período, três personagens são expostos por Marx como três classes diferentes: o dono da terra, o arrendatário e o trabalhador[46]. Esses indivíduos vivem, respectivamente, dos seguintes rendimentos: renda da terra, lucro e salário. E as respectivas fontes de rendimentos são: valorização de sua propriedade fundiária, de seu capital e de seu salário.

Todo esse movimento de conversão da terra de lavoura em recurso limitante e sua expropriação da população rural inglesa é caracterizado como condição para a acumulação primitiva de capital. De modo análogo, James Boyle sustenta que estamos em um segundo movimento de cercamento (*second enclosure movement*)[47]. O primeiro movimento de cercamento envolveu a conversão de terras cultiváveis "comuns" em propriedade privada. O segundo movimento de cercamento envolveria a expansão dos direitos de propriedade na direção de bens públicos intangíveis e do espaço do domínio público, da expressão e da invenção. Muito frequentemente, segundo o autor, esse segundo movimento tem envolvido a introdução dos direitos de propriedade sobre matérias que eram antes consideradas fora do sistema de propriedade, não transformáveis em mercadoria, "essencialmente públicas", ou parte da herança da espécie humana – como compilações originais de fatos, ideias sobre encaminhamento de negócios ou sequências de genes.

O que relaciona o primeiro movimento, ligado à terra, ao segundo, ligado à informação e ao conhecimento, é o fato de que ambos significam o "cercamento", a apropriação privada, a exclusão da utilização pelos outros de um recurso potencialmente de uso comum (terra e conhecimento), imperiosamente pelo uso da força do Estado, da lei, gerando de forma

---

[45] Ibidem p. 823.

[46] Karl Marx, *O capital: crítica da economia política*, Livro III: *O processo global da produção capitalista* (trad. Rubens Enderle, São Paulo, Boitempo, 2013, coleção Marx-Engels), p. 948.

[47] James Boyle, "The Second Enclosure Movement and the Construction of the Public Domain", cit.

116 • O valor da informação

extraeconômica um poder de monopólio[48]. Os DPIs seriam os artifícios construídos para que o conhecimento seja "cercado", de modo que apenas possa ser explorado economicamente por quem de direito. Essa visão se coaduna com a argumentação de David Harvey segundo a qual o processo de acumulação primitiva não pertence exclusivamente à pré-história do capitalismo[49]. A expropriação das populações rurais e camponesas, a política de exploração colonial, neocolonial e imperialista, o uso dos poderes do Estado para realocar recursos, a privatização das terras e o sistema internacional de finanças e crédito, além dos débitos nacionais crescentes e da continuação da escravidão por meio do tráfico de pessoas, são processos específicos de acumulação que Marx descreve e que ainda permanecem entre nós, no mundo contemporâneo[50]. Assim, ocorre uma continuidade da acumulação primitiva por toda a geografia histórica do capitalismo. Trata-se de políticas de *acumulação por despossessão*, que, aliás, tendem a se intensificar à medida que aumenta a desigualdade social (concentração de riqueza), pois a acumulação pode abarcar tudo: do confisco do direito de acesso à terra e à subsistência até a privação de direitos – aposentadoria, educação e saúde, por exemplo[51]. Como observou Rosa Luxemburgo, há uma relação orgânica entre os processos de acumulação primitiva e de produção de mais-valor[52], ambos obedecem à lógica de "tirar de uns para a acumulação de outros".

Diferentemente de Boyle, que vê no alastramento da propriedade intelectual um segundo movimento de acumulação, Harvey aponta que a propriedade intelectual pode ser uma forma de reprodução ampliada da acumulação primitiva: "Há inúmeros exemplos de luta contra todas essas formas de acumulação e desapossamento. Luta contra [...] a tentativa de patentear material e códigos genéticos"[53].

---

[48] Benedito R. de Moraes Neto, "O conhecimento como propriedade capitalista: observações sobre o *second enclosure movement*", em XXXVI Encontro Nacional dos Centros de Pós-Graduação em Economia, Salvador, 2008.

[49] David Harvey, *Para entender* O capital, cit.

[50] Ibidem, p. 293.

[51] Ibidem, p. 296.

[52] Rosa Luxemburgo, *The Accumulation of Capital* (Londres, Routledge, 2003) [ed. bras.: *A acumulação do capital*, trad. Luiz Alberto Moniz Bandeira, Rio de Janeiro, Civilização Brasileira, 2021, edição eletrônica].

[53] David Harvey, *Para entender* O capital, cit., p. 296.

Propriedade intelectual e rendas informacionais • 117

O papel cada vez maior do sistema de crédito e das apropriações financeiras intensificou a acumulação por desapossamento com o auxílio de DPIs, dinâmica que se traduz em um processo de valorização do valor sem vinculação ao tempo de trabalho – o valor ficou "desmedido"[54]. Trata-se de um processo que aliena o trabalhador – que produz o valor – do próprio conhecimento sobre o trabalho.

Em *O capital*, o trabalhador típico enfocado por Marx é o homem adulto que detinha conhecimento do processo produtivo como um todo e passa a perdê-lo por um processo cada vez mais agressivo de alienação. O capital vai desapossando o trabalhador do conhecimento e fazendo com que este seja privatizado. Como aponta Peekhaus, a acumulação primitiva de capital pode ser basicamente entendida como a origem da separação entre produtores e meios de produção; essa separação é responsável pelo caráter alienado do trabalho e, assim, pela definição da oposição de classes inerente às relações sociais capitalistas[55].

Conforme foi mais bem articulado por Marx em seus *Manuscritos econômico-filosóficos,* o trabalho alienado sob as relações sociais capitalistas se manifesta de distintas maneiras[56].

Em um nível fundamental da perspectiva dialética de Marx, a alienação chega mais longe que o distanciamento entre os produtores diretos dos meios de produção e os produtos resultantes do trabalho social, para incluir também a alienação inerente à desconexão entre a motivação motriz do capital – a motivação de lucro – e a satisfação das necessidades humanas socialmente produzidas[57].

Um segundo aspecto da alienação do trabalho, relacionado ao primeiro, envolve a relação do trabalhador com o ato de produção no processo de trabalho. Sob o controle dos processos de produção capitalistas, não apenas o produto do trabalho é objetivado em algo que parece estranho à relação

---

[54] Eleutério Prado, *Desmedida de valor: crítica da pós-grande indústria* (São Paulo, Xamã, 2005).

[55] Wilhelm Peekhaus, "The Enclosure and Alienation of Academic Publishing: Lessons for the Professoriate", *TripleC*, v. 10, n. 2, 2012, p. 577-99.

[56] Karl Marx, *Manuscritos econômico-filosóficos* (trad. Jesus Ranieri, São Paulo, Boitempo, 2004 [1982]).

[57] Paul Burkett, *Marx and Nature: A Red and Green Perspective* (New York, St. Martin's Press, 1999); Ernest Mandel, *Marxist Economic Theory* (New York, Monthly Review Press, 1968).

118 • O valor da informação

de trabalho, mas a forma correspondente de atividade produtiva torna o trabalho algo estranho e oposto ao trabalhador, refletindo um distanciamento de si mesmo e de sua atividade. Em vez de oferecer satisfação por si só, o trabalho alienado é externo ao trabalhador, algo vendido e, portanto, pertencente a outra pessoa. Por meio de sua alienabilidade, a relação do trabalhador com sua atividade se torna um exemplo do que Marx chama de "autoestranhamento"[58].

No entanto, se, devido ao estranhamento, o produto do trabalho já não pertence a seu produtor, a quem pertence? Não aos deuses, nem à natureza, mas a outro ser humano, responde Marx. E isso graças à *propriedade privada*. Esse é o princípio social, histórico, que obriga alguém a trabalhar para outrem, a alienar para esse outro o produto de seu trabalho.

A *propriedade privada* é, portanto, o produto, o resultado, a consequência necessária do *trabalho exteriorizado*, da relação externa (*äusserlichen*) do trabalhador com a natureza e consigo mesmo.
A *propriedade privada* resulta portanto, por análise, do conceito de *trabalho exteriorizado*, isto é, do *homem exteriorizado*, do trabalho estranhado, de vida estranhada, de homem *estranhado*.[59]

A acumulação primitiva, assim, representa uma relação de controle historicamente específica e diferenciada em classes sobre os meios necessários de produção social. A maioria dos estudiosos contemporâneos que se envolvem em um revigoramento da acumulação primitiva como uma teoria para compreender o desenvolvimento capitalista contemporâneo tende a concordar com a ideia de que a acumulação primitiva deve ser entendida como um processo contínuo que permanece vital para a acumulação capitalista. Como informa Marx:

A relação capitalista pressupõe a separação entre os trabalhadores e a propriedade das condições da realização do trabalho. Tão logo a produção capitalista esteja de pé, ela não apenas conserva essa separação, mas a reproduz em escala cada vez maior.[60]

Isto é, a separação entre produtores e meios de produção, uma categoria central para a crítica da economia política marxiana, é sua constitutiva

---

[58] Karl Marx, *Manuscritos econômico-filosóficos*, cit.
[59] Ibidem, p. 87.
[60] Karl Marx, *O capital,* Livro I, cit., p. 786.

Propriedade intelectual e rendas informacionais • 119

pressuposição da acumulação e, portanto, comum tanto à acumulação primitiva como à acumulação em geral – o capital pressupõe essa separação.

Pela básica conexão ontológica entre a acumulação primitiva e a reprodução ampliada – ou seja, a reprodução cada vez maior do processo de acumulação por despossessão –, a acumulação em geral representa uma forma de intensificar a acumulação primitiva[61].

Embora evidentemente exista o elemento temporal entre a acumulação primitiva e a acumulação em geral, a distinção crítica entre as duas está menos ligada à temporalidade que às condições e às exigências para que ocorra o processo de alienação. Nos *Grundrisse*, Marx diz que, uma vez desenvolvido historicamente, o capital cria condições para sua manutenção[62]. Ou seja, uma vez que produz, o capital precisa reproduzir a separação entre trabalhadores e meios de produção (e, ainda, expandir essa reprodução). Para normalizar as relações sociais capitalistas, cada vez mais a população precisa ser absorvida pelo sistema da produção capitalista de mercadorias. Uma vez que se reconhece que a acumulação primitiva satisfaz uma precondição para a ampliação da acumulação de capital, o elemento temporal assume uma forma que engloba não apenas o período no qual o modo capitalista de produção emerge como também a reprodução e a expansão do modo capitalista de produção.

Assim, o cercamento do conhecimento provê um mecanismo para o aprofundamento da separação entre os trabalhadores e os meios de produção. Pela apropriação do tempo de trabalho não pago que sustenta a produção intelectual "trancada" pelos DPIs, o capital tem desenvolvido um modelo muito rentável a serviço de seu imperativo de acumulação. Esse crescente cercamento do conhecimento produzido pelo trabalho informacional no capital-informação, por meio da propriedade intelectual, aumenta a alienação e a acumulação de capital, portanto representa a forma contemporânea da acumulação da atividade produtiva alienada.

O conhecimento científico protegido por DPIs não veio do nada. Grande parte da informação que gera esse conhecimento é encontrada no meio

---

[61] Werner Bonefeld, "History and Social Constitution: Primitive Accumulation is not Primitive", *The Commoner*, mar. 2002; Massimo De Angelis, *The Beginning of History: Value Struggles and Global Capital* (Londres, Pluto, 2007); Ernest Mandel, *Late Capitalism* (Londres, New Left Books, 1975).

[62] Karl Marx, *Grundrisse: manuscritos econômicos de 1857-1858: esboços da crítica da economia política* (trad. Mario Duayer e Nélio Schneider, São Paulo, Boitempo, 2011 [1976]), p. 906.

120 • O valor da informação

social e retrabalhada com base nos próprios elementos culturais desse meio, parecendo no mínimo difícil demarcar as fronteiras entre o que pode ser reivindicado como estritamente particular e o que é produzido por todos. Quer-se dizer com isso que a informação que orienta, que organiza o trabalho humano, é constituinte da ontologia do ser social.

Segundo Jakob Rigi, de qualquer modo a informação e o conhecimento, assim como a terra, não teriam valor em si mesmos justamente porque se configuram no espaço comum das relações sociais[63]. Para Dantas, ao contrário, os trabalhos informacionais específicos, como a criação de um protótipo ou de uma fórmula, requerem uma dedicação focada que se manifesta em um tempo de trabalho direcionado à obtenção de determinado produto[64]. Nesse caso, o trabalho informacional teria uma autoria identificável, destacando-se do comum. O respectivo autor é um trabalhador que deve ser remunerado pelas horas de trabalho que gastou para alcançar a finalidade projetada. Assim, o conhecimento, para Dantas, tem valor em razão do tempo de trabalho que levou para ser construído; já a terra não tem valor, pois foi simplesmente "encontrada" na natureza.

Considerando o trabalho a ação humana entre dada objetividade e a atividade ideal prévia diretamente regida e mediada por uma finalidade específica[65], e que a informação social é o processo de produção de signos[66], podemos dizer que o trabalho informacional é o trabalho humano de produção de signos que parte do conhecimento para gerar novo conhecimento. Trata-se de um trabalho vivo, pois realizado por ser humano; teleonômico, por ter uma finalidade; e teleológico, porque parte de um projeto, conforme explicado por Marcos Dantas no capítulo escrito por ele neste livro.

---

[63] Jakob Rigi, "Foundations of a Marxist Theory of the Political Economy of Information: Trade Secrets and Intellectual Property, and the Production of Relative Surplus Value and the Extraction of Rent-Tribute", *TripleC*, v. 12, n. 2, 2014, p. 909-36.

[64] Marcos Dantas, *Trabalho com informação: valor, acumulação, apropriação nas redes do capital* (Rio de Janeiro, CFCH/ECO-UFRJ, 2012); disponível em: <www.marcosdantas.pro.br>; acesso em: 21 mar. 2021.

[65] György Lukács, *Prolegômenos para uma ontologia do ser social: questões de princípios para uma ontologia hoje tornada possível* (trad. Rodnei Antônio do Nascimento, São Paulo, Boitempo, 2010).

[66] Marcos Dantas, "Capitalismo na era das redes: trabalho, informação e valor no ciclo da comunicação produtiva", em Helena Maria Lastres e Sarita Albagli, *Informação e globalização na Era do Conhecimento* (Rio de Janeiro, Campus, 1999), p. 216-61.

Propriedade intelectual e rendas informacionais • 121

Enquanto a informação, nos termos aqui considerados, é trabalho vivo, o conhecimento é tratado como trabalho passado, acumulado, "morto", que a informação "vivifica" para que seja produzido conhecimento novo[67]. O que gera novos conhecimentos é a informação como processo desempenhado pelos seres humanos. O trabalho vivo sempre tem o elemento da subjetividade capaz de criar informação, isto é, de criar diferença em um dado contexto. Essa dinâmica metabólica entre o ser humano e o meio ambiente, segundo a teoria marxiana do valor-trabalho, é o que cria valor econômico. Nas palavras de Dantas:

O conhecimento é produto da informação, logo produto do trabalho. É trabalho passado, não deixando de ser, por isto, redundância que a informação reprocessa, enriquece, vivifica em conhecimento novo. Sendo humano, o conhecimento incorpora necessariamente aspectos constitutivamente humanos, como os sonhos de futuro, as emoções e pulsões, as determinações da cultura. Se a informação, no geral, processa sinais, a informação humana, porque orientada pelo conhecimento, processará signos. E o trabalho informacional humano será, por natureza, sígnico, envolvendo toda uma incomensurável gama de possibilidades conotativas e pragmáticas. Como diria [Umberto] Eco, "produzir signos implica um trabalho, quer estes signos sejam palavras ou mercadorias".[68]

O cercamento do conhecimento pelos DPIs aliena o trabalhador informacional de seus produtos. Como nos referimos à informação como trabalho e ao conhecimento como produto do trabalho, sua apropriação acena para o conceito de "subsunção do trabalho"[69].

Em continuidade à reflexão sobre monopólio e cercamento realizada até aqui, na próxima seção poderemos ver como a apropriação do conhecimento – ou a expropriação de quem o produziu – se relaciona à extração das rendas informacionais.

---

[67] Idem, "Informação como trabalho e como valor", *Revista da Sociedade Brasileira de Economia Política*, n. 19, 2006, p. 44-72.

[68] Ibidem, p. 49.

[69] Karl Marx, *Capítulo VI inédito de* O capital: *resultados do processo de produção imediata* (trad. Klaus von Puchen, 2. ed., São Paulo, Centauro, 2004).

5. Renda da terra

A renda informacional é conceituada de maneira análoga à renda da terra aludida por Karl Marx[70]. Então, a seguir veremos como Marx concebe a renda da terra, e depois descreveremos como, no capitalismo contemporâneo, podemos entender a renda informacional.

A partir das obras de Smith[71] e Ricardo[72], Marx se insere em uma tradição que separa a esfera da produção da esfera da renda. A produção é o mundo do valor, e o valor sofre metamorfoses a depender da relação de produção envolvida. O valor criado pode assumir a feição de mais-valor, lucro e lucro extra. A renda fundiária acontece quando parte do lucro extra, ou todo o lucro extra, é entregue a um proprietário de terra exclusivamente porque esse proprietário, por deter um título de propriedade, autorizou que o capitalista utilizasse a terra para produzir. Note-se que, no modelo em tela, a figura do proprietário de terra se distingue da figura do capitalista. O proprietário em nada participa da produção, apenas coleta o que a produção realizou. Destaca-se, assim, a conotação do rentista como parasita.

Figura 1. O valor e suas metamorfoses

Propriedade fundiária
(barreira)

O valor é criado e sofre metamorfoses

Força de trabalho gera ⟹ valor ⟹ mais-valor ⟹ lucro ⟹ lucro extra ⟹ renda

O que separa uma esfera da outra é a propriedade privada.

Fonte: elaboração da autora.

---

[70] Karl Marx, *O capital*, Livro III, cit.

[71] Adam Smith, *A riqueza das nações*, cit.

[72] David Ricardo, *Princípios de economia política e tributação* (trad. Paulo Henrique Ribeiro Sandroni, São Paulo, Nova Cultural, 1988 [1817]).

Conforme Marx explica no Livro III de *O capital*, o fato de a terra estar em mãos distintas das do capitalista se constitui como barreira de acesso ao espaço de produção. É, porém, uma barreira relativa a partir do momento em que o capitalista consegue o aval do proprietário para ingressar nessa terra e nela produzir (Figura 1).

Marx observa que o que se chama aprioristicamente de renda fundiária engloba acréscimos à renda fundiária propriamente dita. Então, na Seção VI, capítulos 39 a 45, do Livro 3 de *O capital*, procede a uma análise destrinchada da renda fundiária, dividindo-a em três tipos: renda diferencial (I e II), renda absoluta e renda de monopólio. Antes de passarmos ao exame de cada tipo, desde logo esclarecemos que a quantia paga pelo arrendatário ao dono da terra não se confunde com a renda da terra propriamente dita[73]: trata-se do *preço* da terra, não da renda. Os acréscimos à renda da terra, junto com ela, acabam determinando o preço da terra. A renda da terra é paga somente pelo uso do solo como tal, puramente, quer ele se encontre em estado natural, quer seja cultivado.

Os acréscimos à renda da terra podem ser: 1) os juros, que são incorporados à terra; 2) aqueles referentes à valorização por melhorias feitas pelo arrendatário na terra – o arrendatário acaba incorporando capital fixo à terra, seja transitoriamente (melhorias de natureza química, adubação etc.), seja de modo mais permanente (canais de drenagem, obras de irrigação, nivelamento, prédios administrativos etc.); e 3) aqueles referentes à dedução, seja do lucro médio, seja do salário normal, ou de ambos ao mesmo tempo. Em vez de o preço da terra ser pago diretamente ao capitalista industrial ou ao assalariado – observa Marx –, é pago em forma de dinheiro de arrendamento ao proprietário da terra. Então a redução do salário dos trabalhadores agrícolas abaixo de seu nível médio normal implica que uma parcela desse salário seja subtraída do trabalhador, passando a fazer parte do dinheiro do arrendamento. Aqui, portanto, a renda fundiária elevada é diretamente identificada com salários baixos. Destaca Marx: "Na medida em que o nível do preço do solo está condicionado por essa circunstância incrementadora da renda, o aumento do valor da terra é idêntico à desvalorização do trabalho, isto é, o alto nível do preço da terra é igual ao baixo nível do preço do trabalho"[74].

---

[73] Karl Marx, *O capital*, Livro III, cit., p. 679-86.

[74] Ibidem, p. 690.

124 • O valor da informação

Marx concorda com David Ricardo[75] em relação ao conceito de *renda diferencial*: trata-se da *diferença entre os produtos obtidos com quantidades iguais de capital e trabalho*[76]. Essa forma de renda advém da produtividade gerada pelo trabalho humano sobre solos com iguais dimensões, só sendo diferenciados pela fertilidade natural e/ou pela localização de um dos solos, o que reduz o custo de produção, gerando lucro extra. Esse lucro extra, ao ir para o proprietário da terra, transforma-se em renda da terra diferencial. A renda diferencial foi subdividida por Marx em duas: renda diferencial I e renda diferencial II. A *renda diferencial I* independe de progresso técnico. Sobre duas terras com metragens iguais, a mesma quantidade de trabalho e capital é aplicada. Porém, uma produz mais que a outra porque seu solo é mais fértil e/ou porque está localizada em área privilegiada, mais próxima dos mercados consumidores.

Já a *renda diferencial II* resulta de investimentos de capital para, artificialmente, melhorar a produtividade do solo, ou dos investimentos para melhorar sua localização em relação ao mercado (construção ou pavimentação de estradas, por exemplo). Conforme Cario e Buzanelo, a renda diferencial II está intimamente ligada à forma com que o capital coloca a ciência a seu serviço, pela inserção do desenvolvimento científico e tecnológico das forças produtivas no campo[77].

Apesar das formas de manifestações diferenciadas (I e II), ambas resultam em apropriação do lucro suplementar – ou extra, extraordinário ou sobrelucro –, entendido como a diferença entre o preço individual de produção de determinada mercadoria e o preço social de produção. O sobrelucro, ao menos em parte, não fica nas mãos dos arrendatários. São os proprietários das terras que se apropriam dele sob a forma de renda diferencial. Trata-se de um processo do capitalismo, pois, se o solo fosse socializado, continuaria existindo a renda diferencial, só que, em vez de reverter para os proprietários de terra, reverteria para o conjunto da sociedade. A renda diferencial origina-se da apropriação de um recurso socialmente necessário e é paga

---

[75] David Ricardo, *Princípios de economia política e tributação*, cit.

[76] Karl Marx, *O capital*, Livro III, cit., p. 713.

[77] Silvio Antonio Ferraz Cario e Edemar J. Buzanelo, "Notas sobre a teoria marxista da renda da terra", *Revista de Ciências Humanas*, Florianópolis, v. 5, n. 8, jan. 1986, p. 35; disponível em: <https://periodicos.ufsc.br/index.php/revistacfh/article/view/23542/21198>; acesso em: 12 mar. 2022.

Propriedade intelectual e rendas informacionais • 125

como uma cota do excedente extraordinário que o fruto do trabalho em um terreno favorável proporciona.

Marx sustenta que "o fundamento e o ponto de partida" da renda diferencial II é a renda diferencial I, isto é, o cultivo simultâneo, contíguo, de tipos de solo de diferente fertilidade e localização[78]. Com efeito, a renda diferencial II não deixa de ser uma expressão da renda diferencial I, pois coincide intrinsecamente com ela na medida em que todo fator que aumenta a desigualdade no produto tende a elevar a renda da terra, e essa diferença implica variações entre os preços das propriedades.

A *renda absoluta* decorre de uma imposição do monopólio sobre a terra como uma barreira absoluta à produção: o proprietário das terras só autoriza o capitalista a ocupá-las se lhe for repassado o preço de renda que deseja. O aspecto afetado não é mais o custo de produção que gera um lucro extra, como na renda diferencial. A imposição da propriedade como barreira absoluta à produção significa que o elemento afetado é o preço social médio das mercadorias, que deve ser aumentado para satisfazer o preço de renda desejado pelo proprietário. Em condições normais de concorrência, pelo livre jogo de oferta e demanda, o preço das mercadorias não atingiria o lucro adicional suficiente para alcançar o preço da renda requerido pelo proprietário. Na prática, a renda absoluta equivale ao contemporâneo conceito de especulação imobiliária: de uma relação de monopólio em que o proprietário nem sequer trabalha a terra no sentido de realizar melhorias nela, mas o preço dessa terra em particular oscila de acordo com a variação do preço global de produção que repercute no preço das terras.

A *renda de monopólio* se configura quando produtos oriundos de determinada terra são qualitativamente diferenciados e gerados em quantidade reduzida, e uma parcela da sociedade se dispõe a pagar preços fora da realidade comum de mercado para adquiri-los. Um exemplo clássico dessa situação é o vinho do Porto, oriundo da região do Porto, em Portugal. Aqui, assim como na renda absoluta, o aspecto afetado na produção é o preço social médio das mercadorias. No entanto, não é o poder do proprietário que impõe essa condição, mas a força da demanda. O aumento do preço gera um sobrelucro que será repassado ao proprietário de terra como renda de monopólio.

Toda essa análise esmiuçada da renda da terra baseia-se em um mercado globalmente considerado. O raciocínio empregado é: assim como o trabalho

---

[78] Karl Marx, *O capital*, Livro III, cit., p. 739.

126 • O valor da informação

do trabalhador individual divide-se em trabalho necessário e mais-trabalho, pode-se também dividir o trabalho global da classe trabalhadora de modo que a parte que produz a totalidade dos meios de subsistência para a classe trabalhadora, inclusive os meios de produção exigidos para isso, executa o trabalho necessário à sociedade toda. O capital manipula as forças do trabalho. O nível da renda fundiária e, com ele, o preço da terra evoluem ao longo do desenvolvimento social como resultado do trabalho social global, e uma parte crescente do mais-valor transforma-se em renda fundiária. Por isso é que, de maneira geral, segundo Marx, a renda da terra pode ser definida como um lucro extra constante, acima do lucro médio, um tributo social pago por toda a sociedade. As formas de renda capitalista da terra se unem para compor e justificar essa definição.

A renda fundiária é uma forma real de capital fictício que tem consequências reais, e é claro que não podemos todos viver de renda e juros se não tiver alguém produzindo valor[79]. Como destaca Leda Maria Paulani, o salário é reprodução do valor da força de trabalho que só se efetiva se o trabalho vivo funcionar, e isso só acontece no processo de produção[80]. O lucro é trabalho não pago, ou seja, tempo de trabalho despendido na produção que acarreta remuneração para o dono dos meios de produção, portanto, um tipo de rendimento igualmente derivado do processo produtivo em si. Isso também vale para o sobrelucro. A renda da terra é também sobrelucro, ou lucro extra, só que referente ao monopólio sobre um pedaço de terra.

A metamorfose do lucro extra em renda acontece exatamente em razão de um monopólio sobre o gozo e a fruição da terra – ou seja, a propriedade privada da terra. Os proprietários fundiários, graças ao monopólio que têm de "determinadas partes do globo terrestre e seus anexos", nos termos de Marx, capturam parte do valor gerado em sua porção de terra e se apropriam dele sob a forma de renda. São, portanto, rentistas[81].

Dinâmica similar parece acontecer na era do capital-informação, porém não sobre a propriedade da terra, e sim sobre monopólios garantidos por DPIs para a exploração de conhecimento gerado pelo trabalho informacional.

---

[79] David Harvey, *Para entender* O capital: *livros II e III* (trad. Rubens Enderle, São Paulo, Boitempo, 2014).

[80] Leda Maria Paulani, "Acumulação e rentismo: resgatando a teoria da renda de Marx para pensar o capitalismo contemporâneo", *Revista de Economia Política*, São Paulo, v. 36, n. 3, 2016, p. 523.

[81] Ibidem, p. 524.

Propriedade intelectual e rendas informacionais • 127

Ocorreria uma captura, pelo capitalista detentor do monopólio, do valor gerado pelo trabalhador informacional.

Nesse estágio avançado do capitalismo, como observa o economista brasileiro Eleutério Prado, a principal fonte de valorização deixa de ser o tempo de trabalho e passa a ser o desenvolvimento da ciência e da tecnologia, bens sociais e públicos que são privatizados para que se possa extrair seus ganhos econômicos[82]. Ao depender principalmente do trabalho intelectual, cujo tempo social médio de produção é difícil de aferir, o valor acaba sendo arbitrado pelos próprios detentores dos DPIs, deixando, assim, de ser medido pelo tempo de trabalho. Por consequência, expande-se cada vez mais a dimensão da propriedade intelectual na lógica da acumulação e da apropriação. Essa privatização do conhecimento por meio da propriedade intelectual, de acordo com Prado, gera a valorização do conhecimento como capital em forma de rendas de monopólio:

> Ciência e tecnologia são bens sociais e públicos, mas se tornam objetos de investimento capitalista, transformando-se em fonte de renda de monopólio. Por outro lado, a produção de tecnologias torna-se uma atividade econômica mais e mais separada da produção propriamente dita de mercadorias. Assim, uma parte importante do capital produtivo confunde-se com o capital financeiro – o qual foi desregulado nas últimas três décadas do século XX –, adquirindo, inclusive, a sua lógica de valorização. Como a desregulamentação financeira após 1980 mostrou-se condição para a reestruturação da dominação do capital, na forma da pós-grande indústria, surge a percepção de que o neoliberalismo seja o domínio do capital financeiro.[83]

Prado sustenta que há uma interpretação equivocada de que exista hoje um domínio do capital financeiro (isto é, do capital portador de juros na forma de dinheiro), ilusão essa provocada pelo fato de que o próprio capital produtivo, ou ao menos sua parcela mais dinâmica, assumiu uma lógica de valorização rentista, cuja base não está mais no roubo do tempo de trabalho abstrato, mas no recebimento de rendas sobre a propriedade do conhecimento, sob a forma de DPIs. Em suas palavras:

> É assim que na "era da informação" surge a empresa totalmente rentista, capaz de obter juros, dividendos, rendas de monopólios, assim como rendimentos especulativos, de seus ativos financeiros, entre os quais se encontram também os ativos potencialmente produtivos. Ainda que nessa espécie de

---

[82] Eleutério Prado, *Desmedida de valor*, cit.

[83] Ibidem, p. 126.

128 • O valor da informação

empresa possa haver geração de valor (e de mais-valia) – desmedido enquanto tal devido à negação do tempo de trabalho como determinante exclusivo do valor – ela é por excelência um empreendimento de captação de renda, ou seja, uma firma *rent seeker*.[84]

6. O debate sobre as rendas derivadas do conhecimento

Vários autores enquadram a remuneração pelos DPIs como renda nos termos de Marx, porém não necessariamente como renda diferencial, podendo assumir também as formas de renda absoluta ou de monopólio.

Zeller observa que, em contraste com a renda diferencial, que emerge devido a diferenças entre localizações de solos (uns mais favoráveis que outros para determinada produção), a renda informacional seria de monopólio[85]. A diferencial não seria possível, porque cada informação cercada seria única e normalmente usada caso a caso em produções específicas. Uma forma de renda de monopólio é o resultado da escassez sistemática de oferta criada pelo monopólio da propriedade do fornecedor de um produto-chave, como o conhecimento, que não enfrenta concorrência direta de produtos de substituição[86].

Harvey vê duas versões de renda de monopólio[87]: (1) renda derivada das qualidades ou especificidades dos recursos, ou (2) renda derivada da negação do acesso ao recurso[88]. Nesse sentido, as rendas associadas à propriedade intelectual refletiriam essa última definição, mais ligada à renda absoluta, já que contemplam os DPIs como direitos que excluem a fruição de outrem que não os próprios detentores dos DPIs sobre o mesmo objeto. A renda diferencial estaria mais relacionada às especificidades do conhecimento.

Leda Paulani também aplica a renda da terra descrita por Marx para entender o rentismo associado à propriedade intelectual[89]. Segundo a autora, os produtos do trabalho baseados exclusivamente na informação – como

---

[84] Ibidem, p. 109.

[85] Christian Zeller, "From the Gene to the Globe: Extracting Rents Based on Intellectual Property Monopolies", *Review of International Political Economy*, v. 15, n. 1, 2008, p. 86-115.

[86] Ibidem, p. 98.

[87] David Harvey, *The Limits to Capital* (London, Verso, [1982]1999) [ed. bras.: *Os limites do capital*, trad. Magda Lopes, São Paulo, Boitempo, 2013].

[88] Anne Haila, "Land as a Financial Asset: The Theory of Urban Rent as a Mirror of Economic Transformation", *Antipode*, v. 20, n. 2, 1988, p. 79-101.

[89] Leda Maria Paulani, "Acumulação e rentismo", cit., p. 530.

o *software* – assumem a forma de mercadoria, pois têm um preço e seu acesso depende do pagamento desse preço, porém não têm valor porque o tempo de trabalho necessário para sua reprodução é zero. Então, o fundamento desse preço é uma "renda do saber", uma renda absoluta, que, tal como a renda absoluta da terra que Marx diagnosticou, fundamenta-se pura e simplesmente na existência da propriedade[90].

Jakob Rigi apresenta diferentes situações possíveis em que à propriedade intelectual se atribuem rendas informacionais análogas ora às rendas diferenciais, ora às rendas absolutas da terra, nos termos de Marx[91]. Quando o conhecimento protegido por DPIs é meio de produção, isso pode gerar diferenças nos níveis de produtividade. Nesse caso, a renda informacional funcionaria como renda diferencial. Em contrapartida, a renda informacional absoluta emerge, segundo o autor, apenas se preencher simultaneamente duas condições[92]:

a) o conhecimento é usado na produção de uma mercadoria em um ramo da economia com uma composição orgânica abaixo da composição orgânica do capital social total;

b) os DPIs funcionam como barreiras a investimentos adicionais de capital na produção da mercadoria. Em tal situação, o produtor, como um monopolista típico, manipula a oferta e vende a mercadoria com um preço de monopólio, de modo que a renda proveniente desse processo de produção de valor também seja de monopólio.

Com essas observações, Rigi avalia que a apropriação do conhecimento gera, principalmente, rendas absolutas, embora vez ou outra também ocorram rendas diferenciais. De qualquer modo, o autor vê a seguinte diferença entre a renda da terra e a renda informacional: esta não se origina de um ramo particular da produção, é uma porção do mais-valor social total; já aquela se originaria do mais-valor que é produzido dentro da terra apropriada. Para Rigi, a informação é produzida por toda a classe trabalhadora, seja ela formada por trabalhadores informais ou por trabalhadores simples[93].

---

[90] Karl Marx, *O capital*, Livro III, cit.

[91] Jakob Rigi, "Foundations of a Marxist Theory of the Political Economy of Information", cit.; Karl Marx, *O capital*, Livro III, cit.

[92] Jakob Rigi, "Foundations of a Marxist Theory of the Political Economy of Information", cit., p. 928.

[93] Ibidem, p. 932.

130 • O valor da informação

Rigi sublinha a percepção de Marx de que os comuns do conhecimento são produtos de trabalho universal, desempenhado pela cooperação entre gerações de trabalhadores, vivos e mortos, que utilizam o intelecto geral (*general intellect*) da humanidade como seu material, reproduzindo-o e coproduzindo-o[94]. As inovações, portanto, são resultantes do trabalho científico coletivo realizado ao longo dos séculos.

7. Rendas informacionais

Por analogia à renda diferencial marxiana, Dantas denomina *renda informacional* a renda obtida por monopólio juridicamente assegurado sobre algum conhecimento submetido a um direito de propriedade[95].

Ele destaca que o trabalho do criador original é separado do trabalho de replicação, pois o valor de uso de uma mercadoria informacional – um livro, por exemplo – refere-se especificamente ao trabalho original de seu criador, não ao dos gráficos e outros trabalhadores que atuam na reprodução do formato livro[96]. O trabalho original geraria um modelo (molde, matriz) protegido pela propriedade intelectual. Com base nesse modelo, a reprodução será possível. A questão é que a propriedade intelectual sobre o modelo faria as vezes de propriedade fundiária no sistema da renda da terra. O detentor da propriedade intelectual que protege o modelo retira uma parte do lucro extra da produção das mercadorias que foram replicadas em série tendo por base aquele molde. Essa passagem de parte da riqueza produzida na esfera da produção para o detentor do monopólio do meio de produção se dá exclusivamente em razão do direito de propriedade, e não por um processo produtivo. Observando que essa movimentação corresponderia a um mecanismo de aquisição de renda simétrico ao da renda da terra, Dantas denomina "renda informacional" a remuneração do detentor do DPI[97].

Uma vez que se apropria do resultado do trabalho informacional (artístico, científico etc.), o capital, detendo os DPIs, pode praticar preços de monopólio que não se relacionam com o tempo de trabalho informacional,

---

[94] Karl Marx, *Grundrisse*, cit.

[95] Marcos Dantas, "A renda informacional", cit.

[96] Idem.

[97] Idem.

que, por ser aleatório (criativo), é de difícil mensuração. Como equiparar, por exemplo, o tempo de trabalho científico para projetar um avião ao tempo de trabalho científico para pesquisar um novo medicamento? Nesse tipo de trabalho, aleatório, de "produção do molde" – isto é, de produção da descrição que ficará protegida por uma patente –, não há aquela elevada redundância própria da "reprodução do molde" em forma de mercadorias. Vislumbra-se uma desconexão entre o tempo do trabalho informacional aleatório (projeto) e o tempo do trabalho informacional redundante (fabricação).

O trabalho informacional aleatório passa a ser o principal trabalho produtivo explorado pelo capital, conforme exposto no capítulo deste livro assinado por Marcos Dantas. A reprodução de cada unidade da descrição original incorporada no molde ou matriz se dá, muitas vezes, em um tempo no limite de zero ou com altíssimo emprego relativo de capital fixo ou "trabalho morto". Os custos de replicação do molde são muito baixos, sobretudo depois da expansão da internet e da multiplicação descontrolada de equipamentos digitais de reprodução de conteúdos. Portanto, o que basicamente produz valor é o trabalho informacional de criação do molde. O valor agregado na reprodução é baixo, pode tender a zero, daí a importância dos DPIs: protegem o monopólio de exploração comercial dos moldes, nos quais se expressa o valor no capital-informação. Nos termos de Dantas:

> Como o valor da informação reside na ação que ela proporciona, em função do tempo (Dantas, 1999; Dantas, 2001; Dantas, 2006), a taxa de redundância inicial (conhecimento acumulado, prévio) determina o grau de incerteza do processo, inclusive incerteza quanto ao tempo. Por isto, quando uma unidade de capital impõe um custo de acesso a algum documento, registro ou matriz "original" onde a redundância se encontra objetivada para efeito de comunicação, ela logra prolongar (nem que seja por 17 anos – o tempo legal da patente) o tempo de trabalho, logo o custo entrópico, de outra unidade de capital concorrente.[98]

Mediante esse prolongamento do tempo de trabalho informacional do passado sobre o futuro, a propriedade intelectual confere a seu detentor uma renda, definida pelo autor como a "riqueza que se origina, não do intercâmbio de trabalho, mas da posse exclusiva de algum bem que é, por algum motivo, também necessário a terceiros ou à sociedade". Essa renda

---

[98] Ibidem, p. 10.

132 • O valor da informação

seria diferencial porque é apropriada em condições diferenciadas de barreiras à entrada. Assim, equipara-se o mecanismo da renda diferencial à renda informacional. Se a primeira era atinente à terra, a segunda refere-se ao conhecimento apropriado por DPIs.

8. Precarização do trabalho

São características do capital-informação, encontrando-se em acelerada expansão, as relações *precarizadas* de trabalho. David Harvey já apontava a evolução do capitalismo nessa direção em seu conceito de acumulação flexível[99]. Essas relações atingem sobretudo os níveis redundantes de trabalho, daí que o precarizado tende, em geral, a ser um trabalhador mal remunerado, que não recebe benefícios trabalhistas, a estar associado a pouca segurança social, a ter acesso limitado a sindicatos e a estar submetido a longas e extenuantes jornadas de trabalho, conforme estudado por Standing[100]. O trabalho informacional nas indústrias culturais, geralmente efetuado por *freelancers*, segue esse mesmo padrão, tendo sido transformado de mercado de trabalho interno e regulado em redes de trabalho (*networks*) de indivíduos que provêm serviços especializados sob demanda[101].

Nas indústrias culturais, os direitos autorais servem de instrumento para a exploração do trabalho artístico. Os autores reais das obras (escritores, músicos etc.) são legalmente classificados, ou assim também se percebem, como contratantes independentes que detêm os direitos autorais das obras que produzem. Aparentemente, isso seria um benefício para esses trabalhadores *freelancers*, pela liberdade que parecem desfrutar. Entretanto, as estratégias do mercado editorial distorcem esse sentido. O(a) autor(a) só pode chegar ao mercado se aceitar transferir seus direitos a um intermediário editorial que inclusive detém poder de determinar, em função de seus interesses e visões mercantis, que obras merecerão, ou não, chegar a potenciais consumidores. O mesmo mecanismo de apropriação estudado no passado por Marx,

---

[99] David Harvey, *O neoliberalismo: história e implicações* (trad. Adail Sobral e Maria Stela Gonçalves, São Paulo, Loyola, 2008).

[100] Guy Standing, *O precariado: a nova classe perigosa* (trad. Cristina Antunes, Belo Horizonte, Autêntica, 2013).

[101] Nicole Cohen, "Cultural Work as a Site of Struggle: Freelancers and Exploitation", *TripleC*, v. 10, n. 2, 2012, p. 141-55.

Propriedade intelectual e rendas informacionais • 133

segundo o qual o trabalhador fabril era obrigado a se submeter às relações capitalistas exploratórias de produção porque perdera a propriedade e o controle dos meios de produção, repete-se nas indústrias culturais, já que os capitalistas detêm a propriedade e o controle dos estúdios de gravação, das gráficas de impressão, sobretudo das *redes de distribuição*: frequências hertzianas, cabos, satélites, lojas, salas de cinema ou arenas esportivas etc., e agora também das plataformas sociodigitais. Assim, a maioria dos trabalhadores artísticos acaba recebendo parcela muito pequena da renda total extraída de seu trabalho, sendo o mais-valor distribuído (desigualmente) pelas frações de capital articuladas ao longo do processo. Portanto, apesar da aparente autonomização do trabalho – pela possibilidade de trabalho em casa, sem a rigidez do controle do patrão em "chão de fábrica" –, a exploração continua orientando muitas transformações do mundo do trabalho.

Nesse ambiente do capital-informação de precarização das relações de trabalho ou acumulação flexível, a indústria editorial haveria também de passar por importante reestruturação. Autores da economia política da comunicação definem esse setor pelo característico processo industrial de reprodução das matrizes que contêm os conteúdos de valor: livros, discos musicais, películas cinematográficas etc.[102]. As tecnologias digitais derrubaram essas barreiras de entrada e produziram ampla reestruturação empresarial, na qual, porém, a apropriação das rendas derivadas dos DPIs segue sendo o objetivo principal.

Com a globalização e a flexibilização do processo de trabalho, atreladas a uma acelerada incorporação de tecnologias digitais, a competição global entre empresas passa a se intensificar, dinâmica em que os DPIs exercem papel fundamental ao interditarem a obtenção de vantagens informacionais por parte da concorrência. Muitas editoras passaram a se constituir como parte de grandes grupos empresariais que controlam, por meio da convergência e da integração dos meios (mídia), um diversificado leque de canais de distribuição, logo, de apropriação de rendas informacionais. O grupo editorial Springer Nature representa um exemplo dessa situação. Em torno de seus direitos autorais, congrega diversas empresas do ramo editorial, como Springer, Apress, Scientific American, Adis, Nature Research e BMC. Além disso, é responsável pela publicação de mais de 3 mil revistas científicas, 275 mil livros, relevantes bancos de dados e plataformas científicas.

---

[102] Patrice Flichy, *Une histoire de la communication moderne: espace public et vie privée* (Paris, La Découverte, 1991).

134 • O valor da informação

O crescimento e a consolidação das empresas de mídia nas últimas décadas, favorecidos pelo desenvolvimento tecnológico digital, alcançaram uma linguagem universal de conteúdo mediático e têm levado a um processo de convergência por meio de plataformas digitais mundialmente acessadas, o que abre mais espaço à exploração do trabalho[103]. A digitalização permite a rápida transmissão da informação e simplifica a reprodução de conteúdo em múltiplos formatos. Essas mudanças recentes afetaram diretamente a remuneração dos escritores *freelancers*, inicialmente pelo encolhimento do número de mercados nos quais podem vender seu trabalho[104].

Grandes editoras impõem contratos "simplificados" que reivindicam todos os direitos autorais sobre os trabalhos de escritores ao mesmo tempo. Os contratos podem exigir, por exemplo, "todos os direitos, em perpetuidade, no universo", o que inclui até direitos sobre formatos de mídia ainda a serem inventados. Esses contratos geralmente não são renegociados e não oferecem pagamento extra para direitos extras. Dependendo da companhia e de suas *holdings*, os direitos exigidos podem incluir traduções, digitalizações, adaptações e performances, reimpressões, relicenciamentos, promoções e estoque de artigos em bases de dados eletrônicas[105].

No caso de cientistas e acadêmicos, o vínculo institucional também se fragiliza cada vez mais: esses trabalhadores passam a ser avaliados pelo produtivismo. Aparece uma profusão de cargos temporários nas universidades e nos institutos de pesquisa, seus salários são reduzidos, as perspectivas de alocação no mercado de trabalho tornam-se cada vez mais incertas e surge uma escalada de estratégias estatais repressivas que impelem os acadêmicos a abandonarem sua profissão ou até a sair do país para poder exercê-la[106]. Multiplicam-se as remunerações por meio de bolsas no lugar de contratos de trabalho, de modo a desaparecerem encargos trabalhistas, horários de trabalho regulados (e regulares), outros direitos como férias remuneradas,

---

[103] Vincent Mosco, "The Transformation of Communication in Canada", em Wallace Clement e Leah Vosko (orgs.), *Changing Canada: Political Economy as Transformation* (Montreal e Kingston, McGill-Queen's University Press, 2003), p. 287-308.

[104] Nicole Cohen, "Cultural Work as a Site of Struggle: Freelancers and Exploitation", cit. p. 141-55.

[105] Ibidem, p. 150.

[106] Alexander Gallas, "The Proliferation of Precarious Labour", *Global Labour Journal*, v. 9, n. 1, 2018, p. 69-75.

décimo terceiro salário etc.[107]. A lógica da produção de mercadorias penetra no meio científico em torno de projetos com temporalidade definida, por meio dos quais são estabelecidas metas de produção e é avaliado o desempenho dos pesquisadores. Tudo isso em meio a severas e frequentes ondas de cortes orçamentários e escassez de recursos para pesquisas[108].

De acordo com Tobias Peter, a virada empresarial da academia para o neoliberalismo transformou o *homo academicus* no "acadêmico empreendedor", que está em constante competição com os colegas[109]. Esse quadro contribuiria para um imaginário de meritocracia, assumindo-se que as hierarquias e as alocações de recursos refletiriam esforços, atitudes e habilidades individuais.

A intensificação da produtividade acadêmica em razão do menor tempo possível está atrelada à pressão para a entrega de produtos tidos como prioritários para o mercado. Uwe Schimank observa que, após a Segunda Guerra Mundial, por muitos anos os governos ocidentais estavam satisfeitos com a promessa de um vago retorno do investimento a longo prazo da pesquisa acadêmica, que gozava de ampla autonomia[110]. Essa doutrina, proeminentemente expressa na obra de Vannevar Bush[111], se traduziria em uma época de ouro com duração até os anos 1970, quando deu lugar a uma insistente demanda específica dos governos ao meio acadêmico para a obtenção de resultados particulares, sendo estabelecidas prioridades selecionadas conforme

---

[107] Mariya P. Ivancheva, "The Age of Precarity and the New Challenges to the Academic Profession, *Studia Universitatis Babes-Bolyai*, v. 60, n. 1, 2015, p. 39-48.

[108] Tom Wilson, "The Proletarianisation of Academic Labour", *Industrial Relations Journal*, v. 22, n. 4, 1991, p. 252-62; John Dearlove, "The Academic Labour Process: From Collegiality and Professionalism to Managerialism and Proletarianisation?", *Higher Education Review*, v. 30, n. 1, 1997, p. 56-75; Michael W. Powelson, "The Proletarianization of the Academy: California State University-Northridge and the California Budget Crisis", *Workplace*, v. 18, 2011, p. 10-24; Louise Birdsell Bauer, "Professors-in-Training or Precarious Workers? Identity, Coalition Building, and Social Movement Unionism in the 2015 University of Toronto Graduate Employee Strike", *Labor Studies Journal*, v. 42, n. 4, 2015, p. 273-94.

[109] Tobias Peter, "Akademische Entrepreneure: Der homo academicus zwischen Passion, Reputation und Projekt", *Berliner Debatte Initial*, v. 28, n. 1, 2017, p. 110-21.

[110] Uwe Schimank, "'New Public Management' and the Academic Profession: Reflections on the German Situation", Minerva, n. 43, 2005, p. 361-76.

[111] Vannevar Bush, *Science, the Endless Frontier* (Washington, United States Government Printing Office, 1945).

136 • O valor da informação

as metas de promoção de um desenvolvimento econômico que seria função das inovações tecnológicas. O efeito dessas novas políticas teria sido a deterioração dos padrões de ensino e pesquisa, com um descompasso entre o número de estudantes – cada vez maior – e o volume do corpo docente e técnico. As cargas horárias em sala de aula teriam aumentado muito em prejuízo da qualidade da pesquisa.

Esse cenário proporcionou à indústria editorial crescer muito e avançar sobre as comunicações científicas a ponto de o mercado ser dominado por um punhado de megaeditoras oligopolísticas, muito poderosas, que cobram elevados preços pela subscrição de seus periódicos e não titubeiam em impor drásticos bloqueios de conteúdo em nome da estrita aplicação de direitos autorais[112]. As revistas científicas publicadas por essas grandes corporações privadas apropriam-se do trabalho de pesquisadores que, *para elas,* é gratuito, por ser remunerado pelas instituições que os empregam ou por verbas de pesquisa, em um caso ou em outro, na maioria, de origem pública: os cientistas e professores são autores dos artigos e também empregam seu tempo na revisão por pares. O acesso público aos artigos publicados é porém bloqueado até para os próprios autores, pois os DPIs são detidos pelas editoras, que podem, também, introduzir outros acordos de licenças e mecanismos de proteção tecnológica[113]. Desse modo, o capital desenvolveu um modelo muito lucrativo a serviço da própria acumulação, desencadeando crescentes individualização e alienação entre os acadêmicos, que se veem expropriados dos próprios frutos de seu trabalho e de sua capacidade material de controlá-los, e potencialmente controlar o próprio processo de trabalho[114]. Esse crescimento do cercamento da comunicação científica no

---

[112] Wilhelm Peekhaus, "The Enclosure and Alienation of Academic Publishing", cit., p. 577.

[113] Para se poder ler algum artigo ou bem, paga-se um preço estipulado por artigo ou bem desejado. Ao assinar a revista, tem-se acesso a todos os artigos pelo período da assinatura. Visando permitir que a comunidade acadêmica brasileira acesse a maioria das revistas submetidas a essas editoras, a Coordenação de Aperfeiçoamento de Pessoal de Nível Superior (Capes) as assina e, por plataforma específica, professores e estudantes podem então acessá-las. Ou seja, mais uma vez, verbas públicas remuneram editoras privadas que se apropriam do trabalho não pago de pesquisadores, igualmente sustentados por verbas públicas.

[114] Wilhelm Peekhaus, "The Enclosure and Alienation of Academic Publishing", cit., p. 587.

Propriedade intelectual e rendas informacionais • 137

capitalismo informacional representaria um traço marcante da acumulação por despossessão como sugerida por Harvey[115], embora no contexto histórico bastante avançado, nada primitivo, do capital-informação.

As patentes também desempenham papel relevante na exploração do trabalho acadêmico. Em meio a agressivos cortes orçamentários, as instituições científicas são estimuladas a comercializar o conhecimento e as inovações tecnológicas que criam, operacionalizando-se a transferência de tecnologia por meio de escritórios de gestão de propriedade intelectual[116]. Universidades e institutos de pesquisa patenteiam as inovações tecnológicas que produzem e, ao transferirem tal propriedade intelectual, recebem contrapartida monetária. Nesse modelo privatizante da ciência, a fonte de receita é diretamente o mercado, o que tem forçado as instituições a se adequarem às oscilações de oferta e demanda, além das pressões impostas pelo ritmo concorrencial da economia[117].

Em praticamente todas as esferas da vida social, o trabalho está submetido quase completamente ao capital. Mesmo trabalhos que antes eram classificados como improdutivos no sentido marxiano, desde corriqueiras interações sociais até a pesquisa em instituições públicas, hoje se mostram fundamentais ao processo de produção de mais-valor. Desse modo, o processo de extração de conhecimento dos trabalhadores para o controle da produção e o aumento da eficiência, como descrito por Braverman[118] – embora parcialmente, pois limitado ao chão de fábrica –, amplia-se e aprofunda-se pelo cercamento do conhecimento por meio de DPIs e da respectiva apropriação de rendas informacionais, um processo que, aliás, conforme já vimos, tivera também início naqueles primórdios do taylor-fordismo.

---

[115] David Harvey, *O neoliberalismo*, cit.

[116] Gilles Pinson, "The Knowledge Business and the Neo-Managerialisation of Research and Academia in France", em Chris Allen e Rob Imrie (orgs.), *The Knowledge Business: The Commodification of Urban and Housing Research* (Londres, Routlegde, 2010), p. 197-217; Simone Scholze e Claudia Chamas, "Instituições públicas de pesquisa e o setor empresarial: o papel da inovação e da propriedade intelectual", *Parcerias Estratégicas*, n. 8, maio 2000.

[117] Gilles Pinson, "The Knowledge Business and the Neo-Managerialisation of Research and Academia in France", cit.

[118] Harry Braverman, *Trabalho e capital monopolista: a degradação do trabalho no século XX* (trad. Nathanael C. Caixeiro, Rio de Janeiro, Zahar, 1977).

138 • O valor da informação

9. Ciência privatizada *versus* ciência comum

No universo da ciência no contexto capitalista, observam-se hoje em dia dois movimentos opostos: por um lado, o trabalho científico é apropriado por revistas acadêmicas que, detendo seus direitos autorais, auferem altos lucros da apropriação desse trabalho. Por outro lado, os próprios cientistas se organizam para criar canais de divulgação e troca de pareceres sobre seus trabalhos, assegurando que o conhecimento resultante permaneça à disposição do público interessado. Esse segundo movimento é conhecido como ciência aberta. Examinaremos essa contradição estudando o caso das revistas dedicadas ao campo de criação de novas tecnologias quânticas e o da plataforma arXiv, principal repositório aberto de *preprints* em física.

As tecnologias quânticas estão na fronteira da indústria tecnológica de ponta. Elas prometem revolucionar a computação tal como a conhecemos, substituindo os atuais computadores (inclusive terminais celulares, TVs digitais etc.) baseados nas propriedades da física no estado sólido por máquinas que processarão informação com base em princípios da física quântica, ou do comportamento da matéria subatômica. No lugar dos bits, os q-bits. Isso proporcionará muito mais velocidade no tratamento e na comunicação da informação, além de muito mais segurança. Diz-se que essas comunicações serão totalmente invioláveis.

Os países capitalistas centrais estão empenhados em uma corrida em que aplicam bilhões de dólares para sair na liderança da criação e da disseminação de produtos quânticos. Sair na liderança implica também dominar a maioria das patentes daí resultantes. Grandes empresas como Google, IBM, Microsoft, Alibaba estão investindo pesado nessas pesquisas, embora tenhamos escassas informações públicas sobre o volume de gastos e resultados concretos. A China anunciou em dezembro de 2020 ter construído um computador quântico que obteve em três minutos um resultado que, em um computador binário, levaria 2 bilhões de anos para alcançar[119].

Em maio de 2016, a comunidade de física quântica europeia divulgou o *Manifesto quântico*, exortando os Estados-Membros e a Comissão Europeia a investirem algo em torno de 1 bilhão de euros no desenvolvimento de tecnologias quânticas no âmbito do programa europeu de investigação e inovação

---

[119] "China anuncia supremacia quântica", *GQ*, 4 dez. 2020; disponível em: <https://gq.globo.com/Lifestyle/Tecnologia/noticia/2020/12/china-anuncia-supremacia-quantica.html>; acesso em: 13 mar. 2022.

H2020. Diante do posicionamento adiantado dos Estados Unidos e da China sobre a matéria, a iniciativa reflete a preocupação de colocar a Europa na vanguarda da revolução quântica que se desenvolve no mundo todo, "trazendo avanços transformadores para [a] ciência, [a] indústria e [a] sociedade"[120].

As pesquisas em curso já geraram algumas centenas de patentes. Um levantamento feito por nós em 2017 no sistema Patentscope, mantido pela Ompi, mostra que, até aquele ano, já tinham sido depositadas em diferentes países, mas com validade internacional, 373 patentes em computação quântica, 222 em criptografia quântica e 215 em sensores quânticos. Sem surpresa, quase todas essas patentes são estadunidenses, chinesas, coreanas, japonesas, algumas europeias. Por outro lado, pode-se deduzir que, dado o número ainda relativamente baixo de patentes, a "corrida quântica" está, por enquanto, muito mais no nível de vultosos investimentos em pesquisas que deverão se transformar em patentes nos próximos anos[121].

Boa parte dos resultados dessas pesquisas tem sido escoada pelas revistas acadêmicas controladas por grandes grupos editoriais ou sociedades científicas. Os principais periódicos de publicação de informação quântica – a área da física responsável pelo desenvolvimento das tecnologias quânticas – estão indicados no Quadro 1, a seguir.

Quadro 1. Principais periódicos de informação quântica

Revista ou periódico	País	Editora
Nature	Alemanha	Springer Nature
Science	Estados Unidos	American Association for the Advancement of Science (AAAS)
Nature Physics	Alemanha	Springer Nature
Physical Review Letters	Estados Unidos	American Physical Society (APS)
Physical Review A	Estados Unidos	American Physical Society (APS)

---

[120] *Quantum Manifesto – A New Era of Technology*, 2016; disponível em: <http://qurope.eu/system/files/u7/93056_Quantum%20Manifesto_WEB.pdf>; acesso em: 17 mar. 2022.

[121] Os números apresentados, porém, podem estar subestimados, pois informam apenas as patentes registradas no Patentscope, não considerando aquelas registradas somente em sistemas nacionais. Cabe também considerar que muitos resultados concretos – ou muito conhecimento – podem estar sendo protegidos por segredo industrial, logo, ainda não apareceram nos registros de patentes ou em publicações.

140 • O valor da informação

Revista ou periódico	País	Editora
Physics A	Reino Unido	Institute of Physics (IOP)
Annalen der Physik	Alemanha	Wiley
Physical Review X	Estados Unidos	American Physical Society (APS)
New Journal of Physics	Reino Unido	Institute of Physics (IOP)
Quantum Information Processing	Alemanha	Springer Nature
Quantum Information and Computation	Estados Unidos	Rinton Press
Quantum	Áustria	Verein zur Förderung des Open Access Publizierens in den Quantenwissenschaften

Fonte: elaboração da autora.

Nota-se que a American Physical Society (APS), a American Association for the Advancement of Science (Aaas) e o Institute of Physics (IOP) estão entre os principais editores de periódicos de física. Embora sejam entidades sem fins lucrativos, o acesso a todos os artigos publicados por seus periódicos é pago – cada artigo custa em torno de 30 dólares. É possível realizar o acesso pago individualmente ou por meio de instituições.

A Springer Nature é uma grande multinacional, extremamente concentrada, que se originou em 2015 como fruto de uma fusão entre grandes grupos da indústria editorial: Nature Publishing Group, Palgrave Macmillan, Macmillan Education, Springer Science+Business Media e Holtzbrinck Publishing Group, que detém a maioria das ações do grupo e tem sede na Alemanha. Com isso, apesar de a revista *Nature* tradicionalmente ser produzida na Inglaterra, juridicamente a sede do grupo editorial responsável por sua publicação está localizada no país germânico.

A Rinton Press é uma empresa menor e publica apenas quatro periódicos, entre eles o *Quantum Information and Computation*. Contudo, os preços e os cercamentos ao acesso ao conteúdo dessas publicações são similares aos dos demais editores. O Wiley é um grande grupo empresarial responsável pela publicação de mais de 1.500 periódicos. O *Annalen der Physik* ganhou notabilidade com as publicações do físico Albert Einstein e, até hoje, figura como um periódico de física muito relevante. O acesso ao conteúdo é condicionado a inscrição e pagamento de taxas.

As editoras nem sempre divulgam os números das rendas que auferem. Eventualmente, publicam relatórios de balanço financeiro, e pesquisas com cruzamentos de dados fornecem algumas estimativas. O Wiley, por exemplo, fatura mais de 100 milhões de dólares por ano, de acordo com seus relatórios[122]. Em face delas, há apenas uma revista com acesso aberto especializada em informação quântica, a *Quantum*. A entidade responsável pela publicação é uma associação de pesquisadores voluntários. Trata-se de uma organização sem fins lucrativos que começou a funcionar no início de 2017. Não há restrição ao acesso à revista, porém, a título de *article processing charge* (APC, taxa de processamento de artigo, em português), são cobrados 200 euros para a publicação de artigos mediante revisão por pares – em geral, mesmo os grupos editoriais que publicam alguns periódicos com acesso aberto cobram taxas de APC muito superiores. A *Physical Review X* cobra 3.200 dólares; a *New Journal of Physics*, 2.080 dólares. Nesse sistema, não se paga para ler os artigos, mas, sim, para publicá-los – salientando-se que não há fins de lucro, o pagamento serve apenas para remunerar o serviço realizado. A revista *Quantum* ainda é muito recente, por isso não é possível avaliar o impacto de sua existência sobre as concorrentes com acesso fechado.

Em relação às revistas com acesso aberto *Physical Review X*, da APS, e *New Journal of Physics*, do IOP, a *Quantum* tem a vantagem de ser organizada por uma associação que se dedica exclusivamente ao periódico. Portanto, o volume total de trabalho gerenciado é menor que o do IOP e da APS. Além disso, a iniciativa da revista *Quantum* é, de modo explícito, movida para a promoção do acesso 100% aberto, diferentemente das meras concessões de acesso aberto realizadas pelas editoras do IOP e da APS.

Embora seja considerável, como mostrou o Quadro 1, a presença de associações sem fins lucrativos nas publicações de física, isso não se tem traduzido em acesso aberto à produção científica na área. Os custos elevados das assinaturas de periódicos, baseadas em cercamentos na forma de direitos autorais, são arcados principalmente pelos Estados[123]. Se a corrida mundial por tecnologias quânticas parece encabeçada por grandes empresas privadas em busca de lucros, elas recebem generosos recursos dos Estados nacionais, de onde o trabalho necessário para efetuar grande parte da produção científica

---

[122] Wiley; disponível em: <https://investors.wiley.com/financials/annual-reports/default. aspx>; acesso em: 21 mar. 2022.

[123] Mariana Mazzucato, *The Entrepreneurial State* (Londres, Demos, 2011) [ed. bras.: *O estado empreendedor: desmascarando o mito do setor público x setor privado*, trad. Elvira Serapicos, São Paulo: Portfolio-Penguin, 2014].

142 • O valor da informação

precificada pelas editoras ou mesmo pelas sociedades científicas já foi pago pelo conjunto da sociedade na forma de recursos públicos.

Além da *Quantum*, os físicos também fazem amplo uso da plataforma aberta arXiv. Desenvolvido pelo físico Paul Ginsparg (1955-), o arXiv alcançou rapidamente a adesão de pesquisadores de física do mundo todo desde seu lançamento, em 1991. Posteriormente, passou a publicar também *preprints* de matemática, ciência da computação, biologia, estatística, engenharia elétrica e economia. Entretanto, a física segue como a área que concentra a absoluta adesão da respectiva comunidade de pesquisas. A plataforma está disponível no sítio https://arxiv.org; é mantida e operada pela biblioteca da Universidade de Cornell (Estados Unidos), com orientação de um conselho consultivo científico e de um conselho consultivo de membros, além da moderação de assuntos realizada por numerosos voluntários.

O arXiv permite a recuperação de documentos pela web, por meio da qual os autores registrados enviam seus artigos em versão preliminar, isto é, antes de o artigo ser aceito por pares para publicação em uma revista científica – trata-se do *preprint*. Os autores também podem atualizar suas submissões se quiserem, embora as versões anteriores permaneçam disponíveis. Ou seja, a plataforma fomenta e proporciona uma espécie de produção social e colaborativa da ciência – um autêntico *general intellect* – na medida em que um trabalho ainda em fase de amadurecimento pode não apenas contar com a crítica de outros pesquisadores como, igualmente, contribuir para orientar os caminhos que vão tomando os trabalhos desses outros pesquisadores. Se algum autor é reconhecido, o resultado será sempre produto da socialização do conhecimento. Para os países da periferia capitalista, premidos pela falta de recursos, muitas vezes o arXiv é a única opção para acompanhar o desenvolvimento da física e outras ciências.

No entanto, o arXiv gera outro resultado: o conhecimento que nele está acessível em uma forma *comum* pode ser também usado – e o é – pelos cientistas empregados nos laboratórios empresariais. Ou seja, por meio da própria comunidade científica esse conhecimento acaba incorporado ao processo capitalista de produção de valor. O produto do trabalho dos cientistas, geralmente sustentado por fundos públicos, é gratuitamente apropriado pelas empresas que poderão reduzi-los a DPIs.

O arXiv também não compete com as revistas de acesso fechado. Para os sistemas acadêmicos institucionais, o critério da revisão por pares é essencial à qualificação das revistas e, daí, dos pesquisadores que nelas publicam,

Propriedade intelectual e rendas informacionais • 143

implicando dizer que é fundamental para definir a distribuição de bolsas e outros recursos para a pesquisa. O pesquisador pode amadurecer seu trabalho na plataforma, mas acabará submetendo-o a uma revista reconhecida para obter sua "legitimidade" e daí acumular o capital simbólico necessário às disputas por recursos. Já a revista se apropriará dos direitos autorais atribuídos ao artigo "legítimo".

10. Palavras conclusivas

A indústria, no capital-informação, não se resume à fábrica ou a algum espaço bem definido: ela incorpora todos os momentos do processo de acumulação de capital em que o valor é criado, distribuindo-se entre diversas relações sociais produtivas. Passam a participar da produção, de maneira crucial, não apenas o setor de P&D das empresas, mas a produção de conhecimento científico e tecnológico em geral, incluindo a academia, ainda que nesse caso o investimento seja público, isto é, provenha do Estado. Uma vez que o conhecimento científico se torna fundamental para a produção de mercadorias no capitalismo informacional, o trabalho científico foi realmente subsumido ao capital.

Nesse processo, os cientistas podem se vincular profissionalmente a instituições acadêmicas ou empresariais. No entanto, os artigos científicos são publicados por entidades à parte, responsáveis pelas revistas mencionadas, que capturam o trabalho dos cientistas sem remunerá-los. Desse modo, tais organizações editoriais se apropriam dos produtos do trabalho informacional dos cientistas e obtêm suas rendas exclusivamente por deterem os respectivos direitos autorais. As editoras obtêm, em forma de renda, uma cota do sobrelucro gerado pelo trabalho informacional apropriado pelos segmentos industriais.

Relembrando, no conceito marxiano de renda da terra, o capitalista precisa do terreno para produzir. O proprietário fundiário, então, autoriza o uso desse meio de produção ao capitalista, desde que este lhe garanta ao menos uma cota de seu sobrelucro, ou seja, a renda. Da mesma maneira, no capital-informação, a indústria precisa do conhecimento para produzir: esse conhecimento é social e só pode crescer se for socialmente produzido. Em forma de artigos científicos, o conhecimento se dinamiza, "poliniza" o trabalho científico e acaba incorporado à produção de valor, porém cercado por direitos autorais, assim como a terra fora cercada pelo direito de propriedade agrária. E as editoras permitem a publicação do conhecimento com a

144 • O valor da informação

contrapartida de reter uma parte do sobrelucro a ser gerado na indústria em razão da introdução desse mesmo conhecimento na produção.

De acordo com Richard van Noorden, as editoras argumentam que cobram altos preços para o acesso a periódicos científicos por conta dos custos administrativos envolvidos, especialmente em razão da seletividade gerada pela revisão por pares[124]. Entretanto, os cientistas convocados pelas revistas para darem pareceres sobre os artigos submetidos não são remunerados por esse trabalho. As editoras se beneficiam do tempo de trabalho não pago dos cientistas, que se sentem recompensados pelo prestígio (capital simbólico).

Ora, pela teoria marxiana do valor, tempo de trabalho não remunerado que gera valor apropriado por outrem tem uma clara denominação: mais-valor. Esse mais-valor assumirá a forma de lucro quando ele sobrar para o capitalista após realizado o investimento na produção. Esse mesmo mais-valor, que agora aparece sob a forma de lucro, vira sobrelucro ou lucro extra quando uma parte dele é paga a um proprietário cuja propriedade é utilizada pelo capitalista para que possa continuar reproduzindo o capital. Por sua vez, quando o lucro extra é percebido pelo arrendador, assume a forma de renda.

Tal raciocínio para a compreensão do valor se aplica especificamente às rendas informacionais obtidas pelo cercamento do conhecimento no que diz respeito à disciplina informação quântica. Como o acesso aos periódicos dedicados à comunicação científica de informação quântica se encontra predominantemente restrito em nome do direito autoral ou *copyright*, as cobranças a esse acesso se traduzem em rendas informacionais, conforme a metamorfose do valor descrita, sob a condição da exploração do trabalho informacional.

Tudo isso é observado de uma perspectiva sistêmica, considerando que o valor perpassa diversas relações, inclusive transita por entidades sem fins lucrativos, porém chega a um mesmo fim, qual seja, a acumulação de valor capitalista. Desse modo, a expectativa de lucro das empresas que disputam a corrida pelo lançamento de novas tecnologias quânticas justifica todos os investimentos de construção do conhecimento científico, mesmo que isso implique remunerar editoras de comunicações científicas como "arrendadoras" do acesso ao conhecimento.

---

[124] Richard van Noorden, "The True Cost of Science Publishing", *Nature*, v. 495, mar. 2013.

III

CAPITAL E TRABALHO NAS PLATAFORMAS SOCIODIGITAIS

Por Gabriela Raulino

As plataformas sociodigitais, como Google, Facebook, YouTube e Instagram, têm estado significativamente presentes no cotidiano das pessoas. Quer seja para interagir com os amigos, trabalhar, comprar, fazer pesquisas ou apenas se divertir, as diversas práticas sociais estão cada vez mais integradas a esse tipo de mediação. A importância social e econômica que essas plataformas desempenham é significativa. O problema, no entanto, é a tendência de naturalizar a apropriação dessas tecnologias como plenamente positiva, olvidando as relações de exploração na qual se inserem – e que remetem diretamente às novas configurações do capitalismo e da sociedade contemporânea.

O presente capítulo tenta entender e conceituar a situação na qual essas plataformas oferecem acesso gratuito para os usuários e, em contrapartida, monetizam essa participação de diversas formas. A pergunta central que se coloca é: como atividades eminentemente lúdicas nessas plataformas – por exemplo, navegação descompromissada, postagens e curtidas – tornam-se fonte de valorização para o capital?

As dinâmicas do Facebook e do YouTube serão apresentadas de modo mais específico como estudos de caso. Demonstraremos que, para o público usuário, doravante denominado "audiência", acompanhando uma tradição iniciada em Smythe[1], essas plataformas podem até se apresentar, respectivamente, apenas como serviços de rede social e comunidade de compartilhamento de vídeos. Porém, em termos econômicos, ambas são empresas capitalistas voltadas para a venda de publicidade *on-line*. Significa

---

[1] Dallas Smythe, "Communications: Blindspot of Western Marxism", *Canadian Journal of Political and Social Theory*, v. 3, n. 1, 1977, p. 1-27.

que, mesmo parecendo um território público – como a internet ainda é ideologicamente vista – essas plataformas atuam sob a lógica privada de acumulação capitalista que explora economicamente os dados e as relações sociais desenvolvidas naquele contexto.

Segundo Martens, as plataformas sociodigitais podem ser classificadas conforme três tipos de modelo de negócios: i) as que visam facilitar diretamente a compra e a venda de produtos ou serviços ("produtoras de mercado", a exemplo da Amazon); ii) as que têm na veiculação publicitária suas principais fontes de receitas ("produtoras de audiência", como o Facebook); e iii) as que gerenciam as transações financeiras, facilitam pagamentos etc. (por exemplo, o PayPal)[2]. A esses tipos cabe acrescentar um quarto, evidenciado durante a pandemia de covid-19: as plataformas de mobilidade ou transporte, a exemplo do iFood ou Uber.

Este capítulo tratará do segundo tipo, mais comumente identificado por "redes sociais". Essas plataformas se encontram em uma posição privilegiada para registrar e processar dados sobre o comportamento de todos os envolvidos, de modo que sua atividade econômica principal é oferecer um "serviço informacional" que promove conexões altamente segmentadas. Considerando que essas conexões só acontecem mediante a vigilância das atividades de navegação dos usuários (seja publicando, seja apenas interagindo com os conteúdos), é possível afirmar que a audiência é a principal fonte de geração de valor dessas plataformas. Em uma perspectiva geral, a lógica de produzir audiência para vender publicidade é a mesma já conhecida nas mídias tradicionais (jornal, rádio e TV), com a significativa diferença de que os usuários das plataformas produzem não só dados, mas, *para isso*, precisam produzir o próprio conteúdo.

É com base nessa premissa que este capítulo se propõe a interpretar teórica e empiricamente o ciclo de acumulação de capital (geração, realização e apropriação de valor) nas plataformas sociodigitais produtoras de audiência e analisar a participação dos usuários nas referidas plataformas como trabalho não pago produtor de mais-valor à luz da categoria trabalho informacional conforme apresentada por Marcos Dantas no capítulo 1 deste livro.

---

[2]   Bertin Martens, "An Economic Policy Perspective on Online Platforms", *JRC Technical Report*, European Comission, 2016; disponível em: <https://ec.europa.eu/jrc/communities/en/community/digitranscope/document/economic-policy-perspective-online-platforms>; acesso em: 6 mar. 2022.

Para isso, primeiro faremos uma revisão das abordagens marxianas contemporâneas sobre a lógica de acumulação dessas plataformas. Em seguida proporemos um modelo de interpretação do ciclo de acumulação de capital nas plataformas digitais e caracterizando o trabalho gerador de valor nele envolvido. Na sequência, são apresentados os estudos de caso do Facebook e do YouTube, reforçando a argumentação teórica com dados empíricos obtidos, principalmente, dos relatórios financeiros anuais do Facebook Inc.[3,4] e da Alphabet Inc.[5]. Artigos e outros materiais publicados na internet, em especial por agências que vendem serviços para ampliar o potencial dos usuários nessas plataformas, também foram importantes para entender parte do funcionamento algorítmico desses modelos de negócio. Por fim, com base nesse percurso teórico-metodológico, argumentamos que o processo de acumulação de capital nas plataformas digitais pode ser explicado pela teoria marxiana do valor-trabalho, no sentido de que a fonte de riqueza continua sendo o mais-valor gerado pela exploração do trabalho humano. Ponderamos, no entanto, que a lógica da mercadoria é substituída pela lógica da renda informacional baseada no monopólio da informação.

1. Interpretações contemporâneas sobre mercadoria e trabalho

Interpretar o modelo de acumulação de capital nas plataformas digitais, tomando como base de referência a teoria marxiana do valor-trabalho, provoca uma série de questões a serem compreendidas: há geração de valor nessas plataformas? O trabalho informacional pode ser reduzido ao trabalho abstrato? A informação pode ser enquadrada no conceito de mercadoria? É possível considerar outras formas de apropriação do valor para além da forma-mercadoria, como a renda informacional? Diferentes abordagens

---

[3] Facebook Inc., *Annual Report*: *Form 10-K*, 2018; disponível em: <https://investor.fb.com/financials/sec-filings-details/default.aspx?FilingId=12512043>; acesso em: 14 mar. 2022.

[4] O nome Facebook Inc. será mantido ao longo deste capítulo, mesmo tendo havido alteração para o nome Meta Platforms Inc. no ano de 2021, como forma de preservar o histórico da pesquisa.

[5] Alphabet Inc., *Annual Report: Form 10-K*, 2017; disponível em: <https://abc.xyz/investor/>; acesso em: 14 mar. 2022.

148 • O valor da informação

teóricas contemporâneas referenciadas a Marx propõem respostas, na maioria dos casos, já voltando suas análises diretamente para plataformas digitais específicas (especialmente o Facebook), enquanto outras partem da aplicação das respectivas teorias sobre valor e trabalho a nosso objeto de estudo. No sentido de traçar esse panorama de análise, iniciamos com uma crítica à economia política da audiência como mercadoria, introduzida por Dallas Smythe. Na sequência, apresentamos os autores que revisitaram (criticando e/ou refinando) esse pensamento, ainda considerando a audiência como mercadoria. Entre eles, no contexto da análise da televisão, destacam-se Sut Jhally e Bill Livan, Eileen Meehan e Chih-hsien Chen. Mais recentemente, no contexto das plataformas digitais, retomamos os estudos de Mark Andrejevic, Christian Fuchs e Nicole Cohen.

Após descrição analítica dessas propostas, apresentaremos outro conjunto de perspectivas que aposta na categoria da renda (em detrimento da mercadoria) como a mais adequada para entender a acumulação de capital nas plataformas digitais. Essa discussão tem contribuições de Brett Caraway, Jakob Rigi e Robert Prey, Matteo Pasquinelli, Carlo Vercellone e outros autonomistas, bem como dos brasileiros Marcos Dantas e Alain Herscovici.

Concordamos com a hipótese de Smythe sobre o trabalho gratuito da audiência, mas discordamos quanto a essa audiência também ser mercadoria. Como exporemos ao longo do capítulo, entendemos que o valor gerado pelo *trabalho socialmente coletivo* – da audiência e do trabalho pago – é apropriado por meio de rendas informacionais.

1.1 A busca pela mercadoria portadora de mais-valor nas plataformas

A aplicação da teoria do valor-trabalho para analisar a acumulação de capital em plataformas digitais resulta, muitas vezes, na tendência em identificar qual seria a mercadoria ofertada. Esse debate é iniciado por Dallas Smythe, que indica que, no caso da televisão baseada em publicidade, a mercadoria seria a própria audiência[6]. O autor foi pioneiro também na conceituação do trabalho da audiência. No contexto da economia política, introduziu questões seminais sobre a mercadoria dos sistemas de comunicação de massa baseados em publicidade e a função econômica e ideológica desses sistemas para o capital. O objetivo era evidenciar as relações desses

---

[6] Dallas Smythe, "Communications", cit.

sistemas (comunicação de massa e instituições relacionadas a publicidade, *marketing*, relações públicas) com a consciência e a necessidade do consumidor, o uso do tempo de lazer, o trabalho, a alienação e o fetichismo da mercadoria, relações essas que ainda constituiriam um ponto cego (*blindspot*) na teoria marxista. Smythe argumenta que a mercadoria mais importante produzida pela indústria mediática no capitalismo monopolista é o poder da audiência ou, mais especificamente, a capacidade das pessoas de exercer atividades *como audiência*. Ao mesmo tempo que produzem programas para consumo da audiência, essas mídias estão produzindo e vendendo audiência para publicidade. Ou seja, a rigor, os programas são como insumos produtores de audiência, assim como o algodão é necessário para produzir tecidos ou o aço para fabricar automóveis.

Quando anunciantes compram algum espaço/tempo na televisão, na verdade estão comprando a *atenção da audiência*. O preço pago tem relação direta com a especificação das pessoas esperadas (calculadas, especuladas) para assistir a seu anúncio: em determinados números, em determinado tempo e em determinado mercado. Essas características fariam da mercadoria audiência um bem não durável consumido no mercado publicitário[7].

Se a mercadoria é essa capacidade da audiência de "prestar atenção", Smythe argumenta que a audiência trabalha *para os anunciantes* quando consome anúncios publicitários. A ideia é que os anunciantes compram a mercadoria audiência das companhias mediáticas e, então, a audiência trabalharia para eles aprendendo a "comprar determinadas marcas de bens de consumo e, desse modo, gastar seus rendimentos"[8]. Ou seja, a audiência trabalharia criando demanda (ideologia de consumo) para mercadorias cujo valor de uso está principalmente expresso em suas marcas. Portanto, para Smythe, a audiência trabalha produzindo mais-valor para o capital e, ao mesmo tempo, reproduzindo suas condições de existência – como é próprio da força de trabalho. Sob esse ponto de vista, a atividade da audiência estaria inserida no interior do processo de produção, isto é, no momento P do ciclo D-M...P...ΔD-ΔD. Considerando que, em Marx, a força de trabalho é mercadoria – mercadoria que trabalha –, não haveria aqui nenhuma contradição teórica entre Smythe e Marx.

---

[7] Idem.

[8] Ibidem, p. 6.

150 • O valor da informação

Atualizando essas discussões no contexto da economia política da televisão, Sut Jhally e Bill Livant argumentam que o tempo de atenção da audiência, e não a audiência propriamente dita, seria a mercadoria vendida pelos capitalistas mediáticos aos capitalistas industriais em troca do pagamento de *rendas*[9]. Olhando pelo lado do capitalista industrial, ele se beneficia do trabalho da audiência em criar significados assistindo a anúncios e, em caso de compra do produto, acelerando a realização do valor. Logo, o capitalista industrial pagaria renda ao capitalista mediático para acessar a audiência, visando anunciar seus produtos. Assim, este último recebe uma porção do mais-valor produzido pelo primeiro. Os autores contribuem no avanço da discussão ao introduzirem a ideia da renda, mas continuam tratando da mercadoria audiência (*watching--time*), que tem mais-valor incorporado, sem deixar clara a relação entre tais categorias no processo geral de acumulação do capital.

Ainda no campo de análise da televisão, Eileen Meehan também mantém a audiência como categoria central na economia dos meios de massa, mas sugere que a mercadoria não seria a audiência propriamente dita (nem como força de trabalho, nem como tempo de atenção), mas sim as métricas a ela relacionadas[10]. A explicação é que, mesmo que os meios pareçam vender tempo na programação, e anunciantes pareçam comprar atenção da audiência, o que é vendido são apenas as métricas. Uma vez que essas métricas constituem meramente uma representação de números e características da audiência real, a autora descarta a hipótese do trabalho da audiência. Essa perspectiva, em parte, assemelha-se a abordagens como a de César Bolaño e Eloy Vieira, na qual os dados (já tratados) sobre a audiência seriam as mercadorias vendidas pelas plataformas digitais e, portanto, o mais-valor não resultaria de algum trabalho da audiência, mas apenas do trabalho dos profissionais assalariados para produzirem, organizarem e interpretarem esses dados[11].

Seguindo essa ideia estabelecida por Meehan de que a audiência importa apenas como uma imagem construída, Chih-hsien Chen argumenta que a

---

[9] Sut Jhally e Bill Livant, "Watching as Working: The Valorization of Audience Consciousness", *Journal of Communication*, v. 36, n. 3, 1986, p. 122-42.

[10] Eileen R. Meehan, "Ratings and the Institutional Approach: A Third Answer to the Commodity Question", *Critical Studies in Mass Communication*, v. 1, n. 2, 1984, p. 216-25.

[11] César Bolaño e Eloy Vieira, "Economia política da internet e os *sites* de redes sociais", *Eptic Online*, v. 16, n. 2, maio-jun. 2014, p. 71-84.

audiência é uma mercadoria fictícia[12], uma imagem construída e vendida aos anunciantes e aos capitalistas industriais, desconsiderando as especificidades de como o público pode interagir e interpretar os textos mediáticos, isto é, o trabalho semiótico desse público. O conjunto de dados sobre a audiência seria "usado para dar credibilidade à troca da mercadoria e adquirir crédito pelo mais-valor ainda não apropriado"[13]. Logo, a parte do mais-valor que o capitalista industrial transfere em forma de renda para o capitalista mediático – tendo como objetivo acessar a audiência para envio de publicidade – deve ser interpretada como *capital especulativo*. Ou seja, a explicação é que essa audiência (como mercadoria fictícia) é comprada pelo capitalista industrial/anunciante como se fosse um título, com um dinheiro que corresponde a capital fictício, a crédito. É um processo de especulação, uma vez que o capitalista industrial/anunciante compra uma mercadoria fictícia na expectativa de acelerar a realização do mais-valor[14].

> Como a especulação de terras no mercado de terras, o capitalista industrial antecipa futuras rendas da circulação da audiência como capital fictício através dos momentos de produção, troca e consumo.[15]

Para Chen, investir em anúncios publicitários tem sido usado como meio de superar crises de realização e, também, para direcionar capital para canais especulativos, ou seja, canais que gerem lucros sem necessariamente promover produção.

Assim como Jhally e Livant[16], Chen, por um lado, reforça a hipótese do rentismo na economia política da televisão, mas, por outro, insiste em considerar a existência de uma mercadoria – no caso, a audiência – fictícia. No que se refere ao trabalho da audiência, ele chega a sugerir que esta é produtiva porque acelera o tempo de rotação do capital e a realização do mais-valor para os anunciantes, ou seja, trabalharia para os anunciantes, e não para o capitalista mediático. No entanto, por compreender que o processo econômico dos meios de comunicação social com base na publicidade é sustentado por uma mercadoria

---

[12] Chih-hsien Chen, "Is the Audience Really Commodity? An Overdetermined Marxist Perspective of the Television Economy", em *2003 Annual Meeting of the International Communication Association* (San Diego, 2003).

[13] Ibidem, p. 21.

[14] Ibidem, p. 12-3.

[15] Ibidem, p. 21.

[16] Sut Jhally e Bill Livant, "Watching as Working", cit.

152 • O valor da informação

fictícia, não foca na análise desse tópico. Aliás, deixa a questão em aberto, sugerindo que mais estudos são necessários para responder a questões como: Por que meios pode o capital fictício efetivamente explorar o trabalho? Como poderia a audiência, enquanto trabalho não pago, resistir à exploração por parte da televisão comercial?[17]

1.2. A mercadoria audiência nas plataformas

Mais recentemente, essa discussão vem sendo atualizada no contexto das plataformas sociodigitais. A busca pela definição da audiência como mercadoria permanece, mas dessa vez incluindo a base de dados. Mark Andrejevic argumenta que a base da economia das plataformas digitais são os dados, gerados por meio da vigilância da audiência e vendidos aos anunciantes[18]. Na opinião do autor, os usuários seriam "forçados" a ceder seus dados aos mecanismos de vigilância em troca do acesso aos meios de comunicação. O trabalho e a exploração, portanto, estão no fato de a audiência ter os próprios dados pessoais ou empresariais alienados aos proprietários dessas estruturas de monitoramento e captura de informação.

Tomando o exemplo do YouTube, o autor argumenta que as condições de trabalho são ditadas pela estrutura do YouTube – proprietário e fornecedor dos meios de "trabalho imaterial", como rede, servidores, protocolos etc. O objetivo seria a canalização da atividade dos usuários em direção a um consumo cada vez mais acelerado.

> Os dados são capturados de modo a retornar para seus produtores na forma de uma influência a eles externa: o resultado congelado das próprias atividades empregado para canalizar seus comportamentos e induzir seus desejos.[19]

Apesar de apontar os dados como um tipo de mercadoria vendido aos anunciantes, Andrejevic não explica como o trabalho da audiência conecta-se com o ciclo de acumulação de capital nessas corporações. Essa é uma

---

[17] Chih-hsien Chen, "Is the Audience Really Commodity?", cit., p. 23.

[18] Mark Andrejevic, "The Work of Being Watched: Interactive Media and the Exploitation of Self-Disclosure", *Critical Studies in Media Communication*, v. 19, n. 2, 2002, p. 230-48; "Exploiting YouTube: Contradictions of User-Generated Labour", em Pelle Snickars e Patrick Vonderau (orgs.), *The YouTube Reader* (Estocolmo, Biblioteca Nacional Sueca, 2009).

[19] Mark Andrejevic, "Exploiting YouTube", cit., p. 421.

lacuna que Christian Fuchs pretende ter resolvido[20]. Trata-se do autor mais representativo na atualização das ideias de Dallas Smythe para o contexto da internet. Assim como Smythe e Jhally e Livant, Fuchs baseia-se no modelo original de Marx, no qual valor é gerado por meio da exploração do trabalho e apropriado pela troca e pela circulação da mercadoria.

Assumindo o Facebook como modelo, Fuchs argumenta que a complexa mercadoria da plataforma é a audiência e, consequentemente, o banco de dados que a representa[21]. Isso porque, mesmo envolvendo primariamente as atividades sociais e a subjetividade dos usuários, no fim das contas, tudo seria objetivado em banco de dados. O que importaria, portanto, é a capacidade da corporação de capturar dados e comportamentos *on-line* com base na vigilância e de "tratá-los" (produção) para explorar seu valor econômico com venda de publicidade (circulação).

Figura 1. Ciclo de acumulação do capital no Facebook (conforme Fuchs)[22]

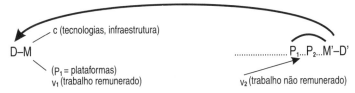

Fonte: adaptado pela autora do original de Fuchs[23].

Seguindo o circuito de acumulação de Marx, de acordo com a Figura 1, Fuchs explica que o Facebook investe dinheiro (*D*) para comprar mercadorias (*M*) como tecnologias, infraestrutura (capital constante) e força de trabalho (capital variável)[24]. Esses fatores serão introduzidos no processo de

---

[20] Christian Fuchs, "Dallas Smythe Today: The Audience Commodity, The Digital Labour Debate, Marxist Political Economy and Critical Theory. Prolegomena to a Digital Labour Theory of Value", *TripleC*, v. 10, n. 2, 2012, p. 692-740.

[21] Idem, *Digital Labour and Karl Marx* (Nova York, Routledge, 2014); *Culture and Economy in the Age of Social Media* (Nova York, Routledge, 2015); *Social Media: A Critical Introduction* (Londres, Sage, 2014).

[22] Idem, "Dallas Smythe Today", cit.

[23] Ibidem, p. 113.

[24] Idem, "Dallas Smythe Today", cit.; *Social Media*, cit.; *Culture and Economy in the Age of Social Media*, cit.

154 • O valor da informação

produção (P_1, P_2), no qual trabalho é explorado para produzir mais-valor. Na primeira parte da produção (P_1), os funcionários do Facebook (v_1) produzem a plataforma, geralmente no espaço-tempo dos escritórios da empresa. Mesmo sendo resultado do processo de produção, a plataforma de *software* não é a mercadoria do Facebook, uma vez que é oferecida gratuitamente aos usuários. Ela entra como meio de produção (capital fixo) na segunda parte do processo de produção (P_2), na qual os usuários (ou audiência) trabalham em casa ou em qualquer lugar para produzir a verdadeira mercadoria do Facebook: conteúdos (comportamentos, situações, ideias, relações sociais, condições de vida etc.) de onde são extraídos seus dados pessoais.

Nesse contexto, Fuchs argumenta que a complexa mercadoria do Facebook é a própria audiência e, como consequência, o banco de dados que a representa – mudando constantemente seu conteúdo e seu valor[25]. Um exemplo dessa mercadoria, denominada "*social media prosumer commodity*", seria o espaço de anúncio criado na tela para todos os homens de 25 a 35 anos interessados em Shakespeare como pesquisa por livros[26]. Sua hipótese se baseia na ideia de "prossumidores" proposta por Alvin Toffler para descrever o consumo que também é produtivo para o capital[27], bem como na tese de Dallas Smythe sobre o duplo papel da audiência como mercadoria e força de trabalho[28]. O valor de uso dessa mercadoria prossumidor, em redes sociais, que os anunciantes compram seria o direito de acesso à audiência para enviar anúncios segmentados. O valor de troca, por sua vez, seria a soma do tempo gasto *on-line* por membros de determinado grupo vendido como mercadoria. "A lei do valor no Facebook implica que, quanto mais tempo algum grupo de usuários permanece na plataforma, mais valor conterão os dados correspondentes."[29]

Ainda de acordo com o autor, o trabalho socialmente necessário para produzir a mercadoria dados é medido por todo o tempo de trabalho envolvido. Isso levaria à inferência de que a quantidade de espaço publicitário vendida em um ano, por exemplo, tem o valor calculado pelas horas gastas por funcionários e usuários durante o mesmo ano. O produto do trabalho dos funcionários entra como *trabalho morto* congelado nos algoritmos e é

---

[25] Idem, *Culture and Economy in the Age of Social Media*, cit.

[26] Idem, "Dallas Smythe Today", cit., p. 163.

[27] Alvin Toffler, *A terceira onda* (trad. João Távora, Rio de Janeiro, Record, 1980).

[28] Dallas Smythe, "Communications", cit.

[29] Christian Fuchs, *Digital Labour and Karl Marx*, cit., p. 258.

transferido para a mercadoria dados, e o da audiência entra como *trabalho vivo*, a fim de ativar os meios de produção para gerar novas mercadorias ("recriar" banco de dados com novos conteúdos). Desse ponto de vista, a fonte de lucro e acumulação de capital no Facebook seria a exploração de trabalho humano, tanto da audiência quanto dos profissionais contratados. É essa produção "real" de lucros que estimula as transações no mercado financeiro, lá baseadas apenas na especulação. No entanto, a relação estrita entre tempo e produção de valor no trabalho do usuário é questionável. Uma pesquisa empírica conduzida por Beverley Skeggs e Simon Yuill interpreta que, mesmo o tempo sendo uma variável importante para a corporação de mídia social, não há evidência suficiente para relacionar tempo com quantidade de valor[30].

Não é a quantidade de tempo ou a qualidade da ação ("*likes*", compartilhamentos etc.) que confere valor aos dados de uma pessoa, e sim a relação entre a conectividade daquele usuário e o valor agregado dos anúncios publicitários.[31]

A proposta de Fuchs[32] em aplicar literalmente a teoria do valor-trabalho ao Facebook parece bem elaborada em termos marxistas, no entanto não abre espaços para repensar mudanças no trabalho contemporâneo em termos de produção e de apropriação de valor. A tese só permanece sustentável considerando que todo o trabalho – mesmo os predominantemente baseados em conhecimento, criatividade, subjetividade – ainda pode ser reduzido à dimensão abstrata no sentido de Marx, isto é, que todo trabalho tem valor baseado na capacidade física e mental *geral* para realizá-lo, portanto produzindo o mesmo valor proporcionalmente às horas gastas. Veremos adiante que, se ainda se trata de trabalho apropriado pelo capital, essa relação adquiriu novas e diferentes formas, de modo que as categorias da teoria valor-trabalho precisariam ser revisitadas para apreender essa realidade, e não a complexidade da realidade ser reduzida para caber na teoria.

---

[30] Beverley Skeggs e Simon Yuill, "The Methodology of a Multi-Model Project Examining How Facebook Infrastructures Social Relations", *Information, Communication & Society*, v. 19, n. 10, out. 2015, p. 1.356-72; "Capital Experimentation with Person/a Formation: How Facebook's Monetization Refigures the Relationship between Property, Personhood and Protest", *Information, Communication & Society*, v. 19, n. 3, dez. 2016, p. 380-96.

[31] Idem, "Capital Experimentation with Person/a Formation", p. 386.

[32] Christian Fuchs, *Culture and Economy in the Age of Social Media*, cit.

156 • O valor da informação

Autoras como Tiziana Terranova[33] e Nicole Cohen[34], embora ainda na hipótese do trabalho da audiência, vão desenvolver uma abordagem mais heterodoxa, na linha do pensamento de Hardt e Negri[35] e demais teóricos autonomistas[36]. Os usuários como produtores-consumidores efetuam um trabalho gratuito[37] para o Facebook e outras plataformas. A mercadoria, sustenta Cohen, seria a publicidade vendida aos anunciantes. Porém, os conteúdos e os dados seriam produzidos coletiva e colaborativamente pelos usuários, constituindo um *comum* ("*commons*") de que as plataformas se apropriariam e, desse modo, estariam explorando o trabalho "imaterial" da audiência. Essa relação estaria inserida no processo maior de submissão do *general intellect* à lógica capitalista de acumulação.

1.3. O problema da mercadoria audiência e a alternativa da renda informacional

As perspectivas teóricas descritas anteriormente expressam uma tendência a identificar e caracterizar alguma mercadoria que estaria sendo produzida

---

[33] Tiziana Terranova, "Free Labor: Producing Culture for the Digital Economy", *Social Text*, v. 18, n. 2, 2000, p. 33-58.

[34] Nicole S. Cohen, "The Valorization of Surveillance: Towards and Political Economy of Facebook", *Democratic Communiqué*, v. 22, n. 1, 2008, p. 5-22.

[35] Michael Hardt e Antonio Negri, *Multidão: guerra e democracia na era do império* (trad. Clóvis Marques, Rio de Janeiro, Record, 2005).

[36] Fundamentam-se nos trabalhos teóricos intimamente ligados ao neomarxismo italiano, em especial no debate do "operaísmo", desenvolvido na segunda metade dos anos 1970 (período de reestruturação capitalista), sobre a metamorfose do operário-massa em operário social. O operaísmo não se considera apenas uma escola de pensamento, uma vez que os operaístas tiveram forte envolvimento social e político nos movimentos das décadas de 1960 e 1970 na Itália. Parte desse operaísmo mais voltado aos sindicatos passa a se definir pela experiência político-organizacional conhecida como autonomia operária, daí serem denominados "autonomistas" (Giuseppe Cocco, "Introdução", em Maurício Lazzarato e Antonio Negri, *Trabalho imaterial: formas de vida e produção de subjetividade*, trad. Mônica de Jesus César, 2. ed., Rio de Janeiro, Lamparina, 2013), p. 32-46.

[37] Em inglês, "*free labor*". No inglês, a palavra "*free*", como sabemos, pode tanto significar "livre" como "sem preço" ou "gratuito". A escolha dessa palavra, pelos autonomistas, para expressar "trabalho não pago" ("*unpaid labor*") não seria, pois, semanticamente desprovida de outros significados.

e trocada no circuito de acumulação dos meios de comunicação social e da internet. Tanto nos meios "tradicionais" quanto nas plataformas digitais, aqueles autores e autoras relacionam essa mercadoria à audiência, seja como trabalho em si de assistir à programação e/ou publicidade, seja como produção de dados e métricas vendidos aos anunciantes. O argumento deste livro, no entanto, conforme já introduzido por Marcos Dantas no capítulo 1, é que a audiência e/ou os dados não podem ser considerados mercadorias *equivalentes* no contexto rigoroso da teoria marxiana, nem no conceito dialético-materialista de informação. Sustentamos que a audiência gera valor por meio da exploração capitalista, mas que a apropriação desse trabalho não se dá pela troca e pelo consumo de produtos cujos valores podem ser equiparáveis, mas por mecanismos de apropriação da renda extraída do controle do *acesso* aos dados produzidos por esse trabalho. A relação entre o capital detentor do dado e aquele que precisa acessá-lo é similar à de um empréstimo bancário.

Apesar de não fornecer mercadoria no conceito clássico de produto final, a atividade da audiência e todas as outras que resultam em informação ou em trabalho vivo, quando submetidas aos processos de exploração do capital, configuram-se como trabalho gerador de valor. Esse tipo de trabalho, portanto, precisa ser estudado em suas especificidades e nas novas estratégias do capital para se apropriar desse valor. Esse problema surge na economia da cultura, primeiro relacionado à investigação do setor de produção cultural durante o período predominantemente fordista, caracterizado pela primazia ainda da produção industrial-fabril. O setor de produção cultural e, de modo mais geral, de produção simbólica já apresentava especificidades na lógica global de acumu-lação do capital[38]. A grande questão é que no capitalismo contemporâneo essas especificidades parecem estar se generalizando para o conjunto das atividades econômicas, evidenciando-se no caso do trabalho desenvolvido nas plataformas digitais – tanto pelos profissionais contratados quanto pela audiência.

Nesse contexto, o uso de mecanismos de apropriação de renda tem se apresentado como principal alternativa teórica para explicar a acu-mulação de capital nesses processos de produção de valor que envolvem principalmente trabalho cujo resultado imediato é informação semiótica

---

[38] Ramón Zallo, *El mercado de la cultura: estructura económica y política de la comunica-ción* (Donostia, Tercera Prensa, 1992); César Bolaño, *Indústria cultural, informação e capitalismo* (São Paulo, Hucitec/Polis, 2000).

158 • O valor da informação

(e não uma mercadoria físico-química com volume e massa). Na prática, várias corporações capitalistas têm desenvolvido novas formas de criar "falsa escassez" sobre o resultado do trabalho informacional, sob a qual justificam os preços e extraem rendas. A lógica rentista pode ser observada em vários tipos de negócio, incluindo uma mistura de fonte de receitas, de taxas de assinaturas/licenças (acesso a conteúdos diversos, *copyright* de músicas, *softwares*, *e-books*, videojogos) à comissão percentual por serviços informacionais (plataformas baseadas em publicidade). Ao compreender a expansão das plataformas digitais em consonância com o crescimento do capitalismo rentista em geral, não pretendemos negar que a informação circula também no papel de bem comum, nem que a digitalização e a pirataria vêm desafiando os mecanismos de propriedade intelectual utilizados pelas indústrias culturais. O que queremos enfatizar é o predomínio das estratégias de subsumir a informação aos esquemas capitalistas, mesmo diante da natureza em princípio inapropriável da informação.

Esse contexto de acumulação rentista, no entanto, traz uma série de novas questões para o debate: qual é o papel da renda no ciclo de acumulação do capital? Qual é sua relação com o lucro? A renda pode ser considerada uma apropriação da exploração do trabalho? Ou é apenas uma apropriação da mais-valia redistribuída por um setor produtivo para o capitalista rentista? Qual é o perfil do trabalho produtor de informação?

Essas são questões ainda controversas no debate atual. O desafio deste capítulo é justamente aprofundar esses pontos no contexto das plataformas digitais e dialogar sobre eles, a partir de diferentes abordagens teóricas. Reconhecemos que a apropriação da informação pela economia apresenta novos e sérios problemas institucionais e políticos, bem como um grande desafio teórico. Entender a economia política de plataformas digitais constitui uma linha de fronteira do conhecimento, e é importante analisar as abordagens explicativas vigentes levando em consideração a coerência teórico-epistemológica, assim como suas implicações políticas e sociais.

Uma vertente dessas abordagens parte da premissa central de que a renda extraída das plataformas digitais seria uma redistribuição da mais-valia gerada pelo capitalista industrial. Em uma crítica contemporânea à teoria de Dallas Smythe[39], e aplicando-a às mídias digitais, Brett Caraway avança na proposição da centralidade da renda e do capital fictício para explicar o

---

[39] Dallas Smythe, "Communications", cit.

Capital e trabalho nas plataformas sociodigitais • 159

processo de acumulação nos meios de comunicação[40]. A tese tem a mesma base de Chen[41]: os capitalistas mediáticos recebem renda porque criam um ambiente que favorece a formação de uma audiência específica, e os capitalistas industriais, por sua vez, pagam para ter acesso a essa audiência com o objetivo de acelerar a venda da mercadoria.

Em um trabalho posterior, Jakob Rigi e Robert Prey[42] seguiram a mesma lógica de argumentação de Chen e de Caraway. Eles defenderam que, na renda da terra, o monopólio sobre um espaço transforma mais-valor em renda, transferindo mais-valor de um setor não monopolista para um setor monopolista. Do mesmo modo, a renda obtida pelos capitalistas mediáticos seria uma parte do mais-valor produzido pelas empresas anunciantes (capitalistas industriais). Estes últimos, sim, seriam produtores de mercadoria e, portanto, exploram o trabalho na geração de mais-valor – distribuído em lucro, renda e juros.

Outra abordagem mais ligada ao denominado marxismo autonomista entende que a renda proveniente das plataformas digitais é extraída do trabalho vivo auto-organizado. Matteo Pasquinelli parte dessa hipótese para discutir a economia do Google, argumentando que o valor é produzido coletivamente pelo "trabalho livre das multidões" nas redes digitais, sendo depois capturado e transformado em dinheiro pela "fábrica imaterial" da empresa Google Inc.[43]. Ou seja, o Google não articularia esse processo de exploração do trabalho, apenas "expropriaria" por meio do "rentismo" o valor produzido pela "inteligência geral social comum", configurando o que Carlo Vercellone denomina "*becoming rent of profit*"[44]. Logo, o Google seria um

---

[40] Brett Caraway, "Audience Labor in the New Media Environment: A Marxian Revisiting of the Audience Commodity", *Media, Culture & Society*, v. 33, n. 5, 2011, p. 693-708.

[41] Chih-hsien Chen, "Is the Audience Really Commodity?", cit.

[42] Jakob Rigi e Robert Prey, "Value, Rent and the Political Economy of Social Media", *The Information Society*, v. 31, n. 5, 2015, p. 392-406; disponível em: <http://dx.doi.org/10.1080/01972243.2015.1069769>; acesso em: 15 mar. 2022.

[43] Matteo Pasquinelli, "Google's PageRank Algorithm: A Diagram of the Cognitive Capitalism and the Rentier of the Common Intellect", em Konrad Becker e Felix Stalder (orgs.), *Deep Search: The Politics of Search Beyond Google* (Londres, Transaction Publishers, 2009).

[44] Carlo Vercellone, *The Becoming Rent of Profit? The New Articulation of Wage, Rent and Profit* (Londres, Queen Mary University, 2008).

puro rentista das "terras da internet" que não produz nada (nem conteúdo), nem sequer seria o proprietário da informação, mas apenas das ferramentas que recolhem e mensuram a inteligência coletiva que produz tal informação. De modo geral, apesar de tratar dos conceitos como valor, mais-valia e exploração, Pasquinelli não parece se basear diretamente nas categorias marxistas.

Marcos Dantas[45] e Alain Herscovici[46] apresentam suas contribuições destacando que o debate sobre a renda na realidade contemporânea, aí incluídas as plataformas digitais, demanda um novo olhar sobre as especificidades do trabalho que produz imediatamente informação. Os autores argumentam que o problema atual do valor está na sua não mensurabilidade, dado que o tempo de trabalho (típico do trabalho abstrato) não pode ser usado como medida de valor para trabalho concreto (irredutível ao abstrato), como sempre o foi o trabalho de produção cultural e simbólica, e como tem sido praticamente todo trabalho no capitalismo contemporâneo, incluindo aqueles nas plataformas digitais. A alternativa apresentada é a de que o valor continua a ser gerado pelo trabalho social, mas seria precificado no mercado por mecanismos de pura especulação estabelecidos pelos regimes de direito de propriedade intelectual. Para Herscovici, a propriedade intelectual é o meio especulativo e heterogêneo de apropriação do valor desse trabalho também heterogêneo (concreto, não redutível a abstrato). Assim, o capitalismo contemporâneo apresenta-se como uma economia rentista, mas não cabe considerar essa renda improdutiva (no conceito de Marx).

Já para Dantas, conforme visto no primeiro capítulo deste livro, as plataformas não produzem realmente mercadorias, sejam elas dados, sejam anúncios, conforme tentaram argumentar alguns autores debatidos anteriormente. Elas participam do processo produtivo adicionando valor à mercadoria pelo trabalho de reduzir o tempo de rotação do capital, conforme

---

[45] Marcos Dantas, "Milionários nada por acaso: capital rentista e apropriação do trabalho artístico nas redes do espetáculo", *Eptic Online*, v. 13, n. 2, maio-abr. 2011; disponível em: <https://seer.ufs.br/index.php/eptic/article/view/11>; acesso em: 4 abr. 2022; "Economia política da informação e comunicação em tempos de internet: revisitando a teoria do valor nas redes e no espetáculo", *Liinc em Revista*, v. 8, n. 1, 2012, p. 283-307; disponível em: <http://revista.ibict.br/liinc/article/view/3356>; acesso em: 4 abr. 2022.

[46] Alain Herscovici, "As metamorfoses do valor: capital intangível e hipótese substancial. Reflexões a respeito da historicidade do valor", *Liinc em Revista*, Rio de Janeiro, v. 10, n. 2, nov. 2014, p. 560-74.

exposto por Karl Marx, no Livro II de *O capital*[47], ao tratar das indústrias de transportes e de comunicações. As receitas dessas plataformas são fruto de rendas informacionais que podem ser entendidas de modo similar à análise da renda da terra por Marx, pois também "cercam" um recurso essencial para a produção de riqueza – os dados produzidos pelo trabalho da sociedade – por meio dos "direitos intelectuais", dos "jardins murados" e demais mecanismos de controle de acesso àqueles dados. Assim, nosso argumento central, desenvolvido neste capítulo, para explicar a acumulação de capital nas plataformas sociodigitais articula o papel produtivo da comunicação e a teoria da renda da terra como expostos por Marx, conforme também investigados nos demais capítulos deste livro.

2. Teses sobre acumulação de capital e trabalho da audiência nas plataformas digitais

Facebook e YouTube são, respectivamente, plataformas de rede social e de compartilhamento de vídeos que têm como objetivo central construir uma crescente audiência internacional, fonte de seus processos de acumulação rentista. Como todas as demais plataformas sociodigitais, ambas funcionam como "praças de mercado" nos termos de Martens[48], porém, nesse caso, como "produtoras de audiência", isto é, auferem suas receitas da veiculação publicitária que dirigem a seus usuários. Essas plataformas viabilizam a interação entre os produtores de conteúdos/anunciantes e seus potenciais públicos-alvo/consumidores.

Como funciona esse modelo baseado na venda de anúncios? Sempre que um usuário entra no Facebook ou no YouTube, seus respectivos algoritmos identificam todos os anunciantes que têm interesse em seu perfil, por exemplo: mulher, na faixa etária de 30 a 35 anos, moradora de um bairro específico do Rio de Janeiro e interessada em cosméticos. Então, é realizado um leilão automático entre os anunciantes para definir qual deles enviará sua

---

[47] Karl Marx, *O capital: crítica da economia política*, Livro II (trad. Regis Barbosa e Flávio R. Kothe, São Paulo, Abril Cultural, 1984 [1885]).

[48] Bertin Martens, "An Economic Policy Perspective on Online Platforms", *JRC Technical Report*, European Comission, 2016; disponível em: <https://ec.europa.eu/jrc/communities/en/community/digitranscope/document/economic-policy-perspective-online-platforms>; acesso em: 6 mar. 2022.

162 • O valor da informação

mensagem publicitária àquela internauta. O vencedor do leilão será aquele que também já "orientou" o algoritmo sobre seus limites de pagamento, mas, ao fim e ao cabo, será o algoritmo que definirá esse vencedor por meio de um cálculo entre variáveis nunca claramente reveladas.

O relatório anual do Facebook Inc. aponta que a venda de anúncios publicitários correspondeu a 98% dos 40,6 bilhões de dólares arrecadados no ano de 2017[49]. No caso da Alphabet Inc. (à qual o Google/YouTube foi incorporado), a publicidade respondeu por 86% da receita de 110,9 bilhões de dólares do referido ano[50]. O documento do Facebook Inc. cita, ainda, que cada usuário gera uma receita média de 20,21 dólares[51], e revela preocupação sobre como legislações e regulamentos em matéria de proteção externa de dados, privacidade, conteúdo e concorrência "podem afetar significativamente" os negócios da corporação.

Todas essas evidências confirmam que a audiência, e mais especificamente os dados extraídos de suas interações, são a base da economia dessas plataformas. Um ponto importante a observar, no entanto, é que os anunciantes não têm acesso aos bancos de dados dessas corporações, apenas usufruem da mediação na entrega de seu anúncio ao público escolhido. Ou seja, apesar de as atividades econômicas das duas referidas plataformas serem fundamentalmente baseadas na venda de publicidade segmentada, os dados não são vendidos como mercadoria aos anunciantes.

Se os dados não são vendidos, como se dá a acumulação de capital nas plataformas digitais? Do ponto de vista desta pesquisa, trata-se de um modelo baseado na exploração dos dados dos usuários que pode ser explicado pela perspectiva das rendas informacionais, conforme será exposto na próxima seção. A princípio, será apresentado como se dá o ciclo de acumulação rentista

---

[49] Facebook Inc., *Annual Report: Form 10-K*, 2018, cit., p. 48. O relatório remete aos valores do Facebook.com e do Instagram, uma vez que têm um único sistema de anúncios.

[50] Alphabet Inc., *Annual Report: Form 10-K*, 2017, cit., p. 27. O relatório remete aos valores gerais do sistema de anúncios do Google. O YouTube recebe apenas uma parte desses anúncios, especialmente aqueles em formato de vídeo.

[51] A Receita Média por Usuário (Arpu, na sigla em inglês) é calculada com base na receita total em uma determinada geografia durante um determinado trimestre, dividida pela média do número de Usuários Ativos por Mês (MAUs, na sigla em inglês) daquele mesmo lugar geográfico no início e no final do trimestre.

do capital e o trabalho da audiência nas plataformas. Na sequência, esses argumentos serão retomados à luz dos casos específicos do Facebook e do YouTube.

2.1. Ciclo de acumulação de capital nas plataformas

A proposição do ciclo de acumulação do capital para plataformas digitais aparece nos estudos de Marcos Dantas[52] e de Christian Fuchs[53], ambos derivados da teoria do valor-trabalho de Karl Marx. As duas referidas abordagens trazem contribuições semelhantes, ao demostrarem que o novo valor é gerado pela exploração do trabalho humano não só dos funcionários diretos das plataformas como também de sua audiência – ambas as relações configuram trabalho produtivo. Para esses dois autores, nessas relações prossegue a lógica capitalista de exploração de mais-valor, mesmo fora da clássica relação assalariada. No entanto, divergem sobre os modos como tal valor é gerado, apropriado e realizado, uma vez que assumem diferentes compreensões sobre a natureza do trabalho envolvido no processo geral de acumulação de capital: Dantas propõe uma acumulação rentista (ver Figura 2), enquanto Fuchs insiste na ideia da audiência/dados-mercadoria.

Figura 2. Ciclo de acumulação do capital no Facebook proposto por Dantas[54]

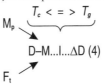

Fonte: elaboração da autora.

---

[52] Marcos Dantas, "Capitalismo na era das redes: trabalho, informação e valor no ciclo da comunicação produtiva", em Helena Maria Lastres e Sarita Albagli, *Informação e globalização na Era do Conhecimento* (Rio de Janeiro, Campus, 1999), p. 216-61; "Informação como trabalho e como valor", *Revista da Sociedade Brasileira de Economia Política*, n. 19, 2006, p. 44-72; "Economia política da informação e comunicação em tempos de internet", cit.; "The Financial Logic of Internet Platforms: The Turnover Time of Money at the Limit of Zero", *TripleC*, v. 17, n. 1, 2019, p. 132-58.

[53] Christian Fuchs, *Digital Labour and Karl Marx*, cit.; *Culture and Economy in the Age of Social Media*, cit.

[54] Marcos Dantas, "Mais-valia 2.0: produção e apropriação de valor nas redes do capital", *Eptic Online*, v. 16, n. 2, 2014; disponível em: <http://www.seer.ufs.br/index.php/eptic/article/view/2167>; acesso em: 6 mar. 2022.

164 • O valor da informação

Argumentamos que as plataformas digitais funcionam como espaços de extração de rendas baseada em direitos de propriedade intelectual.

Nesse sentido, seguimos a proposição de Dantas do ciclo de comunicação produtiva no contexto do capital-informação já detalhado no capítulo 1 deste livro. Relendo a fórmula geral de circulação dos transportes e das comunicações sistematizada por Karl Marx, segundo a qual o ciclo da comunicação produtiva gera mais-valor e mais-dinheiro sem, contudo, produzir uma nova mercadoria, assumimos que o valor é produzido pelo trabalho de reduzir o tempo de rotação do capital. Assim, o trabalho publicitário também se insere nesse movimento de acelerar os tempos de troca, logo também participa da produção industrial, no sentido de ser uma continuação da produção na circulação e para a circulação (assim como o transporte).

Acionistas de alguma corporação financiada e sustentada pelo capital financeiro, como é o caso do Facebook e do YouTube, adiantam dinheiro (D) para investir na compra de mercadorias (M) que, por sua vez, assumem nas formas de meios de produção (M_p) e de força de trabalho (F_t): aqui estão incluídos toda a infraestrutura física, os servidores, os profissionais que desenvolvem os algoritmos das plataformas, as pesquisas sociais, bem como os sistemas de captura, armazenamento e processamento de dados. Todo esse investimento capitalista libera um ambiente informacional (I) no qual, dialeticamente, interagem dois tipos de trabalho: o trabalho científico-técnico contratado (t_c) e o trabalho gratuito da audiência (t_g). Com base nos dados coletados e processados no ambiente informacional, as plataformas transportam informação conectando vendedores e compradores por meio da exibição de anúncios publicitários. Os anunciantes remuneram a plataforma pelo acesso a esses dados, isto é, pelo acesso a potenciais consumidores, e essa remuneração é apropriada pelos capitalistas da plataforma como renda informacional. Essa renda, porém, como já vimos, origina-se do trabalho não pago dos usuários produtores dos dados, daí a diferença, como mais-valor, entre o investimento inicial (D) e a receita lucrativa maior (ΔD).

A partir da análise desse ciclo, é possível afirmar que a produção e a exploração do trabalho são organizadas pelo capital, que fornece os meios de trabalho na forma de meios de acesso (terminais, aplicativos, redes etc.), ou seja, de uma forma distinta do tradicional processo de produção. O trabalho humano prossegue produzindo valor para o capital, e o trabalho não pago ainda é a fonte de mais-valor. Nas plataformas digitais, porém, o mais-valor não está incorporado à forma-mercadoria, valor a ser trocado por um equivalente que contenha, como medida, o mesmo "tempo de trabalho socialmente necessário". Conforme já explicitado, no caso das plataformas digitais todo esse investimento e exploração de trabalho são mobilizados para oferecer um serviço atrativo de audiência com o objetivo de processar os dados obtidos pela vigilância sobre as atividades mediadas pelas plataformas, "emprestando" o acesso a essa informação monopolizada mediante, por exemplo, a venda de anúncios publicitários segmentados. Trata-se da lógica da renda, e não da venda de mercadoria-dados.

2.2. Trabalho gerador de valor

Conforme descrito anteriormente, argumentamos que o valor das plataformas digitais se baseia no monopólio da própria rede de interações (incluindo o suporte material, os dados obtidos por vigilância e as conexões resultantes de seu processamento), da qual as rendas informacionais são extraídas. Pressupomos que a informação tem sido explorada comercialmente porque é produto do valor gerado por meio do trabalho humano: seja do trabalho informacional da audiência que fornece os dados, seja do trabalho informacional que provém do suporte material de captura e de processamento dos dados, resultando em conexões monetizáveis. Logo, todos os envolvidos nesse processo participam da geração de valor: dos funcionários que desenvolvem e gerenciam as plataformas, passando pelos anunciantes, até os usuários que criam e/ou consomem conteúdo atrativo de audiência.

Todos esses atores efetuam trabalho informacional semiótico, conforme definido no capítulo 1. A informação (na perspectiva de uma "relação", e não de uma "coisa") é própria do trabalho, contempla o caráter vivo dessa prática como geradora de valor. Contempla também aspectos da abordagem da subjetividade[55] e do consumo cultural como fonte de valor[56], da ideia do

---

[55] Maurizio Lazzarato, "O ciclo da produção imaterial", em Maurizio Lazzarato e Antonio Negri, *Trabalho imaterial: formas de vida e produção de subjetividade* (trad. Mônica de Jesus César, Rio de Janeiro, Lamparina, 2013), p. 64-73.

[56] Brice Nixon, *Communication as Capital and Audience Labor Exploitation in the Digital Era* (tese de graduação em Jornalismo e Comunicação de Massa, Universidade do Colorado, 2013).

166 • O valor da informação

"valor afetivo/reputacional"[57]. No entanto, tratar todos esses elementos como pertencentes ao campo da informação leva o argumento a um patamar mais claro de sustentação científica. O uso da categoria "informação" abordada cientificamente, conforme exposto no capítulo 1, permite uma aproximação mais segura para sugerir uma releitura contemporânea da teoria marxiana do valor, sustentando a explicação do ciclo de acumulação de capital nas plataformas digitais sem negar as categorias marxianas como base, mas, ao contrário, tomando-as como ponto de partida.

O *trabalho informacional semiótico remunerado* dos funcionários contratados do Facebook e do YouTube cria valor por meio do desenvolvimento coletivo de soluções tecnológicas, que se constituem como capital fixo[58]. Esses profissionais desenvolvem e constantemente aprimoram os algoritmos responsáveis por extrair os dados dos usuários e processá-los, gerando conexões monetizáveis. Uma vez tendo o monopólio sobre essa estrutura, essas corporações oferecem acesso gratuito a suas interfaces como estratégia para atrair bilhões de usuários. Ou seja, o trabalho dos profissionais pagos não resulta diretamente em uma mercadoria final a ser vendida e realizada em dinheiro. Ao contrário, gera insumos na forma de algoritmos que constituem capital fixo no ciclo de acumulação de capital das plataformas.

A atividade da audiência, por sua vez, fornece dados que serão registrados e tratados pelos algoritmos desenvolvidos pelos profissionais remunerados. O *trabalho da audiência* envolve toda essa atividade viva que alimenta o banco de dados, ativa os algoritmos de processamento de dados (gerando valor) e recebe os anúncios (realizando valor). Assim, ao ser mediada pela dinâmica de exploração e suporte material da plataforma, produzindo uma relação de valor para o capital, a comunicação desses usuários se torna produtiva – no sentido de Marx.

2.3. Realização do valor e preço

É esse trabalho informacional coletivo (ou trabalho vivo socialmente combinado, nos termos de Marx), envolvendo os profissionais pagos e a audiência, que gera o mais-valor dessas plataformas, representado nas

---

[57] Adam Arvidsson e Elanor Colleoni, "Value in Informational Capitalism and on the Internet", *The Information Society*, v. 28, n. 3, 2012, p. 135-50.

[58] Marcos Dantas, "Mais-valia 2.0"; cit.

Capital e trabalho nas plataformas sociodigitais • 167

conexões entre anunciantes e potenciais compradores e monetizado por meio da venda de espaços publicitários. A realização desse mais-valor, portanto, se dá quando a publicidade é paga pelos anunciantes à plataforma.

Fuchs defende essa mesma ideia da realização do valor por meio da receita publicitária; no entanto, interpreta que esse processo se dá pela troca de equivalentes entre mercadorias[59]. Isso porque, aplicando diretamente o pensamento de Marx sobre o capital industrial, considera que os dados contêm o tempo de trabalho socialmente necessário nele anexado: tanto do trabalho vivo da audiência quanto de parte do resultado do trabalho vivo dos trabalhadores contratados, transferido do capital fixo sob a forma de trabalho morto – infraestrutura das plataformas. Arvidsson e Colleoni também entram na análise de realização do valor afetivo – criado na capacidade de iniciar e sustentar relações afetivas –, mas interpretam que ela se dá no mercado financeiro[60]. Ou seja, os investimentos especulativos em corporações como Google e Facebook representariam a realização do valor afetivo mobilizado nas plataformas.

Já Dantas, como visto antes, entende que esse mais-valor é, na verdade, apropriado como renda informacional. Justamente porque lhe falta a relação de equivalência, antes deriva de preços aleatoriamente fixados no mercado de leilões pelo *direito de acesso* aos dados por parte dos anunciantes. Assim, tomando o "capital-informação" como categoria geral que definiria as relações socioeconômicas em nossa época, o capital assumiria, nessa nova etapa, muitas formas de informação, sendo uma delas os dados, que, assim como o dinheiro emprestado pelo banco, só podem ser como que "emprestados", mas não alienados em troca equivalente.

A extração de rendas sobre monopólios informacionais difere daquela das rendas de monopólio sobre a terra, conforme descritas por Marx[61], porque são produzidas pelo trabalho. É certo, como propõem Jakob Rigi e Robert Prey[62], que as receitas provenientes dos anúncios que veicula são cota-parte do mais-valor produzido no processo produtivo industrial (de produção de

---

[59] Idem, *Culture and Economy in the Age of Social Media*, cit.

[60] Adam Arvidsson e Elanor Colleoni, "Value in Informational Capitalism and on the Internet", cit.

[61] Karl Marx, *O capital: crítica da economia política,* Livro III: O processo global da produção capitalista (trad. Rubens Enderle, São Paulo, Boitempo, 2017), coleção Marx-Engels.

[62] Jakob Rigi e Robert Prey, "Value, Rent and the Political Economy of Social Media", cit.

168 • O valor da informação

mercadorias) repassadas aos capitalistas mediáticos (em forma de renda), assim como, também, o trabalho não pago é pago pelo capital variável desses demais segmentos que anunciam nas plataformas, conforme exposto no capítulo 1. Nas plataformas, o capital industrial e outros segmentos concluem o processo de produção de valor ao acelerar, via anúncios e produção do consumo, a venda do produto e sua transformação em mais-dinheiro.

No entanto, essas corporações que controlam as plataformas não extraem rendas informacionais simplesmente por "possuírem" esses dados, tal qual o proprietário monopolista da terra recebe renda por simplesmente "possuir a terra". Entende-se aqui que todo sistema que leva à valorização dessas conexões, concretizadas com a venda de anúncios, inclui um processo produtivo de exploração de trabalho – pago e gratuito – comandado por essas próprias corporações. No caso da terra, o proprietário a cede para o capitalista industrial usá-la produtivamente no processo de produção de mais-valor e, assim, repassar-lhe parte dos lucros como renda. No caso das plataformas, seus detentores, capitalistas, investem no processo produtivo de obtenção e valorização desses dados para, então, detendo monopólio sobre eles, monetizá-los e, daí, extrair rendas. A terra é uma dádiva da natureza. Os dados não. São produtos do trabalho social, da inteligência coletiva, do *general intellect* apropriado pelo capital.

Além dos dados, as plataformas também investem em outras formas de monetização. O YouTube, por exemplo, conforme será debatido nas seções dedicadas a seu estudo de caso, tem desenvolvido outras formas de monetização, como assinaturas *premium* (para acessar conteúdos específicos) e o YouTube Red (para acesso de todo o conteúdo da plataforma sem interrupções de publicidade). Em ambos os casos, a lógica de acumulação é similar à das indústrias culturais tradicionais: apropriação direta do trabalho artístico pela monopolização dos direitos autorais e introdução de barreiras ao acesso aos conteúdos artísticos como meio de garantir o pagamento por eles ("jardins murados").

Essa realidade levaria a um avanço na perspectiva do rentismo nos termos marxianos, também antecipada por Alain Herscovici[63]. Na avaliação do autor, a renda é apresentada na economia ricardiana e marxista como parasitária sobre o valor criado pelo trabalho: "A renda é deduzida do valor criado pela aplicação de trabalho produtivo na terra: ela é totalmente improdutiva, pelo fato de não corresponder a nenhum trabalho, mas apenas

---

[63] Alain Herscovici, "As metamorfoses do valor", cit.

à propriedade"[64]. No entanto, dado o crescimento de formas de capital ligadas à propriedade intelectual, as quais estão relacionadas ao trabalho intelectual, há uma mudança na natureza da renda. "Neste sentido, em relação às novas modalidades de criação de valor, ela (a renda) deixa de ser totalmente improdutiva."[65]

Apesar do valor realizado por mecanismos de renda não ter valor de troca mensurável por um equivalente, ele tem um preço que representa a quantia de dinheiro acordada pelo acesso ao produto-informação sob monopólio das plataformas. Esse acordo consiste em uma precificação especulativa, como argumenta Prado em sua teoria sobre a "desmedida do valor"[66]. Os autores que se aprofundam nessa temática, como Dantas e Herscovici, indicam que essa precificação é estruturada pelos diferentes sistemas de direito de propriedade, tal qual discutido no capítulo 2 deste livro, assinado por Larissa Ormay. Aqui é importante relembrar que plataformas como Facebook e YouTube têm os próprios sistemas de precificação para publicidade, cujos parâmetros são complexos e pouco claros – conforme será detalhado nos estudos de caso apresentados a seguir.

Posicionadas no centro do processo sistêmico de acumulação de capital, as plataformas logram alcançar elevados valores de mercado e estão sob total controle do capital financeiro. No Facebook, 80% do capital está nas mãos de instituições financeiras, fundos mútuos de investimento ou outros investidores institucionais, e apenas cinco deles detêm em torno de 35% desse capital, a saber: Vanguard, Fidelity Management, Blackrock, T. Rowe, SSgA[67].

2.4. Trabalho não pago da audiência

O cenário de geração de valor em plataformas sociodigitais, considerando-se a interpretação do trabalho não pago dos usuários, tem contribuído para o discurso de que, mais que meramente o espaço de trabalho, a fábrica

---

[64] Ibidem, p. 563.

[65] Idem.

[66] Eleutério Prado, *Desmedida de valor: crítica da pós-grande indústria* (São Paulo, Xamã, 2005).

[67] "Facebook Inc.", CNN Business; disponível em: <https://money.cnn.com/quote/shareholders/shareholders.html?symb=FB&subView=institutional>; acesso em: 23 mar. 2022.

170 • O valor da informação

inteira de nossas vidas diárias torna-se base material para acumulação capitalista. Logo, tirar vantagens do tempo livre das pessoas e explorar aquele que elas gastam se divertindo – a exemplo das plataformas digitais – é algo que começa a ser visto como uma estratégia de negócios viável, o combustível do século XXI[68]. Nesse contexto, os meios de comunicação social, a internet móvel e a vigilância constante ampliariam os limites do que é tratado como fonte de valor e de quais são os espaços para o trabalho, resultando na generalização da exploração o tempo todo e em qualquer lugar da "fábrica social" (*social factory*)[69].

Essa discussão parece nascer da noção de "*free labor*" (trabalho grátis), cunhada por Tiziana Terranova[70]. Com o aprofundamento do tema, muitas questões centrais para compreender o modo de acumulação das plataformas digitais têm sido evidenciadas no campo que a linguagem anglo-saxã denomina *internet studies*, mais especificamente sob o termo de "trabalho digital" (*digital labor*)[71]. Preferimos nos referir a "trabalho não pago" (*unpaid labor*) em detrimento de "trabalho grátis" (*free labor*), com o objetivo de reforçar a perspectiva crítica e evitar associações positivas com ideias de autonomia e liberdade em benefício do trabalhador, sentidos esses que também podem ser relacionados à expressão inglesa "*free*". Autores vinculados a essa categoria têm discutido as novas fronteiras entre tempo livre e tempo de trabalho, problema sintetizado pelo marxista Julian Küklich como a consolidação de um "*playbour*" ("*play*" + "*labour*")[72]. Outro tema importante são as relações entre produção e consumo, retomando a noção de "prossumidor" de Alvin Toffler[73]. As mudanças nessas fronteiras estariam contribuindo para que todos os aspectos da vida sejam explorados pela economia, levando

---

[68] Andrew Ross, "In Search of the Lost Paycheck", em Trebor Scholz (org.), *Digital Labor: The Internet as Playground and Factory* (Nova York, Routledge, 2013).

[69] Nick Dyer-Witheford, *Cyber-Marx: Cycles and Circuits of Struggle in High Technology Capitalism* (Urbana, University of Illinois Press, 1999).

[70] Tiziana Terranova, "Free Labor", cit.

[71] A categoria "trabalho digital" abrange um amplo leque de estudos, não sendo um conceito definido e homogêneo. O livro *Digital Labor* (*Digital labor*, cit), organizado por Trebor Scholz e publicado em 2013, traz uma série de autores representativos no debate, como Andrew Ross, Christian Fuchs, Mark Andrejevic e Tiziana Terranova.

[72] Julian Küklich, "Precarious Playbour: Modders and the Digital Games Industry", *The Fibreculture Journal*, n. 5, 2005, p. 1-8.

[73] Alvin Toffler, *A terceira onda*, cit.

Capital e trabalho nas plataformas sociodigitais • 171

ao debate sobre a exploração da audiência como um trabalho produtor de mais-valor. Plataformas digitais como YouTube e Facebook são exemplos de espaços em que os limites de lazer e trabalho (geração de valor) são tênues, e de como as mais diversas relações sociais podem se transformar em fonte de valor para o capital.

No entanto, falar de trabalho não pago que produz valor na internet – argumento que sustentamos em relação à audiência – ainda é controverso. De modo geral, Andreas Wittel identifica três características do trabalho "gratuito" que aparecem na maioria dos autores desse debate, refletindo a dialética entre exploração e autonomia[74]:

a) É trabalho não pago.

b) É livre no sentido de liberdade, de ser mais autônomo e menos alienante que o trabalho assalariado. É mais *"playground"* que fábrica.

c) É explorado pelo capital.

Apesar de terem certas características em comum, as discussões sobre o trabalho "gratuito" da audiência ainda sofrem da falta de rigor analítico. Wittel destaca, por exemplo, a diversidade de atividades que têm sido associadas ao termo, incluindo práticas desenvolvidas tanto em ambiente não comercial e não lucrativo quanto em ambiente comercial que vende espaços virtuais para anunciantes[75]. Nesse sentido, embora reconheça que o conceito oferece reflexões críticas e necessárias em face da celebração festiva da era digital, David Hesmondhalgh chama atenção para a necessidade de discutir outras importantes questões conceituais, como sua relação com o capitalismo, a exploração e a liberdade[76]. O autor defende que muitos argumentos falam de alienação, ideologia e manipulação, do fato de o trabalho estar sendo capturado e usado pelo capital, mas não remetem ao cerne da relação entre trabalho gratuito e exploração.

Nesse contexto, emergem algumas questões seminais: o que caracteriza a exploração da audiência como trabalho não pago inserido no circuito de

---

[74] Andreas Wittel, "Digital Marx: Toward a Political Economy of Distributed Media", em Christian Fuchs e Vincent Mosco (orgs.), *Marx in the Age of Digital Capitalism* (Boston, Leiden, 2015).

[75] Idem.

[76] David Hesmondhalgh, "Conteúdo gerado pelo usuário, 'trabalho livre' e as indústrias culturais", *Eptic*. v. 17, n. 1, jan.-abr. 2015.

172 • O valor da informação

produção de valor para o capital das plataformas digitais? Em que circunstâncias a audiência trabalha? Qual é o valor de uso e o valor de troca desse trabalho? Quando o trabalho semiótico de se comunicar vira trabalho produtivo, ou seja, gera não só valor de uso, mas valor econômico para o capital? Em resumo, consideramos que a atividade da audiência é trabalho vivo que produz atividade viva (no sentido de Moulier-Boutang[77]); trabalho informacional material semiótico (no sentido de Dantas[78]) gerador de mais--valor, que resulta em um produto informacional, mas, ao contrário do que proporia Fuchs[79], não se consolida em mercadoria.

Se a audiência contribui com a geração de valor para o capital, ela efetua trabalho produtivo. Em Marx, trabalho produtivo é aquele que é produtivo para o capital, ou seja, que diretamente produz valor e mais-valor. Os conceitos de produtivo e improdutivo são distinguidos não em relação ao que as pessoas fazem, mas no que se refere à relação desse trabalho com o capital e a forma-mercadoria. A distinção entre trabalho produtivo e improdutivo é controversa, porém também será relevante insistir na categoria marxiana de trabalho produtivo por considerar que ela é um atributo e uma subcategoria do conceito de trabalho.

Pelas especificidades das redes digitais, sustentamos que a audiência desempenha um trabalho produtivo que resulta no que vem sendo denominado "mais-valia 2.0"[80]. Trata-se da apropriação de trabalho não pago por meio de um sistema de agenciamento social via meios eletrônicos de comunicação, incorporando pessoas que estariam aparentemente se divertindo ou cuidando de suas atividades profissionais. O termo é uma referência à noção de *web* 2.0, caracterizada inicialmente pela emergente possibilidade da participação dos usuários[81]. A intenção é denunciar essa rede de geração de mais-valor nos

---

[77] Yann Moulier-Boutang, "La Troisième Transition du capitalisme: exode du travail productif et externalités", em Christian Azaïs, Antonella Corsani e Patrick Dieuaide (orgs.), *Vers un capitalisme cognitive* (Paris, L'Harmattan, 1998), p. 135-52.

[78] Marcos Dantas, "Capitalismo na era das redes", cit; "Informação como trabalho e como valor", cit.; "Economia política da informação e comunicação em tempos de internet", cit.

[79] Christian Fuchs, *Digital Labour and Karl Marx*, cit.; *Culture and Economy in the Age of Social Media*, cit.

[80] Rafael Evangelista, "Mais-valia 2.0", *A Rede*, n. 28, ago. 2007.

[81] John Musser e Tim O'Reilly, *Web 2.0: Principles and Best Practices* (Sebastopol, O'Reilly Publishing, 2007).

Capital e trabalho nas plataformas sociodigitais • 173

ambientes digitais, na qual empreendimentos privados, na disputa econômica em torno da internet, baseiam-se no trabalho gratuito dos usuários. Nos termos de Marx o mais-valor corresponde ao trabalho que excede as horas pagas, ou seja, excede o valor produzido correspondente ao salário[82]. Se a audiência não recebe retribuição financeira, implica dizer que 100% de seu tempo de vida "consumido" nas plataformas destina-se à produção de mais-valor.

Esse trabalho não é pago pelas plataformas, mas alguns discursos colocam o acesso gratuito aos serviços das plataformas como uma forma de pagamento por esse trabalho. Sut Jhally e Bill Livant chegam a afirmar, nos estudos sobre televisão, que a programação gratuita que acompanha a publicidade equivale ao "salário" dessa audiência[83]. De fato, se é possível pensar que o conceito de trabalho pode ser relativizado, isso também pode ser feito com o conceito de salário.

Na contramão dessas hipóteses, Bolaño e Vieira[84] argumentam que o valor econômico só é produzido após o processamento e o refinamento dos dados por meio de *softwares* e algoritmos – uma ideia parecida com a já sugerida por Eillen Meehan[85] nos estudos sobre televisão, na qual a mercadoria é a imagem construída sobre aquela audiência e não sua atividade viva em si, daí porque a atividade da audiência não é trabalho e não gera valor[86]. Para Bolaño e Vieira, na era digital, "o trabalho produtivo é somente aquele dos trabalhadores informacionais capazes de transformar os dados em mercadoria audiência e de criar ferramentas que transformam

---

[82] Karl Marx, *O capital: crítica da economia política*, Livro I, *O processo de produção do capital* (trad. Reginaldo Sant'Ana, 30. ed., Rio de Janeiro, Civilização Brasileira, 2012 [1867]).

[83] Sut Jhally e Bill Livant, "Watching as Working", cit.

[84] César Bolaño e Eloy Vieira, "Economia política da internet e os *sites* de redes sociais", cit.

[85] Eileen R. Meehan, "Ratings and the Institutional Approach", cit.

[86] Ver discussão entre Christian Fuchs e César Bolaño sobre Facebook, Marx, *digital labour* e política econômica: César Bolaño e Eloy Vieira, "The Political Economy of the Internet: Social Networking Sites and a Reply to Fuchs", *Television & New Media*, v. 16, n. 1, 2014, p. 52-61; 2); Christian Fuchs, "Against Divisiveness: Digital Workers of the World Unite! A Rejoinder to César Bolaño and Eloy Vieira", *Television & New Media*, v. 16, n. 1, 2015, p. 62-71; César Bolaño, "Digitalisation and Labour: A Rejoinder to Christian Fuchs", *TripleC*, v. 13, n. 1, 2015, p. 79-83; Christian Fuchs, "Digital Labour: A Comment on César Bolaño's *TripleC* Reflection", *TripleC*, v. 13, n. 1, 2015, p. 84-92.

174 • O valor da informação

toda a informação coletada da rede em bancos de dados"[87]. Em resumo, só o trabalhador pago emprega sua força de trabalho produtivamente para o capital. A audiência contribuiria apenas com a "matéria-prima", não participando do processo de produção da mercadoria propriamente dita – que corresponderia ao processamento desses dados.

No entanto, a lógica de geração de valor e acumulação de capital por meio da exploração do trabalho é clara e estaria "materializada" na própria disposição da infraestrutura dessas corporações e em suas estratégias de imperialismo e colonização econômica da internet. Os relatórios do Facebook e do YouTube (que serão examinados nos capítulos seguintes) revelam a extensão das estruturas de vigilância e entrega de anúncios dessas corporações por toda a internet, não apenas no âmbito de suas plataformas. Isso representaria a extensão de suas forças produtivas e, de algum modo, de organização da exploração do trabalho informacional da audiência – mesmo que em moldes diferentes dos tradicionais sistemas de exploração das fábricas.

De modo geral, esses mecanismos emergem e, ao mesmo tempo, se respaldam no contexto da sociedade do espetáculo[88]. Dos usuários amadores às indústrias mediáticas, todos parecem estar dispostos a investir para ter seu conteúdo acessado, para ampliar seu capital social na rede, ou pelo menos assistir a tal espetáculo. Tanto os perfis dos usuários do Facebook quanto os canais do YouTube podem ser interpretados como um exemplo perfeito da "gestão espetacularizada de si", da qual trata Sibilia[89]. A busca pelo aumento da popularidade parece se assemelhar às buscas pelas novas competências do trabalho do capitalismo contemporâneo, remetendo à discussão da "produção de si"[90], do "autoempreendedor"[91].

---

[87] César Bolaño e Eloy Vieira, "Economia política da internet e os *sites* de redes sociais", cit., p. 80.

[88] Guy Debord, *A sociedade do espetáculo* (trad. Estela dos Santos Abreu, Rio de Janeiro, Contraponto, 1997 [1968]).

[89] Paula Sibilia, *La intimidad como espectáculo* (Buenos Aires, Fondo de Cultura Económica, 2008) [ed. bras.: *O show do eu: a intimidade como espetáculo*, 2. ed., Rio de Janeiro, Contraponto, 2016].

[90] Maurizio Lazzarato, *As revoluções do capitalismo* (trad. Leonora Corsini, Rio de Janeiro, Civilização Brasileira, 2006).

[91] André Gorz, *O imaterial: conhecimento, valor e capital* (trad. Celso Azzan Jr., São Paulo, Annablume, 2005).

Importante destacar que o trabalho se configura independentemente da atividade específica que o usuário esteja fazendo *on-line* (postando, comentando, curtindo ou apenas navegando). O próprio estudo de caso sobre o YouTube (apresentado a seguir) sugeriu que a audiência vem perdendo seu papel de protagonista nas plataformas como produtora de conteúdo, não deixando, porém, de permanecer importante para gerar dados e, consequentemente, consumir anúncios e conteúdos pagos. Produzir dados é, de fato, a função primordial da audiência como trabalho gerador de valor nesses modelos de acumulação.

Nesse sentido, o foco de pesquisadores e pesquisadoras no trabalho envolvido nas plataformas sociodigitais pretende desvelar novas formas de extensão da atuação do sistema capitalista, transformando aspectos impensáveis da vida em fontes de valorização do capital e, mais importante, sem que as pessoas percebam que estão inseridas nesse processo de trabalho, dado seu caráter quase sempre de entretenimento. Ross[92] e Terranova[93] mostram que, mesmo não sendo responsáveis por originar o trabalho gratuito, as novas tecnologias têm sido eficientes em mediar perigosos acordos de trabalho em todo o sistema capitalista. Os estudos de Ursula Huws[94] e de Jakob Rigi e Robert Prey[95] expõem as diferentes posições que o trabalho não pago da audiência e o trabalho pago assumem em relação ao capital.

Quando se pensa, porém, em conflitos de classe e supõe-se que haveria uma classe em contradição com o capital e disposta a se mobilizar como classe trabalhadora, será difícil, de fato, conceber como a audiência se mobilizaria contra as corporações mediáticas. Contudo, será importante pensar que, colocando-a como trabalho indistinto do trabalho pago, pode-se não contribuir para esclarecer essa nova forma oculta de exploração. Aliás, o próprio conceito marxiano original de mais-valor acusa uma relação de exploração também oculta, uma relação nada evidente no tempo ou no espaço como o era, por exemplo, a corveia medieval – de onde se origina, na verdade, a percepção de Marx. Nosso compromisso é justamente contribuir para localizar

---

[92] Andrew Ross, "In Search of the Lost Paycheck", cit.

[93] Tiziana Terranova, "Free Labor: Producing Culture for the Digital Economy", *Social Text*, New York, v. 18, n. 2, 2000, p. 33-58.

[94] Ursula Huws, "Vida, trabalho e valor no século XXI: desfazendo o nó". *Caderno CRH*, Salvador, v. 27, n. 70, jan./abr. 2014, p. 13-30.

[95] Jakob Rigi e Robert Prey, "Value, Rent and the Political Economy of Social Media", cit.

176 • O valor da informação

esse trabalho não pago no processo de exploração capitalista, junto ao trabalho contratado – ambos fontes de uma intensificação e extensão da exploração capitalista sobre o trabalhador. Entendemos que concordar com a ideia do trabalho da audiência pressupõe abrir mão da associação entre trabalho e exploração a apenas ideias consolidadas de labuta ou remuneração, e centrar na característica básica do trabalho sob o capitalismo, que é a produção de valor e mais-valor para o capital, valor esse apropriado de diferentes formas. Só assim será possível compreender, de fato, as novas formas de trabalho e de exploração emergentes e/ou transmutadas no capitalismo contemporâneo.

3. Economia política do Facebook

O Facebook é a plataforma comercial de rede social mais popular no mundo, com 2,7 bilhões de usuários ativos em 2021[96]. A rede, lançada em 2004 para estudantes da Universidade de Harvard, aos poucos foi se tornando disponível em todo o mundo, e tal crescimento foi acompanhado por estratégias para torná-la economicamente rentável. Hoje, a maior fonte de receita do Facebook é o anúncio publicitário, razão pela qual o acesso é gratuito para os usuários. A relação recursiva entre seu potencial econômico e a atração de investimentos financeiros tem levado a corporação a um crescimento exponencial. Em 2012, o Facebook Inc. abriu a primeira oferta pública, iniciando a venda de ações. Em 2016, o valor de mercado era 28 vezes maior que os ganhos[97].

A missão do Facebook, como apresentada pela empresa, é promover um mundo mais aberto e conectado. A ideia é que as pessoas usem a plataforma para estarem conectadas com amigos e familiares, para descobrirem o que está acontecendo no mundo e para compartilharem e expressarem o que importa para elas. De fato, a corporação tem investido na criação de infraestrutura e de capacidade computacional que expandam e desenvolvam o ambiente *on-line*. No entanto, ela age muito além da plataforma de rede social, expandindo sua atuação para toda a internet por meio de sua capacidade

---

[96] Facebook for business; disponível em: <https://pt-br.facebook.com/business/marketing/facebook>; acesso em: 19 mar. 2022.

[97] "Facebook Close Sets Speed Record for $250 Billion Market Cap". *Bloomberg*; disponível em: <https://www.bloomberg.com/news/articles/2015-07-13/facebook-s-close-sets-speed-record-for-250-billion-market-value>; acesso em: 1º dez. 2016.

tecnológica/computacional e habilidade em se mover entre sítios, entrar em diferentes mercados e consolidar diferentes tecnologias[98]. Trata-se de um ambiente *on-line* cada vez mais moldado pela lógica capitalista. Mesmo parecendo um território público – a que a internet ainda é ideologicamente associada –, o Facebook atua sob a lógica privada de acumulação capitalista, que explora economicamente os dados e as relações sociais desenvolvidas naquele contexto.

A atividade econômica do Facebook é baseada na venda de espaços publicitários que conectam empresas e potenciais consumidores. A apresentação dos anúncios de modo segmentado e "agradável" (enquanto os usuários estão se divertindo), sendo esse seu diferencial, é possível por causa de sua poderosa capacidade de registrar dados com base nas atividades *on--line* dos usuários não só direto na plataforma, mas em praticamente toda a internet. Nesse sentido, o desafio aqui proposto é, primeiro, entender o trabalho envolvido na geração de valor, incluindo a hipótese da coprodução da audiência como trabalho não pago, tornando atividade produtiva grande parte do espaço-tempo do consumo final. Outro ponto a ser debatido é a apropriação e a realização desse valor, o que tem levado, como examinamos antes, a questionamentos sobre a definição (ou até mesmo a existência) de mercadoria no Facebook.

É importante destacar que o termo "Facebook" nasce associado a um sítio de rede social e se expande para uma poderosa plataforma líder em redirecionamento de conteúdos da internet. Mais que isso, passa a denominar também uma corporação com atuações mais amplas, o Facebook Inc., incorporado ao grupo Delaware em julho de 2004 e que representa vários produtos no mercado (Facebook.com, Instagram, Messenger, WhatsApp e Oculus). De acordo com o relatório anual, as receitas do Facebook Inc. são geradas substancialmente (cerca de 98%) pela venda de anúncios publicitários distribuídos em todos os seus produtos.

Em 2020, sua receita total foi de 85,9 bilhões de dólares, um aumento de 22% em relação ao ano anterior. O relatório aponta que o crescimento corresponde ao aumento na receita de publicidade, compensando uma diminuição de 10% no preço médio do anúncio. Até 2012, 85% do faturamento do Facebook era proveniente da publicidade direcionada aos acessos por

---

[98] Beverley Skeggs e Simon Yuill, "Capital Experimentation with Person/a Formation", cit.

178 • O valor da informação

meio do computador. Após a abertura de capital com venda de ações para o público geral, a corporação passou a investir também no uso da plataforma em dispositivos móveis e, como consequência, na venda de publicidade direcionada a esse canal de acesso, ampliando consideravelmente sua receita publicitária. O direcionamento de publicidade para os aparelhos móveis é feito com o cruzamento de informações obtidas por meio da navegação na internet (pela identidade do usuário no Facebook), do identificador do celular e das informações *off-line* sobre os usuários que a corporação obtém com empresas ligadas a *marketing* e cartão de crédito. Assim, o Facebook Inc. se consolida na segunda posição no mercado de publicidade móvel, ficando atrás apenas do Google. Em 2020, o resultado líquido foi de 29,1 bilhões de dólares (34% da receita), sinalizando uma retomada no crescimento dos lucros, que haviam caído para 18,4 bilhões de dólares em 2019, comparado à marca de 22,1 bilhões de dólares em 2018[99].

Conforme apontado em seu relatório, os investimentos mais expressivos do Facebook Inc. têm sido no setor de "pesquisa e desenvolvimento", somando 18,4 bilhões de dólares em 2020, 36% a mais que no ano de 2019. Os novos investimentos foram direcionados, principalmente, para a ampliação de 40% no quadro de funcionários em engenharia e outras funções técnicas que apoiam o desenvolvimento dos produtos do Facebook. No que diz respeito aos centros de dados e à infraestrutura técnica, os investimentos em 2020 somaram 16,6 bilhões de dólares, um crescimento de 31% em relação ao ano anterior. Essas duas áreas de investimentos acompanham o crescimento da base de usuários, o nível de engajamento e a consequente necessidade de expansão da base computacional, de aprimoramento dos produtos existentes e de lançamento de novos produtos[100]. Aqui atuam as equipes técnicas e de engenharia responsáveis pelo desenvolvimento de novos produtos e pela melhoria dos produtos existentes, ou o trabalho informacional aleatório, conforme definido neste estudo. O resultado desse trabalho criativo é registrado em códigos de programas, sistemas, relatórios e diversas soluções técnicas que se transformam em monopólio do Facebook Inc. – e que entram no ciclo de acumulação como capital fixo: *conhecimento objetivado*.

---

[99] Facebook Inc., *Annual Report: Form 10-K*, 2021; disponível em: <http://d18r n0p25nwr6d.cloudfront.net/CIK-0001326801/4dd7fa7f-1a51-4ed9-b9df-7f42c c3321eb.pdf>; acesso em: 19 mar. 2022.

[100] Ibidem, p. 67.

Em segundo lugar, estão os investimentos definidos como "*custos de receita*", diretamente relacionados à operação dos centros de dados e da infraestrutura técnica. Os custos desse setor incluem energia e banda larga, depreciação de equipamentos, taxas de cartão de crédito e outras transações, amortização de ativos intangíveis etc. Inclui também os custos associados aos acordos de parceria, abrangendo custos de aquisição de conteúdo – apesar de não ficar claro que conteúdos são esses. Em 2019, o Facebook Inc. tinha quinze centros de dados, a maioria localizada nos Estados Unidos, similares aos expostos nas fotos a seguir.

Acima, centro de dados em Lulea, na Suécia; abaixo, interior de centro de dados no estado do Oregon, nos Estados Unidos.

180 • O valor da informação

Tal segmento de "custos de receitas" chama atenção para a dimensão da "materialidade" que envolve esse modelo de negócio e o trabalho a ele relacionado. Apesar da constante ideia de "imaterialidade" atribuída às redes e à internet, tais dados respaldam que toda ação, no fim das contas, culmina em algum registro material. O Facebook Inc. não revela, em seus documentos públicos, os investimentos totais por segmentos distintos, por exemplo, em mão de obra (capital variável). Conforme demonstrado anteriormente, esses números estão diluídos por áreas gerais de custos e despesas. A empresa registrou empregar 37.700 funcionários até março de 2019. No que diz respeito aos direitos de propriedade, a corporação utiliza uma combinação de patentes, marcas registradas (*trademarks*), direitos autorais (*copyright*) e segredos comerciais (*trade secrets*), incluindo *know-how*, acordos de licença, procedimentos de confidencialidade, acordos de não divulgação com terceiros e outros direitos contratuais, além de também adquirir patentes de terceiros.

3.1. Receita média por usuário

O Facebook oferece uma interface gratuita de rede social com o objetivo de criar audiência e vender anúncios publicitários. A ideia é oferecer "produtos" que mantêm os usuários *on-line* por um tempo cada vez maior, ampliando as informações do banco de dados e atraindo publicidade. A corporação não cria conteúdo, mas o ordena, redirecionando materiais diversos para dentro da plataforma. Esse trabalho é feito por algoritmos (trabalho morto), mas também manualmente, por moderadores e editores de conteúdo (trabalho vivo)[101].

É fundamental destacar que todo conteúdo da plataforma é produzido por terceiros: sejam postagem de textos, fotos e recomendações da própria audiência, sejam notícias, vídeos e enlaces (*links*) diversos provenientes de canais externos e compartilhados na plataforma. A maioria dos aplicativos

---

[101] "Social Media Finds New Role as News and Entertainment Curator", *The New York Times*, 15 mar. 2016, disponível em: <http://www.nytimes.com/2016/05/16/technology/social-media-finds-new-roles-as-news-and-entertainment-curators.html?_r=0>; acesso em: 19 mar. 2022; "Ex-funcionário detona o Face ao revelar cotidiano de moderador de conteúdo", *Tecmundo*, 8 nov. 2017; disponível em: <https://www.tecmundo.com.br/redes-sociais/123954-ex-funcionario-revela-cotidiano-revisor-violencia-odio-facebook.htm>; acesso em: 19 mar. 2022.

oferecidos pela plataforma, inclusive, são criados por desenvolvedores externos. E, diferentemente do YouTube, que permite aos proprietários dos canais monetizar seu conteúdo com publicidade (retirando daí uma parcela dos lucros), no Facebook não há possibilidade de os criadores de conteúdo monetizarem seus materiais. Isso só acontece de modo indireto, se um enlace leva o usuário ao sítio original ou a um aplicativo e, lá, essa visita passa a ser monetizada com publicidade. Em alguns casos, os proprietários de aplicativos também podem cobrar o usuário pelo acesso a algum recurso – mas essa é uma receita ainda muito pequena, conforme revelaram os relatórios financeiros da corporação. O Facebook se expande por toda a internet, direciona tudo de volta para sua plataforma, recentralizando e monetizando os fluxos de dados e as conexões criadas, ameaçando vir a construir, assim, um monopólio mediático-financeiro de dimensões inéditas na história do capitalismo.

O *New York Times* calculou que, ainda em 2004, quando o Facebook já tinha 1,23 bilhão de usuários, a humanidade vinha despendendo na plataforma o que equivaleria a "quase 15 milhões de anos de mão de obra gratuita por ano"[102]. Esse trabalho da audiência não se resume à ação de criar e compartilhar conteúdo. Consiste, de modo mais amplo, em toda a atividade de navegação sob vigilância que contribui para gerar o enorme banco de dados a ser processado pelos algoritmos do Facebook. Afinal, é daí que os espaços publicitários são vendidos, gerando as rendas informacionais.

De acordo com as estatísticas do SocialBlade, os usuários interagem com os conteúdos do Facebook principalmente por meio de reações pelo botão "curtir" (86%), seguido de comentários (11%) e compartilhamentos (3%). Já os principais conteúdos compartilhados são majoritariamente fotos (84%), seguidos de vídeos (12%) e *links* (4%). Em todos esses casos, a audiência está ativamente desempenhando um trabalho semiótico que fornece dados para essas corporações e mostra no que o usuário está interessado, auxiliando os algoritmos a ordenar o *feed* de notícias do usuário e exibir-lhe anúncios enquanto ele estiver conectado.

O próprio Facebook calcula que cada usuário, mesmo nada pagando para usufruir da plataforma, lhe gerou uma receita média de 20,21 dólares em 2017, um aumento de 26% em relação a 2016. Na linguagem dos negócios,

---

[102] John Lanchester, "Você é o produto: Mark Zuckerberg e a colonização das redes pelo Facebook", *Piauí*, edição 132, set. 2017; disponível em: <http://piaui.folha.uol.com.br/materia/voce-e-o-produto/>; acesso em: 19 mar. 2022.

182 • O valor da informação

essa receita, como já foi dito, é denominada "Arpu", acrônimo em inglês para "receita média por usuário". Se o Facebook é um serviço gratuito, de onde provém a receita que cada usuário gera para a plataforma? Considerando que, em Marx, o lucro do capitalista advém da exploração de trabalho *não pago*, esse cálculo de receita sem origem em algum correspondente pagamento direto pelo serviço seria o mais evidente indicador a sustentar o argumento da "mais-valia 2.0" produzida pelo trabalho (semiótico) não pago da audiência. No relatório anual de 2018, o Facebook Inc. afirma ainda que monetiza os usuários em diferentes regiões geográficas a diferentes taxas médias[103]. A receita e a Arpu em regiões como Estados Unidos, Canadá e Europa são relativamente superiores, principalmente, devido às maiores demandas da publicidade *on-line* e móvel desses mercados: a Arpu em 2017 na região dos Estados Unidos e do Canadá foi mais de nove vezes maior que na região da Ásia-Pacífico.

Conforme Skeggs e Yuill, diferentes segmentos de usuários geram diferentes receitas médias para a plataforma[104]. Quanto mais engajamento um usuário tem com a rede (maior participação, maior nível de conexão), mais ele é foco de atenção dos algoritmos e de exibição de anúncios. Assim, é certo que o número de usuários e suas médias de acesso diárias e mensais são bons indicadores do potencial econômico dessas redes em extrair dados e vender anúncios. Conforme a corporação descreve em seu relatório: "as tendências no número de usuários afetam nossas receitas e resultados financeiros, influenciando a quantidade de anúncios que podemos mostrar, o valor de nossos anúncios para os comerciantes, o volume de transações de pagamentos, bem como nossas despesas e despesas de capital"[105].

A partir da inspiração suscitada pelos estudos de Matteo Pasquinelli sobre o Google[106], argumentamos que as estruturas algorítmicas denominadas *Facebook Social Graph* e *Facebook EdgeRank*, desenvolvidas e operadas pelo

---

[103] Facebook Inc., *Annual Report: Form 10-K*, 2018, cit. A estimativa da geografia dos usuários é calculada com base no lugar em que as impressões de anúncios são entregues, os produtos virtuais e digitais são comprados, ou os dispositivos de plataforma de realidade virtual são enviados.

[104] Beverley Skeggs e Simon Yuill, "Capital Experimentation with Person/a Formation", cit.

[105] Facebook Inc., *Annual Report: Form 10-K*, 2018, cit., p. 35.

[106] Matteo Pasquinelli, "Google's PageRank Algorithm", cit.

trabalho pago, têm importante papel na geração do valor informacional da plataforma, proveniente do processamento dos dados obtidos pela vigilância sobre a navegação dos usuários, fornecedores de trabalho não pago. O *Facebook Ad* contribui para a realização do valor em dinheiro, por meio da venda de anúncio publicitário. Juntas, essas três estruturas permitem que o Facebook estenda sua vigilância e atuação por toda a internet e organize os conteúdos exibidos para cada usuário, inclusive a distribuição de anúncios.

O denominado *grafo social* ("*social graph*") pode ser considerado a base do sucesso do Facebook. Trata-se de uma estrutura de dados que mapeia todos os membros de uma rede e como eles estão relacionados, inclusive rastreando informações de navegação dos usuários em sítios parceiros (como aqueles que instalam o botão "curtir" ou "compartilhar"). O termo foi popularizado na conferência F8[107] do Facebook em 24 de maio de 2007, e apresentado como um recurso para melhor aproveitar as relações entre os indivíduos e oferecer uma experiência *on-line* mais rica. Mesmo que esse modelo de fato traga vantagens para a experiência do usuário, criando conexões mais inteligentes e personalizadas, o objetivo final do Facebook é, claramente, ampliar seu poder de vigilância aonde quer que o usuário esteja, obtendo informações valiosas para impulsionar a venda de publicidade *on-line*.

O modo como o Facebook trata os dados busca estender sua vigilância para o histórico de navegação do usuário em praticamente toda a internet[108]. Para isso, inclusive, associa-se a empresas como a Experian, que monitora as compras dos consumidores por meio de relações com firmas de *marketing* direto, empresas de cartão de crédito e varejistas. Dessa vigilância, obtém dados da vida não apenas fora da plataforma, mas até fora da internet, como endereço, renda, nível de instrução, estado civil, compras com cartão de crédito etc.[109]

Apesar da aceitação dessa política ser um dos requisitos para cadastrar--se no Facebook, uma análise empírica sobre a política de privacidade do Facebook refuta a suposição de que os usuários estão conscientes e realmente

---

[107] O Facebook F8 é uma conferência anual realizada pelo Facebook em São Francisco, Califórnia, com o objetivo de reunir desenvolvedores para a construção da rede social na internet.

[108] "Quais tipos de informações coletamos?"; disponível em: <https://www.facebook.com/privacy/explanation>; acesso em: 19 mar. 2022.

[109] John Lanchester, "Você é o produto", cit.

184 • O valor da informação

concordam com tudo o que acontece com seus dados[110]. De acordo com Robert Rothmann, dos 1.019 usuários do Facebook na Áustria entrevistados, apenas 37% afirmaram saber como seus dados pessoais são coletados e usados. Outros 43% dizem que não sabem, e 20% pensam que isso sequer é possível, pelo menos do ponto de vista jurídico. O estudo conclui que o uso voluntário não é a mesma coisa que uma declaração de acordo livremente dada[111].

O relatório anual de 2018 da corporação chama atenção para o fato de o Facebook Inc. estar também sujeito a leis federais, estaduais e estrangeiras. Essas legislações podem ser mais restritivas que as dos Estados Unidos – em matéria de proteção externa de dados, privacidade, conteúdo, concorrência e outras leis e regulamentos. Afirma que, por estarem em constante evolução, "a aplicação, a interpretação e a aplicação dessas leis e regulamentos são muitas vezes incertas, particularmente na indústria nova e em rápida evolução em que atuamos", logo, "podem ser interpretadas e aplicadas de forma incompatível de país para país e de forma incompatível com nossas políticas atuais e práticas"[112]. O documento reconhece, ainda, que tais legislações e regulamentos "podem afetar significativamente nossos negócios"[113]. De fato, se essas corporações vierem a ser sujeitas a restrições severas de uso comercial dos dados pessoais, ou sujeitas a pagar por eles, seus lucros, de algum modo, deverão ser afetados.

Os mecanismos da plataforma podem e conseguem moldar a experiência dos usuários. Estima-se, por exemplo, que o *feed* de notícias torna visível de 0,2% a 20% das histórias publicadas, conforme revelou Brian Bolan, responsável por soluções de publicidade no Facebook[114]. A pergunta

---

[110] Robert Rothmann, "Consent as Fiction? The Social Reality of Data Protection in the Case of Facebook", *Wias*, 21 fev. 2018; disponível em: <http://wias.ac.uk/consent-as-fiction-the-social-reality-of-data-protection-in-the-case-of-facebook/?utm_source=WIAS&utm_campaign=49a84a7e6aMAIL_CAMPAIGN_2017_08_08&utm_medium=email&utm_term=0_052cf3bec2-49a84a7e6a-171427181&mc_cid=49a84a7e6a&mc_eid=2694f3287b>; acesso em: 19 mar. 2022.

[111] Idem.

[112] Facebook Inc., *Annual Report: Form 10-K*, 2018, cit., p. 6.

[113] Idem.

[114] Brian Bolan, "Alcance orgânico no Facebook: suas dúvidas respondidas", 5 jun. 2014; disponível em: <https://www.facebook.com/business/news/BR-Alcance-organico-no-Facebook-suas-duvidas-respondidas>; acesso em: 19 mar. 2022.

Capital e trabalho nas plataformas sociodigitais • 185

central é: esse ordenamento de notícias é feito sob quais critérios e com qual propósito? O Facebook tem uma coleção de operações matemáticas com muitas variáveis diferentes que determina quais histórias serão exibidas no *feed* de notícias de cada usuário. Ou seja, é por esse algoritmo que a plataforma decide quais publicações aparecerão para cada usuário. O objetivo é assegurar que cada pessoa receba apenas informações que, conforme a programação do algoritmo EdgeRank, sejam consideradas atrativas para ela, de modo a mantê-la *on-line* o máximo de tempo possível, ampliando assim seu engajamento na rede – fornecendo mais dados e recebendo mais anúncios. O EdgeRank nunca teve seus mecanismos revelados pelo Facebook e está em constante modificação, conforme se pode deduzir ao observar seu histórico de alterações[115].

Além do que se pode deduzir das informações extraídas de seus relatórios financeiros e outros documentos públicos, suspeita-se que o Facebook desenvolve recursos de fidelização dos usuários baseados em mecanismos viciantes. Sean Parker, criador do Napster e primeiro presidente do Facebook, afirmou em entrevista que o desenho do Facebook é projetado para gerar descargas de dopamina no sistema nervoso do usuário, proporcionando-lhe, desse modo, pequenos momentos de felicidade e, então, disposição para ficar longo tempo na rede. "Isso explora uma vulnerabilidade da psicologia humana [...] Os inventores disso, eu, Mark [Zuckerberg], Kevin Systrom [Instagram] e todas essas pessoas, nós sabíamos. Apesar disso, nós fizemos isso", assegurou Parker[116]. O empreendedor denunciou que tais plataformas, combinadas com o celular, criam dependências de vício, representando "o novo tabaco. Um problema de saúde pública. Um problema de saúde democrática". A mesma reportagem traz críticas de outro ex-vice-presidente do Facebook, Chamath Palihapitiya, sobre como as redes estão destruindo o tecido social. "Os ciclos de *feedback* de curto prazo conduzidos pela dopamina que criamos estão destruindo o funcionamento da sociedade."[117] Em 2014 o Facebook também foi fortemente criticado após confirmar ter

---

[115] "Facebook Newsfeed Algorithm History"; disponível em: <https://wallaroomedia. com/facebook-newsfeed-algorithm-change-history/>; acesso em: 7 mar. 2018.

[116] Joseba Elola, "Rebelión contra las redes sociales", *El País*, 18 fev. 2018; disponível em: <https://elpais.com/tecnologia/2018/02/16/actualidad/1518803440_033920. amp.html?__twitter_impression=true>; acesso em: 19 mar. 2022.

[117] Idem.

186 • O valor da informação

feito testes que influenciavam o humor dos usuários, inclusive sem que estes tenham sido avisados de que estavam sob análise[118].

3.2. *Facebook Ads e monetização pela publicidade*

O sistema de anúncios Facebook Ads foi apresentado por Mark Zuckerberg em 6 de novembro de 2007 – seis meses depois de comunicar o uso dos grafos sociais na plataforma. O sistema permite que as empresas se conectem com seus potenciais consumidores (aqueles mesmos que pensam ser apenas usuários de uma rede social), segmentando a publicidade para o público exato que desejam, o que nos leva a interpretar a plataforma como uma grande praça de mercado provendo o serviço informacional de mediar a relação entre diferentes usuários[119]. A oportunidade de contatar os consumidores em seu momento de entretenimento é claramente utilizada como argumento do negócio oferecido pelo Facebook: "Os melhores anúncios geram resultados comerciais reais, mas também agradam as pessoas. [...] aborde diretamente a motivação das pessoas ou os obstáculos que as impedem de se tornar seus clientes. Pense na possibilidade de criar versões diferentes do criativo para públicos distintos, para garantir que você está comunicando o que motiva cada grupo"[120].

A contratação de anúncios no sistema do Facebook pode ser feita diretamente pelo anunciante ou por intermédio de agências de publicidade. A distribuição pode ser não só para o Facebook como para o Instagram e para a Audience Network (rede de aplicativos e sítios externos à plataforma que mostram anúncios do Facebook no próprio conteúdo). São vários os tipos de anúncios disponíveis, a depender dos objetivos escolhidos pelo anunciante: impulsionar visualização de um vídeo, de um evento ou de uma notícia; promover vendas no sítio ou visita a um estabelecimento; aumentar reconhecimento da marca; estimular download de algum aplicativo; gerar cadastros,

---

[118] "Saiba como foi aplicada a manipulação de emoções no *feed* do Facebook", *TechTudo*, 1º jul. 2014; disponível em: <http://www.techtudo.com.br/noticias/noticia/2014/07/saiba-como-foi-aplicada-manipulacao-de-emocoes-no-feed-do-facebook.html>; acesso em: 19 mar. 2022; "Usuário de redes sociais é usado como 'rato de laboratório', diz autoridade da UE", *Época Negócios*; disponível em: <https://epocanegocios.globo.com/Tecnologia/noticia/2018/04/usuario-de-redes-sociais-e-usado-como-rato-de-laboratorio-diz-autoridade-da-ue.html>; acesso em: 4 abr. 2022.

[119] Bertin Martens, "An Economic Policy Perspective on Online Platforms", cit.

[120] "Anúncios fáceis e eficientes no Facebook"; disponível em: <https://www.facebook.com/business/products/ads/>; acesso em: 20 maio 2016.

entre outros. O anunciante define, previamente, o público a ser alcançado (com base em idade, localização, faixas demográficas, comportamentos etc.), bem como o orçamento disponível (diário ou total, além do intervalo de tempo de exibição). O anúncio pode ser pago em dois modelos diferentes: com base no número de impressões entregues (quando o anúncio é exibido) ou no número de ações dos usuários – como cliques no anúncio. O anunciante pode escolher o formato (imagem, vídeo, apresentação multimídia ou anúncio móvel) e onde quer veicular o anúncio, ou seja, seu posicionamento (Facebook, Instagram ou Audience Network). Escolhe, também, entre as opções de veicular em dispositivos móveis e/ou computadores. Mas como nem todos os posicionamentos estão disponíveis para todos os objetivos, o próprio sistema já sugere a opção de escolha automática.

O serviço Facebook Insight fornece métricas sobre demografia de fãs, desempenho de anúncios e tendências que ajudam a ajustar a segmentação de anúncios. Atualmente, há um amplo mercado de empresas que ofertam o serviço de aumentar o desempenho das páginas e perfis em várias plataformas digitais, incluindo o Facebook, oferecendo estatísticas e métricas para além daquelas disponibilizadas pelas próprias plataformas. As funções da ferramenta incluem ainda outras orientações, por exemplo, o "melhor momento para publicar no Facebook", ou seja, as horas "mais quentes" para obter os melhores resultados e aumentar as chances de interação, o tráfego e o número de seguidores[121].

A eficiência da segmentação dos anúncios do Facebook tem a ver, justamente, com seu mecanismo de mapear a rede de conexões reais por meio das quais as pessoas se comunicam e compartilham informações dentro e fora da plataforma. Além disso, o sistema de anúncios do Facebook também relaciona as ações sociais dos amigos de algum usuário – como a compra de um produto ou a revisão de um restaurante – com a mensagem de algum anunciante. Isso permite anúncios ainda mais personalizados e relevantes aos usuários.

Para chegar até algum usuário, cada anúncio publicitário precisa disputar espaço na tela do computador ou do aparelho celular desse usuário com as outras notícias do *feed* (quanto é distribuído no *feed*), com as mensagens dos demais anunciantes interessados em alcançar determinada audiência no mesmo momento. A decisão de qual anúncio é exibido para cada pessoa é

---

[121] "Facebook analytics and metrics"; disponível em: <https://metricool.com/facebook--analytics-tool/>; acesso em: 6 mar. 2018.

188 • O valor da informação

tomada pelo algoritmo, por meio de leilões automáticos nos quais tanto os interesses do anunciante quanto os dos usuários seriam representados. Os leilões ocorrem sempre que alguém se qualifica para ver um anúncio, logo, são realizados bilhões de leilões diariamente. O vencedor não é aquele que dá o lance mais alto, mas, sim, aquele anúncio que gerar, na definição do Facebook, o "maior valor total": ou seja, o anúncio que se apresenta como o certo, para a pessoa certa e no momento adequado com base em fórmulas matemáticas que considerariam essas variáveis.

As três variáveis que determinam o "valor total do anúncio" são: o anunciante (estratégias predefinidas para o lance, como limites de lance ou meta de custo); as taxas de ação estimadas (probabilidade de a pessoa que receber o anúncio vir a ter a atitude esperada pelo anunciante); e qualidade e relevância do anúncio (representa o quanto o Facebook acredita que a pessoa está interessada em ver o anúncio, comparando a relevância dele em relação a outros anúncios direcionados para o mesmo público)[122].

Segundo o relatório anual de 2018, o Facebook acusa um crescimento mais lento no "número de anúncios entregues", que, por sua vez, está relacionado também ao número de usuários e seu engajamento[123]. Enquanto toma as medidas para contornar isso, afirma que vai investir no aumento do preço do anúncio, desenvolver novos produtos publicitários e torná-los mais relevantes e eficazes para, assim, continuar impulsionando o crescimento das receitas. Nos últimos anos, a plataforma tem anunciado mudanças no *feed* de notícias para aumentar o engajamento, priorizando conteúdos pessoais aos anúncios, e tenta elevar a qualidade dos conteúdos, inclusive buscando filtrar mensagens que podem ser classificadas como notícias falsas ou mentirosas (as assim chamadas "*fake news*"), que invadiram recentemente o universo das plataformas da internet

Esses conflitos podem estar revelando uma contradição essencial que as plataformas produtoras de audiência estariam experimentando ao se apresentarem como representantes de dois interesses distintos: o da audiência (fonte essencial na geração de valor) e o dos anunciantes (que pagam pelo serviço, logo realizam o valor). Ambos são fundamentais para o processo de acumulação de valor nas plataformas, mas buscam objetivos

---

[122] "Sobre os leilões de anúncios"; disponível em: <https://www.facebook.com/business/help/430291176997542>; acesso em: 19 mar. 2022.

[123] Facebook Inc., *Annual Report: Form 10-K*, 2018, cit.

distintos, revelando o que parece ser duas faces da mesma moeda desse tipo de negócio: ao mesmo tempo, plataforma promotora de integração social "descompromissada" e empresa comercial de veiculação publicitária. O desafio da plataforma tem sido inserir os anúncios de modo cada vez mais natural na experiência dos usuários, aumentando não só a permanência e o engajamento destes na plataforma (fornecendo dados específicos), como também sua interação com os anúncios (realizando valor em dinheiro). Em outras palavras, aumentando o tempo e a utilidade do trabalho da audiência.

Deixar de ver anúncio é uma opção improvável. Em comunicado publicado em agosto de 2016, o vice-presidente de Plataforma e Publicidade, Andrew Bosworth, deixou claro que o Facebook iria começar a exibir anúncios *desktop* mesmo para aqueles que estão usando *software* de bloqueio de anúncios, uma vez que essa é a base econômica da plataforma. "O Facebook é um dos primeiros serviços a efetivar tal mudança porque entendemos que os anúncios financiam a nossa missão de oferecer às pessoas o poder de compartilhar e de tornar o mundo mais aberto e conectado", explicou Bosworth[124]. O único controle que restaria ao usuário é, por meio da ferramenta de "preferências de anúncio", selecionar seus tópicos de "interesse".

Todavia, os desafios existem e estão postos: eles vêm principalmente dos escândalos de vazamento de dados[125], da concorrência, das tentativas ainda a caminho de se regular esse tipo de serviço em seus vários aspectos. Tais desafios ao Facebook teriam ainda maior peso se viessem também de uma grande articulação social dos usuários. Trebor Scholz faz uma provocação sobre até que ponto milhões de pessoas que têm seus dados "bloqueados" e sob domínio de poucas entidades privadas vão continuar aceitando participar dessas plataformas sem que nenhuma delas exerça o verdadeiro poder social que poderiam oferecer: formar interesses públicos comuns e agir coletivamente[126].

---

[124] Andrew Bosworth, "Uma nova maneira de controlar os anúncios que você vê no Facebook", 9 ago. 2016; disponível em: <https://br.newsroom.fb.com/news/2016/08/uma-nova-maneira-de-controlar-os-anuncios-que-voce-ve-no-facebook/>; acesso em: 19 mar. 2022.

[125] "Em dois dias, Facebook perde quase US$ 50 bilhões em valor de mercado", *G1*, 20 mar. 2018; disponível em: <https://g1.globo.com/economia/noticia/em-dois-dias-facebook-perde-quase-us-50-bilhoes-em-valor-de-mercado.ghtml>; acesso em: 19 mar. 2022.

[126] Trebor Scholz, "Facebook as Playground and Factory", em Dylan E. Wittkower (org.). *Facebook and Philosophy: What's on Your Mind?* (Chicago, Open Court, 2010), p. 241-52.

190 • O valor da informação

4. Economia política do YouTube

O YouTube foi lançado em maio de 2005 apresentando-se como uma comunidade *on-line* para compartilhamento de vídeos criativos, seguindo a trajetória típica de uma empresa *startup*. Primeiro, os fundadores identificaram uma oportunidade de mercado, nesse caso a produção de vídeos na internet. Rapidamente, a proposta atraiu investimentos da Sequoia Capital (que também investiu no Google, na Apple, na Oracle etc.), viabilizando o estabelecimento da empresa. Um ano depois, quando já alcançava a marca diária de 65 mil novos vídeos inscritos e 100 milhões de visualizações, o YouTube foi vendido para o Google por 1,65 bilhão de dólares[127]. Atualmente atrás apenas do Facebook, o YouTube é a segunda plataforma sociodigital mais popular do mundo[128], constituindo uma audiência internacional que supera 2 bilhões de usuários logados mensalmente em mais de 100 países[129].

Em pouco tempo, o YouTube tornou-se uma vitrine da ideologia da "cultura participativa"[130] que permeia os discursos na internet: qualquer um tem chance de se tornar famoso com apenas uma câmera, algum talento e um pouco de sorte. De fato, a plataforma oferta um serviço por meio do qual todo usuário pode facilmente carregar e compartilhar vídeos *on-line* – e assistir a eles –, bem como criar sua rede pessoal. Isso não significa, no entanto, que seja uma plataforma neutra, ou que os usuários tenham conquistado poder suficiente para renegociar sua relação com as corporações mediáticas. Ao contrário, o YouTube é um negócio capitalista cujas transformações da última década, incluindo a eliminação do mote *Broadcast Yourself* de sua logomarca, demandam uma reflexão sobre a lógica da acumulação de capital que está por trás dessa e de outras plataformas da internet.

---

[127] Juliana Carpanez, "Google compra *site* YouTube por US$ 1,65 bilhão", *G1*, 9 out. 2006; disponível em: <http://g1.globo.com/Noticias/Tecnologia/0,,AA1304481-6174,00. html>; acesso em: 19 mar. 2022.

[128] "As 17 maiores redes sociais do mundo em 2022"; disponível em: <https://www. maioresemelhores.com/maiores-redes-sociais-do-mundo/>; acesso em: 4 abr. 2022.

[129] "YouTube para imprensa"; disponível em: <https://blog.youtube/press/>; acesso em: 4 abr. 2022.

[130] Henry Jenkins, *Cultura da convergência* (trad. Susana Alexandria, São Paulo, Aleph, 2009).

O volume de capital de risco investido desde o princípio pela Sequoia e por outros *venture capitalists* já apostava na proposta comercial e nas estratégias de crescimento apresentadas em um documento formal por seus desenvolvedores, pautadas naquilo que mais tarde viria a ser fortemente explorado sob domínio do Google: venda de anúncios publicitários, acesso a conteúdo pago e distribuição de conteúdo da mídia tradicional[131]. A ideia expressa no documento era clara: o conteúdo gerado pelo usuário era a melhor estratégia para a popularização da plataforma. Uma vez transformada em "*player* dominante" de vídeo na internet, estaria aberta a oportunidade para monetizá-la por meio de diferentes tipos de serviços.

Não foi o Google, portanto, que transformou essa plataforma de vídeos em uma empresa capitalista. Contudo, certamente, desde que o Google assumiu o controle do YouTube, o papel da audiência como provedora de dados – não só de conteúdos – aumentou notavelmente e vem delineando com clareza esse modelo de negócios próprio do capital-informação. O Google começou como uma ferramenta de busca líder na distribuição de anúncios na internet, com base em seu extenso poder de vigilância de dados na internet. À medida que foi crescendo no mercado, passou a adquirir vários outros empreendimentos, entre eles o YouTube, tornando-se uma corporação multinacional que oferta vários serviços e produtos baseados na internet – mas ainda mantendo como principal fonte de lucro a venda de publicidade por meio do sistema AdWord/AdSense. O YouTube tornou-se uma subsidiária (independente) do Google: uma empresa cujo interesse fundamental não é o conteúdo em si, mas a integração vertical de motores de busca com conteúdo, plataformas de conteúdos gerados pelos usuários (como as plataformas de rede social), sítios agregadores de informação e publicidade.

Desde 2015, o Google passou a ser a principal subsidiária da Alphabet Inc. Assim como o relatório do Facebook Inc. remete ao Facebook (e outras empresas como WhatsApp e Instagram), o relatório da Alphabet Inc. remete diretamente ao Google, não apresentando dados específicos das empresas que são subsidiárias dele, como é o caso do YouTube[132]. Por isso, pouco se

---

[131] "YouTube Company Presentation", em *Viacom International Inc. et al. v. YouTube Inc. et al*. Filling 194: Declaration of Roelof Botha (exhibit 1); disponível em: <https://docs.justia.com/cases/federal/district-courts/new-york/nysdce/1:2007 cv02103/302164/194>; acesso em: 19 mar. 2022.

[132] Alphabet Inc., *Annual Report: Form 10-K*, cit.

sabe dos dados financeiros específicos do YouTube, a não ser em algumas menções diretas, naquele relatório, à contribuição do YouTube para as receitas gerais da Alphabet.

O relatório aponta, por exemplo, que as receitas das empresas sob propriedade do Google aumentaram 14 milhões de dólares de 2016 para 2017, e o YouTube é citado como um dos fatores contribuintes, impulsionado pela publicidade em vídeo. Ainda de acordo com o relatório da Alphabet, o crescimento nos anúncios de engajamento do YouTube é citado como uma significativa contribuição para o aumento do número de cliques pagos (nos anos de 2016 e 2017) relativos às empresas das quais o Google é proprietário[133]. O CEO do Google, Sundar Pichai, afirmou que a empresa "continua a ver crescimento e oportunidades extraordinárias" para a plataforma de vídeo em todo o mundo, mas não lançou luz adicional sobre as receitas específicas do YouTube[134]. Após quase dez anos da aquisição do YouTube, o Google chegou a afirmar que a empresa ainda não dava lucros[135]. Atualmente, a situação parece já ter sido revertida.

O YouTube, como outras plataformas produtoras de audiência, é uma grande praça de mercado internacional que conecta sobretudo consumidores com publicitários e produtores de conteúdos. Quanto mais conteúdo, mais audiência (e mais dados sobre ela) e, em consequência, mais venda de publicidade e/ou pagamento de assinaturas. E, quanto mais retorno financeiro, mais investimento na produção de conteúdo atrativo de audiência, que atrai mais publicidade, e assim sucessivamente. É justamente nesse potencial da rede que reside seu valor. Os investidores injetam capital para criar um ambiente informacional produtivo, mobilizando trabalho pago (profissionais contratados) e gratuito (audiência produzindo e/ou consumindo conteúdo). Do monopólio desse sistema, o YouTube extrai rendas informacionais. Parte dessa renda advém dos diferentes segmentos de capital que pagam a publicidade para acelerar a realização do mais-valor na venda

---

[133] Idem.

[134] Todd Spangler, "Google Parent Alphabet Revenue Rises 22%, YouTube Ad Controversy Doesn't Hamper Results", *Variety*, 27 abr. 2017; disponível em: <http://variety.com/2017/digital/news/google-youtube-alphabet-q1-2017-1202401702/>; acesso em: 19 mar. 2022.

[135] Rolfe Winkler, "YouTube: 1 Billion Viewers, No Profit", *The Wall Street Journal*, 25 fev. 2015; disponível em: <https://www.wsj.com/articles/viewers-dont-add-up-to-profit-for-youtube-1424897967>; acesso em: 19 mar. 2022.

de produtos e serviços, outra parte advém do próprio trabalho dos criadores de conteúdo que conseguem monetizar o acesso a suas produções e devem repassar parte de suas receitas para a plataforma.

4.1. Estratégias de monetização: expansão para novos mercados

O principal objetivo do YouTube, assim como do Facebook, é ofertar acesso gratuito ao uso da plataforma (na maior parte de seus recursos) como forma de captar audiência e, assim, monetizá-la. Todo o investimento que viabiliza o funcionamento do YouTube visa criar um ambiente produtivo de geração de valor por meio da exploração do trabalho semiótico coletivo dos usuários e dos profissionais pagos. Um trabalho que, de certo modo, é *organizado* por essa corporação (junto ao Google), ao estender a lógica de exploração capitalista ao espaço *on-line*.

Atualmente, o YouTube tem três formas de monetização: publicidade, assinatura *premium* e YouTube Red. Em todos esses modelos, aquele que (indivíduo ou empresa) produz conteúdos em algum canal exclusivo divide a receita com o YouTube. A plataforma regula essa parte comercial por meio do que chama de "Programa de Parceria do YouTube" – que, apesar de ser apresentado como uma iniciativa que atende às demandas dos criadores de conteúdo para gerar receita com o conteúdo publicado, é visivelmente a estratégia de acumulação financeira da plataforma. O programa de parcerias foi lançado em 2007, mas já passou por várias reformulações no sentido de aumentar cada vez mais a exigência da qualidade dos vídeos como pré--requisito para monetizá-los.

No que diz respeito à publicidade, principal fonte de receita do YouTube, a plataforma retém 45% da receita obtida por vídeo habilitado para receber anúncios. A receita total de publicidade é um reflexo direto de quantas pessoas assistem aos anúncios e/ou clicam neles – depende da modalidade escolhida pelo anunciante. No entanto, o preço por clique ou por visualização não é padronizado porque depende de muitas variáveis, como tipo de anúncio, conteúdo, tempo de exposição etc.

Anunciar no YouTube pode significar várias ações: promover um vídeo publicitário antes, durante ou depois do vídeo assistido pelo usuário (e que o direciona ao *website* ou canal do anunciante); exibir um *banner* (que direciona o usuário para o canal do anunciante); melhorar o posicionamento de um vídeo, apresentando-o no topo da busca interna do YouTube; ou

194 • O valor da informação

promover um vídeo como sugestão ao usuário, com base no que ele já está assistindo. Com relação aos anúncios de vídeos, a plataforma oferece três modalidades principais e, em todas, o anunciante só paga quando a audiência se envolve de alguma forma com o conteúdo[136].

E como se dá essa distribuição dos anúncios? Diferentemente do Facebook, que tem um sistema próprio de distribuição de anúncios (Facebook Ads), o YouTube utiliza o sistema de entrega do Google – o AdWord – também baseado em leilão. Nesse sistema, os anunciantes fazem a configuração e a compra dos anúncios em todos os formatos (incluindo vídeos), para serem distribuídos por toda a rede de atendimento do Google: sejam as empresas sob propriedade do Google, como é o caso do YouTube, sejam os sítios membros da rede que pleiteiam receber anúncios em suas páginas (rede de *display*). Tal como outros sistemas de anúncio, o Google também oferece ferramentas que ajudam o anunciante a mensurar e acompanhar o desempenho das campanhas publicitárias tanto no Google Adwords quanto no próprio YouTube (Google Analytics). Por fim, todo anúncio (e dinheiro) de venda de publicidade ao Google entra por esse sistema e é redistribuído para as páginas, vídeos e outros conteúdos que exibem o anúncio por meio do Google AdSense.

É possível definir o público-alvo escolhendo critérios como localização (país, região, cidade), atividades desempenhadas na *web* (baseadas no que as pessoas estão assistindo ou pesquisando no YouTube ou em outros sítios externos à plataforma), bem como especificações sobre idade e gênero, tipos de dispositivos exibidos (*desktop*, *laptop*, *smartphones*), horário de exibição, entre outros[137]. O Adwords chega a oferecer a opção de o anunciante focar em vídeos específicos do YouTube, nos quais deseja vincular seu anúncio. Isso é feito inserindo-se no sistema a URL do vídeo de destino da inserção. Tal opção, no entanto, nem sempre é efetiva porque, mesmo que alguns vídeos sejam relevantes para determinada campanha publicitária, podem não ter tráfego suficiente para apoiar os anúncios e suas metas[138]. Por essa razão, a

---

[136] "Sobre os formatos de anúncio em vídeo"; disponível em: <https://support.google.com/adwords/answer/2375464?hl=pt-BR&_ga=2.166787069.239728288.1516740450-1374467713.1498770155>; acesso em: 19 mar. 2022.

[137] "Dê vida a sua campanha com vídeos"; disponível em: <https://ads.google.com/home/campaigns/video-ads/>; acesso em: 4 abr. 2022.

[138] "Como anunciar no YouTube: formato, segmentações e métricas de anúncios na plataforma", *Ingage*; disponível em: <https://blog.ingagedigital.com.br/como-anunciar-no-youtube/>; acesso em: 4 abr. 2022.

maior parte dos anúncios do YouTube não é vinculada a vídeos específicos escolhidos pelo anunciante, mas, sim, associada ao perfil da audiência que o está visualizando. Esse perfil é construído com base no potencial de rastreio do Google em toda a internet – o que garante que os anúncios vendidos sejam extremamente segmentados. Quando acessa o YouTube, o usuário tem seu perfil relacionado ao anunciante ganhador do leilão automático operado pelo sistema Google Adwords (entre todos os interessados naquele perfil específico) e verá a propaganda apresentada independentemente do tipo de vídeo que escolher assistir.

O leilão seleciona os anúncios que serão exibidos, bem como o preço a ser pago pelo anunciante. Os anunciantes podem definir o preço que desejam pagar pelos cliques nos anúncios ou pelas impressões. A escolha do vencedor depende de seus lances (quem deseja pagar mais) e de um *índice de qualidade*, relacionado ao que o Google considera proporcionar uma "boa experiência" ao usuário. A lógica geral do sistema de anúncios, como se vê, não tem diferenças marcantes em relação à do Facebook.

Apesar de a fonte majoritária de receita do YouTube ser a venda de publicidade, a plataforma também tem desenvolvido outras fontes de receita, caminhando em direção a um modelo híbrido. Uma delas é a assinatura *premium* – que não exclui a possibilidade de os vídeos também serem monetizados com publicidade. O programa-piloto que permitia a cobrança pelo acesso ao conteúdo foi lançado em maio de 2013. O conteúdo pode ser cobrado por meio de serviços de aluguel para itens individuais ou para o canal inteiro (por uma taxa de inscrição única ou recorrente). A empresa justifica que a iniciativa atende aos pedidos de maior flexibilidade na monetização e na distribuição de conteúdo por parte dos criadores. Um dos primeiros canais pagos no Brasil é o Vlog do Zack, focado em equipamentos fotográficos, à época sustentado por 30 mil assinaturas. Um ponto importante dessa tendência ao conteúdo pago é que o YouTube tem migrado com mais força para "outros mercados". Aqui inclui a concorrência direta com a TV por assinatura, comprando os direitos de distribuição dos canais pagos. Em fevereiro de 2017, a companhia anunciou em seu blogue oficial que, nos Estados Unidos, receberá o serviço de transmissão de TV ao vivo de mais de quarenta redes, como ABC, CBS, Fox, NBC, ESPN, esportes regionais e dezenas de redes de cabo populares. Outros canais estarão disponíveis por um custo adicional. Essa iniciativa tenta claramente tomar os clientes dos canais tradicionais de televisão por assinatura, oferecendo preço competitivo (35 dólares por mês) e recursos extras: está disponível em celular, *tablet* ou computador, e a transmissão pela tela grande de televisão pode ser feita utilizando-se um aparelho Google Chromecast ou um Chromecast *built-in* TV (receptores multimídia digital). Além disso, o sistema ainda oferece gravador de vídeo digital em nuvem (DVR) sem limite de armazenamento, de modo que os usuários podem gravar TV ao vivo e armazená-la por nove meses.

Outra opção de monetização é o YouTube Red, uma proposta de assinatura mensal para ocultar exibição de publicidade nos vídeos de acesso gratuito. Mais recentemente, foi incluída nessa versão o acesso a conteúdos exclusivos produzidos pelo próprio YouTube. O YouTube Red é um serviço de assinatura mensal que oferece novos recursos no acesso a conteúdos gratuitos, como ocultar publicidade dos vídeos, permitir música sem interrupção, salvar conteúdo *off-line* e reproduzir vídeo em segundo plano. Nesse caso, o programa de parceria divide a taxa de assinatura mensal com os proprietários dos vídeos assistidos, como forma de compensar a ocultação da publicidade de onde retirariam seus rendimentos. O serviço foi lançado no final de 2015 e, atualmente, está disponível em alguns países, a exemplo da Austrália, Coreia do Sul, Nova Zelândia, México e Estados Unidos.

A iniciativa pode ser vista como o início de uma mudança do YouTube para se tornar também uma plataforma de oferta de conteúdo predominantemente profissional, a exemplo do Spotify e da Netflix. É também uma nova forma de gerar receita[139]. Mais recentemente, os assinantes do YouTube Red ganharam acesso aos conteúdos do YouTube Red Original – uma produção de filmes, documentários e séries originais.

Além dessas produções associadas ao YouTube Red, a plataforma também tem desenvolvido canais próprios. Na busca por novas estratégias para profissionalizar conteúdo, o YouTube comprou, em 2011, a Next New Network (NNN), uma companhia de *web* TV que programa múltiplos canais de vídeo. Pouco tempo depois, a corporação lançou seus dois primeiros canais originais[140]. De acordo com Ulin, só nos Estados Unidos o YouTube investiu 100 milhões de dólares em criadores/provedores de

---

[139] Stuart Cunningham, David Craig e Jon Silver, "YouTube, Multichannel Network and the Accelerated Evolution of the New Screen Ecology", *International Journal of Cultural Studies*, v. 22, n. 4, 2016, p. 382.

[140] Ibidem, p. 380.

conteúdos para criar em torno de cem novos canais *on-line*, o que significa 24 horas de conteúdos originais por dia[141]. O projeto envolve celebridades do meio artístico, desportivo, gurus culturais e de autoajuda, além de parcerias com fortes marcas mediáticas, a exemplo da Thomson Reuters, *The Wall Street Journal* e *Cosmopolitan*. Na Europa, foram anunciados sessenta novos canais de vídeos. No Reino Unido, o investimento inicial foi de 10 milhões de libras. De acordo com o diretor de entretenimento do YouTube, Alex Carlos, a internet está estimulando a expansão de um novo tipo de meio mais segmentado e interativo que os já existentes porque, na TV, os custos para operar são muito mais elevados. Assim, do mesmo modo que a audiência teria migrado anteriormente da banda larga para TVs mais segmentadas como a TV a cabo, acredita-se que a audiência continuará procurando canais mais segmentados. "Nosso objetivo é que o YouTube venha a ser a plataforma definitiva dessa nova geração de canais... Com o YouTube, todo um novo mundo de conteúdos pode agora chegar às telas."[142]

4.2. Trabalho da audiência e "profissionalização do conteúdo"

A produção de vídeos é uma das formas mais explícitas de configuração de trabalho da audiência no YouTube. Isso porque, mesmo passando a investir na produção de conteúdo próprio, a plataforma continua a ser majoritariamente "vazia", preenchida por *criadores que assumem os riscos e os custos da produção*[143]. A lógica econômica é que, se um canal de algum desses criadores faz sucesso, o YouTube ganha. Se o canal sequer consegue atingir os critérios de monetização, o YouTube não perde. Assim, todos os produtores de conteúdo, mesmo os que não monetizam, trabalham para a plataforma no sentido de gerar valor ao ampliar o potencial da rede em atrair audiência e, daí, anunciantes. Ainda é, a rigor, o mesmo modelo sugerido, nos anos 1970, por Dallas Smythe para entender a economia política da televisão.

Apesar de ser a mais evidente, a criação de conteúdos não é a única forma de trabalho da audiência. Consideramos que ela trabalha para essas

---

[141] Jeffrey Ulin, "Internet Distribution, Download and On-demand Stream: A New Paradigm", em Jeffrey Ulin, *The Business of Media Distribution: Monetizing Film, TV and Video Content in an Online World* (Oxford, Focal Press, 2013).

[142] Ibidem, p. 377.

[143] Robert Gehl, "YouTube as Archive", *International Journal of Cultural Studies*, v. 12, n. 1, 2009, p. 43-60.

198 • O valor da informação

plataformas a todo momento em que está gerando dados sob vigilância – dados esses que estarão na base, principalmente, da venda de anúncios. No caso do YouTube, esses dados são gerados em todas as ações tomadas na plataforma, como assistir, curtir, comentar e compartilhar vídeos, utilizar o sistema de buscas, criar *playlists* etc.

Porém, como vimos, o YouTube vem desenvolvendo novas estratégias de monetização nas quais os usuários pagam por programação exclusiva ou sem publicidade. Tais estratégias estabelecem novas relações com a audiência e, portanto, colocam um novo problema em discussão: a audiência trabalharia gerando valor mesmo nesses casos em que paga para usufruir de serviços no YouTube? Argumentaremos que sim, uma vez que, pelo fato de estar navegando na plataforma, a audiência amplia o potencial da rede para veicular publicidade, ampliar seu mercado de assinaturas, e, sobretudo, porque continua produzindo dados sobre seus gostos, desejos, preferências, condições sociais, que constituem a matéria-prima essencial da lógica de monetização e acumulação.

Para ampliar todas as formas de monetização descritas, o YouTube tem seguido a tendência de profissionalizar os conteúdos, diminuindo os espaços de protagonismo do conteúdo amador produzido pela audiência em prol dos vídeos potencialmente comerciais. Essa profissionalização se dá pela veiculação de conteúdos da mídia *mainstream*, mas também pelo aumento da qualidade dos vídeos produzidos pelos *youtubers* – preservando, contudo, o "estilo" de vídeo amador. Essas mudanças são positivas para a plataforma em seus diferentes objetivos (e culminam na mesma finalidade de monetização): atrair mais audiência, ampliar a confiança dos anunciantes e aumentar o número de assinaturas pagas.

Em tempos recentes, a corporação começou a ter de lidar com a crescente preocupação de seus anunciantes devido ao risco, percebido como cada vez maior, de seus anúncios serem vinculados a conteúdos considerados "inadequados" – seja pela má qualidade estética, seja pela própria mensagem: racismo, discurso de ódio, terrorismo, por exemplo. Muitos vídeos, sobretudo amadores, também são acusados de infringir direitos autorais[144]. Assim, para

---

[144] Nelson de Sá, "Boicote ao YouTube divide grandes anunciantes no Brasil", *Folha de S.Paulo*, 3 abr. 2017; disponível em: <http://www1.folha.uol.com.br/mercado/2017/04/1872205-boicote-ao-youtube-divide-grandes-anunciantes-no-brasil.shtml>; acesso em: 20 mar. 2022.

impulsionar o padrão de qualidade, e cientes de que os *uploaders* querem lucrar na plataforma, as novas diretrizes, lançadas em 2017, estabeleceram que, para pleitear fazer parte do programa de parcerias, o pré-requisito mínimo para monetização era ter pelo menos 10 mil visualizações – e não mais ter apenas um conteúdo autoral e original. "Esse limite de visualizações nos dá informações suficientes para determinar a validade de um canal. Ele também nos permite confirmar se um canal segue nossas diretrizes da comunidade e as políticas para anunciantes", justifica o YouTube[145].

Em 2018, foi anunciada uma nova alteração na política de veiculação, que torna a monetização ainda mais difícil: passaram a ser considerados não apenas o número de visualizações, mas o tipo de conteúdo e o engajamento dos usuários. Os novos requisitos são: canais com pelo menos mil inscritos e no mínimo 4 mil horas de conteúdo assistido nos últimos doze meses (somando-se as visualizações de todos os usuários). Os canais já existentes que estão ativos para monetização, mas não cumprem os requisitos seriam reavaliados e removidos do programa até 20 de fevereiro daquele ano. A plataforma também comunicou a revisão manual das violações de suas regras, *spam* e denúncias para garantir que os canais estejam de acordo com suas diretrizes. E garantiu ampliar a transparência com seus anunciantes e dar mais informações sobre onde suas propagandas estão sendo veiculadas e como estão sendo consumidas.

Uma das alternativas para aumentar os conteúdos de interesse dos anunciantes e o número de assinaturas dos conteúdos pagos tem sido *privilegiar parceiros corporativos*, distribuindo conteúdos da mídia *mainstream*. Aqui há um encontro de interesses, uma vez que criadores de conteúdos profissionais e corporações mediáticas tradicionais rapidamente buscaram ocupar espaços na plataforma, com o objetivo de reter e até ampliar a audiência, além de aproveitar a possibilidade de distribuir conteúdo por um canal mais simples e barato. Essa tendência impulsiona a renovação das tradicionais companhias da indústria cultural, no conceito de Adorno e Horkheimer[146], agora aderindo também ao ambiente *on-line*, antes visto até mesmo como hostil: "YouTube, de porto seguro para a pirataria dos conteúdos

---

[145] "Visão geral do programa de parceria do YouTube"; disponível em: <https://support.google.com/youtube/answer/72851?hl=pt-BR>; acesso em: 3 jul. 2017.

[146] Theodor W. Adorno e Max Horkheimer, *Dialética do esclarecimento* (trad. Guido Antonio de Almeida, Rio de Janeiro, Jorge Zahar, 1985 [1944]).

200 • O valor da informação

hollywoodianos, tornou-se parceiro das companhias de Hollywood e do talento de seus profissionais"[147].

A própria tecnologia de controle de propriedade intelectual do YouTube é, atualmente, uma poderosa fonte de renda para a indústria do entretenimento [148]. O sistema denominado Content ID[149] vigia os vídeos carregados na plataforma comparando-os com uma base de arquivos formada com material fornecido pelos proprietários de direitos autorais. Quando o algoritmo identifica algum uso inapropriado, o proprietário do direito autoral é notificado e pode escolher qual medida tomar, entre as quais bloquear o conteúdo inteiro, rastrear as estatísticas de visualização do vídeo, gerar receita com o vídeo ao veicular anúncios neles e, em alguns casos, compartilhar os lucros com o usuário que fez o envio do vídeo. De acordo com os dados fornecidos pela própria plataforma, o YouTube pagou cerca de 5,5 bilhões de dólares em direitos autorais desde o lançamento do sistema Content ID, em 2007, até o ano de 2022. A possibilidade de monetização, no entanto, é destinada apenas para gravadoras, estúdios de cinema ou outros nichos que gerenciam direitos autorais em larga escala. Para os outros criadores de conteúdo, é disponibilizada outra ferramenta denominada Copyright Match Tool, por meio da qual o sistema de rastreio oferece apenas a opção de entrar em contato com o responsável pelo envio do vídeo, solicitar remoção do conteúdo ou solicitar arquivamento da correspondência.

A plataforma também investe naquela que é sua marca diferencial: oferecer vídeos que mantêm a aparência amadorística, mas que são criados profissionalmente. Para "auxiliar" no alcance desse pré-requisito, a plataforma oferece programas de treinamento para usuários, uma espécie de plano de carreira: quanto mais visualizações alcançam, mais recursos de aprendizado são disponibilizados no perfil do dono do canal. Os criadores são incentivados a participar de uma comunidade para compartilhar ideias, conhecer outros criadores mais experientes e acompanhar blogues

---

[147] Stuart Cunningham, David Craig e Jon Silver, "YouTube, Multichannel Network and the Accelerated Evolution of the New Screen Ecology", cit.

[148] Janet Wasco e Mary Erickson, "The Political Economy of YouTube", em Pelle Snickars e Patrick Vonderau (orgs.), *The YouTube Reader* (Estocolmo, Biblioteca Nacional Sueca, 2009).

[149] "Como o YouTube gerencia o conteúdo protegido por direitos autorais?"; disponível em: <https://www.youtube.com/intl/ALL_br/howyoutubeworks/our-commitments/safeguarding-copyright/>; acesso em: 4 abr. 2022.

para conferir anúncios de ferramentas novas. O aumento no número de inscritos também possibilita que os criadores recebam uma placa significando "Prêmio Prata" (100 mil inscritos), "Prêmio Ouro" (1 milhão de inscritos) e "Prêmio Diamante" (10 milhões de inscritos). Até o ano de 2021, os canais mais desenvolvidos tinham acesso a programas estratégicos e oficinas administrados nas instalações físicas do YouTube Spaces em Los Angeles, Nova York, Londres, Tóquio, Toronto, Berlim, Paris, Mumbai e no Rio de Janeiro. Os espaços, no entanto, foram fechados, inicialmente, pela pandemia de covid-19, depois permanentemente seguindo justificativa de maior alcance de beneficiários no formato *on-line*[150]. Uma das apostas atuais de incentivo aos criadores de conteúdo tem sido o concurso YouTube NextUp[151], no qual canais com mais de 10 mil inscritos que atendem a requisitos como ter enviado pelo menos três vídeos nos últimos 90 dias podem concorrer a cursos de treinamento virtual, voucher para compra de equipamentos no valor de mil dólares em um varejista indicado pelo YouTube e outros benefícios como consultoria de um especialista de canal, convites para festas e eventos exclusivos e oportunidade de trabalhar com Parceiros do YouTube e graduados do NextUp.

Em suma, conforme estamos vendo, tanto os produtores de conteúdo profissional quanto a audiência (em todas as suas atividades de produção e/ou interação com o conteúdo), bem como os profissionais contratados para desenvolver algoritmos – todos – trabalham social e coletivamente na geração de *valor-informação* para o YouTube. Isso porque o valor do YouTube *está na rede*, na informação gerada por esse conjunto de interações, com a importante participação dos diferentes agentes envolvidos, mediados pela estrutura (algoritmos, banco de dados) sobre a qual a plataforma detém o monopólio. Independentemente de o canal monetizar seu conteúdo por publicidade ou por assinaturas pagas, a maior parte dessa receita vai para o YouTube, dele saindo os lucros que remunerarão os investidores financeiros da Alphabet. A plataforma pode barganhar essa renda com os demais atores, para os quais deve deixar uma pequena parte, porque detém o monopólio

---

[150] "YouTube encerra operações do YouTube Spaces"; disponível em: <https://www.b9.com.br/139225/youtube-encerra-operacoes-do-youtube-spaces-seus-espacos--fisicos-para-creators/>; acesso em 4 abr. 2022.

[151] "YouTube NextUp"; disponível em: <https://www.youtube.com/nextup/>; acesso em: 4 abr. 2022.

202 • O valor da informação

sobre o acesso e a conexão de seus usuários. É um "jardim murado", um ambiente "cercado" para assegurar que o valor do trabalho informacional da sociedade possa ser apropriado pelo capital financeiro.

Se ambas as formas de trabalho geram o valor da rede, a audiência tenderia a perder seu papel de protagonista na produção direta de conteúdos, enquanto permanece fundamental para atrair e consumir publicidade, bem como potencial pagante para acesso a conteúdo *premium*. Mesmo a plataforma continuando a se promover orientada para vídeos gerados pelo usuário, à audiência parece interessar menos a produção de conteúdo (o que fez a plataforma crescer rapidamente após o lançamento inicial) e mais a *produção de dados* baseada na vigilância (estratégia reforçada desde a aquisição da plataforma pelo Google). Isso porque, na busca para impulsionar a audiência a produzir conteúdos, apenas uma pequena parte dela se torna "importante" como provedora de conteúdo monetizável para o YouTube – quase sempre, aquela pequena parte que se "profissionaliza".

Essa possibilidade de monetização de conteúdo no YouTube coloca uma nova variável a ser ponderada no debate do trabalho não pago. Enquanto no Facebook os usuários postam e compartilham textos e notícias, pelo menos aparentemente em busca de interação e prestígio simbólico, mas não de remuneração, no YouTube a produção de vídeos por uma pessoa qualquer já pode ter, desde o início, a pretensão de atrair audiência suficiente para monetizá-lo, dada a própria consolidação do programa de parcerias. Apesar de uma parcela mínima chegar a esse estágio, essa circunstância de remuneração coloca dúvidas sobre até que ponto podemos incluir esses produtores no conceito de trabalho da audiência ou no conceito de trabalho remunerado (ainda que precarizado).

Uma série de entrevistas com *youtubers* brasileiros famosos mostra que a maioria deles tem algum trabalho fixo fora das redes e produz para o YouTube nos finais de semana ou à noite[152]. Mesmo os que atualmente conseguem viver só do trabalho desenvolvido na plataforma afirmam ter levado muito tempo (e investimento) para alcançar esse patamar. Essa realidade pode ser associada à visão mitológica que relaciona trabalho em novas mídias a uma imagem *cool*, criativa e igualitária quando, na verdade, a real riqueza produzida nesse sistema continua sendo apropriada e concentrada nas grandes corporações. O capital-informação, nas plataformas sociodigitais,

---

[152] "YouTube é a nova TV"; disponível em: <https://viniciusfelix.medium.com/youtube--%C3%A9-a-nova-tv-d2df0289fd40>; acesso em: 4 abr. 2022.

investe pouco ou nada na formação, no aprimoramento ou no que seria uma "carreira" desse seu trabalhador e sequer adianta algum dinheiro (*D*) no capital fixo necessário à efetivação *imediata* desse trabalho (câmeras de filmagem ou fotografia, ambientes similares ao de estúdio etc.). Todo o *risco* é do *youtuber*. São relações de trabalho e de produção de mais-valor que demandam maior investigação.

Embora situando-se além do escopo deste estudo, mereceria também ser analisada em profundidade a complexa dinâmica de produção de conteúdo com forte presença de intermediários diversos, produtoras de Hollywood e independentes, emissoras de TV, agências de *marketing*, agenciadores de talentos, artistas famosos e amadores. Muitos dos estudos sobre produção audiovisual na internet, incluindo o YouTube, têm optado por atualizar as teorias da produção em TV e da indústria cinematográfica para explicar a realidade contemporânea[153].

4.3. Algoritmos e redes multicanais: a experiência da audiência

O crescimento da mediação de empresas profissionais tem estreitado ainda mais o filtro que separa os profissionais dos amadores. As *redes multicanais* (*multichannel networks* – MCN) são exemplos de companhias intermediárias que oferecem ajuda na profissionalização de canais em troca de uma fatia de suas receitas. Essas redes têm sido apontadas como principal fio condutor da comercialização do YouTube[154] ou, mais especificamente, da construção de seu mercado[155]. Isso porque, de acordo com Patrick Von-

---

[153] Jean Burgess, "From 'Broadcast Yourself' to 'Follow Your Interests': Making over Social Media", *International Journal of Cultural Studies*, v. 18, n. 3, 2015, p. 281-5; Ramon Lobato, "The Cultural Logic of Digital Intermediaries: YouTube Multichannel Network", *Convergence: The International Journal of Research into New Media Technologies*, v. 22, n. 4, 2016, p. 348-60; Joanne Morreale, "From Homemade to Store Bought: Annoying Orange and the Professionalization of YouTube", *Journal of Consumer Culture*, v. 14, n. 1, 2014, p. 113-28; Jin Kim, "The Institutionalization of YouTube: From User Generated Content to Professionally Generated Content", *Media, Culture & Society*, v. 34, 2012, p. 53-67.

[154] Ramon Lobato, "The Cultural Logic of Digital Intermediaries", cit.; Joanne Morreale, "From Homemade to Store Bought", cit.

[155] Patrick Vonderau, "The Video Bubble: Multichannel Networks and the Transformation of YouTube", *Convergence: The International Journal of Research into New Media Technologies*, v. 22, n. 4, 2016, p. 361-75.

derau, apesar de essas redes representarem apenas uma pequena parte do tráfego na infraestrutura do YouTube, são elas que ofertam os conteúdos mais vistos e os canais com mais assinaturas: "RMs [redes multicanais] tornaram uma infraestrutura para organizar a visibilidade das práticas de mercado"[156]. Ou seja, essas redes, junto com as ferramentas de profissionalização oferecidas pelo YouTube, são poderosos meios de padronização da produção de conteúdo e têm organizado o fluxo de conteúdos mais vistos e assinados no YouTube.

Também conhecidas como *redes digitais* (*digital networks*), as redes multicanais, como o próprio nome sugere, reúnem vários canais sob sua propriedade e podem atuar na distribuição de conteúdos digitais para várias plataformas. No caso do YouTube, as empresas intermediárias que criam tais redes "são provedoras de serviços terceirizados afiliadas a vários canais do YouTube para prestar serviços que incluem desenvolvimento de público, programação de conteúdo, colaborações entre criadores de conteúdo, gerenciamento de direitos digitais, geração de receita e/ou vendas"[157]. Essas redes gerenciam, monetizam e profissionalizam a criação de conteúdo amador, uma vez que esse explosivo crescimento não poderia ser administrado pelo YouTube sozinho[158].

O principal tipo de RM é o que agrega canais afiliados que pertencem ao proprietário do conteúdo e são apenas gerenciados pelas RMs. A ideia básica é oferecer um serviço para aumentar a visibilidade e a atração de publicidade em canais não profissionais em troca de uma comissão entre 20% e 50% das suas receitas publicitárias. De modo prático, essas redes ajudam a criar valor em torno de uma série de serviços que estão fora do alcance do YouTube, segregando e fortalecendo os nichos de canais que têm produzido a audiência atrativa de publicidade. Há ainda um segundo tipo de RM, no qual os canais não apenas são operados, mas pertencem às RMs, que detêm todos os direitos sobre os vídeos por eles divulgados.

---

[156] Ibidem, p. 368.

[157] "Visão geral da rede multicanal (RM) para criadores de conteúdo do YouTube"; disponível em: <https://support.google.com/youtube/answer/2737059?hl=pt-BR>; acesso em: 20 mar. 2022.

[158] Stuart Cunningham, David Craig e Jon Silver, "YouTube, Multichannel Network and the Accelerated Evolution of the New Screen Ecology", cit., p. 382.

Quem está por trás dessas redes? A Machinima, maior rede multicanal de videojogos, foi comprada pela Warner Bros[159]. A rede Fullscreen, que afirma representar mais de 50 mil canais, é de propriedade da AT&T e do The Chermin Group. A rede Maker Studios foi comprada pela Walt Disney e, por sua vez, tem uma sub-rede no Brasil denominada Paramaker. Esta última foi fundada pelo *youtuber* brasileiro Felipe Neto em 2012 para inovar a produção audiovisual na internet brasileira e vendida em 2015 para a empresa de mídia francesa Webedia. Esses exemplos confirmam o crescente controle da internet por essas megacorporações mediáticas. Eles implicam ainda que o YouTube está se transformando também em infraestrutura de comunicação para as grandes corporações mediáticas, similar a empresas de telecomunicações, porém à margem de qualquer regulação pública, como, em geral, ao contrário, estão as empresas de telecomunicações. Vonderau reforça que essas redes têm contribuído para estabelecer relações assimétricas entre usuários e a emergente indústria *on-line*, introduzindo formas de mercado que beneficiam alguns usuários mais que outros, promovem certa padronização de produção de conteúdos, interferem no custo da venda de anúncios e contribuem para o processo de financeirização mais geral dos mercados de mídia[160]. De modo mais amplo, as redes multicanais confirmariam que, mesmo que qualquer pessoa possa continuar criando vídeos, a lógica comercial vai determinar quem de fato será visto.

Apesar de não assumir claramente, o próprio YouTube também adota estratégias visando dirigir o tráfego de conteúdo. Vonderau destaca a mudança na interface e no desenho de interação da plataforma que promove um deslocamento da experiência centrada em "você", no conteúdo gerado pelo usuário e nos vídeos, como singularidade[161]. A busca livre e específica por conteúdos, baseada em comunidades, desloca-se para um desenho que estimula interações apoiadas em recomendações, empurrando conteúdo para os usuários com a ajuda de algoritmos e priorizando os vídeos com tempos de visualização mais longos em detrimento daqueles com maior

---

[159] "Warner Bros. Entertainment to Acquire Machinima"; disponível em: <https://www.warnerbros.com/news/press-releases/warner-bros-entertainment-acquire-machinima>; acesso em: 4 abr. 2022.

[160] Patrick Vonderau, "The Video Bubble", cit.

[161] Idem.

206 • O valor da informação

número de cliques[162]. Entre as ferramentas mais recentes de organização de conteúdo que prioriza parceiros corporativos, destaca-se a opção "Vídeos Promovidos", na qual vídeos pagos aparecem na página inicial do usuário com a intenção de dirigir o tráfego para esses conteúdos – e sua publicidade.

Outra ferramenta é o "Spotlight Videos", na qual editores escolhem vídeos em destaque por meio de categorias como "mais vistos", "mais populares", "mais discutidos" e "top favoritos". No entanto, como alerta Andrejevic, essas características podem ser enviesadas, a exemplo das especulações de que a ferramenta de buscas do Google estaria privilegiando as próprias companhias e seus parceiros[163].

Ou seja, assim como o Facebook tem um algoritmo próprio para organizar os conteúdos do *feed* de notícias (EdgeRank), e o Google tem um algoritmo para mensurar e classificar os enlaces das páginas *web* para seu motor de busca (PageRank), o YouTube também tem os próprios mecanismos de ordenar os conteúdos exibidos para o usuário – seja na primeira página, seja nas sugestões de vídeos ou na busca por palavras-chave dentro do sítio. E, como em todas as outras plataformas sociodigitais, os critérios usados por esses sistemas não são explicitamente revelados e, decerto, seguem um direcionamento que atenda aos interesses de monetização.

Esse sistema, que parece ser mais poroso dado o próprio poder já mencionado das redes multicanais, vem criando, no entanto, espaços para disputas. Apesar de organizar a comercialização do YouTube, essas redes também trazem impactos negativos para a plataforma por ganharem força específica em seu interior e, assim, criarem uma "indústria" de novos mercados formais e informais, praticamente autônomos e sem regulação, em torno dos conteúdos carregados no YouTube[164]. A plataforma disponibiliza uma lista de provedores de serviços certificados, mas deixa claro que "RMs (redes multicanais) e outros provedores de serviços terceirizados não são endossados pelo YouTube nem pelo Google"[165]. Na seção dedicada a esclarecer esse tipo de serviço, na própria página de suporte do YouTube, o texto alerta o usuário para que, "antes de confirmar sua participação, busque entender

---

[162] Ibidem, p. 365.

[163] Mark Andrejevic, "Exploiting YouTube: Contradictions of User-Generated Labour", cit.

[164] Ramon Lobato, "The Cultural Logic of Digital Intermediaries", cit.

[165] "Visão geral da rede multicanal (RM) para criadores de conteúdo do YouTube", cit.

quais serviços e/ou resultados a RM entregará em troca do seu pagamento", e sublinha: "embora alguns criadores de conteúdo optem pela parceria com uma RM, você não precisa aderir a uma rede para ter sucesso no YouTube"[166]. Um exemplo controverso dessas redes é a já citada Fullscreen, que negocia a publicidade diretamente entre os anunciantes e os proprietários de canais para incluí-la, como *merchandising*, no conteúdo. Assim, não usam mais a exibição de anúncios do sistema Google Adwords e, portanto, não dividem mais as receitas com o YouTube. Outro aspecto destacado por Ramon Lobato é que essas mediações "alternativas" podem diluir a confiança dos produtores no sistema como um todo, à medida que vai ficando mais claro que, para ter algum sucesso na plataforma, é preciso recorrer à mediação de especialistas, como é o caso das redes multicanais[167].

4.4. YouTube como a nova televisão?

Conforme exposto nos tópicos anteriores, a configuração do espaço comercial e do mercado do YouTube tem sido baseada em estratégias como: tendência a padronizar o conteúdo; investimento em programas de "treinamento" para criadores; distribuição de programas da mídia tradicional; sistema de parceria com proprietários de canais para monetizar conteúdo; e implantação de sistema de gerenciamento de direitos autorais (*Content ID*). Esse contexto configura uma tendência em diminuir os espaços de protagonismo do conteúdo amador produzido pela audiência em prol dos vídeos potencialmente comerciais. Assim, a audiência tende a perder seu papel de protagonista como produtora de conteúdo, mas continua importante como atrativa e ativa receptora de publicidade, bem como potencial pagante para acesso a conteúdo *premium*, sem ignorar a determinante contribuição para a produção de dados a serem monetizados por todo o sistema Alphabet/Google. Essa configuração favorece tanto as receitas baseadas em publicidade quanto as novas estratégias descritas, permitindo uma expansão do modelo econômico.

Mesmo remunerando os criadores de conteúdo, a corporação Alphabet/Google/YouTube e seus investidores são os primeiros e maiores detentores dos lucros desse negócio. Na sequência de beneficiários estão as indústrias mediáticas e outros parceiros que constroem um império de "jardins

---

[166] Idem.

[167] Ramon Lobato, "The Cultural Logic of Digital Intermediaries", cit.

murados" (direitos autorais, redes multicanais etc.). Não é, portanto, um negócio pensado para ganho da audiência criadora de conteúdo. Como mostrou Vonderau, o YouTube já nasceu com um propósito bem claro: construir um espaço de acumulação de capital baseado no trabalho criativo de participação interativa da audiência na *web* 2.0[168]. Esse modelo, no entanto, inspira algumas questões em termos de sustentabilidade: com o enorme crescimento de canais que buscam monetização – especialmente com a atuação das redes multicanais na profissionalização dos criadores de conteúdo – o sistema econômico do YouTube baseado em publicidade vai se sustentar? O modelo de acesso ao conteúdo pago do YouTube terá força para crescer diante das plataformas concorrentes?

As tendências a produzir conteúdo próprio, recrutar artistas famosos, permitir cobrança de assinaturas em conteúdos exclusivos e oferecer os conteúdos da televisão por assinatura parecem mostrar um movimento em direção ao mercado da televisão. Mostra, ainda, uma mudança na relação entre essas mídias. Um infográfico lançado pelo Google descreve essas tendências da audiência: aumenta a quantidade de usuários que veem conteúdo do YouTube em um terminal de televisão (tela grande), bem como dos que veem conteúdos originais da radiodifusão televisiva no YouTube (ou seja, o conteúdo interessa mais que o local em que é exibido)[169]; a crescente popularidade, no YouTube, de estrelas da internet, assim como de artistas formados na radiodifusão televisiva; e mudanças nos hábitos de consumo no horário nobre direcionados para a internet[170]. Morreale chama atenção para o fato de que os poucos exemplos de sucesso no YouTube – como as séries que migram para a TV ou para editoras de livros – não indicam o poder da cultura "participativa" ou o potencial da mídia interativa para romper com o modelo dominante. Ao contrário, apenas reforça a profunda estrutura de poder do sistema de mídia tradicional[171].

---

[168] Patrick Vonderau, "The Video Bubble", cit.

[169] Modelos mais recentes de aparelhos terminais de televisão, além de já virem com recursos para conexão à internet, já estão configurados para acesso direto ao YouTube, inclusive com botão específico de acesso no controle remoto.

[170] Andrew Hutchinson, "YouTube Releases New Stats on User Viewing Behavior", *Social Media Today*, 7 maio 2017; disponível em: <https://www.socialmediatoday.com/social-business/youtube-releases-new-stats-user-viewing-behavior-infographic>; acesso em: 20 mar. 2022.

[171] Joanne Morreale, "From Homemade to Store Bought", cit.

5. Considerações finais

Este capítulo teve como objetivo interpretar o ciclo de acumulação de capital nas plataformas sociodigitais produtoras de audiência, mais especificamente no Facebook e no YouTube, destacando, nesse processo, a contribuição decisiva do trabalho não pago da audiência para a produção de mais-valor.

Tomamos como ponto de partida para a análise a teoria marxiana do valor-trabalho, por considerar que o fundamento básico dessa teoria continua vigente, a saber: a fonte de riqueza do capital contemporâneo continua a ser o mais-valor gerado pela exploração do trabalho humano. Apresentamos várias linhas teóricas que têm buscado alternativas para explicar as plataformas sociodigitais a partir das elaborações marxianas. Citamos autores que continuam a aplicá-la sem variações, aqueles que negam a validade dessa teoria na contemporaneidade e também os que se colocam entre as extremidades desses dois polos. Foi nesse último grupo que este capítulo encontrou esteio para interpretar o ciclo de acumulação de capital nas plataformas sociodigitais, apresentando-as como exemplo paradigmático da busca incessante do capital para acelerar o tempo de rotação do dinheiro e do produto.

Conforme descrevemos, a proposta econômica do Facebook e do YouTube é clara: capital-dinheiro é investido no desenvolvimento da plataforma (tecnologias, serviços e produtos) para disponibilizá-la gratuitamente como um ambiente de diversão, mas, acima de tudo, um espaço que permita o monitoramento de todos os contatos, comunicações e dados dos usuários. Com base nessa vigilância estendida a toda internet, essas corporações vendem espaços de publicidade altamente segmentados, direcionados àqueles mesmos usuários que produziram os dados. Dito de outro modo, o valor proveniente das conexões, dos dados delas resultantes e da atenção da audiência é realizado, ou seja, convertido em dinheiro principalmente pela venda de publicidade.

Assim, a partir das elaborações teóricas e dos estudos de caso realizados, sustentamos a tese de que as referidas plataformas sociodigitais produtoras de audiência acumulam capital com base na exploração do *trabalho informacional semiótico* tanto efetuado por seus cientistas e engenheiros remunerados quanto efetuado por seus usuários, ou audiência. Isso acontece porque os capitalistas controlam firmemente os meios que permitem aos usuários efetuar trabalho informacional, daí podendo extrair *renda desse monopólio informacional*, fonte da acumulação contemporânea de capital. Uma vez que a geração, a apropriação e a realização de valor ocorrem inteiramente dentro da estrutura capitalista dessas plataformas comerciais, afirmamos que a produção e a exploração do trabalho continuam a ser organizadas pelo capital, mesmo que de forma distinta dos tradicionais processos de produção industrial fabril.

No que se refere mais especificamente ao *trabalho da audiência*, argumentamos que ele é mobilizado e, ao mesmo tempo, mobiliza a cultura do espetáculo. E também que se manifesta por todo o tempo em que o usuário está navegando sob vigilância de plataformas produtoras de audiência (inclusive em sítios externos, a elas conectados). Ou seja, a audiência não trabalha apenas quando produz conteúdo (textos e fotos) ou interage com ele (ao deixar comentários e curtir imagens e postagens), mas até quando simplesmente navega de modo aparentemente "passivo". Isso porque, durante todo esse tempo, suas atividades significativas (informação) estão sendo rastreadas para se transformarem em *dados* precisos que serão oferecidos ao mercado e assim, por meio do sistema de leilões, realizar valor para essas corporações mediáticas. Demonstramos que essa lógica explica claramente o caso do Facebook, cujo acesso é 100% gratuito e a receita é fundamentalmente baseada na venda de publicidade. No caso do YouTube, mostramos que esse trabalho da audiência tem variações, configurando-se mesmo quando o usuário paga para usufruir de algum conteúdo ou serviço.

É nesse cenário que o *capital social* construído por esses usuários (no sentido de Bourdieu) se converte em capital econômico – pouquíssimas vezes para a audiência e sempre para o capital financeiro. É também nesse cenário que os indivíduos são estimulados a fazer parte da sociedade do espetáculo[172] e, não por coincidência, encontram todas as ferramentas necessárias, que lhes são "oferecidas" por mediação do próprio capital. Esse modelo de negócio expressa a contradição fundamental do capital-informação: criação *versus* apropriação. No entanto, essa contradição parece se apresentar menos como uma disputa e mais como um encontro de interesses típico da sociedade do espetáculo. De um lado, os usuários buscam cada vez mais se fazerem vistos e partícipes, manifestando valor de uso na satisfação pessoal, atendendo aos desejos mais subjetivos. De outro, há o interesse econômico das plataformas sociodigitais, que vão continuar expandindo essas oportunidades

---

[172] Guy Debord, *A sociedade do espetáculo*, cit.

de participação e, claro, os mecanismos de monetização dessas práticas. O *show*, portanto, deve continuar, com o Facebook e o YouTube oferecendo o palco, e os usuários apresentando sua "intimidade como espetáculo" ou se firmando como plateia que assiste à vida privada. É esse encontro de interesses que parece justificar que tais modelos de negócio se tornem cada vez mais rentáveis e apresentem crescimento exponencial, com base, principalmente, no trabalho não pago da audiência.

O fato é que o Facebook e o YouTube são exemplos claros de como a lógica econômica baseada na vigilância se estende por toda a internet. Por meio dessas plataformas, opera-se a penetração mundial de um determinado padrão de produção e consumo de conteúdos digitais, bem como novas formas de exploração do trabalho: seja criando mais-valor pelo trabalho gratuito, seja aumentando a precarização do trabalho remunerado. São exemplos paradigmáticos do que Trebor Scholz denomina modelo de propriedade para a internet ligado à economia do compartilhamento corporativa[173], vendida como um pacote de ideias geniais cuidadosamente fomentadas pelo departamento de *marketing* das empresas.

Esse cenário leva ao entendimento de que a comunicação vem assumindo novos papéis no capitalismo, penetrando no centro do próprio processo produtivo. Isso implica dizer que não se trata mais de dirigir estudos apenas para uma indústria cultural, na qual os meios parecem exercer funções mediadoras entre a produção e o consumo. Trata-se, mais além, de considerar esses meios no próprio ciclo de acumulação do capital e, portanto, como cerne da mais recente reestruturação capitalista. Seguindo Dantas[174], e com inspiração em Debord[175] e em Harvey[176], apontamos que tais plataformas se tornaram sistemas de agenciamento, programação e distribuição do espetáculo, por meio dos quais tanto se reduzem os tempos de rotação do capital quanto se produzem os comportamentos distintivos, identitários, sígnico-simbólicos,

---

[173] Trebor Scholz, *Cooperativismo de plataforma* (trad. Rafael A. F. Zanatta, São Paulo, Elefante/Autonomia Literária/Fundação Rosa Luxemburgo, 2017).

[174] Marcos Dantas, *A lógica do capital-informação: a fragmentação dos monopólios e a monopolização dos fragmentos num mundo de comunicações globais* (2. ed., Rio de Janeiro, Contraponto, 2002); "Milionários nada por acaso", cit.; "Mais-valia 2.0", cit.

[175] Guy Debord, *A sociedade do espetáculo*, cit.

[176] David Harvey, *Condição pós-moderna: uma pesquisa sobre as origens da mudança cultural* (trad. Adail Ubirajara Sobral e Maria Stela Gonçalves, 21. ed., São Paulo, Loyola, 2011 [1996] [1989]).

212 • O valor da informação

de propensão ao consumo. A internet tem papel fundamental nesse cenário porque oferece, a qualquer indivíduo inserido na sociedade capitalista do espetáculo e consumo, amplas condições de também ser produtor de consumo, participante imediato e direto do espetáculo. Nessa dinâmica, o capital segue avançando ao explorar trabalho não pago que, entretanto, para a grande maioria das pessoas, mostra-se apenas como diversão.

IV

CAPITAL FINANCEIRO E ESPETÁCULO: O CONTROLE DO FUTEBOL POR CORPORAÇÕES MEDIÁTICAS

Denise Moura

De acordo com pesquisa realizada pela empresa GlobalWebIndex, 3,4 bilhões de pessoas assistiram a pelo menos um jogo durante a Copa do Mundo de Futebol realizada na Rússia em 2018[1]. Isso significa que quase metade da população mundial deixou de lado sua rotina diária e dedicou no mínimo noventa minutos de seu tempo à contemplação do maior espetáculo mediático global. Na tela, não apenas duas grandes equipes de futebol estavam se enfrentando como importantes marcas disputavam a atenção de torcedores apaixonados. O espetáculo de 2018 rendeu à Federação Internacional de Futebol (Fifa) cerca de 4,5 bilhões de libras, mais de 20 bilhões de reais na cotação de 2018. Quatro anos antes, no Brasil, conhecido mundialmente como o país do futebol, acontecera a final mais vista na história das Copas do Mundo, entre Alemanha e Argentina, acompanhada por mais de 1,1 bilhão de telespectadores.

O futebol, como prática esportiva moderna, surgiu em meados do século XIX no Reino Unido. Os anos de 1845 e 1862 marcam as primeiras normatizações do esporte realizadas em escolas inglesas. Entre elas, em 1857, surgiu o primeiro clube inglês de futebol[2]. O esporte espalhou-se pelo mundo rapidamente, despertando o interesse de profissionais e amadores. No entanto, a mercantilização e a transformação do futebol em espetáculo

---

[1] Mark Fleming, "World Cup in Numbers", *The Sun*, 16 jul. 2018; disponível em: <https://www.thesun.co.uk/world-cup-2018/6782884/world-cup-2018-final-in-numbers/>; acesso em: 21 mar. 2022.

[2] Heloisa H. B. Reis e Thiago A. Escher, "A relação entre futebol e sociedade: uma análise histórico-social a partir da teoria do processo civilizador", em *IX Simpósio Internacional Processo Civilizador: Tecnologias e Civilização* (Ponta Grossa, 2005).

e motor capitalista ocorreriam na segunda metade do século XX, especialmente guiadas pela Fifa. Jules Rimet, então presidente da instituição, foi o responsável pela criação da Copa do Mundo, ao negociar com as equipes nacionais a criação de um novo campeonato mundial para além dos Jogos Olímpicos. O calendário da competição, a cada quatro anos, passou a intercalar-se com as também quadrienais Olimpíadas. A primeira disputa foi realizada em 1930 no Uruguai, sucedida por competições na Itália e na França, respectivamente, em 1934 e 1938. A Segunda Guerra Mundial suspenderia a competição até seu retorno em 1950, quando foi disputada no Brasil. A partir de então, a Copa do Mundo vem sendo realizada a cada quatro anos ininterruptamente, e foi alçada, sob a presidência do brasileiro João Havelange (1916-2016), a partir da década de 1970, a um novo patamar social, para além de uma competição desportiva. Havelange seria responsável pela reorganização da Fifa, que assumiria posteriormente sua faceta empresarial, tendo por principal ativo o *futebol espetáculo*.

Ao despertar paixões e construir uma legião de fãs ávidos por consumir tudo o que pudesse estar ligado a seu time do coração e a seus ídolos, o futebol passou a ocupar lugar de destaque nas indústrias culturais, tornando-se vedete da indústria do entretenimento. E não demoraria a atrair o interesse de grandes grupos empresariais e do capital financeiro que controla as maiores corporações mediáticas globais. Neste capítulo, partimos da discussão sobre a sociedade do espetáculo, nos termos de Debord[3], que analisa o avanço da mercantilização para todos os setores da vida social, para, em seguida, analisarmos o controle do futebol pelos conglomerados de mídia, dando ao regime de apropriação capitalista uma nova roupagem para acelerar o processo de reprodução do capital.

Produzir escassez artificial do produto cultural por meio da propriedade sobre os direitos de transmissão e construir "jardins murados" (*walled gardens*) serão as principais estratégias utilizadas pelas corporações mediáticas para se apropriar do valor adicionado ao espetáculo. O futebol-espetáculo servirá, por um lado, para gerar polpudas rendas para o mercado financeiro por meio dos altos preços cobrados pela transmissão dos campeonatos e veiculação publicitária e, por outro, para dar suporte à economia real com os produtos e os serviços que ajuda a promover e vender.

---

[3]   Guy Debord, *A sociedade do espetáculo* (trad. Estela dos Santos Abreu, Rio de Janeiro, Contraponto, 1997 [1968]).

Televisão e futebol ascendem simultaneamente, construindo relações sinérgicas que vão garantir a monetização de ambos os negócios. De um lado, as organizações esportivas realizam a valorização do capital pela venda de direitos de transmissão e patrocínios. De outro, as empresas mediáticas capitalizam em cima da publicidade e das assinaturas dos canais. Por trás de tudo isso, o capital financeiro injeta o dinheiro que, graças ao trabalho dos atletas, promoverá a valorização do futebol, dos canais, e principalmente o alto retorno monetário dos acionistas. O processo de reprodução do capital evidenciado por Marx na fórmula D-M-P-ΔM-ΔD adquiriu uma nova roupagem baseada no trabalho vivo de artistas e na distribuição imagética espetacular.

1. A sociedade espetacular

Para entender o lugar do futebol como um dos principais motores da indústria do entretenimento, é preciso primeiro conhecer as bases da sociedade que o forjou como atividade econômica e negócio lucrativo: a *sociedade do espetáculo*. Guy Debord (1931-1994), fundador da Internacional Situacionista, movimento político e artístico que criticava a sociedade moldada pelo sistema capitalista e que norteou os protestos de estudantes e trabalhadores na França em 1968, foi um ativo crítico da sociedade do consumo, moldada por imagens, representações, aparências e ilusões que mascaram a realidade e o ser. Em *A sociedade do espetáculo*, o autor desenvolve o conceito de espetáculo como um movimento histórico cujo ápice seria alcançado quando a cultura e a experiência não pudessem ser mais vivenciadas de outro modo que não intermediadas pela relação social capitalista[4].

O espetáculo é descrito por Debord como "uma relação social entre pessoas mediada por imagens"[5], imagens que não constituem a totalidade da vida, mas que se destacaram de aspectos específicos e, quando fundidas em um fluxo comum, falseiam o real. O espetáculo traduz-se como a visão objetivada do capitalismo, ao ser ao mesmo tempo o resultado e o projeto do modo de produção existente. Por meio de suas formas particulares, como a propaganda, a publicidade e o consumo direto de divertimentos,

---

4   Idem.

5   Ibidem, p. 14.

216 • O valor da informação

o espetáculo reafirma as escolhas feitas na produção e no consumo que decorrerá dessas escolhas. Trata-se do desenvolvimento sócio-histórico que permitiu às relações produtivas capitalistas adentrarem e comandarem todos os aspectos da vida social. Ao afirmar que o espetáculo é a principal produção da sociedade atual, "como indispensável adorno dos objetos produzidos agora, como demonstração geral da racionalidade do sistema e como setor econômico avançado que molda diretamente uma multidão crescente de imagens-objetos"[6], Debord critica a sociedade que se deixou moldar pela mercadoria e, em seguida, pela imagem dessa mercadoria, o espetáculo.

Ícones e imagens fornecem tudo aquilo que não pode ser alcançado na vida real dos indivíduos: felicidade, aventuras, experiências culturais, estéticas, artísticas, culinárias, sensoriais... O isolamento dos indivíduos é camuflado então pela massa de consumidores. Na medida em que o espetáculo se constitui como um mediador, portanto como elemento de separação do ser humano em relação ao ser humano, fazendo da contemplação e da vivência vicária o modelo de experimentação do real que atua na criação de necessidades de consumo por meio de publicidade, ele se torna um agente da indústria cultural vinculado à maximização do processo de reprodução do capital.

Pensar a mudança do lugar da produção cultural nas economias e nas sociedades ajuda a visualizar o papel mediador do espetáculo. Hesmondhalgh[7] toma emprestada a classificação de Raymond Williams[8] para identificar três eras da produção cultural na Europa com base no relacionamento entre os produtores e a sociedade de cada época: o patrocínio e o artesanato; o profissional do mercado e o profissional da corporação. Na era artesanal e do patrocínio, os artistas eram mantidos, em geral, pela igreja ou por algum mecenas, enquanto os artesãos trabalhavam de forma autônoma vendendo seus trabalhos diretamente para o público interessado, sem a presença de intermediários no negócio. Essas eram as principais formas de relacionamento entre os artistas, seu público, seus financiadores e seu trabalho. Até aqui a cultura não era vista como orientada para o lucro.

A partir do século XIX, a criatividade artística passou a ser organizada como um mercado, no qual os trabalhos não eram vendidos diretamente

---

[6] Ibidem, p. 17.

[7] David Hesmondhalgh, *The Cultural Industries* (2. ed., Londres, Sage, 2007).

[8] Raymond Williams, *Culture* (Londres, Fontana, 1981).

ao público, mas para intermediários, como distribuidores, editoras etc. Essa nova conformação ganhou força em meados do século XIX e início do século XX com a expansão da renda e do tempo de lazer nos países industrializados, o que permitiria o investimento em produtos e atividades de entretenimento. Os criadores artísticos de sucesso eram pagos na forma de *royalties* e assim adquiriam uma certa forma de "independência profissional", já que poderiam se dedicar à criação de suas obras sem se preocuparem com a venda direta. Tratava-se da era do profissional do mercado.

Na era do profissional corporativo, a partir do século XX, especialmente após a década de 1950, os trabalhadores envolvidos na criação artística passaram a ser cada vez mais empregados diretamente nas empresas que se especializaram em produção cultural, contando com toda uma organização e profissionalização das atividades, incluindo o crescente uso do *marketing*. Estratégias como o uso da publicidade tornaram-se dominantes para a promoção das vendas e para o estímulo do consumo. Baseado no *star system*, nas marcas que reverberam nas mentes e nos corações do público, nas imagens vibrantes e passageiras, o espetáculo veio se constituindo no modo de vida das sociedades nas quais o capitalismo encontrou condições de se desenvolver e prosperar.

Parte importante da cultura de vários povos e base do consumo espetacular, o futebol também teria seu desenvolvimento, como esporte moderno, moldado pelo regime de apropriação capitalista. Ao analisarmos o processo de estruturação e difusão do futebol, podemos dividir sua evolução em pelo menos três fases. Santos relaciona o surgimento do esporte, em meados do século XIX, aos processos de disciplinamento das massas, adequando-as a regras e horários, e ao *fair play*, à aceitação individual de perdas e vitórias[9]. O futebol surge, portanto, como produto da sociedade industrial e urbana, praticado em escolas e vizinhanças, sem a presença ainda do componente mercantil. O domínio naval britânico ajudaria em sua difusão pelo mundo.

O surgimento das indústrias culturais e sua ascensão no século XX promoveriam o futebol de prática esportiva a objeto de desejo. Seria sua segunda fase. Após sua institucionalização, com a definição de regras, estatutos e organização de associações e times em diversas partes do mundo,

---

[9] Anderson David Gomes dos Santos, "Os três pontos de entrada da economia política no futebol", *Revista Brasileira de Ciências do Esporte*, v. 36, n. 2, 2014, p. 561-75.

218 • O valor da informação

e sua inserção em competições internacionais, como os Jogos Olímpicos, as competições esportivas ganhariam maior visibilidade graças aos meios de comunicação, de início com o rádio e, posteriormente, com a TV, ampliando seu poder de mobilização coletiva.

No final dos anos 1920 e 1930, o rádio começa a transmitir alguns jogos na Europa e na América, ainda em caráter regional. A popularização do jogo e a do rádio fariam deste último o principal meio pelo qual as pessoas acompanhariam as partidas, mesmo sem estarem presentes no estádio, até a popularização da TV. As narrações das competições fortaleceriam ambos os laços: entre torcedores e seus times, e entre o próprio rádio e sua audiência. No Brasil, o rádio funcionaria também como um instrumento de união nacional, popularizando os grandes times cariocas e paulistas nas cinco regiões brasileiras, sedimentando o futebol-espetáculo.

A chegada da TV na década de 1950 acrescentaria o componente imagético ao espetáculo radiofônico. As partidas, antes descritas em detalhes por narradores cheios de emoção, seriam acrescidas de imagens, que poderiam ser acompanhadas e analisadas pelo próprio torcedor/telespectador. Nesse sentido, a TV seria uma extensão, um aperfeiçoamento, da relação futebol-meio-torcedor criada pelo rádio e potencializada pelo poder de fruição das imagens.

Rádio e TV fornecem os elementos necessários para a mercantilização do futebol ao promover seu alcance nas esferas nacional e internacional, alimentar paixões por ídolos e times, e criar a falsa ideia de unidade, válida para fins mercantis. A Copa do Mundo de Futebol de 1970, no México, a primeira a ser transmitida ao vivo e em cores, se transformaria no ponto de transição para a "futebolização do mundo"[10].

Nesse mesmo período, a Fifa dá início a um processo de reestruturação. Sob o comando do brasileiro João Havelange (1916-2016), a postura da organização em relação ao futebol deixa de ser puramente regulamentar e associativa, e passa a focar no desenvolvimento do futebol-espetáculo, promovendo sua associação a grandes marcas. Passa-se a vender não apenas a partida disputada por duas equipes, mas o estilo de vida dos jogadores, os produtos associados a eles e o sonho de fazer parte daquele mundo espetacular.

---

[10] Idem.

Como espetáculo, o futebol passa também a incorporar transformações em seu *modus operandi* visando acelerar o processo de reprodução do capital. A partir da década de 1990, mas especialmente nos anos 2000, o esporte entra em sua terceira fase, controlado por grandes corporações mediáticas financiadas pelo capital financeiro. Essas corporações passam a deter os direitos de transmissão das competições, decidindo quais jogos serão exibidos, não de acordo com a vontade do torcedor, mas com vistas ao retorno financeiro, compartilhando campeonatos e seus investidores para promover a valorização de "passes" (preços de transferência de atletas), campeonatos e quotas de publicidade, como será detalhado adiante.

O *status* adquirido pelo espetáculo nas sociedades capitalistas é resultado da remodelação do espaço e do tempo em função da produção, buscando sempre acelerar o ciclo de reprodução e acumulação do capital, conforme foi exposto no capítulo deste livro assinado por Marcos Dantas. Nesse sentido, há um crescente movimento de eliminação de fronteiras e de integração por meio da unificação vicária da Terra como um grande mercado mundial. Os times do bairro passam a ser substituídos pelos grandes clubes nacionais, que por sua vez disputam público com times nacionais internacionalizados, acessíveis por meio de canais de TV por assinatura e internet, em competições cada vez mais populares ao redor do mundo, como os campeonatos espanhol, inglês e alemão e os campeonatos regionais, como o Campeonato Europeu e Sul-Americano.

A sociedade passa a ser regida pelo tempo da produção econômica em torno do espetáculo futebolístico que a transforma de modo permanente e absoluto. O tempo do espetáculo não se resume ao tempo do jogo transmitido, ao contrário, engloba o *antes*, tempo necessário para sua promoção e para o estabelecimento de vínculos com os consumidores; o *durante*, no qual jogadores e torcidas, meios de comunicação e espectadores, e capitalistas e consumidores se reúnem em torno do espetáculo; e o *depois*, baseado na modelagem de estilos de vida indispensáveis à reprodução do capital em sua atual etapa.

O espetáculo utiliza-se de bens e atividades de amplo interesse público para promover o consumo de mercadorias. No caso do futebol, seu valor de uso, a prática ou mesmo a contemplação esportiva, é apropriado tanto pelos times quanto pelos meios de comunicação para promover seu valor de troca, visando ao aumento dos rendimentos dos acionistas, à multiplicação do capital investido inicialmente e à aceleração do processo de reprodução

220 • O valor da informação

do capital pelo consumo de imagens. Assistir ao espetáculo significa também fazer parte dele, consumindo quaisquer dos produtos oferecidos, desde a partida transmitida até os produtos derivados. As diferenças entre os mais diversos indivíduos, sejam elas de classe, gênero ou ideológicas, tenderiam a ser aparentemente apagadas diante do futebol-espetáculo. No entanto, o preço dos assentos nas diferentes partes dos estádios e arenas e o preço das assinaturas de canais exclusivos e serviços *pay-per-view* mostram que o usufruto do espetáculo não é uniforme. Há lugar para todos, desde que se possa pagar por isso.

A cultura, como vedete do espetáculo, dá continuidade ao projeto de promover uma reestruturação sem comunidade, intensificando a separação sob o véu da união. Descolados de tudo, homens e mulheres passam a viver vicariamente por meio das imagens. O espetáculo é o dinheiro, a aceleração do processo de reprodução do capital levado a seu extremo. Representa a mercantilização das relações sociais, o consumidor como ideologia da indústria da diversão, e o consumo como a ponte entre a cultura e a economia.

Para entender o lugar do espetáculo nos dias de hoje, é preciso entender o próprio movimento de expansão capitalista e as transformações no âmbito da produção cultural como parte desse desenvolvimento capitalista, no qual a cultura passará a cumprir um papel essencial no processo de acumulação e reprodução ideológica. Os embates e as contradições que fermentam o capitalismo nos ajudam a pensar as linhas de operação do espetáculo nesse momento.

2. Novos regimes de apropriação capitalista

Autores advindos de diversos ramos da ciência, como a geografia, a sociologia, a filosofia, a teoria da informação, a comunicação, a economia, entre outros, têm buscado confrontar as transformações na produção cultural com as exigências econômicas decorrentes dos ciclos de expansão e crise do capitalismo, colocando no centro das discussões as transformações nos processos de produção e circulação de mercadorias. O uso da informação para reduzir o tempo do ciclo do capital, seja aprimorando ferramentas e acelerando seu processo de reprodução, seja na utilização de signos, para produzir o consumo, tornou-se a questão central do capitalismo maduro.

As análises empreendidas por autores como Smythe[11], Miège[12], Harvey[13], Zallo[14], Lipovetsky[15], Lipovetsky e Charles[16], Dantas[17], Castells[18], Bolaño[19] e Fontenelle[20], entre outros e outras, acerca do atual período do processo de acumulação capitalista, chamam atenção para o lugar das indústrias culturais como produtoras simbólicas e agentes do capital, modificando as estruturas organizacionais do trabalho e os regimes de apropriação, propondo novas dinâmicas à divisão internacional do trabalho. As indústrias culturais surgem como veículos para a publicidade de produtos e para a propaganda dos Estados e se consolidam como articuladoras do consumo, responsáveis por promover a realização do valor, materializado em produtos derivados do trabalho morto ou no próprio consumo de produtos originários do trabalho vivo, como uma partida de futebol.

---

[11] Dallas W Smythe, "On the Audience Commodity and Its Work", em Meenakshi Gigi Durham e Douglas M. Kellner (orgs.), *Media and Cultural Studies: Keyworks* (Hoboken, Blackwell Publishing, 2001).

[12] Bernard Miège, *The Capitalization of Cultural Production* (Nova York, International General, 1989).

[13] David Harvey, *Condição pós-moderna: uma pesquisa sobre as origens da mudança cultural* (trad. Adail Ubirajara Sobral e Maria Stela Gonçalves, 6. ed., São Paulo, Edições Loyola, 1996 [1989]).

[14] Ramón Zallo, "La economía de la cultura (y de la comunicación) como objeto de estudio", *Zer-Revista de Estudios de Comunicación*, v. 12, n. 22, 2007, p. 215-34.

[15] Gilles Lipovetsky, *O império do efêmero: a moda e o seu destino nas sociedades modernas* (trad. Maria Lucia Machado, São Paulo, Companhia das Letras, 1989).

[16] Gilles Lipovetsky e Sébastien Charles, *Tempos hipermodernos* (trad. Mário Vilela, São Paulo, Barcarolla, 2004).

[17] Marcos Dantas, "Informação como trabalho e como valor", *Revista da Sociedade Brasileira de Economia Política*, n. 19, 2006, p. 44-72; *Trabalho com informação: valor, acumulação, apropriação nas redes do capital* (Rio de Janeiro, CFCH/ECO-UFRJ, 2012), disponível em: www.marcosdantas.pro.br; acesso em: 28 mar. 2022.

[18] Manuel Castells, *The Rise of the Network Society: The Information Age – Economy, Society and Culture* (Londres, Blackwell, 2000).

[19] César Bolaño, *Indústria cultural, informação e capitalismo* (São Paulo, Hucitec/Polis, 2000).

[20] Isleide A. Fontenelle, *O nome da marca: McDonald's, fetichismo e cultura descartável* (São Paulo, Boitempo, 2002).

2.1. Capitalismo monopolista

O capitalismo monopolista, que tem suas origens na Segunda Revolução Industrial[21], caracterizou-se pela prevalência de mercados organizados na forma de monopólios e pelo alinhamento da indústria com o capital financeiro. O desenvolvimento de novas matrizes tecnológicas, como o motor à combustão e a metalurgia, permitiria a aceleração do processo produtivo nas fábricas e também o encurtamento do processo de circulação, possibilitado pelo desenvolvimento dos meios de transporte e de comunicação[22].

É durante a fase monopolista que ocorre uma ampla reestruturação no modo de produção capitalista, levando ao estabelecimento de sistemas industriais geralmente conhecidos por taylor-fordismo. Esses sistemas são baseados em maior disciplina do trabalho e melhor organização do espaço fabril, a partir de estudos científicos sobre eficiência humana e modos de recompensa, guiados por quatro princípios: a padronização do produto; a simplificação ou a utilização de ferramentas ou maquinarias especializadas na linha da produção, para que o trabalhador com baixo nível de conhecimento pudesse operar as linhas de montagem; o aumento salarial que permitisse aos trabalhadores adquirir os produtos que fabricaram; e a definitiva limitação da jornada de trabalho a oito horas, criando assim um tempo de lazer e de consumo. No sistema taylor-fordista, o conhecimento outrora detido pelo trabalhador na oficina industrial, é concentrado no trabalho de ciência e engenharia, cabendo ao operário fabril a execução de tarefas específicas, simples e repetitivas, e às máquinas a regulação do ritmo do trabalho.

Harvey chama atenção para a remodelação da sociedade guiada pelo taylor-fordismo com vistas à criação de uma sociedade do consumo: a produção de massa significava "um consumo massivo, um novo sistema de

---

[21] Entendemos por Segunda Revolução Industrial os processos econômicos, culturais, industriais, tecnológicos que se deram no final do século XIX e nas primeiras décadas do século XX, marcados pela introdução dos processos Bessemer-Siemens na siderurgia; desenvolvimento das tecnologias e indústrias químicas e petroquímicas, inclusive com a invenção do material plástico a partir de matérias-primas fósseis; desenvolvimento, expansão e disseminação das redes de eletricidade e motores elétricos; grande revolução na vida cotidiana, doméstica e nas práticas de consumo devido à eletricidade e ao plástico, entre outras inovações econômicas e culturais. Nesse mesmo período, surgem e rapidamente se disseminam, no cotidiano doméstico dos países capitalistas avançados, a telefonia e a radiodifusão.

[22] César Bolaño, *Indústria cultural, informação e capitalismo*, cit.

Capital financeiro e espetáculo: o controle do futebol por corporações mediáticas • 223

reprodução da força de trabalho, uma nova política de controle e direção do trabalho, uma nova estética e uma nova psicologia; [...] um novo tipo de sociedade racionalizada, modernista, populista e democrática"[23]. Gramsci, afirmava em seus *Cadernos do cárcere* que os novos métodos de trabalho seriam inseparáveis de um modo específico de viver, pensar e sentir a vida: o fordismo, então, tornou-se um sistema industrial, econômico e cultural baseado no consumo e na incorporação totalizadora dos indivíduos, percebidos como "massa"[24].

O novo modo de organização fabril resultou no aumento da produtividade, demandou um maior escoamento, assim como um consumo mais intenso das mercadorias, o que exigiu uma transformação cultural que permitisse a recepção positiva de objetos ordinários. Fontenelle afirma que nesse momento começou a se formar a cultura do consumo, "que ressignificaria o uso dos objetos, assim como valores, desejos e ilusões de uma época, que passaram a ser possíveis de realização pelo consumo"[25].

O sistema taylor-fordista proporcionaria a produção e o consumo em massa apoiado nas políticas intervencionistas dos Estados Nacionais, especialmente as políticas de bem-estar social que garantiriam o estabelecimento das jornadas de trabalho, a regulação dos salários, a oferta de serviços públicos de saúde e educação, entre outros. O período de prosperidade capitalista contaria também com o desenvolvimento dos meios de comunicação de massa, que consolidariam a sociedade do consumo criando estilos de vida a serem copiados e seguidos, por meio dos quais as indústrias culturais se firmariam como uma força econômica. É durante o regime taylor-fordista que são desenvolvidas a telefonia, que agilizaria as comunicações entre as mais diversas partes do mundo, e as redes de rádio, que sairiam de uma lógica de comunicação individual para uma comunicação massiva e estética. A televisão, implantada sobre as bases da sociedade de consumo criada pelo fordismo, se tornaria o principal veículo de difusão das indústrias culturais, promovendo a integração social pela identificação simbólica promovida por celebridades e personagens. Essa identificação simbólica por meio da cultura

---

[23] David Harvey, *Condição pós-moderna*, cit.

[24] Antonio Gramsci, *Cadernos do cárcere*, v. 1 (trad. Carlos Nelson Coutinho, 10. ed., Rio de Janeiro, Civilização Brasileira, 1999).

[25] Isleide A. Fontenelle, "O consumo e a cultura do capitalismo", *GV Executivo*, v. 14, 2015, p. 27.

difundida pelos meios de comunicação cumprirá funções tanto políticas quanto econômicas. No âmbito político, as indústrias culturais ajudariam no processo de unificação e consolidação dos Estados Nacionais, cabendo aos meios de comunicação a função de difusores das propagandas desses Estados Nacionais. No âmbito econômico, os meios de comunicação passarão a operar como aliados no processo de reprodução do capital por meio da publicidade de produtos e estilos de vida. Rádio e televisão integrariam, dentro das indústrias culturais, de acordo com Flichy[26], as *indústrias de onda*, que têm como característica "a continuidade da programação, a grande amplitude da difusão, a obsolescência instantânea do produto e a intervenção do Estado na organização da indústria"[27]. O funcionamento dessa indústria depende da oferta de programas atrativos a determinado público, que dedicará parte de seu tempo livre para desempenhar seu papel de consumidor dos programas, dos estilos de vida etc.

2.2. Capitalismo informacional

O modo capitalista de acumulação que vigorou até meados da segunda metade do século do século XX entraria em declínio, exigindo uma nova dinâmica do capital que permitisse o encurtamento de seus processos de produção e reprodução. O esgotamento do potencial dinâmico dos setores automotivo, eletroeletrônico e da construção civil, passado o período de reconstrução do pós-guerras, e o endividamento crescente da economia[28] levariam a uma crise na economia capitalista na década de 1970. A grande depressão de 1970 provocaria uma profunda reestruturação produtiva acompanhada de uma mudança radical nas políticas regulatórias que até então submetiam o capital a certos limites e controles estatais. Essas mudanças passaram a ser entendidas como "projeto neoliberal".

O pensamento neoliberal surge, após a Segunda Guerra Mundial, na Europa e nos Estados Unidos, como uma reação teórica e política ao

---

[26] Patrice Flichy, *Les Industries de l'imaginaire* (Grenoble, PUG, 1980).

[27] Denise M. M. da Silva Lopes, *Estruturas e dinâmicas do mercado brasileiro de TV por assinatura no processo de reprodução do capital* (tese de doutorado, Rio de Janeiro, Universidade Federal do Rio de Janeiro, 2017).

[28] César Bolaño, "Trabalho intelectual, comunicação e capitalismo: a reconfiguração do fator subjetivo na atual reestruturação produtiva", *Revista da Sociedade Brasileira de Economia Política*, n. 11, dez. 2002, p. 53-78.

Estado de bem-estar social, ou seja, à intervenção do Estado na economia e na garantia do bem-estar de seus cidadãos. *O caminho da servidão*, de Friedrich Hayek[29], marca a origem desse pensamento que se tornará hegemônico na década de 1980, consolidado nas políticas de Estado por meio das privatizações, liberalizações e desregulações[30]. Para responder ao período de crise, os Estados capitalistas passaram a diminuir sua intervenção na vida econômica da forma como era feita no período pós-guerra, no qual os gastos estatais complementavam o gasto dos consumidores e alavancavam os investimentos privados, formando capital fixo e criando empregos. Passaram também a atacar os movimentos trabalhistas, enfraquecendo os sindicatos. Os cortes nos gastos públicos e a flexibilização de regras e instrumentos de regulação deixaram de ser medidas emergenciais para se tornarem políticas permanentes. Na década de 1980, as políticas neoliberais se consolidariam nos países capitalistas centrais e, após o fim da União Soviética, se espalhariam por todo o mundo, levando à remoção de medidas de proteção às indústrias nacionais e a acordos de diminuição ou eliminação de barreiras ao livre mercado.

No âmbito empresarial, o período de recessão levou a mudanças nas estratégias dos negócios: as grandes empresas dos países centrais passaram a investir na indústria de serviços, na internacionalização, na reestruturação e na inovação organizacional[31]. O florescimento de um mercado consumidor mais robusto na América Latina e na Ásia, proporcionado pelo crescimento dessas economias, baseado especialmente nas políticas de governos autoritários, faria aumentar a demanda por publicidade e *marketing*. O modo como a internacionalização foi praticada, tanto da produção quanto do consumo, trouxe consigo um processo de reestruturação organizacional e industrial baseado na fragmentação das empresas. Os setores passaram a ser organizados como se fossem firmas individuais aparentemente autônomas, localizados em diferentes países de acordo com as facilidades locais oferecidas: mão de obra mais barata, isenção

---

[29] Friedrich Hayek, *O caminho da servidão* (trad. Anna Maria Capovilla, José Ítalo Stelle e Liane de Morais Ribeiro, 6. ed., São Paulo, LVM, 2010 [1944]).

[30] Perry Anderson, "Balanço do neoliberalismo", em Pablo Gentili e Emir Sader (orgs.), *Pós-neoliberalismo: as políticas sociais e o Estado democrático* (Rio de Janeiro, Paz e Terra, 1995), p. 9-23.

[31] David Hesmondhalgh, *The Cultural Industries*, cit.

226 • O valor da informação

fiscal etc. Harvey chama as novas formas de inovação organizacional de acumulação flexível[32].

O desenvolvimento dos meios de comunicação permitiu um extraordinário encurtamento do tempo para cruzar distâncias e a aceleração dos processos produtivos, uma vez que decisões podem ser tomadas de maneira mais rápida. Os custos de transporte mais baixos permitiram que fábricas pudessem se instalar em países ou cidades onde houvesse condições favoráveis, desde mão de obra até incentivos fiscais ou outros atrativos de interesse capitalista. Ou seja, os processos finais de transformação ou montagem industrial, sobretudo estes últimos, foram realocados para regiões onde custos poderiam ser muito baixos, conforme explicado no capítulo 1. A facilidade do transporte, levando ao fácil acesso às mais diversas regiões do globo, refletiu ainda na luta de classes, com a flexibilização espacial de diversos setores e o enfraquecimento dos sindicatos diante dessa mobilidade. As novas formas de organização e as novas tecnologias produtivas propiciaram a transição para a acumulação flexível, baseada na desintegração vertical das empresas, no controle eletrônico, na produção em pequenas séries, na intensificação dos processos de trabalho e na recapacitação dos trabalhadores.

A internacionalização dos negócios trouxe reflexos diretos no desenvolvimento do setor de telecomunicações, uma vez que as corporações internacionais precisariam de comunicações mais rápidas e seguras para seus negócios[33]. As inovações nesse setor proporcionaram também novas formas de comunicação e uso da informação, como a internet, a *World Wide Web*, a televisão digital e as redes privadas de informação.

Dantas identifica a virada do século XX para o XXI como o momento em que as indústrias intensivas em ciência e tecnologia ou aquelas voltadas para a produção industrial e mercantil de produtos culturais passam a liderar o processo de acumulação capitalista[34]. Para o autor, expande-se aí um novo padrão de acumulação, o *capital-informação*, baseado no trabalho

---

[32] David Harvey, *Condição pós-moderna: uma pesquisa sobre as origens da mudança cultural* (trad. Adail Ubirajara Sobral e Maria Stela Gonçalves, 21. ed., São Paulo, Loyola, 2011 [1996] [1989]).

[33] Andrew Hardy, "The Role of the Telephone in Economic Development", *Telecommunications Policy*, v. 4, 1980, p. 278-86.

[34] Marcos Dantas, *Trabalho com informação*, cit.

de recuperar, processar, registrar e comunicar informação, podendo a informação se expressar em diversas formas: científicas, artísticas, noticiosas, publicitárias etc.

A aceleração do tempo de rotação do capital supõe também a aceleração na troca e no consumo, possibilitada pelo melhoramento dos sistemas de informação e comunicação e pela racionalização da distribuição. No âmbito do consumo, assumem papel central no processo de acumulação flexível a mobilização da moda nos mercados massivos, construindo hábitos e estilos de vida, e o deslocamento do consumo de mercadorias para o consumo de serviços.

Essa aceleração no processo produtivo traz, de acordo com Harvey, mudanças nas formas de pensar, sentir e atuar, que assumem as características próprias do que é chamado "pós-modernidade"[35]. A volatilidade e a transitoriedade se aplicam, assim, à moda, aos produtos, às técnicas de produção, aos processos de trabalho, às ideias e ideologias, aos valores e às práticas estabelecidas. Em decorrência dessas mudanças, vivemos em uma sociedade do desperdício e do descartável. Para se manter nessa sociedade, é preciso adaptar-se e mover-se rapidamente para responder aos deslocamentos do mercado. A planificação de curto prazo ocupa o lugar da de longo prazo.

Para dominar a produção da volatilidade intervém-se nos gostos por meio da construção de novos sistemas de signos e imagens, em que o papel dos meios de comunicação e da publicidade torna-se central. A publicidade deixa de promover o produto e passa a visar principalmente os "gostos" e "desejos". As imagens seriam as próprias mercadorias. A efemeridade passa a ser uma virtude que pode ser explorada pelo capitalista. A imagem deve manter sua capacidade de adequação, flexibilidade e dinamismo, tornando-se importante não só para firmar um produto ou empresa, mas para vender pessoas ao mercado. O mercado de trabalho também avalia a imagem pessoal, a forma de portar-se, vestir-se. As imagens agregam valor, reverberam na dimensão simbólica e despertam o desejo de consumir símbolos de riqueza, *status*, prestígio e poder[36].

Uma análise mais profunda do processo de fetichização das imagens presente na atual fase do capitalismo pode ser encontrada em *O nome da*

---

[35] David Harvey, *Condição pós-moderna*, cit.

[36] Idem.

228 • O valor da informação

marca: McDonald's, fetichismo e cultura descartável, de Isleide Fontenelle[37].
A autora sustenta que a marca é o símbolo de nossa época, forjando sentidos em uma sociedade que entende como esvaziada de significado. A raiz desse esvaziamento estaria na separação do indivíduo de sua comunidade.

Fontenelle argumenta que a passagem da sociedade feudal para a sociedade industrial e a revolução nos transportes (ferrovia, em particular) alteraram a relação entre as pessoas e o próprio pensar delas no mundo. A comunidade, ideia bastante arraigada nas sociedades feudais "presas" em determinado lugar, perdeu espaço para a individualidade. As pessoas passaram a se deslocar, a agir segundo "suas vontades", a buscar o próprio caminho, já que os empregos não estavam mais assegurados e era necessário, portanto, deslocar-se em busca das oportunidades. A comunidade como lugar de mútuo suporte, de formação de laços e redes de apoio não mais existia. Em meio ao desamparo gerado pela nova condição, era preciso buscar um lugar que oferecesse o amparo perdido pelo homem. A sociedade, vazia de significado, vai buscar na marca um significado para si mesma.

A imagem deve utilizar a experiência estética para guiar seus consumidores a um determinado fim, deve ter um propósito claro: o consumo. Fontenelle argumenta que as marcas se utilizam da realidade social para construir sua imagem e estabelecer vínculos com os consumidores[38]. Depois de estabelecidas, serão as marcas que guiarão a realidade social em um processo chamado, *a priori*, de transmutação, mas que tem suas raízes no fetichismo, sob a ótica de Baudrillard que, por sua vez, remete a Marx. Ou seja, os objetos-fetiche despem-se de sua unicidade e passam a encarnar um valor de troca puramente econômico.

Marx parte da mercadoria como fetiche para explicar a relação entre concreto e abstrato, material e virtual, representação e simulacro. A mercadoria é e não é objeto ao mesmo tempo. É, ao levarmos em conta sua materialidade, e não o é, ao ser encarada apenas como valor de troca econômico no qual desaparece sua substância de trabalho humano. O valor de troca não está unicamente ligado às propriedades do objeto presentes no valor de uso, está também na dimensão simbólica, no nível das palavras. E aqui Fontenelle introduz uma discussão sobre o fetichismo das imagens, que

---

[37] Isleide A. Fontenelle, *O nome da marca*, cit.

[38] Idem.

tenta dar conta do papel das marcas no cenário atual[39]. As imagens devem ser táteis, criar hábitos que liberem a atenção, consumidas em lugares onde se opere a atenção flutuante. Apenas o *nome da marca* deve permanecer. As imagens podem mudar ao sabor de gostos e estilos de uma época, movimento próprio do capitalismo, mas a marca, ou seja, o signo da relação produção-consumo, deve ser fixada para ser consumida.

Nesse processo de transformação do uso das imagens, estas são descoladas da concretude da mercadoria, embora totalmente imbricadas no circuito mercantil. A cultura do descartável é alimentada pelo capitalismo de imagens ao mesmo tempo em que o sustenta e acelera. A imagem passa a vender estilos de vida, ocupando o lugar do discurso político. A marca, por meio das imagens, retira da realidade social suas referências, transforma o significado dessa realidade e o adapta de acordo com seus interesses, dentro da lógica mercantil na qual opera. A força da marca estaria em sua capacidade de forjar sentidos.

A produção de consumo, no entanto, não é efeito direto da mensagem publicitária. Esta busca essencialmente atrair o consumidor para um específico bem. A produção de consumo resulta da construção de comportamentos coletivos, de estruturas identitárias, de noções de pertencimentos, identificados ao consumo capitalista de capital[40].

Lipovetsky[41] e Lipovetsky e Charles[42] localizam nesse período, da segunda metade do século XX, a fase mais pura da cultura do consumo. Em seus trabalhos, analisam a sociedade denominada "pós-moderna", marcada pelo desinvestimento público e pelo extremo individualismo, destacando a necessidade, como também já tinham apontado Harvey[43], Fontenelle[44] e Dantas[45], de acelerar a troca de produtos, ainda mais exponenciada depois da emergência da internet e das redes sociais. Para os autores, a partir da década de 1990 é possível se falar em uma sociedade hipermoderna, caracterizada pelo uso das novas tecnologias, pela força dos mercados e pela

---

[39] Idem.

[40] Marcos Dantas, *Trabalho com informação*, cit.

[41] Gilles Lipovetsky, *O império do efêmero*, cit.

[42] Gilles Lipovetsky e Sébastien Charles, *Tempos hipermodernos*, cit.

[43] David Harvey, *Condição pós-moderna*, cit.

[44] Isleide A. Fontenelle, *O nome da marca*, cit.

[45] Marcos Dantas, *Trabalho com informação*, cit.

230 • O valor da informação

cultura global. Nesse sentido, a sociedade capitalista atual é caracterizada pela contínua busca ou aceitação de tendências, modas, gostos, por parte daqueles que têm poder econômico para tanto, e, no polo oposto, pela frustração das camadas sociais mais pobres, impossibilitadas de se manterem "atualizadas" e excluídas dos "prazeres" do consumo.

2.3. O trabalho artístico

Como vimos no primeiro capítulo, a valorização do capital-informação se apoia no trabalho semiótico aleatório, a exemplo dos trabalhos científico e artístico. Nesse ciclo da comunicação produtiva, o trabalho vivo não visa transformar mercadoria alguma. O trabalho vivo usa produtos materiais ditos "mercadorias" para processar e comunicar material informacional semiótico. Tomemos por análise a produção cultural, aqui também incluídos os espetáculos esportivos. O valor de uso de um livro ou de uma partida de futebol não está no suporte material que o replica, mas no conteúdo em si, na *interação* que esse conteúdo proporciona entre "artista" e "público". Logo, o valor do trabalho se encerra na própria *ação*, na mobilização de afetos que produz, na *qualidade não quantificável* da obra. Por isso, como já observou Ramón Zallo[46], trata-se de trabalho concreto não redutível a abstrato. Então não caberia investigar de que forma o trabalho criativo pode ser mercadejado como valor de troca, mas, sim, como o capital se apropria de um trabalho vivo, informacional, que, por tal definição seria inapropriável. Nesse sentido, por não ser equalizável, o retorno do investimento feito em produções culturais e também esportivas se dará pela monopolização capitalista da propriedade intelectual, definida como pacotes de direitos exclusivos ligados a várias formas de expressão de conhecimento, ideias ou trabalhos artísticos, conforme também discute Larissa Ormay no capítulo que assina deste livro. No caso da televisão, o monopólio é feito sobre os direitos de transmissão de determinado produto artístico ou de uma partida de futebol, por exemplo. O produto aqui consumido será o próprio trabalho dos artistas, em uma novela ou filme, ou dos jogadores em campo durante uma disputa esportiva.

A realização da produção artística depende, no entanto, da efetivação de todo o ciclo do capital, ou seja, que também o processo de circulação seja

---

[46] Ramón Zallo, *Economía de la comunicación y de la cultura* (Madri, Akal, 1988).

completado. Já tendo reproduzido simbolicamente o trabalho, a indústria cultural precisa produzir o consumo, não apenas por meio da publicidade, mas especialmente pela imagem de artistas na mídia sugerindo o padrão de vida a ser seguido.

Nesse sentido, será necessário produzir a audiência e isso implica o tempo de trabalho tanto dos artistas e demais profissionais envolvidos quanto dos próprios indivíduos que compõem a audiência e se dispõem a ficar em frente a uma tela, por exemplo, para interagir com o que lhes é mostrado. Smythe afirma que os anunciantes "compram o serviço das audiências com especificações previsíveis, que prestarão atenção em números previsíveis e, em determinados momentos, a determinados meios de comunicação (televisão, rádio, jornais, revistas, *outdoors* e cartazes de terceira classe) em áreas específicas do mercado"[47]. A audiência precisa não apenas entender o que lhe é mostrado, como replicar os significados transmitidos. Seu trabalho seria, portanto, aprender a comprar as mercadorias oferecidas, criar demanda para os produtos, o que é aprendido desde cedo no próprio convívio familiar, quando se decide o que se vai comprar para comer, vestir etc. A audiência trabalha ao desempenhar o papel de potencial consumidor. Nesse sentido, o trabalho será o conhecimento social em ação.

Para ativar ou mobilizar esse trabalho não pago, a audiência recebe o programa, o produto cultural exibido pelos meios de comunicação. É esse *tempo de interação* entre o produto cultural e sua audiência que será vendido aos anunciantes por um preço vinculado, ao fim e ao cabo, ao direito de propriedade intelectual da obra. Filmes, novelas, jogos de futebol, programas de auditório etc. são ao mesmo tempo produtos e meios utilizados para a criação de hábitos de consumo de outros produtos por meio da publicidade e da criação de estilos de vida.

Outro fator preponderante da equação para a reprodução do capital é o trabalho do artista, criativo, simbólico, informacional. O artista ou o atleta recebem por sua capacidade de criar um produto único para alimentar o desejo do público, como uma novela, um filme, uma série ou uma partida de futebol. O trabalho criativo é financiado e organizado pelo capital, que o transforma em produto a ser explorado e distribuído pelas empresas

---

[47] Dallas Smythe, "On the Audience Commodity and Its Work", em Meenakshi Gigi Durham e Douglas M. Kellner (orgs.), *Media and Cultural Studies: Keyworks* (Hoboken, Blackwell, 2001), p. 234.

mediáticas com uma função de reprodução social e ideológica[48]. Um jogador de futebol, por exemplo, é pago por sua habilidade de jogo, por sua capacidade de entregar ao público um espetáculo que desperte emoções. O produto do trabalho desse jogador é a própria atuação em campo, sua imagem. O jogador, assim como o professor em sala de aula (capítulo 1), não produz um objeto "congelado" a ser trocado por outro produto "congelado" de trabalho, ou por dinheiro: o valor aqui é a própria *atividade viva* em interação com a atividade viva, na forma de emoções que provoca no torcedor ou no espectador – na audiência.

3. Relações sinérgicas entre futebol e mídia

O futebol que tomamos aqui como objeto de análise diz respeito ao esporte hoje praticado, o qual difere, especialmente na lógica que o orienta, das práticas pré-modernas. Embora haja registros de jogos com bola entre os indígenas de Nova Guiné e nas sociedades do México pré-hispânico, por exemplo, as lógicas a que estavam submetidas essas práticas diferem substancialmente. Segundo Claude Lévi-Strauss, em *O pensamento selvagem*, o jogo-rito partia da diferença para a igualdade, buscava-se o equilíbrio entre os antagonistas e por isso o número de partidas era tal que cada oponente obtivesse o mesmo número de vitórias e derrotas[49]. A lógica do futebol contemporâneo inverte a do rito, partindo da igualdade no número de jogadores e nas regras a serem observadas para a diferença no placar, que determinaria por fim os vencedores e os perdedores, seguindo a lógica da concorrência e da acumulação. Enquanto o primeiro tentaria suspender simbolicamente a inferioridade humana diante da natureza e da morte, o segundo estabeleceria um contrato de equivalência objetivando a disputa posterior. Trataremos aqui do segundo, do futebol contemporâneo, institucionalizado pelos ingleses no final do século XIX.

Wisnik divide a história do futebol em três fases: a primeira é marcada pela definição de regras e pela transformação da prática em esporte regular, no final do século XIX; a segunda é marcada pelo aprimoramento das

---

[48] Ramón Zallo, "La economía de la cultura (y de la comunicación) como objeto de estudio", cit.

[49] Claude Lévi-Strauss, *O pensamento selvagem* (trad. Tânia Pellegrini, Campinas, Papirus, 1989).

técnicas coletivas, desde 1900 até 1970; e a terceira fase seria caracterizada pela centralidade do futebol no espetáculo, englobando interesses econômicos da arena publicitária e rentista, na disputa pelas rendas informacionais advindas dos direitos de transmissão do espetáculo, passando pela construção de "estádios-shopping"[50].

Os jogos e as lutas pré-modernas passariam no século XIX por um processo de "esportivização", de uniformização, valendo-se de um sistema de regras para controlar os impulsos humanos, contabilizar as vitórias e as derrotas, e estabelecer condições iguais de participação entre os opositores, para garantir uma avaliação neutra da disputa. A subordinação a regras comuns, igualando os oponentes, e a concorrência entre si, cujo desempenho em campo dependerá tanto do acaso como do esforço investido, guardarão semelhanças com as modernas sociedades industriais, permitindo o florescimento do esporte.

Wisnik observa que as primeiras disputas de futebol, incluindo suas formas primordiais, baseavam-se em "um princípio produtivo fundado na extorsão de energia e na exploração das massas físicas, tecnologicamente correlato à máquina a vapor"[51]. O comportamento no jogo espelhava o comportamento fabril baseado no sistema industrial taylor-fordista.

> Se o trabalho alterna com o descanso, o labor não conhece descanso, que nele toma a forma específica do lazer. O lazer não é uma suspensão do tempo do trabalho, mas a recarga cotidiana que dá suportabilidade ao labor sem obra, fazendo-se seu duplo. A repetição compulsória do futebol participa do processo pelo qual algo de insuportável no mundo (o labor sem obra), a ser mitigado dia a dia sob a forma de mercadoria continuamente reposta, repõe de forma viciosa, com sua avalanche *ad infinitum* e *ad nauseam*, o insuportável no mundo.[52]

O futebol transformará o tempo de lazer em tempo produtivo, tornando-se ele mesmo um produto a ser consumido pelas massas, para além de uma atividade puramente recreativa. Para tanto, passará por um processo de reorganização, profissionalização e massificação. Inicialmente praticado pelas elites em colégios britânicos, como uma atividade de lazer para os nobres, o

---

[50] José Miguel Wisnik, *Veneno remédio: o futebol e o Brasil* (São Paulo, Companhia das Letras, 2008).

[51] Ibidem, p. 66.

[52] Ibidem, p. 124.

234 • O valor da informação

futebol disseminou-se entre os trabalhadores fabris e navais, que o levariam para as demais regiões do mundo, em contato com a marinha inglesa. Sua expansão consolida-se no final do século XIX, quando, após a derrota dos Old Etonians para o Bolton Olympic no campeonato inglês de 1883, os filantropos da elite inglesa saem da direção dos clubes e entram os negociantes, responsáveis pela profissionalização do esporte. A partir de então, os operários passam também a compor os times, adicionando força e criatividade às disputas antes restritas à elite, atraídos por melhores salários e benefícios, além do capital simbólico[53]. No Brasil, o esporte seria devidamente enquadrado como profissão em 1933, sob o governo de Getúlio Vargas.

Antunes afirma que a difusão do futebol "em meio operário levou empresários a incentivarem a organização de clubes no interior das fábricas não apenas como forma de diversão e lazer: essas agremiações, ao participarem de campeonatos oficiais, divulgavam o nome das empresas e seus produtos"[54].

Esse momento de profissionalização do futebol e expansão de suas fronteiras regionais ocorre de modo simultâneo à consolidação do regime taylor-fordista; não coincidentemente, mas como parte do processo de remodelação econômica, política e social, relacionado à própria evolução da produção de consumo. O capitalismo inaugurado pela Segunda Revolução Industrial que fomentaria a sociedade do consumo viria a florescer no período pós-guerra, quando as massas estariam disciplinadas. Harvey aponta que nos anos entreguerras dois fatores impediram uma maior difusão do fordismo: a resistência dos trabalhadores em se submeterem a jornadas longas e repetitivas sem controle sobre o processo total de produção e a intervenção estatal na economia[55]. No primeiro caso, a guerra exigiu um esforço coletivo que facilitou a racionalização do processo de trabalho; além disso, o uso de mão de obra imigrante não qualificada contribuiu para a implantação das novas rotinas de trabalho. De outro lado, cobrava-se do

---

[53] Anderson David Gomes dos Santos, *A consolidação de um monopólio de decisões: a Rede Globo e a transmissão do Campeonato Brasileiro de Futebol* (dissertação de mestrado, São Leopoldo, Universidade do Vale do Rio dos Sinos, 2013), p. 63.

[54] Fátima M. R. Ferreira Antunes, "O futebol nas fábricas", *Revista USP*, São Paulo, n. 22, jun.-ago. 1994, p. 109.

[55] David Harvey. *La condición de la posmodernidad: Investigación sobre los orígenes del cambio cultural* (Buenos Aires, Amorrortu Editores, 1998) [ed. bras.: *Condição pós-moderna: uma pesquisa sobre as origens da mudança cultural*, trad. Adail Ubirajara Sobral e Maria Stela Gonçalves, 6. ed., São Paulo, Loyola, 2011 (1996) (1989)], p. 147-63.

Capital financeiro e espetáculo: o controle do futebol por corporações mediáticas • 235

Estado que solucionasse as incapacidades crônicas do sistema capitalista. Nesse sentido, coube ao Estado empregar os trabalhadores, regulamentar o trabalho, investir em setores como transporte, essencial para o processo de circulação das mercadorias, bem como estabelecer políticas de relações internacionais para a inserção em novos mercados. E ainda assegurar o bem--estar social, responsabilizando-se pela assistência médica, pela educação, pela habitação, pela seguridade social, entre outros requisitos básicos para garantir a sobrevivência do trabalhador.

Nesse contexto de constituição do direito social, de institucionalização do contrato coletivo de trabalho, de crescimento do proletariado e da classe média e de diferenciação da estrutura social, surge a necessidade do desenvolvimento de meios de comunicação de massa, veículos da publicidade comercial e da propaganda política que tratarão de entreter as massas em seus momentos de lazer[56]. O capitalismo monopolista, que desponta após a expansão do processo industrial com o alinhamento do capital industrial com o capital financeiro, traz consigo a criação de novos meios de comunicação, necessários para diminuir o tempo de circulação e reduzir as incertezas quanto à realização do capital, bem como para garantir a reprodução do sistema.

Para Dantas, as comunicações devem ser vistas como *"loci* de trabalho, logo de produção e realização, cujo produto é o agenciamento social produtor e reprodutor das condições culturais necessárias ao desenvolvimento"[57]. Nesse sentido, podemos afirmar que os meios de comunicação de massa foram desenvolvidos por força do capital, com o intuito de reduzir o tempo de seu ciclo produtivo, função que cumprirão de maneira cada vez mais eficaz com o desenvolvimento das tecnologias que darão suporte às diversas indústrias culturais. Os meios de comunicação são desenvolvidos, portanto, para dar suporte à produção e ao consumo.

O desenvolvimento do rádio se insere na lógica do desenvolvimento capitalista, passando por três fases distintas: a descoberta das ondas eletromagnéticas e a realização dos primeiros experimentos na segunda metade do século XIX; a utilização da comunicação sem fio e os desenvolvimentos técnicos que se seguiram no início do século XX; e a difusão e a comercialização do rádio a partir da década de 1920. O rádio sai de uma lógica

---

[56] César Bolaño, *Indústria cultural, informação e capitalismo*, cit.

[57] Marcos Dantas, *Comunicações, desenvolvimento, democracia: desafios brasileiros no cenário da mundialização mediática* (São Paulo, Perseu Abramo, 2013), p. 16.

236 • O valor da informação

de uso baseada na comunicação pessoal, como a utilizada na comunicação interpessoal durante a Primeira Guerra Mundial, para uma lógica de uso massivo e estético, com programas musicais, de entretenimento e jornalismo[58]. Desenvolvido e incorporado pela lógica capitalista, o rádio se transformou em importante instrumento para entreter as massas, assim como o futebol.

No Reino Unido, a primeira transmissão pública ao vivo de rádio aconteceu em 1920, originada na Companhia de Telegrafia Sem Fios de Marconi. Tratava-se da apresentação da cantora clássica australiana Dame Nellie Melba. Nesse momento, começaria a se formar o público para esse novo meio. A primeira rádio britânica, a British Broadcast Company Ltd., só seria fundada em 1923, transformada em emissora pública em janeiro de 1927 sob o nome British Broadcast Corporation (BBC). Música, notícias e esportes formavam o tripé da programação da BBC. Tão logo fundada, nesse mesmo mês de janeiro a emissora já transmitia uma partida de futebol: Arsenal e Sheffield United. No mesmo ano, também transmitiria a final do campeonato inglês, aumentando paulatinamente o espaço destinado ao futebol. Em 1931, a BBC já transmitia mais de cem jogos por temporada, mesmo com o alcance do rádio limitado a 30% das casas. Em 1939, as transmissões radiofônicas chegariam a 71% das casas britânicas, com quase 9 milhões de aparelhos licenciados em uso[59].

A expansão do futebol, do rádio e do capitalismo monopolista ocorre, portanto, de maneira entrelaçada. No pós-guerra, a reconstrução, com a renovação urbana, de países destroçados pela guerra, a expansão geográfica dos transportes e dos sistemas de comunicação e o desenvolvimento de infra-estrutura alavancarão novamente o crescimento econômico. E as indústrias culturais sedimentarão a cultura do consumo.

Em termos de disciplina das massas, Wisnik aponta semelhanças entre a organização fabril e as táticas do futebol[60]. Da mesma maneira que a produção mercantil sai de uma fase na qual o operário domina todo o processo e passa a trabalhar em linhas de produção desempenhando apenas uma atividade específica, no futebol do começo do século XX até a década de 1970 os times passam a desenvolver táticas coletivistas, sendo vistos

---

[58] Bernard Lamizet, *Histoire des médias audiovisuels* (Paris, Ellipses Marketing, 1999).

[59] Ver "The Influence of Media & Technology on Football"; disponível em: <https://influenceofmediaonfootball.weebly.com/radio.html>; acesso em: 26 mar. 2022.

[60] José Miguel Wisnik, *Veneno remédio*, cit., p. 67.

como máquinas engrenadas em estádios-fábricas. O trabalho organizado e disciplinado é convertido em mercadoria, o futebol-espetáculo, que será consumido inicialmente pelas ondas do rádio.

Assim como a música foi mercadejada, deixando de ser apenas um instrumento de elevação do espírito para ser um produto a serviço do capital, o futebol também foi apropriado pela lógica capitalista. Antes mesmo de ganhar o *status* de profissão, o esporte já era visto como um produto a ser mercadejado tanto pelas empresas, que mantinham os clubes e assim divulgavam sua imagem, quanto por jornais, que passaram a construir mitos para o público. Em um primeiro momento, o futebol ganhou as páginas dos jornais e filmes no cinema, para depois, com o surgimento do rádio, ter suas partidas narradas para as grandes massas.

A chegada da televisão ampliaria a audiência do futebol já conquistada pelo rádio. Em 1936, a Olimpíada de Verão em Berlim foi o primeiro grande evento coberto pela televisão, ao vivo. Duas empresas foram responsáveis por transmitir os jogos para um público restrito, em algumas cidades alemãs. Levaria ainda um pouco mais de uma década para o aperfeiçoamento e a implantação da televisão ao redor do mundo[61]. No Brasil, o futebol aparece na TV pela primeira vez em 1950, na recém-inaugurada TV Tupi.

Implantada sobre as bases da sociedade do consumo que se delineou com o regime fordista de acumulação, a televisão se constituiu no principal veículo da indústria cultural no momento de emergência dos usos sociais e culturais dos meios de comunicação. Ela serviria de cimento cultural para a integração e a unificação social por meio de celebridades e personagens conhecidos que promoviam a identificação simbólica, desde artistas a atletas, proporcionando uma integração visceral entre televisão e futebol como fontes de entretenimento para as massas.

A relação sinérgica entre televisão e futebol em busca de audiência, anunciantes e patrocinadores promoverá algumas transformações estéticas na prática do desporto, como a utilização obrigatória de números nas camisas dos jogadores para facilitar a identificação deles em campo e consequentemente

---

[61] Às vésperas da Segunda Guerra Mundial, além da Alemanha, também no Reino Unido, na França, nos Estados Unidos já vinham sendo experimentadas as primeiras transmissões de televisão para o público. Devido à mobilização de toda a indústria para o esforço de guerra nesses países, as experiências foram suspensas, e a televisão, por isso, só viria a iniciar sua história comercial de fato no final da década de 1940.

238 • O valor da informação

a narração da partida. Embora haja relatos de que a numeração das camisas já fosse usada na Austrália desde 1911[62], é apenas na Copa do Mundo Fifa de 1950, sediada no Brasil, que a numeração da camisa dos jogadores passa a ser obrigatória nos campeonatos da federação. Na temporada de 1939-40, a Football Association (nome oficial da federação inglesa) já havia instituído a obrigatoriedade dos números em seus campeonatos, atitude que se espalharia pelo mundo na década seguinte, consolidando-se definitivamente na Copa de 1950. Os números, que inicialmente apenas serviriam para facilitar a identificação dos jogadores, com o passar dos anos se transformarão em sinônimos dos ídolos que representam, como a famosa camisa 10 de Pelé.

É a partir da década de 1970 que tanto o futebol como a TV vão romper as barreiras espaciais e explorar novos modelos de rentabilização. Do lado esportivo, a visibilidade televisiva vai permitir a intensificação da publicidade em todas as formas possíveis e o lançamento de diversos produtos em cujos *royalties* os clubes terão participação. Santos destaca, para além da presença de publicidade nos uniformes e nas placas ao redor do campo introduzida posteriormente, a mudança nas regras de disputa como um fator importante para a dinamicidade do jogo e a sedução do torcedor/espectador[63]. Em contrapartida, a TV aumentará suas receitas com a transmissão das partidas baseada na criação de estrelas e na espetacularização do esporte, amparadas pelas grandes corporações.

O futebol entra em sua terceira fase. Sai dos limites do futebol-fábrica que predominou até a década de 1970 para integrar-se ao setor de serviços, mais especificamente ao lazer urbano dentro do complexo mercadológico capitalista "com interesses que mobilizam a publicidade onipresente, tevê aberta e a cabo, *pay-per-view* e estádios-feira de exposição apontando para os estádios-shopping"[64].

João Havelange, presidente da Fifa entre 1974 e 1998, foi o primeiro presidente da entidade esportiva a atrair grandes companhias para patrocinar os campeonatos e explorar comercialmente o potencial do futebol por meio da televisão. Logo no início do seu mandato, Adidas e Coca-Cola tornaram-se os principais patrocinadores dos torneios da Fifa, cujas publicidades chegariam a todo o globo pelas redes televisivas. Ao mesmo tempo, a venda

---

[62] Michael Millar, *The Secret Lives of Numbers: The Curious Truth behind Everyday Digits* (Londres, Virgin Books, 2012).

[63] Anderson David Gomes dos Santos, *A consolidação de um monopólio de decisões*, cit.

[64] José Miguel Wisnik, *Veneno remédio*, cit., p. 67.

dos direitos de transmissão dos jogos também passaria por uma grande valorização, tendo em vista o apelo que o futebol tem entre os torcedores e, especialmente, o papel das Copas do Mundo como espetáculos mundiais.

Em 1987, as principais emissoras públicas pertencentes à União de Radiodifusão Europeia pagaram 344 milhões de dólares pelos direitos de transmissão das Copas do Mundo de 1990, 1994 e 1998. As três Copas do Mundo seguintes custariam 2,2 bilhões de dólares para o grupo Kirch da Alemanha, em conjunto com a agência de *marketing* suíça ISL, detentores dos direitos de transmissão fora da América[65].

O sucesso da venda dos direitos de transmissão pode ser medido pelo retorno trazido aos times de futebol. Jean-François Bourg e Jean-Jacques Gouget apontam que, entre 1984 e 1999, as receitas dos times europeus originárias da TV cresceram mais de 1.220 vezes, enquanto o crescimento de bilheteria teria aumentado apenas cinco vezes[66]. Os números mostram que a TV servia como uma ferramenta eficiente para ultrapassar as barreiras geográficas e encurtar processo de reprodução do capital.

O monopólio da transmissão dos jogos pelos principais canais comerciais abertos, no Brasil e no mundo, passará na década de 1990 a dar lugar a uma acirrada disputa pelos direitos de transmissão pelos canais da TV por assinatura, fomentado por novos regimes de comercialização derivados do digital. Até mesmo os times de futebol criarão os próprios canais para alimentar seus torcedores mais fiéis, base da estratégia de segmentação.

4. O lugar da TV "murada"

Os fatores sociais e culturais próprios do capital-informação e que movem a sociedade espetacular vão, aos poucos, abrindo espaço para os modelos não lineares de comunicação audiovisual. As grades de programação generalistas que dominaram por décadas o mercado televisivo passam a dar espaço a programações cada vez mais segmentadas, com ênfase inicialmente nos canais de nicho, explorados pela TV por assinatura, e depois nos programas isolados, modelos de exploração sob demanda. O negócio da televisão fechada apoia-se,

---

[65] *The Economist*, "The Paymasters", 4 jun. 1998; disponível em: <https://www.econo mist.com/special-report/1998/06/04/the-paymasters>; acesso em: 3 abr. 2021.

[66] Citado em Anderson David Gomes dos Santos, *A consolidação de um monopólio de decisões*, cit., p. 97.

essencialmente, no poder detido pelas operadoras que controlam a infraestrutura de cobrar a assinatura do "cliente" ou cancelar seu acesso em caso de inadimplência. A televisão, que nasceu e evoluiu como um negócio aberto ao grande público, tornou-se parte do processo de *cercamento do "comum"*.

A transição do modelo de grade para a individualização do consumo está na base do modelo de negócios da TV por assinatura. O sucesso no processo de rentabilização desse mercado está cada vez mais ligado, de um lado, à aquisição dos direitos de propriedade para a oferta do produto desejado pelo consumidor por parte das programadoras e, de outro, ao fortalecimento do modelo de negócios dos "jardins murados" (*walled gardens*, no jargão empresarial) por parte das operadoras, que oferecem aqueles canais mediante assinatura e podem auferir lucros ainda maiores com a oferta de serviços *premium*, canais *pay-per-view*, serviços de vídeo sob demanda, entre outros. Esse processo avança ainda mais quando as plataformas sociodigitais, a exemplo do Youtube ou do Facebook, passam elas também a comprar e oferecer jogos de futebol e outros espetáculos em concorrência direta com os canais tradicionais de televisão aberta ou fechada.

A propriedade intelectual é, para todos os efeitos práticos e legais, o reconhecimento dado a uma empresa para explorar em regime de monopólio, logo exclusivo e excludente, o produto do trabalho artístico (vivo) que pôde açambarcar, conforme explicou Larissa Ormay no capítulo que assina neste livro. Esse poder deriva da posição da empresa na cadeia de trabalho e do valor do espetáculo, na medida em que um evento deva ser replicado para distribuição no tempo e no espaço. Como, ao fim e ao cabo, o espetáculo atingirá algum terminal de reprodução, como uma sala de cinema, um aparelho de televisão ou um iPod, pode-se erigir aí um conjunto de relações rentistas, articulando financiadores, produtores diretos, fornecedores de equipamentos e serviços, agentes de intermediação ou gestão, que responderão solidariamente pela captura e pela distribuição, no interior da cadeia das rendas auferidas[67].

Já os "jardins murados", conceito que nasce na literatura ou na consultoria de negócios[68], são como "cercas" que impedem o acesso a determinado espetáculo, condicionando esse acesso ao pagamento da assinatura, posse

---

[67] Marcos Dantas, "Milionários nada por acaso", cit., p. 48.

[68] Chris Marsden et al., *Assessing Indirect Impacts of the EC Proposals for Video Regulation* (Santa Mônica, Rand Corp., 2006); disponível em: <https://www.rand.org/pubs/technical_reports/TR414.html>; acesso em: 6 mar. 2022.

de determinado dispositivo de recepção do conteúdo, entre outras formas de controle. Os "jardins murados" representam uma nova organização na produção, na reprodução e na entrega para garantir a captura de rendas informacionais pelos investidores, basicamente o capital financeiro. As tecnologias que permitem o "cercamento" de determinado conteúdo eliminam grande parte dos tempos de trabalho em replicação e distribuição, e condicionam a sociedade a pagar pelo acesso aos conteúdos dos espetáculos. Esse pagamento pode se dar por meio de assinatura mensal pré ou pós-paga no caso dos serviços de TV por assinatura, além da "compra" de unidades de conteúdo como filmes ou jogos. Na verdade, não se compra o filme ou o jogo de futebol, e, sim, paga-se pelo *direito de acesso* a um determinado programa em uma determinada janela de tempo.

Juntos, "jardins murados" e monopolização dos direitos de propriedade intelectual têm-se constituído como base das estratégias de competição dos grandes grupos do setor, uma vez que garantem a aceleração do processo de acumulação ao encurtar as etapas de replicação e distribuição e permitem a apropriação do trabalho artístico por meio das rendas informacionais.

Com base na Lei n. 12.485/2011, a Agência Nacional do Cinema (Ancine) reconhece que a cadeia de valor da TV por assinatura é constituída de quatro elos: produção, programação, empacotamento e distribuição (Figura 1]. No elo da produção encontram-se as empresas que produzem conteúdos audiovisuais a serem veiculados na TV por assinatura. Essas empresas podem se constituir como produtoras independentes, produtoras ligadas a empresas programadoras, de origem brasileira ou estrangeira, cujo conteúdo produzido pode abranger desde filmes e programas de auditório a espetáculos musicais, programas de culinária, *reality shows*, espetáculos esportivos, noticiário jornalístico etc.

A produção envolve diversas atividades e profissionais para a elaboração e a produção de um conteúdo audiovisual, e é o elo basilar do capital simbólico. A conquista da audiência passa pela oferta de programas que tenham empatia com o público. Quanto mais poder de atração tiverem atores, artistas, músicos, roteiristas, diretores etc., que trabalhem em determinada produção audiovisual, mais propenso ao sucesso será o programa. O *capital simbólico*, no conceito de Bourdieu[69], é uma das ferramentas utilizadas para

---

[69] Pierre Bourdieu, *A economia das trocas simbólicas*, trad. Sergio Miceli et al., 5. ed., São Paulo, Perspectiva, 1982.

tentar driblar a aleatoriedade da demanda dos programas. Dantas aponta o capital simbólico dos artistas, autores e esportistas como um "importante fator de barganha nas disputas pela divisão das rendas informacionais"[70].

Figura 1. Cadeia produtiva do espetáculo[71]

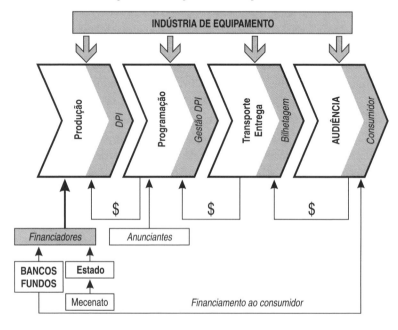

No elo da programação atuam empresas encarregadas de selecionar e formatar os conteúdos adquiridos das produtoras, organizando seus canais de programação com grades próprias, em geral segmentadas em categorias temáticas. Esse elo da cadeia é responsável pela negociação com os produtores dos direitos de propriedade intelectual sobre determinada obra, pela aquisição da produção de terceiros e pela venda de espaço aos anunciantes. A verticalização das atividades de produção e programação foi por muito tempo majoritária no mercado de TV por assinatura. Atualmente, tanto a

---

[70] Marcos Dantas, "Milionários nada por acaso", cit., p. 52.
[71] Idem, "Trabalho material sígnico e mais-valia 2.0 nas condições do capital-informação", em Sierra Caballero (org.), *Capitalismo cognitivo y economía del conocimiento: la lucha por el Código* (Quito, Ciespal, 2016), p. 58-112.

legislação vigente como as estratégias empresariais em busca de sinergias vêm transformando esse cenário com o estabelecimento de relações associativas e *joint ventures* para projetos específicos. Entre produtores e programadores estabelece-se uma relação de interdependência em torno do capital simbólico para fortalecer as marcas das programadoras, atrair o financiamento publicitário e assim aumentar os ganhos da cadeia, conforme enfatiza Dantas:

> O principal objetivo do programador (ou editor, ou redator-chefe, etc.) é o de selecionar os "conteúdos" que tenham maiores possibilidades de capturar e reter audiência. Seu sucesso nessa atividade pode amealhar, para si mesmo, capital simbólico que atrairá, por sua vez, o capital simbólico de artistas e produtores culturais. Nesse processo recursivo, fortalecem-se as grandes marcas programadoras, como certos canais de televisão, editoras de livro, ou produtores de espetáculos. Então, a razoável garantia de audiência atrairá, para a firma programadora, especialmente se esta é canal de rádio ou televisão, o financiamento publicitário, que, se é ainda pouco importante na distribuição de livros ou filmes, essencialmente dependente das vendas diretas do produto unitário, é e será cada vez mais decisivo na cadeia produtiva horizontalizada do espetáculo em geral.[72]

Os formatos da programação na TV por assinatura podem variar entre *linear*, programação com grades fixas; *não linear*, serviços sob demanda, nos quais o assinante assiste apenas aos programas que lhe interessam, a maior parte fora de "grade" (como os jogos de futebol pelo *pay-per-view*); e *reticular*, tipicamente a internet, cuja aparente não programação é, porém, impulsionada, induzida ou "sugerida" por algoritmos que privilegiam os conteúdos com maior potencial de monetização.

O elo do empacotamento é responsável pela alocação dos canais em pacotes que serão comercializados aos assinantes. Envolve a negociação com os programadores ou seus representantes e o licenciamento dos direitos de transmissão dos canais. Em geral, essa atividade é realizada pelas operadoras, responsáveis também pelo elo final da cadeia, a distribuição.

Na distribuição, a cargo de empresas operadoras de telecomunicações, os conteúdos formatados em canais e agregados a pacotes serão comercializados para os consumidores, clientes domésticos ou empresariais, que, por meio da contratação de determinado pacote, terão acesso aos serviços prestados pela operadora, que podem incluir TV por assinatura, telefonia e banda larga, entre outros possibilitados pelo uso de suas redes. Os operadores

---

[72] Ibidem, p. 54-5.

244 • O valor da informação

são responsáveis pelo transporte e pela entrega dos serviços, o que envolve também a instalação dos equipamentos necessários; a construção das redes de cabos coaxiais ou fibra óptica ou a manutenção de satélites; a venda dos serviços; serviços correlacionados a essa venda, como *marketing* e assistência técnica por exemplo, entre outros. Por desenvolver duas atividades distintas, empacotamento e distribuição, que envolvem aspectos relativos ao conteúdo em si, de um lado, e a infraestrutura, de outro, o setor econômico como um todo é regulado por duas agências diferentes no Brasil: a Ancine e a Agência Nacional de Telecomunicações (Anatel).

Para as operadoras, quanto maior a base de assinantes, mais rentável será o negócio. Para isso, disponibilizam "pacotes" de canais que possam atrair um grande número de assinantes, atração essa que obedece à lógica da economia do espetáculo, conforme esclarecida anteriormente. Esses canais oferecem programações lineares de filmes, documentários, desenhos infantis, esportes, música, programas culinários, turísticos ou jornalísticos (sem falar dos chamados "adultos") capazes de mobilizar o trabalho semiótico da audiência, na forma de emoções e afetos. A grande maioria desses canais é temática ou segmentada (poucos são generalistas), atendendo assim a um público cuja atração pelo espetáculo será também segmentada por gostos, estilos, identidades, outros elementos distintivos, nos termos de Bourdieu[73]. Portanto, enquanto as operadoras buscam alcançar a "massa" indiferenciada, as programadoras, ao contrário, buscam atender distintos segmentos ou nichos de mercado. Porém, quanto maior for a população desse nicho de mercado, maior será o poder de barganha da programadora para cobrar seu "preço por assinante" ao negociar sua adesão a algum pacote. Aqui, as programadoras que detêm os direitos de propriedade intelectual dos espetáculos esportivos, sobretudo dos campeonatos nacionais ou internacionais de futebol, levam uma grande vantagem sobre as demais, dada a alta atratividade desse tipo de programação.

A cadeia é remunerada, portanto, no modo *upstream*, ou seja, o assinante paga ao operador, ofertante do serviço ao consumidor final; esse operador remunera as programadoras de acordo com a atratividade dos canais oferecidos, medida em número de assinantes ou suposto interesse do público; as programadoras, por fim, remuneram os produtores conforme suas estratégias, por obra, contratação fixa etc. Estes, por sua vez, remuneram os

---

[73] Pierre Bourdieu, *A distinção: crítica social do julgamento* (trad. Daniela Kern e Guilherme J. F. Teixeira, Porto Alegre, Zouk, 2007 [1979-1982]).

artistas, desportistas, outros profissionais conforme contratos de trabalho cujos valores, como dito antes, variam em função dos respectivos capitais simbólicos. Evidentemente, parte desse capital variável também se destina a pagamento de salários ou outras remunerações terceirizadas pelo trabalho redundante também empregado na produção.

Toda a cadeia é sustentada pela indústria eletroeletrônica, que fornece os equipamentos, sistemas, *softwares* e outras tecnologias de produção, transmissão e recepção. É a espinha dorsal de todo o sistema. A relação entre os fabricantes, os programadores e as operadoras é muito estreita, sendo as tecnologias desenvolvidas em mútuo diálogo entre a indústria e os demais segmentos de capital envolvidos em toda a cadeia produtiva, consumidores finais excluídos. Estes apenas recebem as "novidades" como grandes... "novidades". Por fim, mas não por último, o capital que alimenta o processo vem de grupos financeiros que inclusive financiam o consumo. Muitas vezes, o Estado ou mecenato privado também se envolvem no apoio à produção (caso da Lei Rouanet, no Brasil).

Os programas atuam como elos na TV por assinatura. Neles está a chave que conecta toda a cadeia produtiva. O consumidor que paga para ter uma assinatura de TV quer o acesso a um tipo de programa. O poder de atratividade desse programa sobre a audiência determinará o preço pago pela operadora para a programadora. E esta última buscará garantir os direitos de exibição daqueles programas desejados pelo público. Esse programa é o próprio espetáculo, do qual a audiência não é um fim a ser alcançado, mas parte do próprio processo produtivo. As pesquisas de opinião, bem como as análises de mercado, servem exatamente para moldar o programa. Audiência e programa constituem-se mutuamente. Mais que nunca, como escreveu Marx, "a produção é imediatamente consumo, o consumo é imediatamente produção"[74]. O programa carrega consigo também, como discutido anteriormente, o capital simbólico de atores, jogadores, artistas e personalidades capazes de promover estilos de vida, de moldar e expressar o consumo, sugerindo inclusive as marcas a serem consumidas.

Segundo pesquisa do Instituto Brasileiro de Opinião Pública e Estatística (Ibope), entre os canais de TV fechada mais assistidos no Brasil, em 2014,

---

[74] Karl Marx, *Grundrisse: manuscritos econômicos de 1857-1858: esboços da crítica da economia política* (trad. Mario Duayer e Nélio Schneider, São Paulo, Boitempo, 2011 [1976]), p. 46.

246 • O valor da informação

estavam os infantis (Discovery Kids, Cartoon Network, Disney Channel e Nickelodeon), os esportivos (SporTV e ESPN Brasil), de filmes e séries (Fox, TNT, Megapix, Space, Universal Channel, FX, AXN e Telecines Pipoca, Action e Premium), de entretenimento (Viva, Multishow e Home & Health), de documentários (Discovery Channel e National Geographic) e apenas um de notícias (Globo News)[75].

A oferta dos programas depende da posse do direito sobre a propriedade intelectual ou direitos de exibição, no caso, por exemplo, dos eventos esportivos, musicais etc. (*DPIs* na Figura 1). A aquisição desses direitos envolve, em geral, grandes somas, especialmente quando se fala de competições de futebol e séries de sucesso, ficando a cargo dos agentes dominantes do mercado, conglomerados internacionais e nacionais, o investimento nesse nicho.

Para a maior parte dos assinantes adultos, assistir, sem sair de casa, a jogos de futebol e outras competições esportivas, organizados em campeonatos ou torneios nacionais e internacionais, será a maior atração que pode ser oferecida pela televisão fechada. Em seguida, situa-se um vasto catálogo de obras cinematográficas que, pela legislação brasileira (Lei n. 12.485/2011), constituem o "*espaço qualificado*".

Os canais de espaço qualificado constituem um segmento de programação dominado basicamente por programadoras controladas por grupos internacionais de mídia e conteúdo, a exemplo da Discovery, 21st Century Fox (ex-News Corporation), Disney, Time Warner e Viacom. A exceção fica por conta do grupo Globo, detentor da Globosat, empresa genuinamente brasileira. Esse domínio se explica, em primeiro lugar, pela alta atratividade das produções hollywoodianas e, em segundo lugar, pela baixa produção quantitativa, além da relativamente baixa atração da produção cinematográfica brasileira. Um relatório anual da Turner, subsidiária do conglomerado Time Warner, de 2013, esclarece as estratégias por meio das quais se dá esse domínio de mercado, no Brasil e no mundo:

> O que principalmente contribui para o sucesso de Turner são suas marcas fortes e seus investimentos contínuos em programação popular de alta qualidade focada em esportes, série original, notícias, filmes e animação para garantir a entrega ao público e o crescimento das receitas. A Turner também

---

[75] Os dados do Ibope foram divulgados na coluna de Ricardo Feltrin. Disponível em: <https://f5.folha.uol.com.br/colunistas/ricardofeltrin/2014/04/1444890-tv-camara-tem-mais-ibope-que-espn-sony-e-gnt.shtml>; acesso em: 4 abr. 2022.

está focada em ampliar e aprofundar o seu relacionamento com seu público através da expansão de suas redes para as plataformas digitais, incluindo suas próprias propriedades digitais. Além disso, a Turner tem prosseguido com a expansão internacional em regiões selecionadas, e a Companhia prevê que a expansão internacional vai continuar a ser uma área de foco na Turner para o futuro próximo.[76]

"Marcas fortes": vimos antes que o capital vende e o consumidor compra "marcas". "Programação popular de alta qualidade": qualidade é, evidentemente, um conceito muito subjetivo, mas está dito aí que a Turner investe em valores de uso que atendam à demanda realmente existente, nos termos que essa demanda mesma estabelece, isto é, conforme suas expectativas e desejos. A Turner aprofunda seu relacionamento (interação, conectividade) com seu público por meio de todos os canais de comunicação possíveis: importante é que o público possa acessar o programa que lhe interessa em qualquer condição de tempo e espaço. Daí, como veremos, não interessará à Turner ou a outras grandes programadoras deter meios exclusivos de transporte ou distribuição, mas poder entregar sua programação por qualquer meio disponível. Em sentido contrário, não interessará aos detentores desses meios prestarem serviços exclusivos à Turner em detrimento de programas e programações que lhes possam também atrair audiência e assinantes. Por isso, como detectaram Arsenault e Castells, as relações entre esses grandes grupos tendem a se tornar cada vez mais simbióticas[77].

Isso também pode ser constatado nos relatórios da Disney. Vejamos especificamente o braço da TV por assinatura:

> O grupo de redes de cabo produz seus próprios programas ou adquire direitos de terceiros para veicular programas em nossas redes. A Companhia também tem interesses em empreendimentos conjuntos que operam programação por cabo e serviços de radiodifusão [...]. As redes de cabo derivam a maioria das suas receitas de taxas de filiação e, para certas redes (principalmente ESPN e família ABC), as vendas de anúncios. Geralmente, as redes de cabo da Companhia fornecem a programação e outros serviços em acordos de vários anos com distribuidores que incluem

---

[76] Time Warner, *2013 Annual Report to Shareholders*; disponível em: <https://www.annualreportowl.com/Time%20Warner%20Cable/2013/Annual%20Report/Download>; acesso em: 19 jan. 2019.

[77] Amelia H. Arsenault e Manuel Castells, "The Structure and Dynamics of Global Multi-Media Business Network", *International Journal of Communication*, v. 2, 2008, p. 707-48.

248 • O valor da informação

taxas contratuais. Os montantes que podemos cobrar das operadoras por nossos serviços para redes de cabo são em grande parte dependentes da qualidade e da quantidade de programação que podemos oferecer e a competitividade do mercado. A capacidade de vender tempo para anúncios comerciais e as taxas recebidas são primariamente dependentes do tamanho e da natureza do público que a rede pode oferecer ao anunciante, bem como a demanda global do anunciante. Nós também vendemos programação desenvolvida pelas nossas redes de cabo em mercados de televisão em todo o mundo, para subscrição em serviços de *video on demand* (SVOD), tais como Netflix, Hulu e Amazon, e em formatos físicos e eletrônicos (DVD e Blu-ray)[78].

A Disney está igualmente presente em distintos meios ou canais de distribuição, confirmando que "qualidade e quantidade" da programação respondem pelos preços que pode cobrar dos operadores – daí os altos preços, por assinante, que sua ESPN pode cobrar.

4.1. Investimentos em áreas correlatas

A valorização das empresas de programação está condicionada a outras variáveis que vão além da oferta de programas para os clientes de TV por assinatura e de espaços para anunciantes. O investimento em áreas correlatas que possam oferecer valor estratégico para as empresas cresce a cada dia, possibilitando sinergia em diversos setores e a expansão das empresas por meio da inovação em produtos e serviços em novas plataformas. A Time Warner, controladora da Turner Broadcasting System Latin America, por exemplo, anuncia, em seu sítio na internet, as principais empresas nas quais realizou investimentos, companhias com potencial inovador capazes de estabelecer parcerias com suas divisões de negócios ou com as indústrias de mídia e entretenimento. Os negócios desenvolvidos por essas empresas vão desde a oferta de publicidade *on-line*, passando por conteúdos e soluções interativas para jogos, conteúdos para celular, plataformas *on-line*, criação de *softwares* e *hardwares* para redes de cabo, até processamento de *big data* e geração de conteúdo por algoritmo. Informação, entretenimento e publicidade constituem a base dos investimentos realizados pela Time Warner.

---

[78] The Walt Disney Company, *Fiscal Year 2015 Annual Financial Report and Shareholder Letter (2016)*; disponível em: <https://thewaltdisneycompany.com/app/uploads/2015-Annual-Report.pdf>; acesso em: 15 jan. 2016.

Das 48 empresas que receberam algum tipo de investimento do conglomerado, 13 atuavam no ramo da publicidade[79].

No que se refere a outras plataformas, a Time Warner investiu em serviços e conteúdos para aparelhos celulares. Investiu na oferta de soluções de *software* e *hardware* para distribuição em redes de MSO (*multiple system operation*; em português, operações de sistemas múltiplos); em jogos *on-line*; no licenciamento de imagens, fotografias e vídeos na internet; no comércio eletrônico voltado para o público feminino; no processamento de *big data*; no provimento de serviços de redes sociodigitais e troca de mensagens instantâneas; e na construção e transformação da imagem de empresas.

Em termos de conteúdo, a Time Warner investiu em entretenimento para o público LGBT; no desenvolvimento de conteúdo e provimento de infraestrutura para aplicativos destinados a redes móveis ou sem fio, videojogos e iTV; conteúdos voltados para a saúde; na produção de conteúdo digital, notícias, entretenimento multicultural para jovens de 18 a 34 anos; na plataforma de entretenimento com foco em esportes; e no conteúdo digital para mulheres jovens, de 18 a 34 anos. Houve ainda o investimento em redes multicanais, como canais do YouTube, além do investimento na Kosmix e em empresas que trabalham com a geração de conteúdo por algoritmo.

A diversificação de investimentos também faz parte das estratégias da The Walt Disney Company. A empresa, que atua na área de programação no Brasil com os canais Disney e ESPN, possui divisões que atuam na administração de parques e *resorts*, estúdios cinematográficos, de teatro e de música, no licenciamento de produtos e em mídia digital, na qual se incluem jogos, sítios *web*, aplicativos para celulares, entre outros.

Os anos 2000 marcaram a era de investida da empresa em diversos setores para fortalecer seu principal produto: conteúdo diferenciado. Para fortalecer sua presença na produção digital, no setor de mídia digital, a Disney adquiriu: o estúdio Avalanche Software, o estúdio Mind's Eye Production, os Junction Point Studios, a Gamestar Wideload Games e o estúdio para *smartphones* Tapulous. Ainda na plataforma digital, o grupo investiu no provimento de conteúdos para diversos tipos de público: crianças, com os sítios Club Penguin e Kerpoof; fãs de ficção, com o sítio Fanlib; para família, com

---

[79] Time Warner, *2014 Annual Report to Shareholders*; disponível em: <https://www.sec.gov/Archives/edgar/data/1105705/000119312515064862/d862821d10k.htm>; acesso em: 4 abr. 2022.

o iParenting Media; para usuários de celular, com o Enorbus; para clientes *premium*, dispostos a pagar por vídeos fornecidos pela DigiSynd Inc.; além de usuários das redes sociais, com a compra da Playdom, que fornece jogos naqueles ambientes. A primeira década dos anos 2000 foi marcada ainda pela entrada na *joint venture* Hulu, um provedor de conteúdos *on-line* cujo controle acionário era compartilhado pela Disney (32%), NBC Universal Television Group (32%) e Fox Broadcasting Company (36%). Em 2014, a Disney comprou a Maker Studios, uma rede de conteúdo em vídeo *on--line*, para reforçar a presença da marca e das franquias Disney por meio do uso da plataforma de distribuição dessa marca. Por fim, mas não menos importante, em 2018 a empresa adquiriu a 21st Century Fox, divisão ligada à TV e filmes do grupo Fox.

As aquisições mais importantes do grupo, no entanto, foram realizadas no âmbito do direito de propriedade intelectual de produtos consagrados no mercado. Em 2004, a Disney adquiriu o estúdio The Muppets Studio, proprietário dos direitos do famoso programa infantil homônimo de fantoches, dando origem a filmes e ao licenciamento de diversos produtos. O ano de 2006 foi marcado pela aquisição da Pixar por 7,4 bilhões de dólares, cifra que reflete a importância do estúdio de animação que até então havia produzido grandes sucessos como *Toy Story*, *Vida de inseto*, *Monstros S.A.*, *Procurando Nemo*, *Os incríveis* e *Carros*. *Toy Story 3* e *Divertidamente*, produzidos pela Pixar após sua aquisição pela Disney, estão entre os cinquenta filmes de maior bilheteria de todos os tempos, com *Toy Story 3* ocupando a terceira colocação geral. Outra grande compra de direitos de propriedade intelectual foi a dos estúdios Marvel, em 2009, que detêm os direitos de super-heróis como Capitão América, Homem-Aranha, Hulk, Homem de Ferro e Wolverine. Em 2012, a Disney fez mais um lance ofensivo no mercado comprando a Lucasfilm, proprietária dos direitos de *Star Wars*, por 4 bilhões de dólares. Com isso, garantiu que a "força" do mercado cinematográfico estivesse com eles em 2015. O lançamento de *Star Wars: o despertar da força* deu à Disney a maior arrecadação de bilheteria nos Estados Unidos, somando um total de 812 milhões de dólares. O filme ficou em terceiro lugar na arrecadação de bilheteria mundial em todos os tempos, faturando mais de 1 bilhão de dólares, e foi também a maior bilheteria de todos os tempos na Inglaterra. Ainda em 2012, o grupo comprou a empresa UTV Software Communication, dona de canais de TV na Índia e de uma produtora de filmes bollywoodianos.

A estratégia da Fox, outro grande conglomerado de mídia, para se manter e ampliar seu poder de mercado baseia-se na produção e no licenciamento de conteúdos, especialmente relacionados a esportes e notícias. Nesse sentido, a empresa decidiu em 2018 se desfazer da 21st Century Fox, sua histórica divisão de filmes e TV, vendida para a Disney. A New Fox, empresa mantida após a divisão, que produz e licencia notícias, esportes e entretenimento geral e factual para distribuição não apenas por cabo e satélite, mas também por meio de empresas de telecomunicações e distribuidores de vídeo *on-line*, vem investindo em redes de canais mundo afora e no provimento de conteúdos *premium*.

No que refere às redes de canais, os principais investimentos foram na aquisição da rede MAA Television Network, que opera canais de entretenimento na Índia; na compra de estações de televisão na região de São Francisco, Estados Unidos, a saber, KTVU-TV Fox 2 e KICU-TV 36, do grupo de mídia COX; na compra da Latin America Pay Television, distribuidora de canais básicos e *premium* na América Latina; na aquisição da Yankees Entertainment and Sports Network, uma rede de esportes regional dos Estados Unidos; na aquisição da ESPN Star Sports, transformada em Fox Sports Ásia; na compra da rede regional SportsTime Ohio, nos Estados Unidos; e de uma rede de canais na Índia, a Asianet Communications Limited. Em relação à oferta de conteúdo, a Fox é atualmente proprietária de 50% das ações da Endemol, dona da franquia de *reality show Big Brother*, entre outros; detém 51% da Eredivisie Media & Marketing, empresa que possui os direitos de patrocínio e mídia coletiva da Dutch Premier League, cujo outro acionista é a Endemol Shine Group, provedora de conteúdo multiplataforma global; além de participações minoritárias na DraftKings Inc., um provedor de conteúdo esportivo fictício em forma de jogos; na Vice Holdings Inc., que gerencia revistas, divisões de editoração de livros, música e uma série de canais digitais; e na Hulu, uma *joint venture*, como vimos anteriormente, com a Disney e a NBC. A empresa investiu ainda na Roku Inc., provedora de infraestrutura para mídia digital.

O investimento da Fox no ramo esportivo se deve à estratégia da empresa de focar nesse setor em detrimento da produção de conteúdo audiovisual relativa ao setor cinematográfico, negociado com a Disney. Estar presente nos principais mercados esportivos do mundo, inclusive como acionista de clubes, transformou a Fox em um poderoso agente, detentor de ativos de alto valor e com grande capacidade de influenciar o mercado.

4.2. Corporações mediáticas e capital financeiro

Por trás de todos esses investimentos encontra-se o capital financeiro. A The Walt Disney Company, negociada na bolsa Nasdaq sob o codinome DIS, tinha, em 2018, 63,82% de suas ações sob o controle de 2.356 instituições financeiras ou investidores, que totalizam quase 1 bilhão de ações. A empresa de gerenciamento de investimentos The Vanguard Group Inc. respondia por 10,9% dessas ações, ou 103.729.219 cotas, e era a maior acionista institucional. Entre as cinco instituições com mais ações na empresa, além da Incorporadora do Grupo Vanguard, incluíam-se: BlackRock Institutional Trust Company N.A., uma gerenciadora de investimentos em São Francisco, Califórnia; State Street Corporation, uma *holding* financeira; State Farm Mutual Automobile Insurance Co., companhia de seguros e investimentos financeiros sediada nos Estados Unidos; e FMR LLC, mais conhecida como Fidelity Investments. Juntas, essas cinco corporações financeiras respondem por 34%, mais de um terço, das ações detidas por instituições investidoras[80].

De acordo com o relatório anual do grupo relativo a 2018, a The Walt Disney Company fechou esse ano fiscal com uma receita de 59,4 bilhões de dólares, advindas de suas divisões de mídia, parques e *resorts*, estúdios de entretenimento e divisão interativa e de produtos de consumo, e seu lucro líquido foi de 12,5 bilhões de dólares. O conglomerado empregava, até 29 de setembro de 2018, 201 mil pessoas de forma direta. Em relação a sua divisão de mídia, somente sua rede de esportes ESPN chega a 61 países/territórios e está disponível em quatro línguas. Já a rede Disney é composta de mais de cem canais, disponíveis em 34 línguas, e chega a 164 países/territórios. Em apenas três anos, entre 2015 e 2018, a receita do grupo aumentou quase 7 bilhões de dólares e o lucro líquido, 4 bilhões de dólares.

O grupo Time Warner Inc. fundiu-se em 2016 com a companhia de telecomunicações estadunidense AT&T, passando a ser negociado na bolsa de valores sob o símbolo T utilizado pela operadora. A maior parte das ações da companhia, 54,24%, é detida por 2.465 instituições, somando aproximadamente 4 bilhões de cotas. The Vanguard Group Inc., BlackRock Inc. e State Street Corporation também aparecem como os maiores investidores,

---

[80] Nasdaq, *Walt Disney Company (The) Ownership Summary (2018)*; disponível em: <http://www.nasdaq.com/symbol/dis/ownership-summary>; acesso em: 15 fev. 2018.

assim como o são do grupo Disney. Newport Trust Co., uma seguradora estadunidense que também trabalha com fundos de pensão, e Geode Capital Management LLC, outra corporação financeira, completam a lista dos cinco maiores investidores da AT&T, que respondem por quase 40% das ações negociadas na bolsa de Nova York, 39,4% precisamente.

A Time Warner faturou no ano fiscal de 2017 um total de 31,2 bilhões de dólares por meio de suas três divisões de negócios: Turner, HBO e Warner Bros., obtendo um lucro líquido de 5,2 bilhões de dólares. Até 31 de dezembro de 2017, o conglomerado empregava aproximadamente 26 mil pessoas. Sua rede de cabo e mídia Turner operava 180 canais globalmente, chegando a mais de duzentos países. A fusão da Time Warner com o conglomerado de telecomunicações AT&T explicita a estratégia dos dois grupos de controlar os canais de distribuição, apostando em um segmento em crescimento, os serviços *over-the-top*[81], abrindo mais possibilidades de aceleração do processo de reprodução do capital.

Já a News Corporation, em 2013, foi dividida em duas novas empresas: a News Corp, uma *spin-off* que reúne jornais, revistas e demais empresas de imprensa escrita do grupo; e a 21st Century Fox, sucessora legal da antiga News Corporation que mantém as propriedades audiovisuais e de radiodifusão. Em 2018, a 21st Century Fox passou por uma nova divisão, separando-se em duas empresas distintas: a primeira, utilizando a marca 21st Century Fox, foi comprada pela Disney e inclui as redes e as emissoras de televisão e a divisão cinematográfica; a segunda, rebatizada de Fox, ficará com os canais esportivos e outros negócios do grupo.

As ações da 21st Century Fox, no tocante à empresa que ficará com os canais esportivos, são negociadas na Nasdaq sob o símbolo FOX. Instituições financeiras detêm 53,71% das ações. Ao todo, são 526 instituições que controlam cerca de 430 milhões de cotas. Os cinco maiores acionistas institucionais são: T. Rowe Price Associates Inc., The Vanguard Group Inc., BlackRock Inc., Eagle Capital Management LLC e TCI Fund Management Ltd., responsáveis por cerca de um terço das ações, ou 33,26%.

No ano fiscal de 2018, a 21st Century Fox obteve receita de 30,4 bilhões de dólares, por meio de suas divisões de programação, televisão, entretenimento

---

[81] Serviços *over-the-top* referem-se à entrega de conteúdos audiovisuais pela internet sem a necessidade de subscrição dos usuários aos serviços de TV a cabo ou via satélite, que tradicionalmente controlavam a distribuição dos conteúdos das programadoras.

filmado, distribuição por satélite e outros negócios, cujo lucro líquido foi de 4,4 bilhões de dólares, quase metade do lucro obtido em 2015. Isso se explica pela divisão da empresa em duas, ficando a 21st Century Fox com as propriedades intelectuais relativas a TV e filmes, enquanto a nova Fox detém as propriedades de *live,* como esportes e noticiários. O conglomerado empregava aproximadamente 22.400 pessoas em 2018.

A expansão desses conglomerados via fusões, aquisições e monopólios de direitos de propriedade intelectual e de exibição de eventos tem resultado no aumento da concentração de mercado e na redução global de *players* nesse jogo. No Brasil, atualmente apenas três conglomerados mediáticos competem pelos direitos esportivos. Ainda que sejam considerados concorrentes, os conglomerados costumam compartilhar seus maiores investidores. Exemplo disso é a presença dos grupos Vanguard e BlackRock no controle acionário da Disney, da Time Warner e da Fox entre os cinco maiores investidores[82].

5. Economia política do futebol-espetáculo

A cadeia produtiva do espetáculo, mais especificamente, dos eventos esportivos, é formada por diferentes elos, tendo início na apropriação do trabalho informacional do atleta, passando por sua replicação ou difusão pelos meios eletroeletrônicos, sobre a qual incidirão os direitos de propriedade intelectual, até chegar ao consumidor, parte essencial no processo de valorização do capital.

Os jogadores de futebol compõem a base produtiva do espetáculo: são os trabalhadores criativos, o elo que introduz novidades no sistema. Em geral, eles alienam seu tempo de trabalho, seus dribles, passes e imagens para um time em troca de salário e outras formas de rendimento. Os direitos sobre o tempo de trabalho desses jogadores passam a pertencer aos clubes, que os negociam com os meios de comunicação para distribuir as imagens oriundas do trabalho criativo. Nesse caso não se negocia o trabalho morto acumulado em algum produto ou processo, mas o trabalho vivo, o momento da

---

[82] A partir de 2020, tem-se observado a crescente penetração no mercado de direitos intelectuais do futebol e outros espetáculos, de conglomerados nascidos da internet, como Alphabet/Google, por meio do YouTube, ou o Facebook (agora Meta). A lógica capitalista não muda. Mas esta pesquisa já estava concluída e, também, este capítulo escrito quando esses novos fatos aconteceram, por isto não os abordamos aqui.

Capital financeiro e espetáculo: o controle do futebol por corporações mediáticas • 255

produção espetacular em si, a própria atividade. Negocia-se o direito sobre as imagens produzidas no espetáculo.

As entidades desportivas são as principais beneficiárias da comercialização dos direitos de transmissão de imagens de eventos esportivos, cabendo a elas, segundo o artigo 42 da Lei n. 9.615, de 24 de março de 1998 – conhecida também como Lei Pelé –, o direito de arena, que consiste "na prerrogativa exclusiva de negociar, autorizar ou proibir a captação, a fixação, a emissão, a transmissão, a retransmissão ou a reprodução de imagens por qualquer meio ou processo, de espetáculo desportivo de que participem"[83]. A Lei Pelé reconhece que a propriedade intelectual do evento esportivo pertence aos clubes envolvidos na competição, que podem negociá-la individualmente ou em grupo.

Os clubes detêm o monopólio sobre os direitos de propriedade intelectual de seus jogadores e o direito de comercialização da transmissão das imagens produzidas durante os eventos esportivos. Para garantir a realização do valor, é preciso que os meios de comunicação aloquem essas imagens e repliquem o espetáculo por meio de rádio, TV e internet, atividade que se realiza no elo da programação. Nesse elo, os programadores passam a gerenciar os direitos de propriedade intelectual sobre os eventos esportivos, detêm o monopólio de exibição de campeonatos ou jogos. O capital simbólico detido pelos trabalhadores informacionais e seus clubes, bem como pelos canais exibidores, exercerá um papel importante na venda de anúncios pelos canais. Quanto mais estrelas e torcedores o time puder arrematar, mais caro o espaço para publicidade disponível para as empresas que quiserem suas marcas atreladas ao espetáculo.

O elo seguinte, a distribuição, é composto dos operadores de rede, como as próprias emissoras de rádio e TV, as operadoras de TV por assinatura ou os operadores exclusivos. Esses agentes são encarregados de vender o acesso ao espetáculo e garantir a distribuição do conteúdo, para isso sendo também responsáveis pela manutenção das redes distribuidoras, sejam antenas radiodifusoras, sejam cabos coaxiais ou de fibra óptica. Nesse elo, o acesso às imagens protegidas pelos direitos de exibição é cercado, garantido apenas àqueles que pagarem uma taxa de adesão e se submeterem às condições impostas pelas empresas distribuidoras do serviço.

---

[83] Brasil, *Lei n. 9.615, de 24 de março de 1998*; disponível em: <http://www.planalto. gov.br/ccivil_03/LEIS/L9615consol.htm>; acesso em: 27 mar. 2022.

256 • O valor da informação

No elo final da cadeia produtiva encontra-se a audiência, que usufrui do espetáculo e dos produtos dele oriundos. O *tempo de atenção* do espectador/consumidor é o que move todo o ciclo produtivo. O tempo que a audiência gasta comportando-se conforme os desejos do capital é objeto de disputa das grandes marcas.

Quick afirma que a venda de direitos de transmissão esportivos responde por cerca de 39% das receitas dos clubes europeus; outros 43% viriam de publicidade, cuja visibilidade também depende do espetáculo televisivo; e apenas 18% viriam da venda de ingressos, afinal o público precisa também estar presente no espetáculo televisionado[84].

Evens e Lefever asseveram que "o esporte se tornou um negócio global e agora funciona cada vez mais como uma divisão especializada da indústria do entretenimento. Uma das características mais marcantes do negócio moderno de esportes é sua alta dependência das receitas de cabo e radiodifusão"[85]. Na Europa, os canais públicos foram os primeiros a cobrir eventos esportivos em razão da construção da ideia de nação e de cidadania cultural, cumprindo sua função cultural que legitimaria a existência desses canais. A demanda cultural é precursora do mercado que será explorado inicialmente pelos canais comerciais e posteriormente pela TV por assinatura.

A negociação de direitos de transmissão de partidas de futebol entre clubes e TV no Brasil teve início com a Copa União, em 1987, que seria o embrião de um acordo de longa duração entre a maior emissora de TV aberta do país e os maiores clubes em atividade. Em 1982, a TV Globo havia transmitido, com emissoras parceiras, a Copa do Mundo de Futebol, rentabilizando grandes somas com as cotas de publicidade vendidas. Santos aponta esse momento como um marco para o investimento da emissora nos direitos de transmissão[86]. Cinco anos mais tarde, em 1987, os presidentes dos maiores times brasileiros reuniram-se no Clube dos 13 para exigir da Confederação Brasileira de Futebol (CBF) mais qualidade nos campeonatos

---

[84] Miriam Quick, "How Does a Football Transfer Work?", *BBC*, s.d.; disponível em <http://www.bbc.com/capital/story/20170829-how-does-a-football-transfer-work>; acesso em: 27 mar. 2022.

[85] Tom Evens e Katrien Lefever, "Watching the Football Game: Broadcasting Rights for the European Digital Television Market, *Journal of Sports and Social Issues*, v. 35, n. 1, 2011, p. 33-49.

[86] Anderson David Gomes dos Santos, *A consolidação de um monopólio de decisões*, cit.

da modalidade. Tal iniciativa resultaria na organização da Copa União, cujos direitos de transmissão dos jogos entre Flamengo, Corinthians, São Paulo, Palmeiras, Vasco, Santos, Grêmio, Internacional, Cruzeiro, Atlético Mineiro, Botafogo, Fluminense, Bahia, Santa Cruz, Coritiba e Goiás eram exclusivos da Rede Globo. Daqui sairiam os contratos de exclusividade do Campeonato Brasileiro e a parceria com a multinacional Coca-Cola[87].

Até a década de 1980, a maior parte das receitas do futebol era proveniente de bilheterias e apoios locais. No fim da década de 1980 e início dos anos 1990, o futebol como negócio começou a se firmar baseado no modelo de exploração dos direitos de transmissão. O novo modelo de negócios centrava-se nas negociações com as corporações mediáticas para a distribuição do futebol-espetáculo, parceria que geraria receitas para ambos advindas da publicidade atraída pelo mercado de consumo potencial de dimensão global. Andreff e Staudohar, ao analisarem o mercado europeu, denominaram esse modelo de MCMMG (*media corporations, merchandising and markets globalized*) baseados no tripé que o sustenta: corporações mediáticas, publicidade e mercados globais[88].

Duas formas de comercialização dos direitos de transmissão do futebol se consolidariam ao redor do mundo: a venda conjunta dos clubes do campeonato e as negociações individuais por time. No Brasil, a primeira venda dos direitos de transmissão ocorreu em 1987, em uma negociação entre a TV Globo e o recém-criado Clube dos 13, que garantia à emissora a exclusividade do Campeonato Brasileiro. A emissora carioca tinha preferência na compra dos direitos, graças a uma cláusula presente nos contratos assinados. Esses contratos tinham a duração de três anos, e as ofertas realizadas por emissoras concorrentes deveriam ser analisadas primeiro pela Globo, que podia, então, fazer sua oferta conhecendo todo o cenário de disputa[89]. Até 2011, o Clube dos 13 negociava conjuntamente o Campeonato Brasileiro para cinco plataformas: TV aberta, TV fechada, *pay-per-view*, celular e internet. O descontentamento dos concorrentes já havia sido materializado

---

[87] Idem.

[88] Wladimir Andreff e Paul D. Staudohar, "The Evolving European Model of Professional Sports Finance", *Journal of Sports Economics*, n. 1, 2000, p. 257-76.

[89] Rafael da Silva Sabedra, *Uma análise da economia do futebol sob a ótica dos direitos de transmissão no Brasil e na Inglaterra* (monografia, Porto Alegre, Universidade Federal do Rio Grande do Sul, 2017), p. 77.

258 • O valor da informação

no processo administrativo aberto na Secretaria de Direito Econômico do Ministério da Justiça contra a cláusula de preferência e a venda conjunta para diferentes plataformas em 1997. No entanto, somente em 2010 o Conselho Administrativo de Defesa Econômica (Cade) se pronunciaria recomendando ao Clube dos 13 a eliminação da cláusula de preferência, a existência de regras claras para o leilão dos direitos de transmissão e a venda separada para cada plataforma de transmissão, garantindo às emissoras abertas detentoras dos direitos de transmissão permissão para o sublicenciamento dos jogos. A resolução do Cade surtiria efeitos imediatos nas negociações dos direitos de 2012 a 2014 com as novas condições impostas pelo Clube dos 13 no edital publicado em 2011. As novas condições não agradaram às principais grandes emissoras, e o Clube dos 13 venderia os direitos do campeonato para a Rede TV! A negociação não foi bem-vista por muitos dirigentes dos times que compunham o Clube dos 13, especialmente os do Botafogo, do Corinthians e do Grêmio, que preferiam negociar individualmente[90]. Depois de muitas discussões, o contrato com a Rede TV! foi rompido e os times passariam a negociar individualmente seus contratos com as emissoras de TV, forma que tem prevalecido desde então.

Na TV aberta, em 2017, a Rede Globo de Televisão desembolsou, somados os contratos individuais com os clubes, o valor de 600 milhões de reais pelo Campeonato Brasileiro. Adicionando o valor pago pelo Premiere e pelo SporTV, seus braços na TV fechada, o grupo Globo desembolsou 1,1 bilhão de reais pelo campeonato[91]. Em 2018, esse valor foi acrescido em 231 milhões de reais, segundo informações do sítio *Gazeta do Povo*[92]. Flamengo e Corinthians sozinhos receberam 170 milhões de reais cada, para a transmissão de seus jogos no Campeonato Brasileiro, enquanto times com torcidas menores, como América de Minas, Ceará e Paraná, receberam 23 milhões de reais cada.

---

[90] Ibidem, p. 77-9.

[91] Ver Rui Dantas, "Mesmo campeão, Corinthians recebe menos da Globo do que o Flamengo", *UOL*, 25 set. 2018; disponível em: <https://noticiasdatv.uol.com.br/noticia/mercado/mesmo-campeao-corinthians-recebe-menos-da-globo-do-que-flamengo-22497>; acesso em: 27 mar. 2022.

[92] Ver André Pugliese, "Cota da Globo revela abismo financeiro no Brasileirão; veja quanto seu time ganha", *Um Dois Esportes*, 1º mar. 2018; disponível em: <https://www.gazetadopovo.com.br/blogs/blog-do-brasileirao/2018/03/01/brasileirao-2018-cota-de-tv-globo/>; acesso em: 27 mar. 2022.

Para a temporada de 2019, novas regras foram acordadas para a divisão dos valores pagos pelos direitos de transmissão entre os clubes participantes do Campeonato Brasileiro. Aqueles que assinaram com a TV Globo receberam 600 milhões de reais, dos quais 40% foram divididos igualmente entre os clubes, 30% de acordo com a classificação na tabela e 30% proporcionalmente ao número de partidas transmitidas. Os contratos fechados com o SporTV foram remunerados em 500 milhões de reais, divididos da mesma forma que a adotada pela TV aberta. Os clubes receberam ainda 38% dos valores arrecadados com o *pay-per-view* do grupo Globo. Aqueles que assinaram com o grupo Turner receberam 520 milhões de reais, dos quais 50% serão repartidos igualmente entre os clubes, 25% serão alocados de acordo com a audiência, e os outros 25% de acordo com a classificação[93].

Os valores de negociação vultuosos se explicam pelas altas expectativas de retorno do investimento publicitário em termos de venda de produtos ou serviços dos anunciantes. Comprar os direitos de exibição de determinado campeonato significa aumentar a audiência do canal e, com isso, os valores de publicidade durante a partida e em seus intervalos; ampliar o faturamento em cima da exploração do espetáculo por meio da construção de ídolos e da venda de símbolos; ampliar o leque de licenciamento de produtos; além de aumentar o poder de negociação do canal com as distribuidoras.

A TV Globo ainda é a principal compradora dos direitos de transmissão dos clubes brasileiros. No entanto, sua presença também na TV fechada e a tentativa de contratos casados para várias janelas têm provocado divisões na transmissão do campeonato que podem resultar na não transmissão dos jogos na TV aberta. Dos vinte times integrantes da série A no início da década de 2020, apenas Sport, Palmeiras, Bahia e Atlético do Paraná não fecharam contratos para a TV aberta com a Globo, o que representa um quinto dos times. Com isso, os jogos disputados por esses times não foram transmitidos na TV aberta, ainda que a emissora tenha os direitos do time rival. Sobram os canais de TV paga e os serviços *pay-per-view*. Na TV paga, sete clubes fecharam acordo com o Esporte Interativo da Turner. O grupo

---

[93] Ver João Gabriel, "Nova divisão do Brasileiro na TV força clubes a reorganizar as finanças", *Folha de S.Paulo*, 14 jan. 2019; disponível em: <https://www1.folha.uol.com.br/esporte/2019/01/nova-distribuicao-do-brasileiro-na-tv-forca-clubes-a-reorganizar-financas.shtml>; acesso em: 27 mar. 2022.

Globo, por meio do SporTV, fechou contrato com os outros treze times que disputariam o torneio. No tocante ao serviço *pay-per-view*, o grupo Globo fechou acordo com dezessete dos vinte times. No Quadro 1, a seguir, é possível visualizar um panorama das negociações dos direitos de transmissão entre os times e as TVs aberta e fechada no Brasil.

A TV Globo vem ao longo dos anos construindo barreiras à entrada de novos competidores no mercado esportivo. A relação de proximidade e a fidelidade dos grandes clubes nacionais à emissora fortaleceram sua posição monopolista no mercado de TV aberta. A migração de grande parte da audiência para a TV fechada, em especial no fim da primeira década dos anos 2000, promoveu, no entanto, uma acirrada disputa nessa janela, historicamente dominada pela Globo no que respeita aos campeonatos nacionais, e pelo grupo Walt Disney, detentor dos direitos de transmissão de clubes internacionais.

Quadro 1. Direitos de transmissão do Campeonato Brasileiro 2019-2024

Times da Série A do Campeonato Brasileiro	TV aberta – Acertados com a Globo	TV fechada – Acertados com a Globo/SporTV	TV fechada – Acertados com o Esporte Interativo	*Pay-per-view* – Acertados com a Globo	Ainda sem contrato
América (MG)	●	●		●	
Atlético (MG)	●	●		●	
Atlético (PR)			●		●
Bahia			●		●
Botafogo	●	●		●	
Ceará	●		●	●	
Chapecoense	●			●	
Corinthians	●			●	
Cruzeiro	●	●		●	
Flamengo	●	●		●	
Fluminense	●	●		●	
Grêmio	●	●		●	
Inter	●		●	●	
Palmeiras			●		●
Paraná	●		●	●	
Santos	●		●	●	
São Paulo	●	●		●	
Sport		●		●	
Vasco	●	●		●	
Vitória	●	●		●	

Fonte: elaborado pela autora, com base em informações da imprensa especializada.

Até 2012, basicamente duas programadoras dominavam o mercado de transmissão de imagens de eventos esportivos: a ESPN Brasil, franquia da ESPN controlada pela The Walt Disney Company por meio da American Broadcasting Company, com participação da Hearst Corporation; e a Globosat Canais, pertencente ao grupo Globo. A ESPN deteve por muito tempo os direitos de transmissão dos principais campeonatos internacionais, como as Olimpíadas em 1996, 2000, 2004 e 2008, a Copa do Mundo Fifa em 1998 e 2006, e os Jogos Pan-Americanos de 1999, 2003 e 2007, além dos campeonatos de futebol espanhol, inglês e alemão, da Champions League da Union of European Football Associations (Uefa), dos campeonatos estadunidenses de basquete, e de importantes campeonatos de tênis, como o Aberto da Austrália e Wimbledon, Liga Mundial de Surfe, entre outros. À Globosat, por meio do canal SporTV, cabia a transmissão dos principais torneios brasileiros, entre eles: Campeonato Brasileiro de Futebol séries A e B, Copa do Brasil, campeonatos carioca, paulista e mineiro de futebol, além de alguns campeonatos de futebol da América, como a Copa Libertadores e a Copa Sul-Americana. As duas programadoras tinham seus canais de esportes distribuídos pelas principais operadoras do país, dominando praticamente todo o mercado de transmissão de imagens do segmento esportivo.

A Fox, do grupo 21st Century Fox, detinha os direitos de transmissão da Copa Libertadores da América na América Latina, mas não dispunha de um canal de esportes no Brasil, permitindo que o SporTV transmitisse os jogos. Em 2012, com a criação do Fox Sports, a Fox passou a transmitir essa copa também no Brasil. No início de 2013, o canal Fox Sports estava disponível apenas na Claro TV, na GVT TV, na NET e aos associados NEOTV, não fazendo parte dos pacotes oferecidos pela Sky, que já detinha a exclusividade de um campeonato de grande audiência no Brasil. A razão para isso, em um primeiro momento, poderia ser a participação do grupo Globo na Sky, com poder de veto aos canais direta ou fortemente concorrentes aos da Globosat, já que o Fox Sports passava a fazer concorrência direta ao SporTV[94]. Todavia, o argumento não parece correto, uma vez que, em fevereiro de 2014, a Fox lançou seu segundo canal de esportes, o Fox Sports 2, e em novembro passou a

---

[94] Ver "Discretamente, Globo se desfez de participação minoritária na Claro"; disponível em: <https://teletime.com.br/31/03/2021/discretamente-globo-se-desfez-de-suas-participacoes-minoritarias-na-claro/>; acesso em: 3 abr. 2022.

262 • O valor da informação

fazer parte dos pacotes ofertados pela Sky[95], consolidando sua presença nas principais operadoras do país e, com isso, colocando-se como um forte concorrente aos outros dois canais.

Situação parecida com a do Fox Sports, do grupo do bilionário Rupert Murdoch, viveria o canal Esporte Interativo no momento da entrada da Turner Broadcasting System, controlada pelo grupo Time Warner, como acionista da empresa[96]. Esse grupo estaria disposto a investir na transmissão de eventos esportivos, encontrando, porém, resistência das operadoras de cabo e satélite no carregamento do canal.

O Esporte Interativo teve início como um projeto, em 2003, das TVs abertas para exibição do Campeonato Europeu de Futebol e só veio a se tornar uma emissora em 2007, controlada pela TopSports. Sua atuação inicial restringia-se ao Rio de Janeiro, expandindo-se para São Paulo através do UHF a partir de 2010, em razão de um acordo com o Grupo Estado, que controla o influente jornal *O Estado de S. Paulo*, além de emissoras de rádio e outros veículos impressos. O canal adotou como estratégia inicial, para fazer frente à concorrência dos outros canais esportivos, a aquisição de direitos de transmissão de eventos esportivos de menor visibilidade, como a Copa do Mundo Sub-17, a Copa do Mundo Sub-20, a Copa do Mundo de Futebol Feminino, a Copa do Mundo de Futebol de Areia, entre outros. Em 2012, o canal fez parceria com o Yahoo! Brasil para o lançamento de um portal para a exibição de seus conteúdos *on-line*.

O Esporte Interativo passaria a se tornar uma ameaça a seus concorrentes a partir de 2013, com a sociedade entre a TopSports e a programadora Turner, do grupo Time Warner, que passou a deter 20% daquela empresa. A Turner aportou um investimento de 80 milhões de reais no canal, o que proporcionou a compra de direitos de transmissão de campeonatos estaduais no Nordeste, fato que conduziu ao lançamento de um segundo canal pelo grupo: o Esporte Interativo Nordeste. No início de 2015, em

---

[95] Em entrevista à autora deste capítulo, em 2015, Samuel Possebon, autor de *TV por assinatura: 20 anos de evolução*, afirmou que, contrariamente às alegações de que a Globo usava a cláusula de veto, que constava em seu contrato com a Sky, a emissora nunca a utilizou contra nenhum conteúdo de outra programadora.

[96] Ver Daniel Castro, "Esporte Interativo insinua que Globosat veta canal na TV paga", *UOL*, 5 jan. 2014; disponível em: <https://noticiasdatv.uol.com.br/noticia/mercado/esporte-interativo-insinua-que-globosat-veta-canal-na-tv-paga-1729?cpid=txt>; acesso em: 27 mar. 2022.

Capital financeiro e espetáculo: o controle do futebol por corporações mediáticas • 263

uma transação de 400 milhões de reais, a Turner comprou o restante da TopSports, tornando-se a proprietária integral dos canais Esporte Interativo, renomeados EI MAXX e EI MAXX 2. Com o aporte financeiro, o canal se tornou competitivo para a compra dos direitos de transmissão de grandes eventos esportivos internacionais, entrando na disputa com os outros três grandes concorrentes: ESPN, SporTV e Fox Sports.

Apesar da aquisição dos direitos de transmissão da Liga dos Campeões da Europa até 2018, os canais EI MAXX e EI MAXX 2 não eram disponibilizados pelas duas maiores operadoras, NET e Sky, até 2015. No entanto, eles passaram a ser oferecidos pela NET a partir de 14 de janeiro de 2016, o que poderia significar a consolidação do canal entre os grandes *players*, como ocorreu com o Fox Sports. Em relação à propriedade de direitos de transmissão de eventos esportivos, a programadora tinha ainda outros trunfos, como os direitos da Major League Baseball (MLB) até 2021, da National Basketball Association (NBA), da NCAA, da Nascar e da Professional Golfer's Association (PGA).

As operadoras necessitam de canais atrativos para manter e ampliar sua base de assinantes. Por isso, a aquisição de algum importante espetáculo esportivo aumenta o poder de negociação dos canais detentores dos direitos de transmissão esportiva. A atração de audiência também amplia a capacidade de o canal adquirir pacotes publicitários e licenciamento de produtos. De acordo com dados do Ibope publicados pelo sítio *Kantar Ibope Media*[97], os canais esportivos, ou melhor seu público, atraíram 2,1 bilhões de reais em anúncios em 2014, 42% a mais em investimentos publicitários se comparados a 2013. Mesmo desconsiderando a entrada do canal Fox Sports, que abriria espaço para novos anunciantes, o setor apresentou crescimento de 22%. A valorização dos espaços publicitários, somada à entrada de novos agentes no nicho esportivo, acarretaria também um acréscimo nos valores desembolsados para a aquisição dos campeonatos mais atrativos para o público.

Na tentativa de acelerar o processo de reprodução do capital, garantir a exclusividade de um evento esportivo pode não ser o bastante para se conquistar um lugar em todas as praças. A utilização da força dos outros canais

---

[97] Ver "Investimento publicitário em canais esportivos cresceu 42% no último ano", *Kantar Ibope Media*, 7 maio 2015; disponível em: <https://www.kantaribopemedia. com/investimentos-publicitario-em-canais-esportivos-cresceu-42-no-ultimo-ano/>; acesso em: 27 mar. 2022.

do grupo já carregados pelas operadoras pode vir a ser também uma moeda de negociação. De acordo com o noticiário da revista eletrônica *Tela Viva*, essa moeda foi utilizada nas negociações entre Turner e NET, que teriam levado à renovação do contrato entre elas e revisto o pacote ofertado pela Turner como um todo. Cabe lembrar que a Turner, braço do grupo Time Warner, controla também os canais CNN, Cartoon Network, HBO, entre outros, atuando no Brasil por meio desses canais ou em parcerias com outras programadoras (ver Figura 2).

Figura 2. Programadoras e canais do grupo Time Warner no Brasil

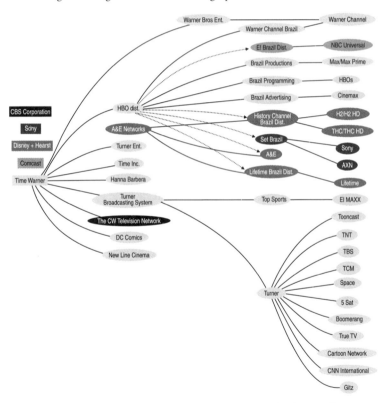

Fonte: elaborado pela autora e publicado originalmente em Denise M. M. da Silva Lopes, *Estruturas e dinâmicas do mercado brasileiro de TV por assinatura no processo de reprodução do capital* (tese de doutorado, Rio de Janeiro, Universidade Federal do Rio de Janeiro, 2017).

Na tentativa de se estabilizarem como competidores no mercado de transmissão de eventos esportivos, os novos entrantes optaram por diferentes estratégias de sobrevivência: enquanto a Fox Sports aderiu ao modelo de compartilhamento de campeonatos já adotado pela ESPN e pela SporTV, o Esporte Interativo decidiu apostar no investimento em campeonatos exclusivos, sejam eles internacionais, sejam regionais. O cenário de disputa pelos direitos de transmissão do futebol – que vêm se constituindo como importante elemento de valorização do capital das programadoras – relativo ao ano 2017 encontra-se resumido no Quadro 2, a seguir.

Quadro 2. Canais esportivos, controladores e principais campeonatos adquiridos (2017)

Canais esportivos	Controladores	Direitos de transmissão de campeonatos
ESPN	The Walt Disney Company	• Premier League (até 2015 dividida com a Fox) • Bundesliga, Campeonato Alemão (até 2018, sublicenciada pela Fox) • Campeonato Espanhol (até 2020, dividido com a Fox) • Campeonato Italiano (até 2018, dividido com a Fox) • Campeonato Francês (sublicenciado) • Campeonato Português (licenciado para uma partida não exclusiva pela SporTV) • Liga Europa (sublicenciada para a Fox)
SporTV	Globosat (Grupo Globo)	• Campeonato Francês • Campeonato Português (exclusivo, com uma ressalva: licencia uma partida não exclusiva para a ESPN) • Copa Libertadores (dividida com a Fox, detentora dos direitos) • Copa Sul-Americana (dividida com a Fox, detentora dos direitos) • Copa do Brasil (dividida com a Fox) • Campeonato Brasileiro • Copa do Mundo de 2014 • Jogos Olímpicos de 2016
Fox Sports	21st Century Fox (ex-News Corporation)	• Premier League (até 2015 dividida com a ESPN) • Bundesliga, Campeonato Alemão (até 2018, dividido com a ESPN) • Campeonato Espanhol (até 2020, sublicenciado pela ESPN) • Campeonato Italiano (até 2018, dividido com a ESPN) • Liga Europa (sublicenciada da ESPN) • Copa Libertadores (dividida com o SporTV, mas os direitos são da Fox) • Copa Sul-Americana (dividida com o SporTV, mas os direitos são da Fox) • Copa do Brasil (dividida com o SporTV, detentor dos direitos) • Copa do Mundo de 2014 (dividida com o SporTV, detentor dos direitos) • Jogos Olímpicos de 2016 (divididos com o SporTV, detentor dos direitos) • Campeonato Argentino (exclusivo)
Esporte Interativo	Turner Broadcasting System (Time Warner)	• Champions League (Liga dos Campeões) – 2015/2016 até 2017/2018 (exclusiva) • Copa do Nordeste • Copa Verde (exclusiva)

Fonte: elaborado pela autora, com informações do sítio UOL; disponíveis em: <https://www1.folha.uol.com.br/asmais/2015/07/1657065-futebol-na-tv-veja-que-emissoras-transmitirao-os-principais-campeonatos.shtml> e <https://noticiasdatv.uol.com.br/noticia/mercado/globo-compra-: 5 direitos-de-transmissao-de-jogos-olimpicos-ate-2032-9929>; acesso em: 5 abr. 2022.

A análise do quadro nos leva a refletir sobre as estratégias dos grupos no que diz respeito à exclusividade de conteúdo. Para os canais Fox Sports e Esporte Interativo, a aquisição dos direitos de transmissão de dois

266 • O valor da informação

importantes campeonatos para o telespectador brasileiro, Copa Libertadores e Champions League, representou não apenas um aumento na audiência dos canais (de acordo com dados da revista *Placar*[98] de setembro de 2015, a audiência da Fox Sports cresceu 157% entre janeiro e abril daquele ano), mas a garantia de entrada nas principais operadoras de TV por assinatura, "antenadas" com o desejo de seus assinantes.

Por outro lado, o histórico de atuação desses canais mostra que a exclusividade de exibição de um campeonato se restringe à primeira temporada, tornando-se em seguida fonte de renda em razão do sublicenciamento para outros canais.

Como adverte Vasconcelos: "A exclusividade é crucial no setor de mídia porque protege o valor do conteúdo existente e cria incentivos para a produção de conteúdo futuro"[99]. Em outras palavras, garante o monopólio: *põe cerca no jardim...* Por ser um mercado complexo e disputado, as minutas contratuais variam bastante, com a existência de exclusividade de um campeonato a eventos compartilhados. Nestes, cada canal pode transmitir apenas alguns jogos. A equação deve levar em consideração o interesse das ligas esportivas, das emissoras de televisão e as especificidades de cada país. Assim, a exclusividade pode sair da esfera mais global do campeonato e passar para o nível dos jogos, no qual os canais concorrentes dividem as partidas, como ocorreu com o ESPN Brasil e o Fox Sports até a temporada da Premier League de 2015, na qual a cada rodada uma das emissoras ficava com os jogos 1, 4, 5, 7 e 9, enquanto a outra ficava com 2, 3, 6, 8 e 10, invertendo na rodada seguinte.

A exclusividade dos direitos de transmissão representa uma barreira à entrada e por isso vem sendo utilizada como uma moeda de troca, em que concorrentes optam por fazer acordos de divisão de jogos de determinado campeonato para ter acesso aos campeonatos do canal concorrente. É assim que o SporTV tem se movimentado para se manter na posição de líder diante das investidas dos grandes grupos internacionais. Para concorrer com a Fox, controlada pela gigante News Corp., o Grupo Globo teve que negociar com seu concorrente, sublicenciando campeonatos brasileiros em troca da exibição de alguns jogos da Copa Libertadores. Movimentos semelhantes

---

[98] *Placar*, n. 1.406, set. 2015.

[99] Silvinha P. Vasconcelos, "Acordos de exclusividade e competição no mercado de TV por assinatura do Brasil", *Revista Brasileira de Economia de Empresas*, v. 5, n. 1, 2005, p. 50.

são constatados nas relações entre os grandes *players* mundiais ESPN e Fox nos campeonatos italiano, alemão, espanhol e na Liga Europa. Mais que concorrentes, constituem autêntico cartel.

Por outro lado, o Esporte Interativo, que optou pela exclusividade dos campeonatos comprados, anunciou em agosto de 2018 o fim das operações de seus canais na TV por assinatura, levando os direitos adquiridos para a internet. A estratégia deve-se ao reposicionamento do grupo Time Warner no mercado, agora parte do conglomerado de telecomunicações AT&T. Já na televisão por assinatura, até o início da terceira década deste século (que coincide com o início da pandemia da covid-19), o grupo Globo controlava os direitos de transmissão do futebol nacional, e os grupos Disney, Fox e Turner disputavam, no mercado brasileiro, as rendas informacionais dos campeonatos nacionais não brasileiros e também os das ligas internacionais.

6. Considerações finais

O futebol, assim como outros eventos esportivos e artísticos, compõe um tipo especial de produto cultural que não pode ser realizado como mercadoria, nos termos discutidos no capítulo 1. Ao se ver uma partida de futebol, essa partida não é destruída ao seu término, como aconteceria com alimentos, por exemplo. Outras pessoas poderão assisti-la no mesmo tempo que você ou posteriormente, em gravações domésticas ou em retransmissões das próprias emissoras, sem que isso acarrete liquidação material do produto espetacular como partida de futebol. Uma vez que não há mercadoria que possa ser trocada ou alienada, o capital investido no espetáculo só poderá ser realizado por meio dos direitos de propriedade intelectual. Em outras palavras, aquele que detém o monopólio sobre o trabalho informacional efetuado durante o espetáculo será remunerado pelo *acesso* a seu usufruto direto. Desse modo, quanto mais assistida, quanto mais consumida em suas várias facetas, mais renda é gerada para o detentor dos direitos de propriedade intelectual, para os times, para os jogadores e principalmente para os investidores por trás da cadeia produtiva do espetáculo.

Vimos que, debordianamente, o espetáculo expressa, por um lado, a totalidade social da vida capitalista em nossos tempos – a ideologia presente no dia a dia ordinário de todos os homens, mulheres, até crianças, já incorporados a suas condições de existência – e, por outro, a busca incessante do capital por reduzir seus tempos de giro e realização. Cada unidade de

268 • O valor da informação

espetáculo, efetuando-se em poucas horas, mas mobilizando, mundialmente, milhões de corações e mentes para o consumo produtivo de serviços informacionais e das mercadorias entrópicas que lhe dão suporte, proporciona elevada rentabilidade ao investimento financeiro por descolar o valor assim criado de suas condições e tempos materiais de produção, deslocando-o para o rentismo dos monopólios sobre os direitos de propriedade intelectual protegidos pelos "jardins murados".

O investimento que os grandes conglomerados mediático-financeiros "globais" fazem no esporte em geral e no futebol em particular é um exemplo desse processo. O esporte carrega as marcas-fetiches do consumismo, associando-as às representações identitárias, culturais, distintivas, idiossincráticas dos diversos segmentos de torcedores, agentes também ativos do espetáculo, seja nas arquibancadas das arenas, seja diante da tela de TV, seja exibindo, pelas ruas, as camisetas de seus clubes ou atletas preferidos junto com as marcas que lhes remuneram o trabalho artístico mobilizador do trabalho semiótico geral desses milhões de aficionados.

Para encurtar os tempos de realização do capital, a oferta dos produtos tende a se efetuar nas mais diversas plataformas, assim também incentivando o consumo por todos os meios possíveis. A busca pela aceleração do ciclo do capital amplia as concentrações verticais, horizontais e cruzadas, transformando os conglomerados mediático-financeiros internacionais em poderosos agentes inclusive político-ideológicos, detentores que se tornam igualmente do monopólio da fala. É um processo que estaria a demandar enorme atenção dos Estados na regulação das comunicações, visando garantir acesso a culturas locais e diversidade, até mesmo real concorrência[100].

---

[100] A pandemia de covid-19, a partir de 2020, deixou ainda mais evidente, até mesmo escancarada, essa relação hoje em dia essencial entre o atual modo capitalista de acumulação e o espetáculo mediático, em geral, e o futebol, muito particularmente: após o primeiro ano, quando as atividades econômicas foram em grande parte paralisadas, as competições futebolísticas, assim como as de outros esportes, foram retomadas na Europa e nas Américas, embora sem público nos estádios, hoje chamados "arenas". O público presencial, percebe-se, é apenas um detalhe: determinante é a grande audiência nacional ou mundial que, mesmo estando os indivíduos isolados em suas residências, pode continuar a sustentar o consumo. Daí a rotação do capital, para tanto podendo ainda contar com as facilidades, as comodidades e a agilidade proporcionadas pelas plataformas da internet.

Conclusões

SUBSUNÇÃO TOTAL
DO TRABALHO AO CAPITAL

Por Marcos Dantas, Denise Moura,
Gabriela Raulino e Larissa Ormay

Já observamos (capítulo 1) que Marx distinguia, no ciclo total de valorização do capital, aquilo que lhe seria *produtivo* daquilo que lhe seria *improdutivo*. O trabalho pode ser produtivo ou improdutivo, conforme concorra, ou não, para valorizar capital: "trabalho produtivo é simplesmente o trabalho que produz o *capital*"[1]. Por isso, um pianista (no século XIX), conforme exemplo do próprio Marx, "só troca o seu trabalho por renda [...] seu trabalho produz algo; nem por isso é trabalho produtivo no sentido econômico; é tão pouco produtivo como o trabalho do louco que produz quimeras. O trabalho só é produtivo na medida em que produz o seu próprio contrário"[2].

Do mesmo modo, também o consumo pode ser produtivo ou improdutivo. Repetindo o que já foi dito antes: o consumo do tecido na produção de calças é produtivo, pois é necessário à valorização de capital; o consumo de calças pelas pessoas será improdutivo, pois apenas "aniquila", nas palavras de Marx, o material consumido, e este não retorna ao processo de produção e valorização.

O sistema capitalista constitui uma *totalidade sistêmica* cujo objetivo é fazer crescer o capital. Essa é a sua natureza. Contudo, assim como o corpo humano, à medida que cresce, ou envelhece, vai modificando suas

---

[1] Karl Marx, *Grundrisse: manuscritos econômicos de 1857-1858: esboços da crítica da economia* (trad. Mario Duayer e Nélio Schneider, São Paulo, Boitempo, 2011 [1976]), p. 238.

[2] Idem. Observe-se que Marx emprega a palavra "trabalho" ("*Arbeit*", no original alemão) inclusive para se referir ao louco.

270 • O valor da informação

necessidades e os meios de atendê-las, também o capital, conforme cresce e, possivelmente, envelhece, modifica suas necessidades e meios de atendê-las. O que alimenta o capital é o *trabalho*. É sua fonte de energia, digamos assim, e de crescimento. Porém, não está dito que o trabalho há de permanecer o mesmo, na forma e no conteúdo, à medida que cresce o capital, assim como o ser humano não passa toda a vida se alimentando de leite materno. Em suas várias fases históricas, à proporção que se modifica e porque se modifica, o capital também altera o trabalho, assim como é por ele alterado em ação recíproca. Implica dizer que, em suas várias fases, a própria constituição social e cultural do que seria entendido por *trabalhador* igualmente se modifica. Como também vimos no capítulo assinado por Marcos Dantas, o trabalhador que podia ser entendido e estudado por Marx no século XIX não é o mesmo que se definia ou era definido como tal em meados do século XX. Usualmente, nesse mesmo século XX, na definição ou compreensão de "trabalhador" não raro excluíam-se segmentos que também forneciam trabalho e mais-valor para o capital, mas, por trabalharem "mais com a cabeça", pareciam gozar de melhores condições materiais e espirituais em suas relações produtivas que aqueles que trabalhavam "mais com as mãos". E esperava-se destes que fizessem uma revolução...

É dessa confusão entre os conceitos de trabalho e trabalhador, assim como dessa herança novecentista que tendia a excluir desses conceitos as atividades ditas "intelectuais", que podem radicar, ao menos em parte, as dificuldades para compreendermos as novas formas de produção de valor próprias do capital-informação e, daí, as polêmicas correntes, conforme tratadas neste livro. A mais comum é a que nega serem trabalho as atividades dos usuários das plataformas sociodigitais, pois não passariam de mero consumo ou lazer[3]. Ou seja, só será trabalho aquela atividade posta sob comando direto de algum empregador capitalista e por ele, de algum modo, remunerada.

Essa visão já seria contestada pelo próprio Marx, como anota em seus *Manuscritos econômico-filosóficos*: "a economia nacional considera apenas como *trabalhador* o *proletário*, isto é, aquele que, sem capital e renda da terra, vive puramente do seu trabalho, e de um trabalho unilateral,

---

[3]   Rodrigo Moreno Marques, "Trabalho e valor nas mídias sociais: uma análise sob as lentes do marxismo", *Trabalho & Educação*, v. 27, n. 3, p. 11-30, set-out. 2018; César Bolaño e Eloy Vieira, "Economia política da internet e os *sites* de redes sociais", *Eptic Online*, v. 16, n. 2, maio-jun. 2014, p. 71-84.

abstrato"[4]. Essa definição reducionista de trabalhador seria, portanto, própria de uma abordagem específica, aquela que Marx, ainda no início do desenvolvimento de suas ideias, define como "economia nacional", isto é, a teoria, conforme então disponível, do processo capitalista de produção de riquezas.

"Que significado tem, no desenvolvimento da humanidade, essa redução da maior parte dela ao trabalho abstrato?", segue perguntando Marx[5]. E insiste: "O *trabalho* aparece, na economia nacional, apenas sob a forma de *emprego*"[6]. Como ele mesmo dirá mais adiante, suas elaborações partem dos "pressupostos da economia nacional. Aceitamos sua linguagem e suas leis"[7]. Daí, tenta compreender como essa "economia" entende o trabalho – não como o pensamento crítico poderia entendê-lo em uma abordagem que buscaria o "desenvolvimento da sociedade".

Em *A ideologia alemã*, já mais maduro, junto com Friedrich Engels, Marx escreverá que "para viver", o ser humano precisa antes de mais nada de comida, bebida, moradia, vestimenta, "algumas coisas mais". "O primeiro ato histórico é, pois, a produção dos meios para a satisfação dessas necessidades, a produção da própria vida material."[8] Não se trata de diretamente satisfazer essas necessidades, mas de *produzir os meios* de satisfazê-las. Aí, funda-se a cultura. E, da satisfação dessa primeira necessidade, ter-se-á a "produção de novas necessidades", então, relações sociais cada vez mais complexas que conduzem à necessária *divisão do trabalho*: sexual, territorial, produtiva. No entanto, essa divisão

> só se torna realmente divisão a partir do momento em que surge uma divisão entre trabalho material e [trabalho] espiritual. A partir desse momento, a consciência *pode* realmente imaginar ser outra coisa diferente da consciência da práxis existente, representar algo realmente sem representar algo real – a partir de então, a consciência está em condições de emancipar-se

---

[4]   Karl Marx, *Manuscritos econômico-filosóficos* (trad. Jesus Ranieri, São Paulo, Boitempo, 2004 [1982]), p. 30.

[5]   Idem.

[6]   Idem.

[7]   Ibidem, p. 79.

[8]   Karl Marx e Friedrich Engels, *A ideologia alemã* (trad. Luciano Cavini Martorano, Nélio Schneider e Rubens Enderle, São Paulo, Boitempo, 2007 [2003, 1969]), p. 33.

272 • O valor da informação

do mundo e lançar-se à construção da teoria, da teologia, da filosofia, da moral etc. "puras".[9]

Observe-se: o trabalho aqui não está limitado àquele de produção ou reprodução das condições "materiais" de existência, mas também será "espiritual". Adiante, acrescentarão em uma frase, porém, infelizmente incompleta:

> Até o momento consideramos principalmente apenas um aspecto da atividade humana, o *trabalho* dos homens *sobre a natureza*. O outro aspecto, o *trabalho dos homens* sobre *os homens* [...].[10]

Nas páginas que seguem, a dupla examina o Estado e a sociedade civil. No que aqui nos interessa, está claro que as atividades políticas de direção e gestão do Estado, de administração ou comando dos processos produtivos, de pesquisa científica ou elaboração artística, essas e outras exclusivas das relações sociais humanas, inclusive das relações de poder, também se incluem, em princípio, no conceito de trabalho. O que vai diferenciá-las, no interior do sistema capitalista de valorização, é a condição de poderem ser, ou não, produtivas para o capital.

Nos *Grundrisse*, seus primeiros grandes rascunhos do que viria a ser *O capital*, Marx deixará ainda mais clara essa sua visão totalizadora do conceito de trabalho. Em uma passagem, reprova Adam Smith justo porque, para este, o conceito de trabalho estaria relacionado a "sacrifício" – de fato, esse ainda é o conceito usual, moral, de trabalho em nossa sociedade. Também, como sabemos, é a visão puritana, calvinista. "E assim, como maldição, A. Smith concebe o trabalho."[11]

> O "repouso" aparece como estado adequado, sinônimo de "liberdade" e "felicidade". A. Smith parece muito longe de imaginar que o indivíduo "em seu estado normal de saúde, força, atividade, habilidade, agilidade" também tem a necessidade de uma porção normal de trabalho e de suspensão do repouso. Certamente, a própria medida do trabalho aparece dada externamente pelo objetivo a ser atingido e pelos obstáculos a serem superados pelo trabalho para sua consecução. A. Smith sequer suspeita, porém, que *essa superação é em si uma atividade de liberdade* – e que, além disso, as finalidades são despojadas da aparência de mera necessidade natural externa e são postas como finalidades que, em primeiro lugar, o próprio indivíduo põe –, logo

---

[9] Ibidem, p. 35-6.

[10] Ibidem, p. 39.

[11] Karl Marx, *Grundrisse,* cit., p. 509.

Conclusões – Subsunção total do trabalho ao capital • 273

como autorrealização, objetivação do sujeito, *daí liberdade real cuja ação é justamente o trabalho*.[12]

Marx reconhece que, em suas formas históricas, como na escravidão, na servidão ou no assalariamento, o trabalho só pode parecer repulsivo, forçado; mas isso, o trabalho que ainda "não criou para si as condições, subjetivas e objetivas, [...] para que [...] seja trabalho atrativo, autorrealização do indivíduo, o que de modo algum significa que seja puro divertimento, pura diversão, como o concebe Fourier de maneira muito superficial e ingênua"[13]. Então, uma passagem definitiva:

> Os trabalhos efetivamente livres, p. ex., compor, são justamente trabalhos ao mesmo tempo da maior seriedade e do mais intenso esforço. O trabalho da produção material só pode adquirir tal caráter 1) se seu caráter social é posto; 2) se é simultaneamente trabalho de caráter científico e geral, e não esforço do ser humano como força natural adestrada de maneira determinada, mas como sujeito que aparece no processo de produção não só em forma simplesmente natural, emergindo diretamente da natureza, mas como atividade que regula todas as forças da natureza.[14]

Não há nada aí que relacione, obrigatoriamente, trabalho a dominação ou emprego, pelo contrário: o trabalho pode ser de fato livre, desde que seja de caráter social, artístico ou científico, isto é, desde que seja basicamente "intelectual" ou "espiritual". Não deixará de ser trabalho, de exigir disciplina e dispêndio de energia, cansaço, mas não se definirá necessariamente por alguma relação subordinada, assalariada ou redundante. Porém, Marx não está interessado no que entende por discussão filosófica ou moral. Ele aceita que Smith "tem em mente apenas os escravos do capital". O trabalhador semiartesão da Idade Média não se enquadraria nessa definição estreita. Para a economia – e Marx retorna à economia –, interessa o trabalho que produz valor, por esse motivo em geral visto como "sacrifício", o que leva economistas como Senior a sustentar que o capitalista também produz valor pois também "faz sacrifício, o sacrifício da abstinência ao enriquecer". Resposta de Marx:

> Algo puramente negativo não cria nada. Se trabalho, p. ex., proporciona prazer ao trabalhador – como certamente o proporciona ao avaro, a abstinência

---

[12] Idem, grifos nossos.

[13] Idem.

[14] Idem.

274 • O valor da informação

de Senior –, o produto não perde nada de seu valor. *Só o trabalho produz; ele é a única substância dos produtos como valores.*[15]

O prazer também pode produzir valor! Quem já leu Tolstói sabe como os camponeses russos trabalhavam cantando[16]. Não é porque pareça diversão ou mesmo práticas em momentos de aparente ócio que deixará de ser trabalho. Como sentencia Álvaro Vieira Pinto, o trabalho "constitui, por definição, um fenômeno total da sociedade, revelando-a em todos os seus aspectos"[17].

O trabalho é da essência constitutiva do ser humano, pois é da própria essência da vida. A vida é trabalho – trabalho neguentrópico, teleonômico e, se humano, teleológico, conforme examinamos no capítulo 1. Essa compreensão é bem explicada por Ferruccio Rossi-Landi em uma obra pioneira[18], porém praticamente desconhecida entre nós, *Linguistics and Economics*[18]. Trabalho é o que transforma a natureza em artefato, define ele. Nesse sentido, o próprio ato de comunicação é trabalho, pois implica produzir mudanças no ambiente sonoro (voz) ou luminoso (imagens) de modo a transmitir

---

[15] Ibidem, p. 510.

[16] Por exemplo, em *Anna Kariênina*: "Liévin tomou a gadanha e começou a experimentar. Suados e alegres, os ceifeiros que haviam terminado suas fileiras seguiam de volta pela estrada, um atrás do outro, e cumprimentavam o patrão entre risos [...] O velho, com seu casaco de pele de ovelha, continuava alegre, bem-humorado e desenvolto em seus movimentos [...] As camponesas, com seus ancinhos sobre os ombros, radiantes em suas cores claras e palpitantes, com suas vozes sonoras e alegres, caminhavam atrás das carroças. A voz rústica e bruta de uma camponesa entoou uma canção, cantou até o refrão, quando meia centena de vozes variadas e sadias, agudas e graves, todas unidas e em harmonia, retomaram a mesma canção desde o início. As camponesas que cantavam aproximaram-se de Liévin e ele teve a impressão de que uma nuvem, com uma trovoada de alegria, descia sobre ele [...] Tudo isso afundara no mar do alegre trabalho em comum. Deus deu o dia, Deus deu as forças. E o dia e as forças são consagrados ao trabalho e, no trabalho, têm sua própria recompensa. Mas para quem é o trabalho? Quais serão os frutos do trabalho? Tais reflexões eram descabidas e fúteis [...] Todo o longo dia de trabalho não deixara neles outra marca que não a alegria"; Liev Tolstói, *Anna Kariênina* (trad. Rubens Figueiredo, São Paulo, Companhia das Letras, 2017 [1877]), p. 256-82 passim.

[17] Álvaro Vieira Pinto, *O conceito de tecnologia*, v. 1 (Rio de Janeiro, Contraponto, 2005), p. 301.

[18] Ferruccio Rossi-Landi, "Linguistics and Economics", em Thomas Sebeok et al. (org.), *Linguistics and Adjacent Arts and Sciences, of Current Trends in Linguistics*, v. 3 (Haia, Mouton, 1974), p. 1.787-2.017.

mensagens de um indivíduo a outro. Em princípio, não cabe diferenciar a produção de palavras moldando o som da produção de um vaso moldando a argila, exceto pelo tempo de conservação, obviamente no limite de zero, da palavra falada. Em um caso e em outro, trata-se de *trabalho material*.

Por isso, aliás, aquilo que Marx, à falta de melhor termo em seu tempo, muitas vezes denominará "espiritual" nada tem de "imaterial", ao contrário do que pretendem Gorz[19], Lazzarato e Negri[20] ou Kangal[21]. O "espírito" está "contaminado" de matéria, conforme, em clara ironia a pensadores idealistas, escreveram Marx e Engels:

> [...] o homem é também dotado de "consciência". Mas esta também não é, desde o início, consciência "pura". O "espírito" sofre, desde o início, a maldição de estar "contaminado" pela matéria que, aqui, se manifesta sob a forma de camadas de ar em movimento, de sons, em suma sob a forma de linguagem. A linguagem é tão antiga quanto a consciência – a linguagem *é* a consciência real, prática, que existe para os outros homens e que, portanto, também existe para mim mesmo; e a linguagem nasce, tal como a consciência, do carecimento, da necessidade de intercâmbio com outros homens.[22]

Seja a ação de produzir palavras, seja a de produzir objetos "mortos", o que caracteriza o trabalho, como insistimos ao longo deste livro, é ser movido por algum objetivo *além dele*, gerar um resultado *diferente da própria atividade em si*. Esclarecerá Rossi-Landi:

> Antes de mais nada, devemos distinguir entre trabalho e atividade. De acordo com Aristóteles, a atividade contém a própria finalidade nela mesma, enquanto a finalidade do trabalho é distinta dele. De acordo com Hegel, estudando Adam Smith, a atividade que satisfaz necessidades de um modo imediato é pré-humana. Para que o ser humano se desenvolva, ele deve romper a imediaticidade: deve inserir o trabalho entre a necessidade e a satisfação. É somente com o trabalho que algo de universal surge no ser humano. Trabalho é "apetite [ou desejo] *sob controle*"; em sua consciência "vai além dele mesmo no elemento constante"; logo, *forma* o objeto. Atividade é dispêndio sem produto; o trabalho visa algo. Alguém trabalha por alguma

---

[19] André Gorz, *O imaterial: conhecimento, valor e capital* (trad. Celso Azzan Jr., São Paulo, Annablume, 2005).

[20] Maurizio Lazzarato e Antonio Negri, *Trabalho imaterial: formas de vida e produção de subjetividade* (trad. Mônica de Jesus César, Rio de Janeiro, DP&A Editora, 2001).

[21] Kaan Kangal, "Discussões marxistas na economia digital: uma crítica a Christian Fuchs", *Eptic Online*, v. 22, n. 2, maio-ago. 2020, p. 67-82.

[22] Karl Marx e Friedrich Engels, *A ideologia alemã*, cit., p. 34-5.

276 • O valor da informação

finalidade. Não implica estrita necessidade. No que aqui nos interessa, se alguma modificação é feita em algum objeto, podemos admitir que o indivíduo trabalhou ainda que sem ter clara consciência de tê-lo feito com algum objetivo. Mais: tratando-se de distinguir trabalho de atividade desde o ponto de vista do objeto, podemos encontrar essa distinção na história do objeto, na dialética entre o "antes" e o "depois". Isto é, em primeiro lugar, distinguir dois momentos temporais; em segundo lugar, o objeto deve apresentar algumas características novas que nele não se encontravam anteriormente. Aplicando esse critério, podemos chegar no caso-limite de dois objetos que parecem idênticos em todas as suas características observáveis, mas um é produto e outro é apenas natural porque sabemos que aquele *passou por*, pelo menos, uma modificação pela intervenção humana, ainda que seja uma modificação que não diga respeito à estrutura do corpo do objeto, mas apenas a sua posição relativamente a outros objetos.[23]

Para deixar ainda mais clara a distinção essencial entre trabalho e mera atividade, Rossi-Landi chega a ser um tanto escatológico:

Mas como podemos então distinguir entre artefatos e meros "produtos" naturais da presença humana, como pegadas deixadas pelo indivíduo na areia ou suas fezes? Não são também "signos" do ser humano porque resultam de modificações feitas por ele em materiais preexistentes à sua intervenção, no primeiro caso ao caminhar, no segundo defecando (digo, não intencionalmente)? De certo são signos para um intérprete que chega depois; mas não são eles mesmos produtos. Para que as pegadas possam ser produtos do trabalho humano, devem ser deixadas com algum *propósito*. E usualmente não é o caso. [...] Essa é a distinção que devemos fazer entre trabalho que nos fornece produtos no sentido próprio do termo e mera atividade que, no máximo, deixa traços *capazes* de virem a ser produtos se algum trabalho é feito sobre eles. A modificação feita pelo trabalho é em geral desejada, planejada, intencional. E alguém pode desejar, planejar e ter intenções mesmo que inconscientemente, apenas aplicando de modo passivo modelos conhecidos.[24]

Em resumo:

Trabalho se distingue de mera atividade porque gera produtos, significando dizer que o trabalho se situa necessariamente na dimensão social. *Trabalho é a atividade social do ser humano*. Atividade fisiológica ou alguma outra que não esteja baseada em algum modo de aprendizado não o é. [...] Alguns antropoides começaram a se diferenciar dos demais *porque*, e *evoluindo com*

---

[23] Ferruccio Rossi-Landi, "Linguistics and Economics", cit., p. 1.818-9, tradução nossa.

[24] Ibidem, p. 1.820.

os acontecimentos, começaram a realizar um novo tipo de atividade "pondo seu apetite sob controle" – eles começaram a trabalhar.[25]

O capital, em seu conceito moderno, não nasceu colocando de imediato a seu serviço todo o trabalho humano amplamente disponível na sociedade. Isso ocorreu conforme ele se expandia, em um processo em que necessariamente eliminava trabalho *vivo* em algum setor então de ponta, substituindo-o por trabalho *morto* – capital fixo –, com isso precisando incorporar quantitativa e qualitativamente outros segmentos da população, ou seja, de trabalho vivo, a seus processos de valorização:

> Para o capital, o trabalhador não é uma condição de produção, mas só o trabalho. Se ele puder realizá-lo por meio de máquinas ou até por meio da água, do ar, tanto melhor. E o capital não se apropria do trabalhador, mas do seu trabalho – não diretamente, mas pela mediação da troca.
> Esses são, por um lado, pressupostos históricos para que o trabalhador seja encontrado como trabalhador livre, como capacidade de trabalho sem objetividade, *puramente subjetiva*, confrontada com as condições objetivas da produção como a sua não propriedade, como propriedade alheia, como valor existente por si mesmo, como capital.[26]

Para o capital, o corpo do indivíduo não é condição de produção – sim, *a informação*. Informação semiótica, subjetividade. Infelizmente, para o capital, não será possível obter esta sem aquele... Porém, não está dito que o trabalhador portador da subjetividade seja aquele operário típico ainda semiartesanal dos tempos de Marx, ou o "colarinho azul" dos tempos fordistas. O que o capital requer é trabalho, ou seja, informação semiótica, logo precisará contratar sempre o perfil ou os perfis de trabalhador que possam lhe fornecer trabalho conforme as próprias exigências, *cada vez mais científico-tecnológicas*, de sua evolução.

Nem está dito que o salário seja essencial nessa relação já que, se pudesse, o capital substituiria o trabalhador por água, ar ou... *inteligência artificial*! O que valoriza o capital é o tempo *não pago* de trabalho vivo, gratuitamente extorquido, não o tempo pago. Por isso, do ponto de vista do capital, lembra Marx, *o salário não é produtivo*. Para os economistas "burgueses",

> ser produtivo significa, naturalmente, ser produtivo de riqueza. Como o salário é o produto da troca entre o trabalhador e o capital – e único produto

---

[25] Ibidem, p. 1.821.

[26] Karl Marx, *Grundrisse,* cit., p. 409, grifos nossos.

278 • O valor da informação

que é posto *nesse* mesmo ato –, eles concedem que o trabalhador não produza nenhuma riqueza nessa troca, nem para o capitalista, pois, para este, é o pagamento de dinheiro por um valor de uso – e esse pagamento constitui a única função do capital nessa relação –, é renúncia à riqueza, e não criação de riqueza, razão pela qual ele procura pagar o mínimo possível; nem para o trabalhador, pois [a troca] só lhe proporciona meios de subsistência, maior ou menor satisfação de suas necessidades individuais – *jamais* a forma universal da riqueza, jamais a riqueza.[27]

Assim, tudo isso considerado, por que não chegaria o capital a um modelo de acumulação, conforme exposto no capítulo assinado por Gabriela Raulino, em que o trabalho – isso que realmente lhe interessa – possa ser obtido 100% *de graça*?

De fato, ainda não chegamos a tanto! Evidentemente, alguém paga: aqueles demais setores do capital cada vez mais subordinados à lógica das praças de mercado digitais; estes que ao fim e ao cabo devem remunerar seus trabalhadores (cientistas ou caminhoneiros, atletas ou comerciários) pelos serviços que lhes prestam, sem o que esses trabalhadores não poderiam nem mesmo adquirir os meios necessários de acesso àquelas plataformas – além de todos os demais meios necessários à própria sobrevivência tanto material quanto espiritual.

Esse capitalismo de plataformas constitui uma nova e mais avançada etapa da evolução do capital, logo também de espoliação dos meios de trabalho humano: da terra, no passado, ao conhecimento, no presente[28]. É um novo momento do processo de submissão do trabalho ao modo de funcionamento do capital, isto é: de subsunção do trabalho ao capital[29].

---

[27] Ibidem, p. 228-9.

[28] David Harvey, *O neoliberalismo: história e implicações* (trad. Adail Sobral e Maria Estela Gonçalves, São Paulo, Loyola, 2008); James Boyle, "The Second Enclosure Movement and the Construction of the Public Domain", *Law and Contemporary Problems*, v. 66, 2003, p. 33-74; Christopher May, *A Global Political Economy of Intellectual Property Rights: The New Enclosures?* (Londres/Nova York, Routledge, 2000); David Hesmondhalgh, "Neoliberalism, Imperialism and the Media", em David Hesmondhalgh e Jason Toynbee (orgs.), *The Media and Social Theory* (Nova York, Routledge, 2008); Marcos Dantas, "Information as Work and as Labour", *TripleC*, v. 17, n. 1, 2018, p. 132-58; Idem, "The Financial Logic of Internet Platforms: The Turnover Time of Money at the Limit of Zero", *TripleC*, v. 17, n. 1, 2019, p. 132-58.

[29] Karl Marx, *Manuscritos econômico-filosóficos*, cit.

A subsunção do trabalho se diferencia em dois tipos: a formal e a real. A *subsunção formal* está ligada ao aumento do mais-valor absoluto, isto é, ao aumento da jornada de trabalho, quando o capitalista ainda não despojou o trabalhador do conhecimento necessário ao desempenho do trabalho, logo o modo de operação do trabalho permanece razoavelmente similar. A subsunção formal do trabalho ao capital só se diferencia *formalmente* dos modos de produção anteriores. O que muda é a coação que o capital exerce, ou seja, o método pelo qual é extorquido sobretrabalho[30]. Já a *subsunção real* é a completa incorporação e subordinação do trabalho – da "subjetividade" – ao processo capitalista de acumulação. Na subsunção real, todo o trabalho executado constitui uma totalidade (informacional) de trabalho, embora diversificado em inúmeras diferentes funções, todas porém comandadas pelo capital. Vimos no capítulo 1 que, conforme Marx descreve no *Capítulo inédito*, se alguns trabalhadores e trabalhadoras se dedicam a trabalhos "simples", repetitivos, informacionalmente redundantes, e outros(as) a trabalhos "criativos", "complexos" e informacionalmente aleatórios, no conjunto, independentemente de suas competências ou perfis, todos os tipos ou formas de trabalho tornam-se produtivos, isto é, participam do processo de produção de mais-valor, portanto são diretamente explorados pelo capital e a ele subordinados em geral[31]. Se no século XIX o conceito de subsunção real parecia, para Marx, uma "antecipação de futuros desenvolvimentos", na etapa avançada do capital-informação, quando o valor é extraído de processos produtivos determinados pelo trabalho de cientistas, artistas, desportistas e de toda uma ampla gama de outros trabalhadores cujas atividades são basicamente "mentais" ou "intelectuais", o trabalho em seu conjunto já foi realmente subsumido ao capital, a ele não somente subordinado, como a ele também incorporado.

Conforme Marx já deixara claro, o valor é criado pelo "fator subjetivo do processo de trabalho, a força de trabalho em ação"[32]. É dessa "subjetividade", ou, nos nossos termos, dessa competência ou capacidade para processar mentalmente informação semiótica nos limites das liberdades semióticas

---

[30] Ibidem, p. 94.

[31] Idem, *Capítulo VI inédito de O capital: resultados do processo de produção imediata* (trad. Klaus von Puchen, 2. ed., São Paulo, Centauro), 2004.

[32] Idem, *O capital: crítica da economia política*, Livro I, v. 1 (São Paulo, Abril Cultural, 1983 [1867]), p. 170.

280 • O valor da informação

possibilitadas pelos graus de educação, treinamento, experiência e também "capital social" que o capital veio se apropriando desde seus primórdios.

A automação da produção (trabalho morto) representaria a objetivação do processo de trabalho, isto é, a absorção de parte da subjetividade humana pelas máquinas, sendo, pois, um dos meios de expropriação, pelo capital, dessa subjetividade mesma. Em contrapartida, a própria subjetividade é reconstruída: se objetivada por um lado, terá que ser expandida por muitos outros lados. O capital captura o valor da produção de subjetividade "em ambos os sentidos do genitivo: a constituição da subjetividade, de um comportamento subjetivo particular (uma classe trabalhadora que é hábil e dócil), e a transformação da potência produtiva da subjetividade, sua capacidade de produzir riqueza"[33]. É nesse sentido, inclusive, que para muitos autores e autoras abrir-se-ia a possibilidade de reconstrução de um projeto social baseado na política do *comum*[34]. "O comum não é uma mera duplicação do conceito de cooperação: é simultaneamente a fonte e o produto da cooperação, o lugar da composição do trabalho vivo e seu processo de autonomia, o plano de produção da subjetividade e da riqueza social."[35] Todavia, por enquanto, conforme mostramos ao longo deste livro, os contemporâneos movimentos de aberturas ou flexibilizações do trabalho informacional seguem sendo capturados pelo capital que, por eles, avança ainda mais a subsunção real do trabalho.

Não obstante, não faltam abordagens que sugerem o contrário, ou seja, que o trabalho estaria se libertando dos grilhões do capital a partir das flexibilidades que emergiram no assim chamado "pós-fordismo". Perspectivas liberais que enaltecem os "contrapoderes" individuais conquistados com o desenvolvimento tecnológico e baseados na lógica de compartilhamento digital, sobretudo nas chamadas redes sociais, chegam a sinalizar que a economia informacional marcaria o final ou o "eclipse" – termo utilizado por Jeremy Rifkin[36] – do capitalismo. Ricardo Abramovay aponta que o

---

[33] Jason Read, *The Micro-Politics of Capital: Marx and Pre-History of the Present* (Albany, State University of New York Press, 2003), p. 102.

[34] Pierre Dardot e Christian Laval, *Comum: ensaio sobre a revolução no século XXI* (trad. Mariana Echalar, São Paulo, Boitempo, 2017).

[35] Gigi Roggero, "Cinco teses sobre o comum", *Lugar Comum*, n. 42, 2014, p. 13.

[36] Jeremy Rifkin, *The Zero Marginal Cost Society: The Internet of Things, the Collaborative Commons and the Eclipse of Capitalism* (Nova York, Palgrave/Macmillan, 2014)

início do século XXI é um período de "economia híbrida", na qual se borram, por meio da unidade entre internet e economia colaborativa, as rígidas fronteiras que, desde a Primeira Revolução Industrial, teriam separado o público e o privado na vida econômica[37]. Esse regime econômico híbrido se daria porque parte crescente da oferta de bens e serviços é feita de forma abertamente colaborativa, isto é, "sem a intermediação de organizações privadas". É a mistura entre colaboração social e economia privada, segundo Abramovay, que forma a base da atual economia híbrida. Nessa suposta hibridez, o movimento *maker* despontaria como um exemplo de transição econômica do capitalismo selvagem, monopolizado por grandes corporações, para um porvir econômico pelo menos mais distributivo. Com inspiração na economia circular, na cultura DIY (*Do It Yourself*, ou, em português, "Faça Você Mesmo") e na inovação aberta, o chamado movimento *maker* surge no século XXI com uma nova maneira de produzir bens materiais. O modelo se caracteriza pela descentralização e pela colaboração na produção manufatureira, na ideia de que os avanços tecnológicos facilitam a criação individual de itens de consumo e possibilitam que essa criação individual seja levada a uma audiência maior, permitindo-se uma proliferação de pequenos empreendimentos. O consumidor tornar-se-ia um potencial concorrente na produção tecnológica graças à abertura compartilhada de conhecimentos em ciência, tecnologia e inovação.

Segundo relatório publicado em 2013 da consultora internacional Deloitte[38], naturalmente especializada em indicar "roteiros" para o capital, "o movimento *maker* emergirá como a principal fonte de subsistência dos indivíduos, que vão encontrar maneiras de construir empresas de pequeno porte em torno de suas atividades criativas". O documento ainda lista cinco consequências desse processo: produção colaborativa, disrupção dos atuais modelos de grandes empresas, produções guiadas pela demanda, educação

---

[ed. bras.: *Sociedade com custo marginal zero: a internet das coisas, os bens comuns colaborativos e o eclipse do capitalismo*, São Paulo, M. Books, 2005].

[37] Ricardo Abramovay, "A economia híbrida do século XXI", em Eliane Costa e Gabriela Agustini (orgs.), *De baixo para cima* (Rio de Janeiro, Aeroplano, 2014); disponível em: <http://ricardoabramovay.com/wp-content/uploads/2015/02/A-Economia-Híbrida_do-Século-XXI_De-Baixo-para-Cima_Abramovay_12_2014.pdf>; acesso em: 29 mar. 2022.

[38] Disponível em: <http://oaklandmakers.org/wp-content/uploads/2014/06/Impact-of-the-Maker-Movement.pdf>; acesso em: 4 abr. 2017.

282 • O valor da informação

prática e desenvolvimento de comércios locais. Como consequência, de acordo com um relatório do Instituto Tecnologia e Sociedade do Rio de Janeiro (ITS-Rio) de 2017[39], são previstas grandes mudanças na distribuição territorial dos meios de produção, o que tenderia a alterar profundamente a lógica sobre onde, como e para quem se produz.

Esse movimento sustentaria as bases de uma "nova revolução industrial", cuja essência, segundo Chris Anderson, editor-chefe da revista estadunidense *Wired* e autor do livro *Makers*, está no encontro entre a revolução da *web* e a manufatura[40]. Abramovay propõe que, da mesma forma que a internet aboliu a (suposta) passividade do espectador e do ouvinte e fez da interação e da mistura (do *remix*) a base da cultura contemporânea, essa nova revolução industrial poderia fazer da colaboração social em rede o principal fundamento da criação de riqueza das sociedades atuais[41].

De acordo com Michael O'Regan e Jaeyeon Choe, a economia do compartilhamento oferece benefícios de saúde, emocionais e espirituais[42]. Chase defende que aumenta a qualidade de vida ao redor do mundo[43] – uma afirmação que já chega às raias do cinismo... Ademais, diz-se que o modelo estimula mercados sustentáveis pela otimização das consequências ambientais, sociais e econômicas do consumo, de modo a ir ao encontro das necessidades das atuais e das futuras gerações[44]. A "economia do compartilhamento" também geraria mais produtividade, empreendedorismo, entendimentos interculturais e inovação[45], criando novas formas de relacionamentos que mudam os modos como consumimos, socializamos,

---

[39] Disponível em: <https://itsrio.org/pt/publicacoes/espacos-makers-e-educacao-digital--no-rio-de-janeiro/>; acesso em: 4 abr. 2017.

[40] Chris Anderson, *Makers: The New Industrial Revolution* (Nova York, Crown Business, 2012).

[41] Ricardo Abramovay, "A economia híbrida do século XXI", cit, p. 121.

[42] Michael O'Regan e Jaeyeon Choe, "Airbnb and Cultural Capitalism: Enclosure and Control within the Sharing Economy", *Anatolia*, v. 28, n. 2, 2017, p 1-10.

[43] Robin Chase, *Peers Inc.: How People and Platforms Are Inventing the Collaborative Economy and Reinventing Capitalism* (Nova York, Public Affairs, 2015).

[44] Marcus Phipps et al., "Understanding the Inherent Complexity of Sustainable Consumption: A Social Cognitive Framework", *Journal of Business Research*, n. 66, 2013, p. 1.227-34.

[45] Rachel Botsman e Roo Rogers, *What's Mine Is Yours: How Collaborative Consumption Is Changing the Way We Live* (Londres, Harper Collins, 2011) [ed. bras.: trad. Rodrigo

residimos e nos deslocamos. A expressão "economia do compartilhamento", enfim, é descrita por Rachel Botsman (2015) como um sistema econômico baseado no compartilhamento de recursos ou serviços, de graça ou mediante o pagamento de taxas, diretamente pelos indivíduos[46].

Nesta passagem de Miguel Said Vieira encontramos mais um exemplo de como a imediaticidade das aparências mascaram a realidade do capital, disseminando as crenças na capacidade de a tecnologia promover a emancipação do trabalho:

> Em muitos casos, a mercantilização ocorre por meio de cercamentos – isto é, ela converte bens comuns em mercadorias. E em diversos dos casos de novos bens comuns intelectuais, paralelamente, o compartilhamento supre necessidades que, de outra forma, exigiriam a aquisição de mercadorias; essa desmercantilização produz um efeito em cadeia: substituindo tais mercadorias, os bens comuns fazem com que os sujeitos dependam menos da venda (mercantilizada) de sua força de trabalho. Amplia-se, assim, uma circulação do comum – para usar a expressão de Dyer-Witheford (2006) –, em substituição à circulação de mercadorias; e, nesse sentido, há uma oposição marcada entre bens comuns e mercadorias.[47]

Em que pesem todos esses posicionamentos que afirmam uma suposta emancipação do trabalho por determinação tecnológica, as mudanças por trás das novas redes de trabalho têm refletido, em realidade, a precarização e a mercadificação de processos colaborativos, uma vez que submetem as mais diversas formas de trabalho ao processo de acumulação de capital. Embora essa precarização e essa mercadificação possam se traduzir, para alguns, em grandes ganhos de capital simbólico, patrimonial e financeiro, transformados que são em "celebridades" ou "influenciadores" necessários à acumulação nas indústrias culturais, para a grande maioria implica pobreza, até miséria, como essa multidão que, nestes recentes tempos de pandemia de covid-19, vimos pedalando pelas ruas para entregar mercadorias às

---

Sardenberg, *O que é meu é seu: como o consumo colaborativo vai mudar o nosso mundo – a ascensão da economia colaborativa,* Porto Alegre, Bookman, 2011).

[46] Rachel Botsman, "Defining the Sharing Economy: What Is Collaborative Consumption – And What Isn't?", *Fast Company*, 27 maio 2015; disponível em: <http://www.fastcoexist.com/3046119/defining-the-sharing-economy-what-is-collaborative-consumption-and-what-isnt>; acesso em: 29 mar. 2022.

[47] Miguel Said Vieira, *Os bens comuns intelectuais e a mercantilização* (tese de doutorado, São Paulo, Universidade de São Paulo, 2014), p. 320.

pessoas em isolamento social. De uma ponta a outra, o elo entre essas novas formas de exploração e alienação do trabalho é a propriedade intelectual. Os direitos de propriedade intelectual (DPIs) estão presentes em todos os elos da cadeia produtiva, desde o trabalho gratuito dos usuários nas plataformas sociodigitais até a precarização do trabalho remunerado da grande maioria dos artistas, desportistas, intelectuais, cientistas, conforme Larissa Ormay explicou em seu capítulo neste livro.

Por ser uma economia capitalista baseada no trabalho informacional – trabalho vivo –, o capital precisou introduzir artificialmente escassez nos resultados desse trabalho para que o valor pudesse ser conservado e transacionado. Caso contrário, a própria natureza neguentrópica da informação tenderia a caracterizar seus produtos, isto é, *os conteúdos carregados por seus suportes*, como abundantes, logo impossíveis de serem apropriados para fins de valorização capitalista. Essa é a função dos DPIs. Nessa lógica, também as formas de produção baseadas em "aberturas" – como compartilhamentos e processos colaborativos – admitem "fechamentos" que incluem a utilização da propriedade intelectual por empresas que assim garantem seu modelo de negócio em torno de plataformas sociodigitais[48]. Promovidas como "comunitárias", as grandes plataformas sociodigitais tendem a formar monopólios que buscam, e estão conseguindo, *cercar* o conhecimento social. Essas plataformas oferecem soluções e facilidades tecnológicas para atrair milhões de usuários – como *feeds* de notícias, mensagens instantâneas, mecanismos técnicos utilizados em anúncios e controles de privacidade –, recursos protegidos por DPIs, geralmente patentes, que, como barreiras à entrada da concorrência (via imitação), configuram os monopólios digitais[49]. Com isso, exercem controles para mercadejar mais recursos em um processo de fazer as coisas intercambiáveis no mercado de

---

[48] Nick Srnicek, *Platform Capitalism* (Cambridge, Polity, 2016); Joe Tidd, "Why We Need a Tighter Theory and More Critical Research on Open Innovation", em Joe Tidd (org.), *Open Innovation Research, Management and Practice* (Londres, Imperial College Press, 2013), p. 1-10; Giana M. Eckhardt e Fleura Bardhi, "The Sharing Economy Isn't About Sharing at All", *Harvard Business Review*, jan. 2015, disponível em: <https://hbr.org/2015/01/the-sharing-economy-isnt-about-sharing-at-all>, acesso em: 29 mar. 2022; Trebor Scholz, *Cooperativismo de plataforma* (trad. Rafael A. F. Zanatta, São Paulo, Elefante/Autonomia Literária/Fundação Rosa Luxemburgo, 2017).

[49] De acordo com a base de dados Patentscope, da Organização Mundial da Propriedade Intelectual (Ompi), em 3 de março de 2018 o Google detinha 35.062 patentes; o Facebook, 6.625 e a Uber, 1.699; disponível em: <https://www.wipo.int/patentscope/en/>; acesso em: 7 abr. 2022.

maneira real e/ou discursiva, enquadrando tudo como se fosse cambiável[50]. Como expõe Trebor Scholz, há uma massa de corpos sem nome escondida por trás da tela, exposta à vigilância no ambiente de trabalho, à espoliação da multidão, ao roubo de salários e a *softwares* proprietários[51].

Um dos exemplos mais emblemáticos desse capitalismo de plataformas é revelado pelo modelo de negócio da Uber, que liga passageiros e motoristas como alternativa de transporte urbano. A "uberização do trabalho" é vista por Ludmila Costhek Abílio como um novo passo nas terceirizações, consolidando a passagem do estatuto de trabalhador para o de *nanoempresário de si mesmo* permanentemente disponível para o trabalho: retira-lhe garantias mínimas ao mesmo tempo que mantém sua subordinação e, ainda, se apropria, de modo administrado e produtivo, da perda de formas publicamente estabelecidas e reguladas do trabalho[52].

Nessa esteira, não obstante apareçam como "gratuitos" os atos de curtidas, comentários e avaliações da audiência sobre os serviços oferecidos por plataformas bilionárias como Google, Facebook e Amazon, é exatamente com base nesses atos realizados pelos usuários, sem contrapartida monetária, que as grandes corporações da era digital enriquecem. É o que Rafael Evangelista denominou "mais-valia 2.0": cliques, digitações e demais movimentos de corpo e mente realizados por usuários nas plataformas sociodigitais constituem *trabalho semiótico* que gera valor e lucro para os grandes sócios capitalistas dessas plataformas[53]. Expressando-se por material semiótico na forma de palavras, sons, imagens, esse trabalho semiótico socialmente combinado de milhões, até bilhões de seres humanos, acaba *informando* o capital (pondo em forma o capital) a respeito dos estados mentais e corporais de amplos segmentos da humanidade. Reconhece John Batelle, um dos fundadores da revista *Wired*: "o Google sabe o que a nossa cultura quer"[54]. O Google, o Facebook, a Amazon...

---

[50] Sebastian Sevignani, "The Commodification of Privacy on the Internet", *Science and Public Policy,* v. 40, 2013, p. 733.

[51] Trebor Scholz, *Cooperativismo de plataforma*, cit.

[52] Ludmila Costhek Abílio, "Uberização do trabalho: subsunção real da viração", *PassaPalavra,* 19 fev. 2017; disponível em: <http://passapalavra.info/2017/02/110685>; acesso em: 29 mar. 2022.

[53] Rafael Evangelista, "Mais-valia 2.0", *A Rede*, n. 28, ago. 2007.

[54] John Batelle, *A busca: como o Google e seus competidores reinventaram os negócios e estão transformando as nossas vidas* (São Paulo, Elsevier/Campus, 2006), p. 2.

286 • O valor da informação

A hipótese da mais-valia 2.0, ao demonstrar a realização, também pelos usuários das plataformas sociodigitais, de práticas sociais que podem ser consideradas tempo de trabalho explorado sem remuneração – pois o respectivo mais-valor criado, na forma de dados, vai para o bolso dos investidores nessas plataformas – refuta teses de que os bens comuns "intelectuais" teriam, em diversos casos, "desmercadejado" as relações sociais. O que se passa com suposta "desmercadificação" não é um barateamento de produtos, e sim produção e alienação de valor: o mais-valor gerado pelos trabalhadores semióticos (produtores sociais de dados e conhecimento) é apropriado pelos reais proprietários dos meios de produção, o capital financeiro.

Essa hipótese, conforme vimos principalmente no capítulo 3, tem sua origem na ousada proposta de Dallas Smythe, ao afirmar que a audiência, ou seja, o grande público usuário dos meios eletroeletrônicos de comunicação, trabalha[55]. Entendendo o conceito de trabalho e de trabalho semiótico conforme expostos ao longo deste livro, em princípio nada haveria a objetar a Smythe: sim, a audiência trabalha pelo elementar motivo que está a efetuar uma prática social movida por objetivos (conscientes ou não), prática que não pode deixar de resultar em mudanças em seus estados mentais, além de possíveis outras. Portanto não deveria ser essa, a rigor, a real questão. A questão é saber se esse trabalho é produtivo ou não para o capital. Aqui, a resposta também será positiva, pois é esse *tempo de atenção* que produz os *dados* (população, renda, gênero, idade, raça etc.) a serem "precificados" e negociados com os anunciantes. Assim, os conteúdos mediáticos (novelas, programas de auditório etc.) devem ser vistos como *insumos* necessários ao trabalho da audiência, tanto quanto energia e matérias-primas são insumos necessários ao trabalho dos operários e das operárias nas fábricas.

Se já era assim no trabalho mobilizado pelo rádio ou pela televisão, com muito mais razão sê-lo-á no trabalho mobilizado pelas plataformas sociodigitais, conforme bem explicado no capítulo assinado por Raulino: os assim chamados "usuários" consomem *produtivamente* os terminais de computadores e celulares, as redes de telecomunicações, sobretudo e principalmente as imagens sonoras e visuais, com seus significados, conforme as percebem e também as produzem no YouTube, no Instagram, na Amazon etc., posto que, no tempo desse trabalho, no movimento de suas mentes

---

[55] Dallas Smythe, "Communications: Blindspot of Western Marxism", *Canadian Journal of Political and Social Theory*, v. 3, n. 1, 1977, p. 1-27.

Conclusões – Subsunção total do trabalho ao capital • 287

e corpos, geram e valorizam os dados que serão monetizados e negociados pelas plataformas. Assim como os operários e as operárias, nas fábricas, consomem produtivamente energia, matérias-primas, máquinas, do mesmo modo o corpo e a mente dos "usuários" e das "usuárias" das plataformas consomem produtivamente energia, as imagens como matérias-primas, as infraestruturas como máquinas, valorizando capital.

Em seu processo de expansão, o capital penetrou definitivamente em todos os poros da sociedade, inclusive no lar. Pode-se dizer que Adorno e Horkheimer, em obra clássica, chegaram no limiar dessa compreensão: o "tempo de lazer", boa parte dele doméstico, incorporou-se, via indústria cultural, aos tempos de reprodução do capital como tempo também de reprodução da força de trabalho[56]. Fredric Jameson, comentando o economista utilitarista Gary Becker, admite que o lar poderia ser considerado uma "unidade produtiva"[57]. Contudo, Guy Debord, com seu projeto "situacionista", pode ter sido quem mais perto chegou de entender as contradições do capitalismo contemporâneo: o capital, ao fazer do espetáculo o mediador das relações sociais, conforme expôs Denise Moura em seu capítulo neste livro, apropriou-se do próprio cotidiano. Martin-Barbero também observou que a "força" dos meios de comunicação residiria nessa *conexão direta* com o cotidiano dos indivíduos e das famílias, nessa capacidade de reproduzir, nos sons do rádio ou na tela da TV, situações que pareceriam expressar ou dar significados à experiência vivida sem mais nem mais, redundante, das pessoas comuns[58].

Aqui cabe um parêntese. Estamos testemunhando, nos últimos dois ou três anos, uma extraordinária expansão do discurso político-cultural conservador, reacionário, ou mesmo obscurantista, difundido pelas assim chamadas "redes sociais", muito especialmente pela plataforma WhatsApp. Esse discurso mostra-se poderoso, entre outros motivos, porque chega a seus destinatários e destinatárias por fontes e meios que lhes parecem "familiares" – a própria plataforma de ativo uso cotidiano e as pessoas que enviam

---

[56] Theodor W. Adorno e Max Horkheimer, *Dialética do esclarecimento* (trad. Guido Antonio de Almeida, Rio de Janeiro, Jorge Zahar, 1985 [1944]).

[57] Fredric Jameson, *Pós-modernismo: a lógica cultural do capitalismo tardio* (São Paulo, Ática, 2006), p. 274-6 passim.

[58] Jesús Martín-Barbero, *Dos meios às mediações: comunicação, cultura e hegemonia* (6. ed., Rio de Janeiro, Editora UFRJ, 2009).

ou reproduzem as mensagens: um parente muito presente, um amigo ou amiga próximos, conhecidos ou conhecidas do bairro ou da comunidade, o pastor ou padre etc. Por mais inverossímil que a "notícia" possa parecer às mentes esclarecidas, ela será aceita por esses destinatários e destinatárias devido a essa relação de intimidade comunitária, isto é, em um contexto semiótico que não parece conflitar com outros valores éticos ou morais dessas vidas redundantes, antes pelo contrário: essas mensagens estão embebidas deles e neles. "As pessoas fazem seus julgamentos [políticos] através dos mesmos parâmetros utilizados em situações de vida quotidiana", diz-nos Cesarino[59]. Nessa hora, os segmentos progressistas da sociedade, aqueles que sempre lideraram as marchas para a frente da humanidade, exibem enorme dificuldade para contrastar tais discursos, inclusive porque não sabem como usar as redes de modo a chegar nos mesmos receptores. Não se trata apenas de uma deficiência, digamos, "tecnológica". O discurso dos segmentos progressistas sempre mira no *devir*. Contudo, o discurso que mostra estrita consonância cognitiva com essa grande população, tanto nos tempos passados do rádio ou da TV como agora nas redes, é centrado no *imediato do presente*, no imediato do tempo e do território, no atendimento às necessidades comezinhas, não somente as materiais como as espirituais – sobretudo as espirituais – de uma grande população que só vive o aqui e, por isso, só pode imaginar o agora. Fechemos o parêntese.

No mundo de hoje, nada funciona à margem do capitalismo. Será difícil encontrar alguma comunidade humana, mesmo as mais pobres ou mais iso-ladas, que não tenha alguma relação com a produção capitalista, seja usando baldes de plástico, sandálias de borracha, alguma camisa ou vestido, seja utili-zando o cada vez mais onipresente aparelho móvel celular. Em algum momento dessa ampla circulação que alcança até as fímbrias da sociedade, o trabalho humano que gera valor e mais-valor é transacionado por dinheiro. Graças ao celular, que não serve apenas à comunicação pessoal por voz, mas também às trocas de mensagens por WhatsApp ou ao entretenimento por YouTube ou Facebook, o mais-valor gerado por esse quase universal trabalho social semiótico é apropriado por grandes conglomerados mediáticos-financeiros, não só as plataformas sociodigitais, como também, direta ou indiretamen-te, os grupos Time Warner, Disney, Globo e similares, fornecedores do

---

[59] Letícia Cesarino, "Como vencer uma eleição sem sair de casa: a ascensão do populismo digital no Brasil", *Internet & Sociedade*, v. 1, n. 1, fev. 2020, p. 101.

espetáculo que medeia as relações humanas nesta sociedade, entre eles o futebol, como exposto no quarto capítulo. Sugando o trabalho e a riqueza social a favor do capital financeiro, esses conglomerados podem estar dando decisiva contribuição para o visível processo de crescente concentração da riqueza em uma minoria de 1% da população cuja soma de riqueza é superior à de 60% da população mundial[60].

O que seria esse processo de não remunerar o trabalho social semiótico que gera mais-valor senão um movimento de despossessão como condição de acumulação inerente ao capitalismo? Esse movimento seria similar ao da acumulação primitiva de capital descrita por Karl Marx no século XIX. O tema é retomado por David Harvey neste início do século XXI[61]. A teoria da renda da terra descrevia o rendimento obtido privativamente pelos que se assenhorearam ou "cercaram" o solo agrícola, até então tido como bem comum na Inglaterra e em outras regiões da Europa. Todavia, se aquele movimento ocorria nos primórdios do capitalismo, este agora de cercamento do conhecimento no século XXI se dá na etapa mais avançada jamais alcançada pela evolução histórica do capital, quando ele, talvez, esteja alcançando sua essência informacional mais "pura", cabendo pois distinguir essa despossessão contemporânea, nada "primitiva", daquela observada, no passado, por Marx: não é mais a terra, objeto em princípio desprovido de valor nos termos da teoria marxiana, mas se trata da apropriação direta do próprio trabalho vivo cujos resultados somente serão *acessíveis* mediante pagamento de algum alegado direito de propriedade intelectual (DPI) detido, não pelo trabalhador (cientista, artista, operário etc.) mas pelo capitalista. As licenças *Creative Commons* e GNU, bem como as práticas de ciência aberta e outras similares não excluem a incidência dos DPIs típicos no processo total de produção de informação. Essas "aberturas" acabam também capturadas pelo capital em alguma fase do processo de trabalho social combinado[62].

---

[60] Ver "1% mais ricos do mundo detém mais do dobro de 6,9 bilhões de pessoas, aponta ONG", *G1*, 19 jan. 2020; disponível em: <https://g1.globo.com/economia/noticia/2020/01/19/1percent-mais-ricos-do-mundo-detem-mais-do-dobro-de-69-bilhoes-de-pessoas-aponta-ong.ghtml>; acesso em: 30 mar. 2022.

[61] David Harvey, *Para entender* O capital*: livro I* (trad. Rubens Enderle, São Paulo, Boitempo, 2013).

[62] Por exemplo, o Google adotou a estratégia de migrar funcionalidades do Android (escrito em código aberto) para o GMS (código fechado, proprietário). O código proprietário e fechado garante ao Google maior controle sobre os dados de seus

290 • O valor da informação

Para Marinus Ossewaarde e Wessel Reijers, tais propostas "alternativas" não passariam de "ilusão dos *commons*": aparente forma de comunização (*commoning*) por meio de intercâmbios digitais que se demonstram inerentemente vulneráveis a práticas não emancipatórias[63]. Os autores argumentam que isso resulta em uma forma de cinismo ou falsa consciência. Somente uma política de *comuns* digitais em um cenário de governo democrático que vigiasse a vulnerabilidade dos intercâmbios digitais e permitisse uma relação livre com as tecnologias poderia ajudar a evitar essa ilusão dos comuns digitais.

Proposta nesse sentido também é feita por Trebor Scholz[64]. Sugerindo uma rota alternativa ao cenário de captura do trabalho informacional pelos grandes monopólios empresariais, ele reivindica a invenção do "cooperativismo digital", cuja fundamentação lógica residiria na defesa da liberdade humana a partir do argumento de que todos os nossos valores e crenças são oriundos de uma atividade da qual deriva todo e qualquer conceito de *dever ser*. Se a defesa da liberdade humana é moral ou ética, a base para sua legitimação é aquela solidariedade que cimenta a continuidade do próprio gênero humano, ou seja, um valor nascido e renascido do trabalho[65]. Sobre essa ética, a proposta do cooperativismo digital pareceria recuperar o ideal

---

usuários e impede que as *application programming interfaces* (APIs) sejam auditadas livremente. APIs são funções oferecidas por uma plataforma para serem utilizadas pelos desenvolvedores dos aplicativos voltados a essa plataforma – no caso, os do Google. Outro exemplo é apresentado por Solagna e Moraes: uma das estratégias corporativas tem sido absorver o *software* livre, cercando-o do ponto de vista político e trazendo-o para a arena das disputas de propriedade intelectual (Fabricio Solagna e Bruno Moraes, "Patentes de *software* e propriedade intelectual como estratégias de monopólio", em Ondina Fachel Leal e Rebeca Hennemann Vergara de Souza, *Do regime de propriedade intelectual: estudos antropológicos,* Porto Alegre, Tomo Editorial, 2010, p. 111-2). É o que têm representado os acordos de cooperação, abarcando empresas do lado proprietário com outras identificadas no campo do *software* livre. Grandes empresas, como Microsoft, Dell e Samsung, ofereceriam uma espécie de "proteção" aos usuários de *software* livre que cooperam com elas.

[63] Marinus Ossewaarde e Wessel Reijers, "The Illusion of the Digital Commons: 'False consciousness' in Online Alternative Economies", *Organization*, v. 24, n. 55, 2017, p. 609-28.

[64] Trebor Scholz, *Cooperativismo de plataforma*, cit.

[65] Jesus Ranieri, texto de apresentação em Karl Marx, *Manuscritos econômico-filosóficos* (trad. Jesus Ranieri, São Paulo, Boitempo, 2004), p. 13-4.

de uma internet como espaço público, o próprio ciberespaço como bem público – a internet como grande comum digital.

Não duvidamos de que a natureza neguentrópica, logo não apropriável, não escassa, não divisível da informação – valor que só é valor na própria ação *e* no tempo da ação de percepção, processamento, comunicação –, abriria um enorme espaço para formulação e construção teórica e política de relações produtivas e culturais baseadas na abundância, conduzindo à superação dos tempos humanos de trabalho subordinados a alguém, por tempos livres para atividades ociosas – *disposable time*, como a ele se referia Marx:

> O tempo livre, que é tanto tempo para o ócio quanto tempo para atividades mais elevadas, naturalmente transformou o seu possuidor em outro sujeito, e é inclusive como este outro sujeito que ele então ingressa no processo de produção imediato. Esse processo é tanto disciplina, no que se refere ao ser humano em formação, e ao mesmo tempo experiência prática, ciência experimental e ciência materialmente criativa e que se objetiva, no que se refere ao saber humano já formado, em cujo cérebro existe o saber acumulado de toda a sociedade.[66]

O desenvolvimento das forças produtivas, isto é, o desenvolvimento pelo próprio capital – essa "contradição em processo" – das tecnologias digitais de tratamento e comunicação da informação, poderia colocar a humanidade ainda mais perto desse objetivo. Os novos cercamentos dos meios de trabalho, não somente das próprias tecnologias digitais, mas, com elas, dos extraordinários resultados logrados pela ciência nas últimas décadas, e dos espaços de lazer, esporte e cultura reduzidos a imagens muradas em uma tela de TV ou celular, parecem remeter a humanidade a um cenário justamente oposto ao que lhe seria possível agora sonhar, desejar e alcançar. A pandemia de covid-19 veio para escancarar o tamanho da crise civilizatória em que estamos mergulhando, na medida em que a abundância possível não se traduz em bem-estar generalizado para a imensa maioria da população da Terra precisamente porque o resultado fundante de toda a alienação, conforme Marx, ainda não foi superado: a *propriedade privada*.

---

[66] Karl Marx, *Grundrisse*, cit., p. 594.

REFERÊNCIAS BIBLIOGRÁFICAS

ABÍLIO, Ludmila Costhek. "Uberização do trabalho: subsunção real da viração". *PassaPalavra*, 19 fev. 2017. Disponível em: <http://passapalavra.info/2017/02/110685>. Acesso em: 29 mar. 2022.

ABRAMOVAY, Ricardo. "A economia híbrida do século XXI". In: COSTA, Eliane; AGUSTINI, Gabriela (orgs.). *De baixo para cima*. Rio de Janeiro, Aeroplano, 2014. Disponível em: <http://ricardoabramovay.com/wp-content/uploads/2015/02/A--Economia-Híbrida_do-Século-XXI_De-Baixo-para-Cima_Abramovay_12_2014.pdf>. Acesso em: 29 mar. 2022.

ADORNO, Theodor W.; HORKHEIMER, Max. *Dialética do esclarecimento*. Trad. Guido Antonio de Almeida, Rio de Janeiro, Jorge Zahar, 1985 [1944].

ALPHABET INC. *Annual Report*: Form 10-K. 2017. Disponível em: <https://abc.xyz/investor/>. Acesso em: 14 mar. 2022.

ANDERSON, Chris. *Makers*: The New Industrial Revolution. Nova York, Crown Business, 2012.

ANDERSON, Perry. "Balanço do neoliberalismo". In: GENTILI, Pablo; SADER, Emir (orgs.). *Pós-neoliberalismo*: as políticas sociais e o Estado democrático, Rio de Janeiro, Paz e Terra, 1995, p. 9-23.

ANDREFF, Wladimir; STAUDOHAR, Paul D. "The Evolving European Model of Professional Sports Finance". *Journal of Sports Economics*, n. 1, 2000, p. 257-76.

ANDREJEVIC, Mark. "The Work of Being Watched: Interactive Media and the Exploitation of Self-Disclosure". *Critical Studies in Media Communication*, v. 19, n. 2, 2002, p. 230-48.

_____. "Exploiting YouTube: Contradictions of User-Generated Labour". In: SNICK-ARS, Pelle; VONDERAU, Patrick. (orgs.). *The YouTube Reader*. Estocolmo, Biblioteca Nacional Sueca, 2009.

ANTUNES, Fátima M. R. Ferreira. "O futebol nas fábricas". *Revista USP*, São Paulo, n. 22, jun.-ago. 1994, p. 102-9.

ARAÚJO, Renan. "Comitê Olímpico Internacional terá lucro recorde com Olimpíadas de Londres". *Jornaleiro do Esporte*, 27 jul. 2012. Disponível em: <https://jornaleirosdoesporte.wordpress.com/2012/07/27/comite-olimpico-internacional-tera-lucro-recorde-com--olimpiadas-de-londres/>. Acesso em: 6 mar. 2022.

294 • O valor da informação

ARROW, Kenneth J. "Economic Welfare and the Allocation of Resources for Invention". In: NATIONAL BUREAU COMMITTEE FOR ECONOMIC RESEARCH. *The Rate and Direction of Inventive Activity*: Economic and Social Factors. Princeton, Princeton University Press, 1962.

ARSENAULT, Amelia H.; CASTELLS, Manuel. "The Structure and Dynamics of Global Multi-Media Business Network". *International Journal of Communication*, v. 2, 2008, p. 707-48.

ARVIDSSON, Adam; COLLEONI, Elanor. "Value in Informational Capitalism and on the Internet". *The Information Society*, v. 28, n. 3, 2012, p. 135-150.

ATLAN, Henri. *Entre o cristal e a fumaça*. Rio de Janeiro, Jorge Zahar, 1992 [1979].

_____. "Ruído e determinismo: diálogos espinosistas entre antropologia e biologia". *Mana*, v. 9, n. 1, 2003, p. 123-137. Disponível em: <http://www.scielo.br/scielo.php?script=sci_arttext&pid=S0104-93132003000100007>. Acesso em: 2 mar. 2022.

AZAÏS, Christian; CORSANI, Antonella; DIEUAIDE, Patrick (orgs.). *Vers un capitalisme cognitif*. Paris, L'Harmattan, 2001.

BARAN, Paul; SWEEZY, Paul. *Capitalismo monopolista:* ensaio sobre a ordem econômica e social americana. Trad. Waltensir Dutra, Rio de Janeiro, Zahar, 1966.

BARBER, Benjamin R. *Jihad x McMundo*: como o globalismo e o tribalismo estão transformando o mundo. Trad. Gabriela Maximo, Rio de Janeiro, Record, 2004.

BARBOSA, Denis Borges. *Tratado da propriedade intelectual*. Rio de Janeiro, Lumen Juris, 2013.

BATELLE, John. *A busca:* como o Google e seus competidores reinventaram os negócios e estão transformando as nossas vidas. Trad. Nivaldo Montingelli Jr., São Paulo, Elsevier/Campus, 2006.

BATESON, Gregory. *Pasos hacia una ecología de la mente*. Buenos Aires, Lohlé-Lumen, 1998 [1972].

BAUER, Louise Birdsell. "Professors-in-Training or Precarious Workers? Identity, Coalition Building, and Social Movement Unionism in the 2015 University of Toronto Graduate Employee Strike". *Labor Studies Journal*, v. 42, n. 4, 2015, p. 273-94.

BEJERANO, Pablo G. "'O Facebook já não tem o controle do que acontece com os dados dos usuários', diz ex-diretor". Disponível em: <https://www.ihu.unisinos.br/78-noticias/578716-o-facebook-ja-nao-tem-o-controle-do-que-acontece-com-os-dados-dos-usuarios-diz-ex-diretor>. Acesso em: 5 abr. 2022.

BENKLER, Yochiai. *The Wealth of Networks:* How Social Production Transforms Markets and Freedom. New Haven, Yale University Press, 2006. Disponível em: <http://www.benkler.org/Benkler_Wealth_Of_Networks.pdf>. Acesso em: 20 mar. 2017.

BERMEJO, Fernando. "Audience Manufacture in Historical Perspective: From Broadcasting to Google". *New Media and Society*, v. 11, n. 1-2, 2009, p. 133-54.

BLOOMBERG. "Facebook Close Sets Speed Record for $250 Billion Market Cap". Disponível em: <https://www.bloomberg.com/news/articles/2015-07-13/facebook-s-close-sets-speed-record-for-250-billion-market-value>. Acesso em: 1º dez. 2016.

BOLAN, Brian. "Alcance orgânico no Facebook: suas dúvidas respondidas", 5 jun. 2014. Disponível em: <https://www.facebook.com/business/news/BR-Alcance-organico-no-Facebook-suas-duvidas-respondidas>. Acesso em: 19 mar. 2022.

BOLAÑO, César. *Indústria cultural, informação e capitalismo*. São Paulo, Hucitec/Polis, 2000.

BOLAÑO, César; VIEIRA, Eloy. "Economia política da internet e os *sites* de redes sociais". *Eptic Online*, v. 16, n. 2, maio-jun. 2014, p. 71-84.

Referências bibliográficas • 295

BONEFELD, Werner. "History and Social Constitution: Primitive Accumulation is not Primitive". *The Commoner*, mar. 2002.

BOSWORTH, Andrew. "Uma nova maneira de controlar os anúncios que você vê no Facebook". 9 ago. 2016. Disponível em: <https://br.newsroom.fb.com/news/2016/08/uma-nova-maneira-de-controlar-os-anuncios-que-voce-ve-no-facebook/>. Acesso em: 19 mar. 2022.

BOTSMAN, Rachel. "Defining the Sharing Economy: What Is Collaborative Consumption – And What Isn't?". *Fast Company*, 27 maio 2015. Disponível em: <http://www.fastcoexist.com/3046119/defining-the-sharing-economy-what-is-collaborative-consumption-and--what-isnt>. Acesso em: 29 mar. 2022.

BOTSMAN, Rachel; ROGERS, Roo. *What's Mine Is Yours*: How Collaborative Consumption Is Changing the Way We Live. Londres, Harper Collins, 2011.

BOURDIEU, Pierre. *A economia das trocas simbólicas*. Trad. Sergio Miceli et al., 5. ed., São Paulo, Perspectiva, 1982.

_____. *Os usos sociais da ciência*: por uma sociologia clínica do campo científico. Trad. Denice Barbara Catani, São Paulo, Unesp, 2004.

_____. *A distinção:* crítica social do julgamento. Trad. Daniela Kern e Guilherme J. F. Teixeira, Porto Alegre, Zouk, 2007 [1979-1982].

BOYLE, James. "The Second Enclosure Movement and the Construction of the Public Domain". *Law and Contemporary Problems*, v. 66, 2003, p. 33-74.

BRASIL. *Lei n. 9.615, de 24 de março de 1998*. Disponível em: <http://www.planalto.gov.br/ccivil_03/LEIS/L9615consol.htm>. Acesso em: 27 mar. 2022.

BRAVERMAN, Harry. *Trabalho e capital monopolista*: a degradação do trabalho no século XX. Trad. Nathanael C. Caixeiro, Rio de Janeiro, Zahar, 1977.

BRILLOUIN, Léon. *La Science et la théorie de l'information*. Paris, Éditions Jacques Gabay, 1988.

BURGESS, Jean. "From 'Broadcast Yourself' to 'Follow Your Interests': Making over Social Media". *International Journal of Cultural Studies*, v. 18, n. 3, 2015, p. 281-5.

BURKETT, Paul. *Marx and Nature:* A Red and Green Perspective. Nova York, St. Martin's Press, 1999.

BUSH, Vannevar. *Science, the Endless Frontier*. Washington, United States Government Printing Office, 1945.

CABALLLERO, Francisco Sierra (org.). *Economia política de la comunicación:* teoria y metodologia. Madri, Ulepicc, 2021

CARAWAY, Brett. "Audience Labor in the New Media Environment: A Marxian Revisiting of the Audience Commodity". *Media, Culture & Society*, v. 33, n. 5, 2011, p. 693-708.

CARIO, Silvio Antonio Ferraz; BUZANELO, Edemar J. "Notas sobre a teoria marxista da renda da terra". *Revista de Ciências Humanas,* Florianópolis, v. 5, n. 8, jan. 1986, p. 32-47. Disponível em: <https://periodicos.ufsc.br/index.php/revistacfh/article/view/23542/21198>. Acesso em: 12 mar. 2022.

CALARCO, Tommaso et al. *Quantum Manifesto:* A New Era of Technology, maio 2016. Disponível em: <http://qurope.eu/system/files/u7/93056_Quantum%20Manifesto_WEB.pdf>. Acesso em: 17 mar. 2022

CARPANEZ, Juliana. "Google compra *site* YouTube por US$ 1,65 bilhão". *G1*, 9 out. 2006. Disponível em: <http://g1.globo.com/Noticias/Tecnologia/0,,AA1304481-6174,00.html>. Acesso em: 19 mar. 2022.

296 • O valor da informação

CASTELLS, Manuel. *A sociedade em rede*. Trad. Roneide Venancio Majer, São Paulo, Paz e Terra, 1999.

_____. *The Rise of the Network Society*: The Information Age. Economy, Society and Culture. Londres, Blackwell, 2000.

CASTRO, Daniel. "Esporte Interativo insinua que Globosat veta canal na TV paga", *UOL*, 5 jan. 2014. Disponível em: <https://noticiasdatv.uol.com.br/noticia/mercado/esporte-interativo-insinua-que-globosat-veta-canal-na-tv-paga-1729?cpid=txt>. Acesso em: 27 mar. 2022.

CESARINO, Letícia. "Como vencer uma eleição sem sair de casa: a ascensão do populismo digital no Brasil", *Internet & Sociedade*, v. 1, n. 1, fev. 2020, p. 91-120.

CHASE, Robin. *Peers Inc.*: How People and Platforms Are Inventing the Collaborative Economy and Reinventing Capitalism. Nova York, Public Affairs, 2015.

CHEN, Chih-hsien. "Is the Audience Really Commodity? An Overdetermined Marxist Perspective of the Television Economy". Paper presented at the *2003 Annual Meeting of the International Communication Association*. San Diego, 2003.

COELHO, Fábio Ulhoa. *Manual de direito comercial*. São Paulo, Saraiva, 1997.

COHEN, Nicole S. "The Valorization of Surveillance: Towards and Political Economy of Facebook". *Democratic Communiqué*, v. 22, n. 1, 2008, p. 5-22.

_____. "Cultural Work as a Site of Struggle: Freelancers and Exploitation". *tripleC*, v. 10, n. 2, 2012, p. 141-55.

COM 2016 – EUROPEAN COMMISSION. *Online Platforms*: Accompanying the Document Communication on Online Platforms and the Digital Single Market {COM(2016) 288 final}. Bruxelas, Comissão Europeia, 2016. Disponível em: <https://eur-lex.europa.eu/legal-content/en/TXT/?uri=CELEX:52016SC0172>. Acesso em: 6 mar. 2022.

"COMO ANUNCIAR no YouTube: formato, segmentações e métricas de anúncios na plataforma". Disponível em: <https://blog.ingagedigital.com.br/como-anunciar-no-youtube/>. Acesso em: 4 abr. 2022.

"COMO O YOUTUBE gerencia o conteúdo protegido por direitos autorais?". Disponível em: <https://www.youtube.com/intl/ALL_br/howyoutubeworks/our-commitments/safeguarding-copyright/>. Acesso em: 4 abr. 2022.

CONFERÊNCIA DAS NAÇÕES UNIDAS SOBRE COMÉRCIO E DESENVOLVIMENTO (UNCTAD). *Creative Economy*: Report 2008. 2008. Disponível em: <https://unctad.org/system/files/official-document/ditc20082cer_en.pdf>. Acesso em: 6 mar. 2022.

COCCO, Giuseppe. "Introdução". In: LAZZARATO, Maurizio; NEGRI, Antonio. *Trabalho imaterial:* formas de vida e produção de subjetividade. Trad. Mônica de Jesus César, 2. ed., Rio de Janeiro, Lamparina, 2013, p. 32-46.

CORTIANO JUNIOR. Erothus. *O discurso proprietário e suas rupturas*. Rio de Janeiro, Renovar, 2002.

CUNNINGHAM, Stuart; CRAIG, David; SILVER, Jon. "YouTube, multichannel network and the accelerated evolution of the new screen ecology". *International Journal of Cultural Studies*, v. 22, n. 4, 2016, p. 376-91.

DANTAS, Marcos. "Valor-trabalho, valor-informação". *Transinformação*, Campinas, v. 8, n. 1, 1996, p. 55-88.

_____. "Capitalismo na era das redes: trabalho, informação e valor no ciclo da comunicação produtiva". In: LASTRES, Helena Maria; ALBAGLI, Sarita. *Informação e globalização na Era do Conhecimento*. Rio de Janeiro, Campus, 1999, p. 216-61.

Referências bibliográficas • 297

_____. *Os significados do trabalho*: uma investigação semiótica no processo de produção. Tese de doutorado, Rio de Janeiro, Coppe-UFRJ, 2001.

_____. *A lógica do capital-informação*: a fragmentação dos monopólios e a monopolização dos fragmentos num mundo de comunicações globais. 2. ed., Rio de Janeiro, Contraponto, 2002.

_____. "Informação como trabalho e como valor". *Revista da Sociedade Brasileira de Economia Política*, n. 19, 2006, p. 44-72.

_____. "Os significados do trabalho: produção de valores como produção semiótica no capitalismo informacional". *Trabalho, Educação e Saúde*, v. 5, n. 1, 2007, p. 9-50. Disponível em: <http://www.marcosdantas.com.br/conteudos/2013/04/07/os-significados-do-trabalho--producao-de-valores-como-producao-semiotica-no-capitalismo-informacional-trabalho--educacao-e-saude-v-5-n-1-2007/>. Acesso em: 1º mar. 2022.

_____. "A renda informacional". *Anais do 17º Encontro da Associação Nacional dos Programas em Pós-comunicação (Compós)*. São Paulo, 2008.

_____. "Milionários nada por acaso: capital rentista e apropriação do trabalho artístico nas redes do espetáculo". *Eptic Online*, v. 13, n. 2, maio-abr. 2011. Disponível em: <https://seer.ufs.br/index.php/eptic/article/view/117>. Acesso em: 4 abr. 2022.

_____. "Economia política da informação e comunicação em tempos de internet: revisitando a teoria do valor nas redes e no espetáculo". *Liinc em Revista*, v. 8, n. 1, 2012, p. 283-307. Disponível em: <http://revista.ibict.br/liinc/article/view/3356>. Acesso em: 4 abr. 2022.

_____. *Trabalho com informação*: valor, acumulação, apropriação nas redes do capital. Rio de Janeiro, CFCH/ECO-UFRJ, 2012. Disponível em: <www.marcosdantas.pro.br>. Acesso em: 20 mar. 2022.

_____. *Comunicações, desenvolvimento, democracia*: desafios brasileiros no cenário da mundialização mediática. São Paulo, Perseu Abramo, 2013.

_____. "As rendas informacionais e a apropriação capitalista do trabalho científico e artístico". In: MARQUES, Rodrigo Moreno et al. (orgs.). *A informação e o conhecimento sob as lentes do marxismo*. Rio de Janeiro, Garamond, 2014.

_____. "Trabalho material sígnico e mais-valia 2.0 nas condições do capital-informação". In: Sierra Caballero (org.), *Capitalismo cognitivo y economía social del conocimiento:* la lucha por el Código, Quito: Ciespal, 2016, p. 58-112.

_____. "Mais-valia 2.0: produção e apropriação de valor nas redes do capital". *Eptic Online*, v. 16, n. 2, 2014. Disponível em: <http://www.seer.ufs.br/index.php/eptic/article/view/2167>. Acesso em: 6 mar. 2022.

_____. "Information as Work and as Labour". *TripleC*, v. 17, n. 1, 2018, p. 132-58.

_____. "The Financial Logic of Internet Platforms: The Turnover Time of Money at the Limit of Zero". *TripleC*, v. 17, n. 1, 2019, p. 132-58.

_____. Dois anos de desgoverno – bolsonazismo e capitalismo lúmpem", *A terra é redonda*. Disponível em: <https://aterraeredonda.com.br/dois-anos-de-desgoverno-bolsonazismo-e-capitalismo-lumpem/>. Acesso em: 23 jun. 2022.

DANTAS, Rui. "Mesmo campeão, Corinthians recebe menos da Globo do que o Flamengo". *UOL*, 25 set. 2018. Disponível em: <https://noticiasdatv.uol.com.br/noticia/mercado/mesmo-campeao-corinthians-recebe-menos-da-globo-do-que-flamengo-22497>. Acesso em: 27 mar. 2022.

DARDOT, Pierre; LAVAL, Christian. *Comum*: ensaio sobre a revolução no século XXI. São Paulo, Boitempo, 2017.

298 • O valor da informação

"DÊ VIDA A SUA campanha com vídeos". Disponível em: <https://ads.google.com/home/campaigns/video-ads/>. Acesso em: 4 abr. 2022.

DE ANGELIS, Massimo. *The Beginning of History:* Value Struggles and Global Capital. Londres, Pluto, 2007.

DEARLOVE, John. "The Academic Labour Process: From Collegiality and Professionalism to Managerialism and Proletarianisation?", *Higher Education Review*, v. 30, n. 1, 1997, p. 56-75.

DEBORD, Guy. *A sociedade do espetáculo*. Trad. Estela dos Santos Abreu, Rio de Janeiro, Contraponto, 1997 [1968].

DÉJOURS, Christophe. *O fator humano*. Rio de Janeiro, Fundação Getulio Vargas, 1997.

DEMSETZ, Harold. "Information and Efficiency: Another Viewpoint". In: LAMBERTON, Donald (org.). *Economics of Information and Knowledge*. Harmondsworth, Penguin Books, 1971.

DE LLANO, Pablo; SÁNCHEZ, Álvaro. "Vazamento de dados do Facebook causa tempestade política mundial". *El País*, 20 mar. 2018. Disponível em: <https://brasil.elpais.com/brasil/2018/03/19/internacional/1521500023_469300.amp.html>. Acesso em: 6 mar. 2022.

DUPUY, Jean-Pierre. *Nas origens das ciências cognitivas*. Trad. Roberto Leal Ferreira, São Paulo, Unesp Editora, 1996.

DYER-WITHEFORD, Nick. *Cyber-Marx*. Cycles and Circuits of Struggle in High Technology Capitalism. Urbana, University of Illinois Press, 1999.

_____. "The Circulation of the Common". Disponível em: <http://www.thefreeuniversity.net/ImmaterialLabour/withefordpaper2006.html>. Acesso em: 4 set. 2017

EAGLETON, Terry. *A ideologia da estética*. Rio de Janeiro, Zahar, 1993.

ECKHARDT, Giana M.; BARDHI, Fleura. "The Sharing Economy Isn't About Sharing at All". *Harvard Business Review*, jan. 2015. Disponível em: <https://hbr.org/2015/01/the-sharing-economy-isnt-about-sharing-at-all>. Acesso em: 29 mar. 2022.

ECO, Umberto. *A estrutura ausente*. Trad. Pérola de Carvalho, São Paulo, Perspectiva, 1976 [1968].

_____. *Tratado geral de semiótica*. Trad. Antônio de Pádua Danesi e Gilson Cesar Cardoso de Souza, São Paulo, Perspectiva, 1980.

_____. *O signo*. Trad. Maria de Fátima Marinho, Lisboa, Editorial Presença, 1981 [1973].

ELOLA, Joseba. "Rebelión contra las redes sociales". *El País*, 18 fev. 2018. Disponível em: <https://elpais.com/tecnologia/2018/02/16/actualidad/1518803440_033920.amp.html?__twitter_impression=true>. Acesso em: 19 mar. 2022.

ESCARPIT, Robert. *L'information et la communication*. Paris, Hachette Livre, 1991.

ESPAÇOS MAKERS e educação digital no Rio de Janeiro, Empoderamento digital de redes comunitárias, com base na transformação de lan houses. Disponível em: <https://itsrio.org/pt/publicacoes/espacos-makers-e-educacao-digital-no-rio-de-janeiro/>. Acesso em: 7 abr. 2022.

EVANGELISTA, Rafael. "Mais-valia 2.0". *A Rede*, n. 28, ago. 2007.

EVENS, Tom; LEFEVER, Katrien. "Watching the Football Game: Broadcasting Rights for the European Digital Television Market". *Journal of Sports and Social Issues*, v. 35, n. 1, 2011, p. 33-49.

Referências bibliográficas • 299

FACEBOOK FOR business. Disponível em: <https://pt-br.facebook.com/business/marketing/facebook>. Acesso em: 19 mar. 2022.

FACEBOOK INC. *Annual Report*: Form 10-K. 2018. Disponível em: <https://investor.fb.com/financials/sec-filings-details/default.aspx?FilingId=12512043>. Acesso em: 14 mar. 2022.

FACEBOOK INC. *Annual Report*: Form 10-K. 2021. Disponível em: <http://d18rn0p-25nwr6d.cloudfront.net/CIK-0001326801/4dd7fa7f-1a51-4ed9-b9df-7f42cc3321eb.pdf>. Acesso em: 19 mar. 2022.

FARIA, Janaína Elisa Patti de. *Imperialismo e sistema internacional de propriedade intelectual:* implicações pós-Trips para o Brasil, para a indústria farmacêutica local e os novos rumos anticontrafração. Dissertação de mestrado, Campinas, IG-Unicamp, 2012.

FEDERAÇÃO INTERNACIONAL DE FUTEBOL (FIFA). *Financial Report 2010.* 2010. Disponível em: <https://digitalhub.fifa.com/m/42ecabe5116b0ecd/original/n4hhe0pvhfdhzxbbbp44-pdf.pdf>. Acesso em: 6 mar. 2022.

FLEMING, Mark. "World Cup in Numbers". *The Sun*, 16 jul. 2018. Disponível em: <https://www.thesun.co.uk/world-cup-2018/6782884/world-cup-2018-final-in-numbers/>. Acesso em: 21 mar. 2022.

FLICHY, Patrice. *Les Industries de l'imaginaire.* Grenoble, PUG, 1980.

_____. *Une Histoire de la communication moderne:* espace public et vie privée. Paris, La Découverte, 1991.

FONTENELLE, Isleide A. *O nome da marca*: McDonald's, fetichismo e cultura descartável. São Paulo, Boitempo, 2002.

_____. "O consumo e a cultura do capitalismo". *GV Executivo*, v. 14, 2015, p. 26-9.

FORAY, Dominique. *L'Économie de la connaissance.* Paris, Decouverte, 2000.

FRANCO JÚNIOR, Hilário. *A Idade Média:* nascimento do Ocidente. 2. ed., São Paulo, Brasiliense, 2001.

FUCHS, Christian. "Dallas Smythe Today: The Audience Commodity, The Digital Labour Debate, Marxist Political Economy and Critical Theory. Prolegomena to a Digital Labour Theory of Value". *TripleC*, v. 10, n. 2, 2012, p. 692-740.

_____. *Digital Labour and Karl Marx.* Nova York, Routledge, 2014.

_____. *Social Media*: A Critical Introduction. Londres, Sage, 2014.

_____. *Culture and Economy in the Age of Social Media.* Nova York, Routledge, 2015.

GABRIEL, João. "Nova divisão do Brasileiro na TV força clubes a reorganizar as finanças". *Folha de S.Paulo*, 14 jan. 2019. Disponível em: <https://www1.folha.uol.com.br/esporte/2019/01/nova-distribuicao-do-brasileiro-na-tv-forca-clubes-a-reorganizar-financas.shtml>. Acesso em: 27 mar. 2022.

GALLAS, Alexander. "The Proliferation of Precarious Labour". *Global Labour Journal*, v. 9, n. 1, 2018, p. 69-75.

GARNHAM, Nicholas. *Capitalism and Communication.* Londres, Sage, 1990.

GEHL, Robert. "YouTube as Archive". *International Journal of Cultural Studies*, v. 12, n. 1, 2009, p. 43-60.

GILLESPIE, Tarleton. "The Politics of Platforms". *New Media and Society*, v. 12, n. 3, 2010, p. 347-64.

300 • O valor da informação

GORZ, André. *O imaterial*: conhecimento, valor e capital. Trad. Celso Azzan Jr., São Paulo, Annablume, 2005.

GRAMSCI, Antonio. *Cadernos do cárcere*, v. 1. Trad. Carlos Nelson Coutinho, 10. ed., Civilização Brasileira, 1999.

HAILA, Anne. "Land as a Financial Asset: The Theory of Urban Rent as a Mirror of Economic Transformation". *Antipode*, v. 20, n. 2, 1988, p. 79-101.

HARDT, Michael; NEGRI, Antonio. *Multidão*: guerra e democracia na era do império. Trad. Clóvis Marques, Rio de Janeiro, Record, 2005.

HARDY, Andrew. "The Role of the Telephone in Economic Development". *Telecommunications Policy*, v. 4, 1980, p. 278-86.

HARVEY, David. *The Condition of Postmodernity*: An Enquiry into the Origins of Cultural Change. Oxford, Wiley-Blackwell, 1991.

_____. *The Limits to Capital*. London, Verso, 1999, [1982] [ed. bras.: *Os limites do capital*. Trad. Magda Lopes, São Paulo, Boitempo, 2013].

_____. *O neoliberalismo*: história e implicações. Trad. Adail Sobral e Maria Estela Gonçalves, São Paulo, Loyola, 2008.

_____. *Condição pós-moderna*: uma pesquisa sobre as origens da mudança cultural. Trad. Adail Ubirajara Sobral e Maria Stela Gonçalves, 21. ed., São Paulo, Loyola, 2011 [1996] [1989].

_____. *Para entender* O capital: Livro I. Trad. Rubens Enderle, São Paulo, Boitempo, 2013.

_____. *Para entender* O capital: livros II e III. Trad. Rubens Enderle, São Paulo, Boitempo, 2014.

HAYEK, Friedrich. *O caminho da servidão*. Trad. Anna Maria Capovilla, José Ítalo Stelle e Liane de Morais Ribeiro, 6. ed., São Paulo, LVM, 2010 [1944].

HEILBRONER, Robert L. *Behind the Veil of Economics*. Nova York, W. W. Norton, 1988.

HERSCOVICI, Alain. *Economia da cultura e da comunicação*. Vitória, FCAA/Ufes, 1995.

_____. "As metamorfoses do valor: capital intangível e hipótese substancial. Reflexões a respeito da historicidade do valor". *Liinc em Revista*, Rio de Janeiro, v. 10, n. 2, nov. 2014, p. 560-74.

HESMONDHALGH, David. "Neoliberalism, Imperialism and the media". In: HESMONDHALGH, David; TOYNBEE, Jason (orgs.). *The Media and Social Theory*. Nova York, Routledge, 2008.

_____. *The Cultural Industries*. 3. ed., Londres, Sage, 2013.

_____. "Conteúdo gerado pelo usuário, 'trabalho livre' e as indústrias culturais". *Revista Eptic*, v. 17, n. 1, jan-abril 2015.

HESMONDHALGH, David; TOYNBEE, Jason (orgs.). *The Media and Social Theory*. Nova York, Routledge, 2008.

HILFERDING, Rudolf. *O capital financeiro*. Trad. Reinaldo Mestrinel, São Paulo, Nova Cultural, 1985, coleção Os Economistas.

HOBSBAWM, Eric. *A Era das Revoluções*. Trad. Marcos Penchel e Maria L. Teixeira, 10. ed., São Paulo, Paz e Terra, 1997.

HUTCHINSON, Andrew. "YouTube Releases New Stats on User Viewing Behavior". *Social Media Today*, 7 maio 2017. Disponível em: <https://www.socialmediatoday.com/social-business/youtube-releases-new-stats-user-viewing-behavior-infographic>. Acesso em: 20 mar. 2022.

HUWS, Ursula. "Vida, trabalho e valor no século XXI: desfazendo o nó". *Caderno CRH*, Salvador, v. 27, n. 70, jan./abr. 2014, p. 13-30.

IDATE. *DigiWorld Yearbook 2009*. Montpellier, IDATE, 2009. Disponível em: <http://www.idate.org>. Acesso em: 10 jun. 2013.

_____. *DigiWorld Yearbook 2011*. Montpellier, IDATE, 2011. Disponível em: <http://www.idate.org>. Acesso em: 30 set. 2013.

IVANCHEVA, Mariya P. "The Age of Precarity and the New Challenges to the Academic Profession". *Studia Universitatis Babes-Bolyai*, v. 60, n. 1, 2015, p. 39-48.

JAMESON, Fredric. *Pós-modernismo*: a lógica cultural do capitalismo tardio. São Paulo, Ática, 2006.

JAPPE, Anselm. *Les Aventures de la marchandise*: pour une nouvelle critique de la valeur. Paris, Denoël, 2003 [ed. port.: *As aventuras da mercadoria*: para uma nova crítica do valor. Trad. José Miranda Justo, Lisboa, Antígona, 2006].

JENKINS, Henry. *Cultura da convergência*. Trad. Susana Alexandria, São Paulo, Aleph, 2009.

JHALLY, Sut; LIVANT, Bill. "Watching as Working: The Valorization of Audience Consciousness". *Journal of Communication*, v. 36, n. 3, 1986, p. 122-42.

JOHN WILEY & SONS, INC. *Annual Report, 2021*. Nova York, Wiley, 2021. Disponível em <https://investors.wiley.com/financials/annual-reports/default.aspx>. Acesso em: 21 mar. 2022.

KANGAL, Kaan. "Discussões marxistas na economia digital: uma crítica a Christian Fuchs". *Eptic Online*, v. 22, n. 2, maio-ago. 2020, p. 67-82.

KIM, Jin. "The Institutionalization of YouTube: From User Generated Content to Professionally Generated Content". *Media, Culture & Society*, v. 34, 2012, p. 53-67.

KÜCKLICH, Julian. "Precarious Playbour: Modders and the Digital Games". *Fibreculture Journal*, n. 5, 2005, p. 1-8, 18-40.

LANCHESTER, John. "Você é o produto: Mark Zuckerberg e a colonização das redes pelo Facebook". *Piauí*, n. 132, set. 2017. Disponível em: <http://piaui.folha.uol.com.br/materia/voce-e-o-produto/>. Acesso em: 19 mar. 2022.

LANDES, David S. *Prometeu desacorrentado:* transformação tecnológica e desenvolvimento industrial na Europa Ocidental desde 1750 até a nossa época atual. Trad. Vera Ribeiro, Rio de Janeiro, Nova Fronteira, 1994 [1969].

LAZZARATO, Maurizio. *As revoluções do capitalismo*. Trad. Leonora Corsini, Rio de Janeiro, Civilização Brasileira, 2006.

_____. "O ciclo da produção imaterial". In: LAZZARATO, Maurizio; NEGRI, Antonio. *Trabalho imaterial*: formas de vida e produção de subjetividade. Trad. Mônica de Jesus César, Rio de Janeiro, Lamparina, 2013, p. 64-73.

LAZZARATO, Maurizio; NEGRI, Antonio. *Trabalho imaterial*: formas de vida e produção de subjetividade. Trad. Mônica de Jesus César, Rio de Janeiro, DP&A Editora, 2001.

LEE, Mike. "Google Ads and the Blindspot Debate". *Media, Culture and Society*, v. 33, n. 3, 2011, p. 433-47.

LÊNIN, Vladimir Ilitch. *O imperialismo:* etapa superior do capitalismo. Campinas, Navegando/Unicamp, 2011.

LÉVI-STRAUSS, Claude. *O pensamento selvagem*. Trad. Tânia Pellegrini, Campinas, Papirus, 1989.

302 • O valor da informação

LIPOVETSKY, Gilles. *O império do efêmero*: a moda e o seu destino nas sociedades modernas. Trad. Maria Lucia Machado, São Paulo, Companhia das Letras, 1989.

LIPOVETSKY, Gilles; CHARLES, Sébastien. *Tempos hipermodernos*. Trad. Mário Vilela, São Paulo, Barcarolla, 2004.

LOBATO, Ramon. "The Cultural Logic of Digital Intermediaries: YouTube Multichannel Network". *Convergence*: The International Journal of Research into New Media Technologies, v. 22, n. 4, 2016, p. 348-60.

LOJKINE, Jean. *A revolução informacional*. Trad. José Paulo Netto, São Paulo, Cortez, 1995.

LOPES, Denise M. M. da Silva. "Communication and Culture in the Business Core". *Teknokultura*, v. 14, n. 2, 2017, p. 323-38.

_____. *Estruturas e dinâmicas do mercado brasileiro de TV por assinatura no processo de reprodução do capital*. Tese de doutorado, Rio de Janeiro, Universidade Federal do Rio de Janeiro, 2017.

LUCAS, Yvette. *Codes et machines*: essais de sémiologie industrielle. Paris, PUF, 1974.

LUKÁCS, György. *Prolegômenos para uma ontologia do ser social*: questões de princípios para uma ontologia hoje tornada possível. Trad. Rodnei Antônio do Nascimento, São Paulo, Boitempo, 2010.

LUNDVALL, Bengt-äke; JOHNSON, Björn. "The Learning Economy". *Journal of Industrial Studies*, v. 1, n. 2, 1994, p. 23-42.

LUXEMBURGO, Rosa. *The Accumulation of Capital*. Londres, Routledge, 2003 [ed. bras.: *A acumulação do capital*. Trad. Luiz Alberto Moniz Bandeira, Rio de Janeiro, Civilização Brasileira, 2021, edição eletrônica].

MACHLUP, Fritz; PENROSE, Edith. "The Patent Controversy in the Nineteenth Century". *The Journal of Economic History*, v. 10, n. 1, maio 1950, p. 1-29.

MANDEL, Ernest. *Late Capitalism*. Londres, New Left Books, 1975.

_____. *Marxist Economic Theory*. Nova York, Monthly Review Press, 1968.

MANKIW, N. Gregory. *Introdução à economia*: edição compacta. Trad. Allan Vidigal Hastings, São Paulo, Pioneira Thomson Learning, 2005.

MARTÍN-BARBERO, Jesus. *Dos meios às mediações*: comunicação, cultura e hegemonia. Trad. Ronald Polito e Sérgio Alcides, 6. ed., Rio de Janeiro, Editora UFRJ, 2009.

MARQUES, José Carlos. "A 'criança difícil do século': algumas configurações do esporte no velho e no novo milênio". *Comunicação, Mídia e Consumo*, São Paulo, v. 8, n. 21, mar. 2011, p. 93-112.

MARQUES, Rodrigo Moreno. "Trabalho e valor nas mídias sociais: uma análise sob as lentes do marxismo". *Trabalho & Educação*, v. 27, n. 3, set-out. 2018, p. 11-30.

MARSDEN, Chris et al. *Assessing Indirect Impacts of the EC Proposals for Vídeo Regulation*. Santa Mônica, Rand Corp., 2006. Disponível em: <https://www.rand.org/pubs/technical_reports/TR414.html>. Acesso em: 6 mar. 2022.

MARTENS, Bertin. "An Economic Policy Perspective on Online Platforms". *JRC Technical Report*, European Comission, 2016. Disponível em: <https://ec.europa.eu/jrc/communities/en/community/digitranscope/document/economic-policy-perspective-online-platforms>. Acesso em: 6 mar. 2022.

MARTÍN, María. "A meca dos 'youtubers' fica no Rio e tem vista para o mar". *El País*, 8 ago. 2017. Disponível em: <https://brasil.elpais.com/brasil/2017/08/07/tecnologia/1502141548_309521.html>. Acesso em: 20 mar. 2022.

Referências bibliográficas • 303

MARX, Karl. *O capital*: crítica da economia política, Livro I. Trad. Regis Barbosa e Flávio R. Kothe, São Paulo, Abril Cultural, 1983 [1867], 2 v.

_____. *O capital*: crítica da economia política, Livro II. Trad. Regis Barbosa e Flávio R. Kothe, São Paulo, Abril Cultural, 1984 [1885].

_____. *O capital*: crítica da economia política, Livro III. Trad. Regis Barbosa e Flávio R. Kothe, São Paulo, Abril Cultural, 1984 [1894], 2 v.

_____. *Capítulo VI inédito de* O capital: resultados do processo de produção imediata. Trad. Klaus von Puchen, 2 ed., São Paulo, Centauro, 2004.

_____. *Manuscritos econômico-filosóficos*. Trad. Jesus Ranieri, São Paulo, Boitempo, 2004 [1982].

_____. *Grundrisse:* manuscritos econômicos de 1857-1858: esboços da crítica da economia política. Trad. Mario Duayer e Nélio Schneider, São Paulo, Boitempo, 2011 [1976].

_____. *O capital*: crítica da economia política, Livro I: O processo de produção do capital. Trad. Reginaldo Sant'Ana, 30. ed., Rio de Janeiro, Civilização Brasileira, 2012 [1867].

_____. *O capital:* crítica da economia política, Livro I: O processo de produção do capital. Trad. Rubens Enderle, São Paulo, Boitempo, 2013, coleção Marx-Engels.

_____. *O capital: crítica da economia política,* Livro II: O processo de circulação do capital. Trad. Rubens Enderle, São Paulo, Boitempo, 2014, coleção Marx-Engels.

_____. *O capital:* crítica da economia política, Livro III: O processo global da produção capitalista. Trad. Rubens Enderle, São Paulo, Boitempo, 2017, coleção Marx-Engels.

MARX, Karl; ENGELS, Friedrich. *A ideologia alemã*. Trad. Luciano Cavini Martorano, Nélio Schneider e Rubens Enderle, São Paulo, Boitempo, 2007 [2003, 1969]).

MATTIETTO, Leonardo. "Propriedade, diversidade e função social". In: ALVES, Jones Figueiredo; DELGADO, Mário Luiz (orgs.). *Novo código civil:* questões controvertidas: direito das coisas. São Paulo, Método, 2008, série Grandes Temas do Direito Privado, v. 7.

MAY, Christopher. *A Global Political Economy of Intellectual Property Rights*: The New Enclosures? Londres/Nova York, Routledge, 2000.

MAZZUCATO, Mariana. *The Entrepreneurial State*, Debunking Public vs. Private Sector Myths. Londres, Demos, 2011 [ed. bras.: *O estado empreendedor:* desmascarando o mito do setor público x setor privado. Trad. Elvira Serapicos, São Paulo, Portfolio-Penguin, 2014].

MEEHAN, Eileen R. "Ratings and the Institutional Approach: A Third Answer to the Commodity Question". *Critical Studies in Mass Communication*, v. 1, n. 2, 1984, p. 216-25.

MIÈGE, Bernard. *The Capitalization of Cultural Production*. Nova York, International General, 1989.

MILLAR, Michael. *The Secret Lives of Numbers*: The Curious Truth behind Everyday Digits. Londres, Virgin Books, 2012.

MOLES, Abraham. *Teoria da informação e percepção estética*. Rio de Janeiro, Tempo Brasileiro, 1978.

MONOD, Jacques. *O acaso e a necessidade*. Trad. Alice Sampaio, 3. ed., Petrópolis, Vozes, 1976 [1970].

MORREALE, Joanne. "From Homemade to Store Bought: Annoying Orange and the Professionalization of YouTube". *Journal of Consumer Culture*, v. 14, n. 1, 2014, p. 113-28.

MOSCO, Vincent. *The Political Economy of Communication*, 2. ed. Londres, Sage, 2009.

_____. "The Transformation of Communication in Canada". In: CLEMENT, Wallace; VOSKO, Leah (orgs.). *Changing Canada:* Political Economy as Transformation. Montreal/Kingston, McGill-Queen's University Press, 2003, p. 287-308.

304 • O valor da informação

MOULIER-BOUTANG, Yann. "La Troisième Transition du capitalisme: exode du travail produtif et externalités". In: AZAÏS, Christian; CORSANIA, Antonella; DIEUAIDE, Patrick (orgs.). *Vers un capitalisme cognitif?* Paris, L'Harmattan, 1998, p. 135-52.

MOTION PICTURES OF AMERICA ASSOCIATION – MPAA. *The American Motion Picture and Television Industry*: Creating Jobs, Trading Around the World. s.d. Disponível em: <https://www.motionpictures.org/research-docs/the-american-motion-picture-and-television-industry-creating-jobs-trading-around-the-world/>. Acesso em: 6 mar. 2022.

MUSSER, John; O'REILLY, Tim. *Web 2.0*: Principles and Best Practices. Sebastopol, O'Reilly Publishing, 2007.

_____. *Walt Disney Company (The) Ownership Summary*, 2018. Disponível em: <http://www.nasdaq.com/symbol/dis/ownership-summary>. Acesso em: 30 mar. 2022.

NAVILLE, Pierre. *Vers l'automatisme social?* Paris, Gallimard, 1963.

NETO, Benedito R. de Moraes. "O conhecimento como propriedade capitalista: observações sobre o *second enclosure movement*". *XXXVI Encontro Nacional dos Centros de Pós-Graduação em Economia*. Salvador, 2008.

NIXON, Brice. *Communication as Capital and Audience Labor Exploitation in the Digital Era.* tese de graduação em Jornalismo e Comunicação de Massa, Universidade do Colorado, 2013.

NOBLE, David. *America by Design*. Oxford, Oxford University Press, 1979.

NORTH, Douglass. *Structure and Change in Economic History*. Nova York, W. W. Norton & Co., 1981.

O'REGAN, Michael; CHOE, Jaeyeon. "Airbnb and Cultural Capitalism: Enclosure and Control within the Sharing Economy", *Anatolia*, v. 28, n. 2, 2017, p 1-10.

ORGANIZAÇÃO DAS NAÇÕES Unidas para a educação, a ciência e a cultura (Unesco). *International Flows of Selected Cultural Goods and Services, 1994-2003*. Montreal, Unesco/ Institute for Statistics, 2005. Disponível em: <http://uis.unesco.org/sites/default/files/documents/international-flows-of-selected-cultural-goods-and-services-1994-2003-en_1. pdf>. Acesso em: 6 mar. 2022.

OSSEWAARDE, Marinus; REIJERS, Wessel. "The Illusion of the Digital Commons: 'False consciousness' in Online Alternative Economies". *Organization*, v. 24, n. 55, 2017, p. 609-28.

PASQUINELLI, Matteo. "Google's PageRank Algorithm: A Diagram of the Cognitive Capitalism and the Rentier of the Common Intellect". In: BECKER, Konrad; STALDER, Felix (orgs.). *Deep Search*: The Politics of Search Beyond Google. Londres, Transaction Publishers, 2009.

PATENTSCOPE. Disponível em: <https://www.wipo.int/patentscope/en/>. Acesso em: 7 abr. 2022.

PAULANI, Leda Maria. "Acumulação e rentismo: resgatando a teoria da renda de Marx para pensar o capitalismo contemporâneo". *Revista de Economia Política*, São Paulo, v. 36, n. 3, 2016, p. 514-35.

PEEKHAUS, Wilhelm. "The Enclosure and Alienation of Academic Publishing: Lessons for the Professoriate". *TripleC*, v. 10, n. 2, 2012, p. 577-99.

PEIRCE, Charles S. *Semiótica*. São Paulo, Perspectiva, 1977 [1931-1935].

PETER, Tobias. "Akademische Entrepreneure: Der homo academicus zwischen Passion, Reputation und Projekt". *Berliner Debatte Initial*, v. 28, n. 1, 2017, p. 110-21.

PETERS, Benjamin. "Normalizing Soviet Cybernetics". *Information & Culture*: A Journal of History, v. 47, n. 2, 2012, p. 145-175. Disponível em: <https://www.jstor.org/stable/43737425>. Acesso em: 5 abr. 2022.

PHIPPS, Marcus et al. "Understanding the Inherent Complexity of Sustainable Consumption: A Social Cognitive Framework". *Journal of Business Research*, n. 66, 2013, p. 1227-34.

PINSON, Gilles. "The Knowledge Business and the Neo-managerialisation of Research and Academia in France". In: ALLEN, Chris; IMRIE, Rob (orgs.). *The Knowledge Business:* The Commodification of Urban and Housing Research. Londres, Routlegde, 2010, p. 197-217.

PINTO, Álvaro Vieira. *O conceito de tecnologia*. Rio de Janeiro, Contraponto, 2005, 2 v.

POWELSON, Michael W. "The Proletarianization of the Academy: California State University-Northridge and the California Budget Crisis". *Workplace*, v. 18, 2011, p. 10-24.

PRADO, Eleutério. *Desmedida de valor*: crítica da pós-grande indústria. São Paulo, Xamã, 2005.

PRIGOGINE, Ilya; STENGERS, Isabelle. *A nova aliança*. Brasília, Editora UnB, 1984.

_____. *Entre o tempo e a eternidade*. São Paulo, Companhia das Letras, 1992.

PRONI, Marcelo Weishaupt; SILVA, Leonardo Oliveira da. *Impactos econômicos da Copa do Mundo de 2014*: projeções superestimadas. Texto para discussão. Campinas, IE-Unicamp, 2012. Disponível em: <www.eco.unicamp.br/docprod/downarq.php?id=3219&tp=a>. Acesso em: 6 mar. 2022.

PUGLIESE, André. "Cota da Globo revela abismo financeiro no Brasileirão; veja quanto seu time ganha". *Um Dois Esportes*, 1º mar. 2018. Disponível em: <https://www.gazetadopovo.com.br/blogs/blog-do-brasileirao/2018/03/01/brasileirao-2018-cota-de-tv-globo/>. Acesso em: 27 mar. 2022.

QUANTUM Manifesto: A New Era of Technology, 2016. Disponível em: <http://qurope.eu/system/files/u7/93056_Quantum%20Manifesto_WEB.pdf>. Acesso em 17 mar. 2022.

QUICK, Miriam. "How Does a Football Transfer Work?", *BBC*, s.d. Disponível em: <http://www.bbc.com/capital/story/20170829-how-does-a-football-transfer-work>. Acesso em: 27 mar. 2022.

RANIERI, Jesus. Texto de apresentação. In: MARX, Karl. *Manuscritos econômico-filosóficos*. Trad. Jesus Ranieri, São Paulo, Boitempo, 2004.

READ, Jason. *The Micro-Politics of Capital*: Marx and Pre-History of the Present. Albany, State University of New York Press, 2003.

REIS, Heloisa H. B.; ESCHER, Thiago A. "A relação entre futebol e sociedade: uma análise histórico-social a partir da teoria do processo civilizador". In: *IX Simpósio Internacional Processo Civilizador*: Tecnologias e Civilização. Ponta Grossa, 2005.

RELATÓRIO ANUAL DA Alphabet Inc., *Form 10-K*, ano fiscal encerrado em 31 de dezembro de 2016. Disponível em: <https://abc.xyz/investor/pdf/20171231_alphabet_10K.pdf>. Acesso em: 6 mar. 2022.

RELATÓRIO ANUAL DA Amazon.Com Inc., *Form 10-K*, ano fiscal encerrado em 31 de dezembro de 2016. Disponível em: <https://s2.q4cdn.com/299287126/files/doc_financials/annual/2016-Annual-Report.pdf>. Acesso em: 17 mar. 2022.

RELATÓRIO ANUAL DA Facebook Inc., *Form 10-K*, ano fiscal encerrado em 31 de dezembro de 2015. Disponível em: <http://www.getfilings.com/sec-filings/160128/Facebook-Inc_10-K/>. Acesso em: 6 mar. 2022.

306 • O valor da informação

RICARDO, David. *Princípios de economia política e tributação*. Trad. Paulo Henrique Ribeiro Sandroni, São Paulo, Nova Cultural, 1988 [1817].

RICHTA, Radovan. *La civilización en la encrucijada*. Cidade do México/Madri/Buenos Aires, Siglo Veinteuno, 1971.

RIFKIN, Jeremy. *The Zero Marginal Cost Society*: The Internet of Things, the Collaborative Commons and the Eclipse of Capitalism. Nova York, Palgrave/Macmillan, 2014 [ed. bras.: *Sociedade com custo marginal zero: A internet das coisas, os bens comuns colaborativos e o eclipse do capitalismo*, São Paulo, M. Books, 2005].

RIGI, Jakob. "Foundations of a Marxist Theory of the Political Economy of Information: Trade Secrets and Intellectual Property, and the Production of Relative Surplus Value and the Extraction of Rent-Tribute". *TripleC*, v. 12, n. 2, 2014, p. 909-36.

RIGI, Jakob; PREY, Robert. "Value, Rent and the Political Economy of Social Media". *The Information Society*, v. 31, n. 5, 2015, p. 392-406. Disponível em: <http://dx.doi.org/1 0.1080/01972243.2015.1069769>. Acesso em: 15 mar. 2022.

ROBERTS, Paul Craig. "Trans Pacific Partnership: Corporate Escape from Accountability". *Institute for Political Economy*, 2 jul. 2012. Disponível em: https://www.foreignpolicyjournal.com/2012/07/04/trans-pacific-partnership-corporate-escape-from-accountability/. Acesso em: 21 mar. 2022.

ROGGERO, Gigi. "Cinco teses sobre o comum". *Lugar Comum*, n. 42, 2014, p. 11-30.

ROSS, Andrew. "In Search of the Lost Paycheck". In: SCHOLZ, Trebor (org.). *Digital Labor*: The Internet as Playground and Factory. Nova York, Routledge, 2013.

ROSSI, Paolo. *Os filósofos e as máquinas*. São Paulo, Companhia das Letras, 1989.

ROSSI-LANDI, Ferruccio. "Linguistics and Economics". In: SEBEOK, Thomas et al. (orgs.). *Linguistics and Adjacent Arts and Sciences, of Current Trends in Linguistics*. Haia, Mouton, 1974, v. 3, p. 1.787-2.017.

_____. *A linguagem como trabalho e como mercado*. São Paulo, Difel, 1985 [1968].

ROTHMANN, Robert. "Consent as Fiction? The Social Reality of Data Protection in the Case of Facebook". *Wias*, 21 fev. 2018. Disponível em: <http://wias.ac.uk/consent-as-fiction-the-social-reality-of-data-protection-in-the-case-of-facebook/?utm_source=WIAS&utm_campaign=49a84a7e6aMAIL_CAMPAIGN_2017_08_08&utm_medium=email&utm_term=0_052cf3bec2-49a84a7e6a-171427181&mc_cid=49a84a7e6a&mc_eid=2694f3287b>. Acesso em: 19 mar. 2022.

RULLANI, Enzo. "Le capitalisme cognitif: du déjà vu?". *Multitudes*, n. 2, 2000, p. 87-93.

SÁ, Nelson de. "Boicote ao YouTube divide grandes anunciantes no Brasil". *Folha de S.Paulo*, 3 abr. 2017. Disponível em: <http://www1.folha.uol.com.br/mercado/2017/04/1872205--boicote-ao-youtube-divide-grandes-anunciantes-no-brasil.shtml>. Acesso em: 20 mar. 2022.

SABEDRA, Rafael da Silva. *Uma análise da economia do futebol sob a ótica dos direitos de transmissão no Brasil e na Inglaterra*. Monografia, Porto Alegre, Universidade Federal do Rio Grande do Sul, 2017.

SAMUEL, Raphael. "Mechanization and Hand Labour in Industrializing Britain". In: BERLANSTEIN, Lenard R. (org.). *The Industrial Revolution and Work in Nineteenth--Century Europe*. Londres, Routledge, 1992, p. 26-41.

SANTOS, Anderson David Gomes dos. *A consolidação de um monopólio de decisões*: a rede Globo e a transmissão do Campeonato Brasileiro de Futebol. Dissertação de mestrado, São Leopoldo, Universidade do Vale do Rio dos Sinos, 2013.

_____. "Os três pontos de entrada da economia política no futebol". *Revista Brasileira de Ciências do Esporte*, v. 36, n. 2, 2014, p. 561-75.

SCHECHTER, Frank I. *The Historical Foundations of the Law Relating to Trade-Marks*. Clark, Lawbook Exchange, 1999.

SCHILLER, Herbert I. *Information and the Crisis Economy*. Nova York, Oxford University Press, 1986.

SCHIMANK, Uwe. "'New Public Management' and the Academic Profession: Reflections on the German Situation". *Minerva*, n. 43, 2005, p. 361-76.

SCHNEIDER, Marco. *Dialética do gosto*. Rio de Janeiro, Circuito, 2015.

SCHOLZ, Trebor. "Facebook as Playground and Factory". In: WITTKOWER, Dylan E. (org.). *Facebook and Philosophy*: What's on Your Mind? Chicago, Open Court, 2010, p. 241-52.

_____ (org.). *Digital Labor*: The Internet as Playground and Factory. Nova York, Routledge, 2013.

_____. *Cooperativismo de plataforma*. Trad. Rafael A. F. Zanatta, São Paulo, Elefante/Autonomia Literária/Fundação Rosa Luxemburgo, 2017.

SCHOLZE, Simone; CHAMAS, Claudia. "Instituições públicas de pesquisa e o setor empresarial: o papel da inovação e da propriedade intelectual". *Parcerias Estratégicas*, n. 8, maio 2000.

SCHUMPETER, Joseph. *A teoria do desenvolvimento econômico*. São Paulo, Abril Cultural, 1985, coleção Os Economistas.

SEVIGNANI, Sebastian. "The Commodification of Privacy on the Internet". *Science and Public Policy*, v. 40, 2013, p. 733-9.

SFEZ, Lucien. *Crítica da comunicação*. Trad. Adail Ubirajara Sobral e Maria Stela Gonçalves, São Paulo, Loyola, 1994.

_____. *A comunicação*. Trad. Marcos Marcionilo, São Paulo, Martins Fontes, 2007.

SHANNON, Claude. "A Mathematical Theory of Communication". *The Bell System Technical Journal*, v. 27, jul.-out. 1948, p. 379-423.

SIBILIA, Paula. *La intimidad como espectáculo*. Buenos Aires, Fondo de Cultura Económica, 2008 [ed. bras.: *O show do eu*: a intimidade como espetáculo, 2. ed., Rio de Janeiro, Contraponto, 2016].

_____. *O show do eu*: a intimidade como espetáculo. Rio de Janeiro, Nova Fronteira, 2008.

SILVEIRA, Sergio Amadeu; SAVAZONI, Rodrigo Tarchiani. "O conceito do comum: apontamentos introdutórios". *Liinc em Revista*, v. 14, n. 1, maio 2018, p. 5-18.

SINGH, Jagjit. *Teoría de la información, del lenguaje y de la cibernética*. Madri, Alianza Universidad, 1982 [1966].

SKEGGS, Beverley; YUILL, Simon. "The Methodology of a Multi-Model Project Examining How Facebook Infrastructures Social Relations". *Information, Communication & Society*, v. 19, n. 10, out. 2015, p. 1.356-72.

_____. "Capital Experimentation with Person/a Formation: How Facebook's Monetization Refigures the Relationship between Property, Personhood and Protest". *Information, Communication & Society*, v. 19, n. 3, dez. 2016, p. 380-96.

SMITH, Adam. *A riqueza das nações*. Trad. Luiz João Baraúna, São Paulo, Nova Cultural, 1996 [1776].

308 • O valor da informação

SMYTHE, Dalla Walker. "Communications: Blindspot of Western Marxism". *Canadian Journal of Political and Social Theory*, v. 3, n. 1, 1977, p. 1-27.

_____. *Dependency Road*. Norwood, Ablex, 1981.

_____. "On the Audience Commodity and Its Work". In: DURHAM, Meenakshi Gigi; KELLNER, Douglas M. (orgs.). *Media and Cultural Studies*: Keyworks. Hoboken, Blackwell, 2001.

SOCHOR, Zenovia. *Revolution and Culture*: The Bogdanov-Lenin Controversy. Ithaca, Cornell University Press, 1988.

SOKAL, Alan; BRICMONT, Jean. *Imposturas intelectuais*. Trad. Max Altman, Rio de Janeiro, Record, 1999.

SOLAGNA, Fabricio; MORAES, Bruno. "Patentes de *software* e propriedade intelectual como estratégias de monopólio". In: LEAL, Ondina Fachel; SOUZA, Rebeca Hennemann Vergara de. *Do regime de propriedade intelectual*: estudos antropológicos. Porto Alegre, Tomo Editorial, 2010.

SPANGLER, Todd. "Google Parent Alphabet Revenue Rises 22%, YouTube Ad Controversy Doesn't Hamper Results". *Variety*, 27 abr. 2017. Disponível em: <http://variety.com/2017/digital/news/google-youtube-alphabet-q1-2017-1202401702/>. Acesso em: 19 mar. 2022.

SRNICEK, Nick. *Platform Capitalism*. Cambridge, Polity, 2016.

STANDING, Guy. *O precariado*: a nova classe perigosa. Belo Horizonte, Autêntica, 2013.

STIEGLITZ, Joseph. "The Contributions of the Economics of Information to the Twentieth Century". *The Quarterly Journal of Economics,* v. 115, n. 4, nov. 2000, p. 1.441-78.

TAPSCOTT, Don; WILLIAMS, Anthony D. *Wikinomics:* como a colaboração em massa pode mudar o seu negócio. Trad. Marcello Lino, Rio de Janeiro, Nova Fronteira, 2007.

TEIXEIRA, Rodrigo Alves; ROTTA, Tomas Nielsen. "Valueless Knowledge-Commodities and Financialization: Productive and Financial Dimensions of Capital Autonomization". *Review of Radical Political Economics*, v. 44, n. 4, 2012, p. 448-67. Disponível em: <http://citeseerx.ist.psu.edu/viewdoc/download?doi=10.1.1.903.5638&rep=rep1&type=pdf>. Acesso em: 8 mar. 2022.

TERRANOVA, Tiziana. "Free Labor: Producing Culture for the Digital Economy". *Social Text*, v. 18, n. 2, 2000, p. 33-58.

THE ECONOMIST. "The paymasters", 4 jun. 1998. Disponível em: <https://www.economist.com/special-report/1998/06/04/the-paymasters>. Acesso em: 3 abr. 2021.

THE WALT DISNEY COMPANY. *Fiscal Year 2015 Annual Financial Report and Shareholder Letter*. Disponível em: <https://thewaltdisneycompany.com/app/uploads/2015-Annual-Report.pdf>. Acesso em: 5 abr. 2022

_____. *Fiscal Year 2017 Annual Financial Report*. Disponível em: <https://thewaltdisneycompany.com/app/uploads/2017-Annual-Report.pdf>. Acesso em: 5 abr. 2022.

TIDD, Joe. "Why We Need a Tighter Theory and More Critical Research on Open Innovation". In: TIDD, Joe (org.). *Open Innovation Research, Management and Practice*. Londres, Imperial College Press, 2013, p. 1-10.

TIME WARNER. *2014 Annual Report to Shareholders*. Disponível em: <https://www.annualreports.com/HostedData/AnnualReportArchive/t/NYSE_TWX_2014.PDF>. Acesso em: 5 abr. 2022.

_____. *2017 Annual Report to Shareholders*. Disponível em: <https://last10k.com/sec-filings/twx>. Acesso em: 5 abr. 2022.

TOFFLER, Alvin. *Future Shock*. Nova York, Random House, 1970.

_____. *A terceira onda*. Trad. João Távora, Rio de Janeiro, Record, 1980.

TOLSTÓI, Liev. *Anna Kariênina*. Trad. Rubens Figueiredo, São Paulo, Companhia das Letras, 2017 [1877].

TONET, Ivo. Método científico: uma abordagem ontológica. São Paulo, Instituto Lukács, 2013.

TRUFFI, Renan. "Como Zuckerberg trata usuários do Facebook como ratos de laboratório". Época Negócios. Disponível em: <https://epocanegocios.globo.com/Tecnologia/noticia/2018/04/usuario-de-redes-sociais-e-usado-como-rato-de-laboratorio-diz-autoridade-da-ue.html>. Acesso em: 4 abr. 2022.

TUCKER, Catherine E. "The Economics of Advertising and Privacy". International Journal of Industrial Organization, v. 30, n. 3, 2012, p. 326-9.

_____. "Social Networks, Personalized Advertising, and Privacy Controls". Journal of Marketing Research, v. 51, n. 5, 2014, p. 546-62.

TWENTY FIRST CENTURY FOX. 21St Century Fox Annual Report, 2018. Disponível em: <https://annualreport.stocklight.com/NASDAQ/FOXA/181013451.pdf>. Acesso em: 5 abr. 2022.

ULIN, Jeffrey. "Internet Distribution, Download and On-demand Stream: A New Paradigm". In: The Business of Media Distribution: Monetizing Film, TV and Video Content in an Online World. Oxford, Focal Press, UK, 2013.

VAN NOORDEN, Richard. "The True Cost of Science Publishing". *Nature*, v. 495, mar. 2013.

VASCONCELOS, Silvinha P. "Acordos de exclusividade e competição no mercado de TV por assinatura do Brasil". Revista Brasileira de Economia de Empresas, v. 5, n. 1, 2005, p. 47-60.

VERCELLONE, Carlo. *The Becoming Rent of Profit? The New Articulation of Wage, Rent and Profit*. Londres, Queen Mary University, 2008.

VIEIRA, Miguel Said. *Os bens comuns intelectuais e a mercantilização*. Tese de doutorado, São Paulo, Universidade de São Paulo, 2014.

VOLÓCHINOV, Valentin. *Marxismo e filosofia da linguagem*. Trad. Sheila Grillo e Ekaterina Vólkova Américo, São Paulo, Editora 34, 2017 [1929].

VONDERAU, Patrick. "The Video Bubble: Multichannel Networks and the Transformation of YouTube". Convergence: The International Journal of Research into New Media Technologies, v. 22, n. 4, 2016, p. 361-75.

WIENER, Norbert. *The Human Use of Human Beings*. Boston, Houghton Mifflin, 1950 [ed. bras.: *Cibernética e sociedade*: o uso humano de seres humanos. Trad. José Paulo Paes, 2. ed., São Paulo, Cultrix, 1968].

"WARNER BROS. ENTERTAINMENT to Acquire Machinima". Disponível em: <https://www.warnerbros.com/news/press-releases/warner-bros-entertainment-acquire-machinima>. Acesso em: 4 abr. 2022.

TECMUNDO. "Ex-funcionário detona o Face ao revelar cotidiano de moderador de conteúdo", 8 nov. 2017. Disponível em: <https://www.tecmundo.com.br/redes-sociais/123954-ex-funcionario-revela-cotidiano-revisor-violencia-odio-facebook.htm>. Acesso em: 19 mar. 2022.

310 • O valor da informação

THE NEW YORK TIMES. "Social Media Finds New Role as News and Entertainment Curator", 15 mar. 2016. Disponível em: <http://www.nytimes.com/2016/05/16/technology/social-media-finds-new-roles-as-news-and-entertainment-curators.html?_r=0>. Acesso em: 19 mar. 2022

TIME WARNER. *2013 Annual Report to Shareholders*. Disponível em: <https://www.annualreportowl.com/Time%20Warner%20Cable/2013/Annual%20Report/Download>. Acesso em 19 jan. 2019.

TIME WARNER. *2014 Annual Report to Shareholders*. Disponível em: <https://www.sec.gov/Archives/edgar/data/1105705/000119312515064862/d862821d10k.htm>. Acesso em: 7 abr. 2022.

"TV CÂMARA TEM mais Ibope que ESPN, Sony e GNT". Disponível em: <https://f5.folha.uol.com.br/colunistas/ricardofeltrin/2014/04/1444890-tv-camara-tem-mais-ibope-que-espn-sony-e-gnt.shtml>. Acesso em: 7 abr. 2022.

THE WALT DISNEY COMPANY. *Fiscal Year 2015 Annual Financial Report and Shareholder Letter*. Disponível em: <https://ditm-twdc-us.storage.googleapis.com/2015-Annual-Report.pdf>. Acesso em 15 de janeiro de 2016.

WASKO, Janet. *How Hollywood Works*. Londres, Sage, 2003.

_____; ERICKSON, Mary. "The Political Economy of YouTube". In: SNICKARS, Pelle; VONDERAU, Patrick. (orgs.). *The YouTube Reader*. Estocolmo, Biblioteca Nacional Sueca, 2009.

WILDEN, Anthony. *System and Structure*. 2. ed., Londres/Nova York, Tavistock, 1980 [1972].

_____. "Comunicação". In: *Enciclopédia Einaudi*, v. 34: "Comunicação-cognição". Lisboa, Imprensa Nacional-Casa da Moeda, 2001, p. 108-204.

_____. "Informação". In: *Enciclopédia Einaudi*, v. 34: "Comunicação-cognição". Lisboa, Imprensa Nacional-Casa da Moeda, 2001, p. 11-77.

WILLIAMS, Raymond. *Culture*. Londres, Fontana, 1981.

WILSON, Tom. "The Proletarianisation of Academic Labour". *Industrial Relations Journal*, v. 22, n. 4, 1991, p. 252-62.

WINKLER, Rolfe. "YouTube: 1 Billion Viewers, No Profit". *The Wall Street Journal*, 25 fev. 2015. Disponível em: <https://www.wsj.com/articles/viewers-dont-add-up-to-profit-for--youtube-1424897967>. Acesso em: 19 mar. 2022.

WISNIK, José Miguel. *Veneno remédio*: o futebol e o Brasil. São Paulo, Companhia das Letras, 2008.

WITT. Stephen. *Como a música ficou grátis*. Rio de Janeiro, Intrínseca, 2015.

WITTEL, Andreas. "Digital Marx: Toward a Political Economy of Distributed Media". In: FUCHS, Christian; MOSCO, Vincent (orgs.). *Marx in the Age of Digital Capitalism*. Boston, Leiden, 2015.

WORLD INTELLECTUAL PROPERTY ORGANIZATION (WIPO). *Patent Cooperation Treaty Yearly Review 2017*: The International Patent System. Genebra, Wipo, 2017.

"YOUTUBE É A nova TV". Disponível em: <https://viniciusfelix.medium.com/youtube--%C3%A9-a-nova-tv-d2df0289fd40>. Acesso em: 4 abr. 2022.

"YOUTUBE ENCERRA operações do YouTube Spaces". Disponível em: <https://www.b9.com.br/139225/youtube-encerra-operacoes-do-youtube-spaces-seus-espacos-fisicos--para-creators/>. Acesso em 4 abr. 2022.

YOUTUBE NextUp. Disponível em: <https://www.youtube.com/nextup/>. Acesso em: 4 abr. 2022.

YUEXIAO, Zhang. "Definitions and Science of Information". *Information Processing and Management*, v. 24, n. 4, 1988, p. 479-91

ZALLO, Ramón. *Economía de la comunicación y de la cultura*. Madri, Akal, 1988.

_____. *El mercado de la cultura*: estructura económica y política de la comunicación. Donostia, Tercera Prensa, 1992.

_____. "La economía de la cultura (y de la comunicación) como objeto de estudio". *Zer--Revista de Estudios de Comunicación*, v. 12, n. 22, 2007, p. 215-34.

ZELLER, Christian. "From the Gene to the Globe: Extracting Rents Based on Intellectual Property Monopolies". *Review of International Political Economy*, v. 15, n. 1, 2008, p. 86-115.

ZUBOFF, Shoshana. *The Age of Surveillance Capitalism*. Nova York, Public Affairs, 2019 [ed. bras.: *A era do capitalismo de vigilância:* a luta por um futuro humano na nova fronteira do poder. Trad. George Schlesinger, Rio de Janeiro, Intrínseca, 2020].

ZUCOLOTO, Graziela F. *Desenvolvimento tecnológico por origem de capital no Brasil*: P&D, patentes e incentivos públicos. Tese de doutorado, Rio de Janeiro, Instituto de Economia, Universidade Federal do Rio de Janeiro, 2009.

ZUKERFELD, Mariano. *Knowledge in the Age of Digital Capitalism:* An Introduction to Cognitive Materialism. Londres, University of Westminster Press, 2017.

Escultura na cidade de Doha, no Catar.

Este livro, lançado em julho de 2022, cerca de cinco meses antes do início de um dos maiores eventos mediáticos do planeta, a Copa do Mundo, a ser realizada no Catar, foi composto em Adobe Garamond Pro, corpo 10,5/13,5, e impresso em papel Avena 80 g/m² pela gráfica Rettec, para a Boitempo, com tiragem de 3 mil exemplares.